더 좋은 교회 만들기

춘천중앙교회 1,000일의 기록

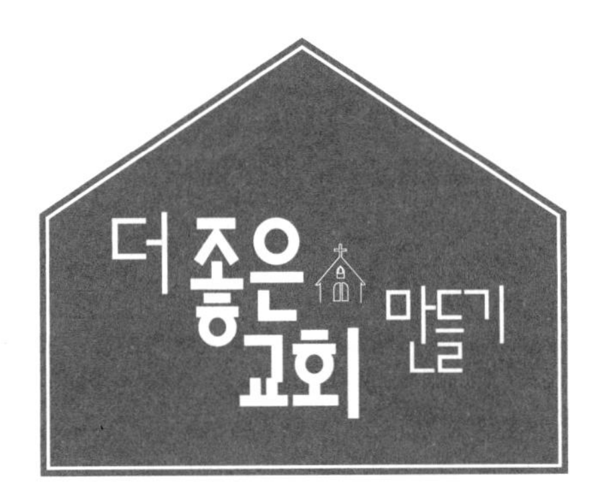

권오서 지음

kmc

※ 가나다순

온 교회에 쓰일 새 역사 기대

'더 좋은 교회'를 만드는 도전과 변화! 세계적인 기독교 미래학자이자 미국 드류대학교의 부총장을 역임한 레너드 스윗(Leonard Sweet)은 서구 교회가 거쳐 온 과정을 '4M'으로 요약하여 표현했다. '선교적 사명(Missional Church)'을 다하던 교회가 시간이 흘러 '사역에 치중된' 교회(Ministry Church)로 변질되었고, 이후에는 '유지에만 급급한' 교회(Maintenance Church)가 되었으며, 결국에는 생명력을 상실한 '박물관' 같은 교회(Museum Church)로 전락했다는 것이다. 이것은 비단 서구교회만의 문제는 아니다. 어떤 교회라도 본질을 잃어버리면 '박물관' 같은 교회가 되는 것은 시간문제이다. 많은 사람들이 한국 교회의 위기를 이야기한다. 그러나 위기(危機)를 '위험(危險)한 기회(機會)'로 인식하여 변화를 꾀한다면 한국 교회 앞에 놓인 수많은 '걸림돌'은 성장을 위한 '디딤돌'이 될 것이다. 그런 의미에서 이 책은 한국 교회에 변화의 새 바람을 불어 넣을 것으로 기대된다.

이 책을 추천하는 이유는 크게 세 가지이다. 첫째, 경영학에서 사용하는 '컨설팅(Consulting)' 개념을 교회에 적용했다는 점이다. 사실 교회를 컨설팅한다는 것 자체가 부담스럽고 거북한 일이다. 그럼에도 불구하고 컨설팅을 통해 교회 사역을 정비하고 새로운 비전을 제시한 것은 목회에 대한 열정이 있기에 가능했다. 둘째, 교회 내부적으로 '미래준비위원회'라는 컨설팅 조직을 만들었다는 것은 귀감이 될 만한 일이다. 컨설팅을 외부에서 받으면 교회만이 갖고 있는 특수성을 간과하기 쉽다. 그러나 춘천중앙교회는 컨설팅 전문가이자 교회 사정을 속속들이 알고 있는 사역자와 평신도를 중심으로 위원회를 구성하여 문제를 해결했다. 지혜를 느끼게 하는 부분이다. 마지막으로, 한국 교회와 후배 목회자들을 위해 춘천중앙교회의 전부를 공개하였다는 것이다. 모든 사람들이 부러워하는 교회, 칭찬받는 교회라도 드러내고 싶지 않은 문제가 있고, 감추고 싶은 허물이 있는 법이다. 그러나 이 책에는 춘천중앙교회 사역의 모든 것이 담겨 있다. 많은 사람들 앞에서 벌거벗은 느낌이 들었을 만큼 모든 것을 공개한 교회의 용기에 박수를 보낸다. 이로써 한국 교회의 모든 목회자들은 훌륭한 목회 참고서 한 권을 손에 넣는 행운을 얻게 되었다.

'요단강'에 사는 물고기는 물 흐르는 대로 몸을 맡기면 죽음의 바다, 사해로 가게 된다. 고기가 살려면 강물을 거슬러 올라가야 생명의 호수, 갈릴리로 가게 된다. 이 책을 통해 한국 교회가 생명으로 가는 역동적 몸부림이 살아나길 소망한다. 117년의 긴 역사를 자랑하는 춘천중앙교회뿐만 아니라 온 한국 교회에 쓰일 '새 역사'가 얼마나 아름다울지 기대해 본다.

고신일 목사 기독교대한감리회 전 중부연회 감독, 기둥교회 담임목사

꼭 하고 싶은 말, "이것이 시작"

"나는 재벌 2세가 꿈인데 우리 아버지는 별로 노력을 하지 않는 것 같아요!" 교회의 한 중학교 아이가 꿈에 대해서 말하라고 하니까 한 대답이다. 성공적인 목회를 한다는 것이 상당히 전도된 오늘의 환경에서 멈추지 않고 '더 좋은 교회'를 만드는 일에 고민과 성찰 그리고 비전과 행동 양식을 만들어 낸다는 것은 정말 아무나 하는 일이 아니다. 아주 오래된 교회, 117년이나 된 이새의 낡은 뿌리에서 새싹을 만들고 다시 분재해서 새로운 교회 '더 좋은 교회'를 만들려는 교회 공동체, 춘천중앙교회의 변신은 오늘의 교회론에 대한 혁명이며 대안일 수밖에 없다. 개신교(Protestant) 정신이 가지는 원천은 끊임없는 변혁, 개혁(Reformation)이다. 그것도 쉬지 않고 변신하는(Reforming) 것을 의미한다. 그 길을 만드는 춘천중앙교회 신앙공동체에게 정말 마음을 다해 감사를 드린다. 단지 이것이 시작이란 말씀은 꼭 드리고 싶다.

성공적인 목회를 꿈꾸는 수많은 2세 교회꾼들에게 권오서 목사님은 정말 노력을 다 한 셈이다. 감사한다. 참고로 나도 아직 성공적인 목회를 꿈꾸는 교벌(教閥) 2세(世)이다.

김근상 주교 대한성공회 전국의회 의장

또 다른 섬김의 가치 실현

예수님은 우리에게 교회가 어떻게 건축되어야 한다고 단 한 번도 말씀하신 적이 없다. 그래서 교회의 가치는 천장이 높고 종탑이 뾰족한 건물로 평가받는 것이 아니라 복음을 담아내는 기능적 가치와 교회의 신앙적 자산을 현실과 조화시키는 기능적 가치로 평가받는다.

그러므로 오늘날의 교회는 세상과 구별된 신앙의 공간인 동시에 사회와 시대를 담아내는 공간으로서 이 두 가지 기능을 모두 요구받고 있다. 이것은 교회를 '어떻게 만들어 갈 것인가' 라는 끊임없는 고민과 열정 없이는 실현 불가능한 일이다. 오랜 역사를 가지고 있다거나 건물이 화려하고 웅장해서 유명해질 수는 있지만, 그렇다고 그것이 살아 있는 교회의 조건이 될 수는 없다. 초대 교회가 시작되었던 마가의 다락방도, 예루살렘 교회나 안디옥 교회도 그리고 소아시아의 일곱 교회도 그 흔적만이 남아 있을 뿐 아직까지 교회의 기능을 유지하고 있는 곳은 없다. 유구한 역사와 아름다운 건축으로 유명한 서구 유럽의 교회들도 지금은 유명세만 남아 있는 관광지로 전락하고 말았다. 교회가 시대를 이끌어 가야 할 선지자적 사명을 잊어버리고 오히려 시대 변화에 끌려 다니게 된다면 이처럼 한 시대가 막을 내릴 때 교회도 함께 사라져 버리게 되는 것이다. 기능을 상실한 유럽의 많은 교회들은 진정한 교회의 조건이 무엇인지를 다시 생각하게 하는 단적인 예다.

성장에 집착하고 이를 답습하기에 바빴던 한국 교회의 문제가 이제는 우려의 차원을 넘어 위기에 처해 있다는 사실을 우리는 잘 알고 있다. 교회의 기능과 가치를 반드시 회복해야만 하는 이 시점에서 춘천중앙교회의 노력은 참으로 바람직하고 반가운 일이 아닐 수 없다. 이 책은 목회 현장에서 체득한 경험과 실무를 바탕으로 만들어졌기 때문에 교회의 기능과 가치를 점검하고 확인시켜 줄 수 있다는 점에서 매우 중요한 의미가 있다. 경쟁을 기반으로 하는 사회에서 자신의 노하우를 공개한다는 것은 결코 쉬운 일이 아니다. 그럼에도 불구하고 각고의 노력 끝에 얻어낸 새로운 패러다임을 값없이 제공한다는 것은 또 다른 섬김의 가치를 실현하는 매우 소중한 일이다. 이 책의 발간은 목회 환경의 문제를 이해하고 교회의 기능적 시각에서 구체적인 방법을 모색하게 해주고 있으므로 수많은 목회자들에게 도움을 줄 것으로 기대된다.

117년의 오랜 역사 동안 이 땅에 복음 가치를 뿌리내리게 해온 춘천중앙교회가 이번 발간을 계기로 시대의 연결고리가 되어 사람과 교회, 교회와 사회가 어떻게 구별되고 공존해야 하며, 시대를 이끌어 갈 교회의 가치는 무엇인지를 보여주는 교회로서 그 변함없는 역사를 이어가게 될 것이라 믿는다. 끝으로 발간을 위해 수고하신 모든 분들에게 진심으로 축하를 드리며, 이 사역을 통하여 춘천중앙교회의 사명이 더욱 폭넓게 확장되길 주님의 이름으로 축원한다.

김동엽 목사 대한예수교장로회(통합) 증경총회장, 서울 목민교회 담임목사

어떤 열매 맺을지 사뭇 기대

춘천중앙교회는 '교회가 사회적인 도구(컨설팅)에 의해 평가되어서는 안 된다.'라는 부정적인 시각이 있다는 것을 알면서도 과감하게 '우리 교회가 하나님께서 보시기에 교회 본연의 목적에 올바로 서 있는가? 우리 교회가 건강한 신앙공동체로서 주님께서 맡겨 주신 사역을 잘 감당하는가?'라는 물음 앞에 진실하게 대답할 수 있는지 묻기로 한다. 그래서 시작한 컨설팅을 통하여 영적인 차원, 물질적인 차원 그리고 인적 차원에서 교회가 안고 있는 문제를 해결하고 교회가 가진 사역을 점검한 것이다. 그리고 그 모든 과정을 이렇게 책으로 엮어 냈다.

책에서 소개하는 내용은 컨설팅을 교회에서 추진하게 된 배경을 시작으로 춘천중앙교회에서 컨설팅을 추진하면서 이루게 된 일과 그 결과물을 소개한다. 그 결과물을 바탕으로 새로운 비전과 핵심가치를 만드는 과정을 비롯하여 BSC(균형성과표)를 활용하여 교회의 사역이 본래 계획한 대로 진행되는지 점검하는 체계를 구축한 사례를 제시하고 있다. 마지막으로 모두가 궁금해 하는, 교회가 컨설팅 과정에서 어떤 변화를 이루어 냈는지 전하고 있다.

그 변화를 소개하면 다음과 같다.

첫째, '감소'에서 '증가'로, 부흥의 분위기로 전환되었다.

둘째, 새가족 정착, 예배 출석 인원이 증가되었다. 교회 체질이 변화되기 시작한 것이다.

셋째, 의식의 전환이다. 목사와 평신도 사역자 사이의 동반관계가 형성되었다.

넷째, 권한 위임을 통한 책임 사역이 이루어졌다. 평신도 사역자의 책임의식이 생기면서 '내 교회'라는 공동체의식이 더 강화되었다.

다섯째, 이제는 교회의 미래를 평신도 지도자들과 함께 만들어가고 있다.

마지막으로 '혼자 뛰는 사역'에서 '함께 뛰는 사역'으로 전환된 것이다. 과거에는 담임목사 혼자 책임을 져야 하는 구조였다면 이제는 평신도 지도자들과 함께 교회의 미래를 준비해 나가는 구조로 전환되었다.

춘천중앙교회가 만들어낸 변화를 보면서 얼마나 많은 희생과 포기, 용기가 필요했을지 짐작할 수도 없다. 누군가에게 내 목회의 모습을 보인다는 것은 벌거벗은 채 서 있는 기분일 것이다. 그러나 교회가 존재하는 목적이 무엇인지 묻고, 그 목적에 합당하게 사역을 하는지 또 물었기에 긍정적인 변화를 이끌어냈다고 생각한다.

이 책은 '변화'라는 같은 고민을 안고 목회하는 많은 목회자에게 교회를 다시 생각하고, 하나님께서 교회에 주신 비전을 위해 무엇을 해야 하는지 알려 주는 지침서와도 같다. 2018년까지를 목표로 아직도 진행 중이라고 고백하는 춘천중앙교회와 권오서 감독님, 그리고 미래준비위원회의 노력의 결과가 어떤 열매로 맺어지게 될지 사뭇 기대된다.

김병삼 목사 기독교대한감리회 만나교회 담임목사

목회여행 안내서와 같은 책

길을 걸을 때 지도는 참으로 유용하게 사용된다. 특별히 처음 가는 길을 걸을 때 좋은 지도를 가지고 걷는 것은 매우 유익하다. 지도에는 항공사진으로 찍어 만든 지도가 있는가 하면 직접 좁은 산길을 걸으며 체험하여 만든 지도가 있다. 처음 가는 산행을 할 때 몸으로 겪으며 만든 지도만큼 도움이 되는 것이 없다. 최근 여행을 하는 사람들은 다른 사람이 기록해 놓은 여행 경험을 가지고 출발하기도 한다. 이 책은 건강한 목회를 통한 행복한 부흥을 이룬 목회자가 직접 체험하며 기록한 하나의 지도나 여행안내서와 같다. 길을 걸으며 만든 지도가 또 다른 사람의 길이 되고 더 큰 길을 만들어내듯이 이 책도 많은 교회의 큰 길을 열게 될 것이라 확신한다.

김상현 감독 기독교대한감리회 중부연회 감독, 부광교회 담임목사

올바른 목회를 보여 준 사례

'우물 안 개구리'라는 말이 있다. 이 말은 세상의 현실적인 상황을 모르고 자기만족에 빠져 사는 생각이나 삶을 의미한다. 한마디로 어리석다는 것이다. 목사들이 실수하기 쉬운 것이 바로 자기가 속해 있는 교회라는 우물 속에 빠지는 점이다. 자기 사역에 만족하고 자신의 목회가 옳다고 생각한다. 그래서 빠지기 쉬운 것이 독선과 아집이다. 춘천중앙교회에서 실시한 교회 컨설팅은 목사의 아집과 독선, 편견과 오만에서 벗어날 수 있을 뿐만 아니라 올바른 목회가 무엇인지 보여 주는 예라고 할 수 있다. 교회 컨설팅은 목회에 대한 철저한 자기 분석과 비판, 그리고 부족한 부분을 보완하는 일까지 연결되는 사역이다. 결코 쉽지 않은 일이다. 이 책이 한국에 있는 교회들에 '더 좋은 교회'를 만들어가는 밑거름이 되는 책이 되기를 소망한다.

김영주 목사 한국기독교교회협의회(NCCK) 총무

평신도들도 필독했으면…

목사는 언제나 두 가지 질문 앞에 서 있다. 하나는 '목회자로서 나는 누구인가?'(Who am I as Pastor?)이고, 다른 하나는 '교회는 무엇인가?'(What is the Church?)이다. 이 두 질문의 답을 찾기 위하여 끝없이 씨름해야 한다. 40년 넘게 사역을 해왔으면서도 아직도 나는 이 질문과 씨름한다. 정답을 찾기가 그만큼 힘들다는 이야기다. 그런데 권오서 감독님이 내 놓은 이 책을 접하면서 '악!' 하는 탄성이 나왔다. 컨설팅이라는 도구를 빌려 117년 동안 성장해 온 교회를 분해하고 미래의 교회를 만들어가는 과정을 통째로 내 보이는 이 책은 평생을 품어 온 질문을 풀어가는 길라잡이가 되기 때문이다. 분명히 목사들을 위한 안내서라고 저자는 밝혔지만 모든 평신도 지도자들도 필독하면 건강한 교회, 하나님의 뜻을 이루는 교회, 세상을 구원하는 교회의 영상을 그려 낼 수 있을 것이다. 책을 읽으며 보배함을 여는 마음이었다. 117년의 역사를 이어온 춘천중앙감리교회와 더불어 저자인 권오서 감독님은 우리 감리교회의 보배이다. 많은 이들이 이 보배함을 열어 미래에 희망을 주고 민족을 살려 내는 교회가 만들어지기를 기도한다.

김영헌 목사 기독교대한감리회 전 서울연회 감독, 은평교회 담임목사

온 성도의 자기교회 평가서

교회 창립 117주년! 강원도 최초의 교회! 춘천중앙교회다. 귀히 쓰임 받는 춘천중앙교회가 정말 귀한 책 한 권을 이 세상에 탄생시켰다. 「더 좋은 교회 만들기」, 그러나 이 책은 그 많고 많은 책들 중의 한 책이 아니다. 거룩한 5천여 성도가 참여한 자기 교회 평가서이다. 그리고 감추고 싶은 부분까지 드러내는 용기를 보이며, 그 결과로 정확히 달려갈 미래를 열매로 하나님께 허락받았음을 나누고 있는 책이다.

자신들을 정확히 진단하기 위해서 이 교회가 제안한 도구는 '컨설팅'이었다. 그리고 컨설팅이라는 용어가 주는 부정적 이미지를, 하나님의 성역에 귀한 동반적 도구가 될 수 있음을 증명해 냈다. CBS 이사인 나는 현재 어려움에 직면하고 있는 CBS를 잘 이끌어 오시는 이사장 권오서 목사님의 따뜻하면서 정확함, 그리고 예리한 지혜의 리더십을 보아왔다. 그런데 이 책을 읽으면서, 철저한 준비와 인내를 덤으로 보게 되었다. 2010년부터 2013년 3년에 걸

친 철저한 컨설팅의 과정과 분석을 통해 교회의 사명을 분명하게 보게 된다.

책 제목이 좋다. 「더 좋은 교회 만들기」, 이 책은 단순히 춘천중앙교회의 컨설팅 결과 보고서가 결코 아니다. 이 책을 탐독하는 모든 분들은 참된 교회가 무엇이며, 어떻게 더 좋은 교회를 만들 수 있는지 그 길을 분명하게 제시받게 될 것이다. 모든 목사와 신학도, 정말 '더 좋은 교회를 만들기'를 바라는 주의 사람이라면 피해 갈 수 없는 실천적 필독서이다. 춘천중앙교회 온 성도와 목회자가 지난 3년의 땀과 희생으로 한국 교회가 건강하게 나아갈 길을 제시하였으니 하나님의 복이 넘칠 것이다. 귀한 이 책으로 한국 교회는 더 건강해지고 좋은 교회로 다시 태어날 것이다.

김철환 목사 기독교한국루터회 총회장

'더 좋은 교회 만들기' 교과서

교회가 교회의 본질을 회복하기를 원한다면, 지금의 정체된 교회가 아니라 더 나아가는 교회가 되기를 원한다면, 전통과 변화를 같이 이루는 시도를 하고 싶다면 이 책은 이러한 의문과 질문들에 하나의 응답을 던져 줄 것이다.

'좋은 교회에서 더 좋은 교회'가 되려 하고 교회의 본질적 존재성을 잊지 않고 발전시키려는 노력의 결과가 이 책이다. 이 책은 어떻게 더 좋고 성경적이고 건강한 교회가 될 것인가라는 권오서 담임목사님과 교회의 고민이 담겨 있다. 그래서 컨설팅이라는 새로운 시도를 하였고 변화, 성경, 영성, 소통, 은사, 섬김이라는 개념들을 교회 안에서 통합하고 있다.

이 책의 출판이 도전적이고 시의적절하다 여겨지는 것은 먼저 쉽지 않은 컨설팅을 교회가 나서서 받고 자신의 민낯을 공개했다는 것이다. 이것은 117년의 역사를 가진 과거만의 교회가 아니라 새로운 앞으로의 100년을 바라보는 교회가 되려는 노력일 것이다. 이를 위해 각종 통계자료들을 활용하고 이를 통해 설득력 있게 이해를 도우면서도, 춘천중앙교회와 지역사회의 사례를 구체적으로 들어 사역이 어떻게 열매 맺는지에 대한 결과를 보여주고 있다. 이런 점에서 이 책은 교회의 교과서가 되기에 부족함이 없다. 교회의 전략을 즉흥적인 생각이 아닌 전략적이고 조직적인 방법으로 펼쳐 보이기 때문이다. '더 좋은 교회 만들기'를 고민하는 목회자와 신학생뿐만 아니라 평신도들에게 이 책을 추천한다.

김학중 목사 기독교대한감리회 꿈의교회 담임목사

건강한 교회 열망 갖게 될 것

이 책을 읽으면서 하나님께서 이 땅에 교회를 세우시고 하나님의 의도를 실현하는 모습을 생생하게 경험하게 된다. 춘천중앙교회를 통해서 하나님께서 하신 일들이 '오래된 역사'로 기록되는 것이 아니라 '오늘도 역사하시는' 교회가 될 수 있도록 새로운 일들을 도전하는 모습에 큰 감격을 느낀다. 교회의 건강을 진단 평가하고 결과를 바탕으로 전략을 컨설팅하며 지속적으로 성장할 수 있도록 코칭하고 있는 NCD로서는 '모범 교과서'를 삼고 싶은 책이다. 이 책을 읽는 모든 분들, 특별히 목회자들에게는 건강한 교회를 향한 뜨거운 열망을 갖게 해 주는 시간이 될 것이다.

김한수 목사 NCD 대표

이 책 끌어안고 뒹굴었으면…

"내 교회를 세우리니"(마 16:18). 주님이 세우시는 바로 그 교회는 미래형이다. 100년을 훌쩍 지난 춘천중앙교회가 쇠하지 아니하고 더 생동감 있게 변하고자 하는 이 거룩한 몸부림은 아름답기만 하다. 종교개혁 500주년을 이마에 둔 이 시점에서 한국 교회가 이 책을 끌어안고 함께 뒹굴어 보았으면 한다.

류영모 목사 대한예수교장로회(통합) 한소망교회 담임목사

길을 묻는 교회에게 추천

오늘날 한국 교회는 위기에 처해 있다. 이를 극복하기 위한 공통된 의견은 교회가 교회의 본질이 무엇인지를 찾아 그 기초 위에 바로 세워져야 한다는 것이다. 그런데 117년의 역사를 지녔고, 강원도의 모교회로 알려진 춘천중앙교회가 앞으로 맞이할 100년을 준비하는 차원에서 3년간의 컨설팅 작업을 진행하였다는 것은 위기를 겪고 있는 한국 교회에 시사하는 바가 크다. 또한 현실에 안주하지 않고 끝없이 자기변화의 길을 추구함으로 교회공동체가 함께 가

야 할 정확한 '푯대 세우기' 작업을 진행하여 왔다는 점은 모든 교회에 도전을 줄 만한 일이다.

이 책은 춘천중앙교회가 지난 3년간 더 좋은 교회를 만들기 위해 어떤 과정을 거쳐 어떤 경험과 결과를 얻었는지에 대한 보고서에 해당한다. 그래서 특별한 책이며 흔히 만날 수 있는 책이 아니다. 그리고 이 책이 특별한 이유는 더 있다. 일반적으로 목회자와 교회는 자신들의 사역에 대하여 컨설팅을 받는 것을 기뻐하지 않는다. 평가의 대상이 된다는 것은 부담스런 일이기 때문이다. 그런데 권오서 목사와 춘천중앙교회는 스스로 평가의 대상이 되었음은 물론, 한 발짝 더 나아가 컨설팅의 과정과 경험을 후배 목회자들과 한국 교회와 공유하고자 본서를 출간하였다. 그렇기에 본서는 기본적으로 가식이 들어 있지 않은 정직한 책이다. 해서, 나는 교회를 바로 세워가고자 뜻을 지닌 교회와 목회자들이 이 책을 일독하기를 권하고 싶다.

한편, 이 책이 몇 가지 차원에서 남다른 가치를 지니고 있다고 생각한다. 첫째, 이 책은 컨설팅의 과정을 통하여, 가장 민주적인 교회의 모습이 어떠해야 하는지를 보여준다. 모든 교회 구성원이 컨설팅 과정에 참여할 수 있도록 기다려 주고, 충분히 소통하며 설득하는 힘든 과정을 일부러 택하고 있다. 그래서 이 책에는 교회 내 어떤 지체도 무시하지 않고 끌어안고 가려는 깊은 '배려'가 담겨 있다. 둘째, 이 책은, 춘천중앙교회 구성원들이 자신들의 현장 속에서 직접 주체가 되어 경험하고 확인한 내용을 정리해 놓은 책이다. 그런 점에서 남다른 바, 정리된 자료에는 더 건강하고 바른 교회를 실현하고자 하는 그들의 고민과 성심을 다하는 열정이 묻어나 있다. 셋째, 이 책은 교회의 현실을 벗어나지 않는 균형감을 지니고 있다. 어떤 책은 너무 영적이다. 그런가 하면 어떤 책은 너무 물질적인 면으로 치우쳐 있다. 그런데 이 책은 교회의 영적 차원, 물질적 차원, 인적 차원에 균형 있게 접근하였으며, 예배, 전도, 교육, 친교 봉사에 이르는 교회의 현실을 포괄적으로 컨설팅 작업에 포함시켜서 세상 속에 존재하는 하나님 나라로서의 교회의 현실을 진단하고 미래를 준비하고자 했다. 넷째, 「더 좋은 교회 만들기」는 매우 과학적이고 체계적인 조사 방법과 분석을 통한 자료를 담고 있다. 특히 부록 자료로 실어 놓은 설문지들은 한국 교회가 자신들의 사역 환경에서 쉽게 활용하고 적용할 수 있는 자료로서 충분한 가치를 지니고 있다.

이 책은 교회를 교회답게 세우는 일에 보기 드문 안내서라고 생각한다. 그래서 교회 현장 속에서 섬기는 리더십(Servant Leadership)이 어떻게 적용되는지를 알고 싶은 목회자들과 더 행복하고 건강한 교회를 세워 가고자 길을 묻고 고민하는 교회와 목회자들이 있다면, 본서를 꼭 일독할 수 있기를 추천한다.

박종덕 사령관 한국 구세군 사령관

한국 교회 전환기 방향 모색

"핵심을 놓치면 근본이 흔들린다. 신앙의 핵심은 무엇인가? 예수 그리스도이다."(164쪽) 교회는 지키고 세워 가려는 핵심을 기준으로 과거를 돌아보고 평가하여 변화를 시도하고 미래를 준비해야 한다. 현실에 안주하면 아무런 변화를 이룰 수 없고 더 바른 길로 나아갈 수도 없다. 이러한 변화는 담임목사 한 사람이나 몇몇 사람의 노력만으로 이룰 수 없다. 온 교회가 미래에 대한 소망을 품고 함께 갈 때 이룰 수 있다. 춘천중앙교회는 걸어온 백 년을 발판으로 삼아 앞으로 맞이할 새로운 백 년을 준비하며 모범적으로 이러한 변화를 시도하였고 2018년까지 장기적인 계획을 세우고 여전히 진행 중에 있다. 이러한 노력을 통하여 춘천중앙교회가 강원도의 어머니 교회에서 한국 교회의 본(本)교회로 혁신적인 변화를 이룰 수 있을 것이라 확신한다. 춘천중앙교회가 교회의 본질을 지키기 위해 이루었던 지난 삼 년간의 노력을 담고 있는 책이 바로 이 책이다. 한국 교회가 전환기를 맞이한 이때, 교회가 진정 나아갈 방향을 모색하는 모든 목회자와 성도들에게 좋은 안내서가 될 것이다.

원팔연 목사 기독교대한성결교회 증경총회장, 전주바울교회 담임목사

더 좋은 교회로의 변화, 큰 보탬

교회는 하나의 신비한 생명체이다. 예수 그리스도가 머리이시고 온 교인들이 지체인 몸이다. 그러므로 교회도 우리 몸처럼 건강을 진단해 볼 필요가 있다. 건강진단은 건강하다고 생각할 때 하는 것이다. 몸이 아프다고 느낄 때는 이미 늦는다. 교회도 마찬가지다. 건강하다고 생각할 때 철저히 진단해 보아야 한다. 춘천중앙교회는 현 한국 교회 중에서 가장 건강한 교회로 평가되는 교회이다.

그러므로 이번 교회 컨설팅은 매우 시의적절한 것이라 여겨진다. 사실 건강한 교회가 아니면 이런 시도를 할 수 없다. 결과를 수습할 힘이 없기 때문이다. 이런 시도는 대단한 용기가 필요한 일이다. 만약 드러나지 않았던 심각한 문제가 있음이 드러났을 때, 그것을 직면하는 것조차 너무나 고통스러운 일이기 때문이다. 그래서 이런 시도에 박수를 보내고 싶은 것이다.

춘천중앙교회는 2015년 현재 117년을 맞이한 전통 있는 교회이다. 그러나 춘천에서 가장

젊고 역동적인 교회로 평가받고 있다. 그것은 끊임없이 변화를 지향하는 교회이기 때문이다. 이번 컨설팅이 그 증거다. 교회는 사람의 교회가 아니라 주님의 교회이기 때문에 언제나 변화의 방향은 하나이다. 주님의 교회로 회복되는 것이다. 과거 찬란했던 교회들 중에 여전히 교회의 역할을 잘 감당하고 있는 교회가 많지 않다. 그것은 어느 순간 변화를 향한 시도가 멈추었기 때문이다. 한국 교회가 '좋은 교회에서 더 좋은 교회'로 변화하는 계기가 되는 일에 이 책은 큰 보탬이 될 것이라 확신한다.

유기성 목사 기독교대한감리회 선한목자교회 담임목사

갱신과 성장의 실제 지침서

교회의 바로 됨과 이상적인 성장을 위해서는 자신의 교회가 안고 있는 문제가 무엇이며 실상이 어떠한지에 대해 냉철하게 진단하는 작업이 선행되어야 할 것이다. 또한 그 발견된 문제들에 대한 개선방법이 구체적이어야 한다. 본서는 이에 대한 성서적이면서도 실제성 있는 방법으로서의 컨설팅 기법을 구체적으로 제시하고 있다. 본서의 큰 가치는 이론으로 그치지 않는다는 점이다. 교회현장에 구체적으로 적용하여 그 실효성이 입증된 교회갱신과 성장의 실제지침서이다. 내용의 일부분만 교회행정에 적용해도 상당한 유익이 있을 것이다. 교회의 새로워짐과 성장에 대해 고민하는 모든 목회자들에게 강력 추천하는 바이다.

유동선 목사 기독교대한성결교회 부총회장, 춘천중앙성결교회 담임목사

컨설팅과 목회 진지한 고민

한국에서 100년 이상 명맥을 유지해 온 기업은 두산을 비롯해 7곳에 불과하다. 반면에 한국에는 100년 이상의 역사를 지닌 교회가 925곳에 이른다. 이들 교회는 선조들이 품었던 처음의 신앙을 지키기 위해 노력해 왔다. 창업주가 지녔던 창업정신과 경영이념이 쇠퇴하기 시작한 기업은 거의 예외 없이 몰락했다. 그래서 기업들은 한국 교회가 어떻게 선조들의 신앙을 유지할 수 있었는지를 검토하면서 많은 것을 배워야 한다. 그런데 최근에 미국에서 그

랬듯이 한국의 많은 교회가 컨설팅을 추진하기 시작했다. 교회에서 컨설팅이 필요해지고 있다는 것은 그만큼 풀어야 할 문제가 많아졌다는 반증일 것이다. 몇몇 대형교회를 중심으로 한국 교회에서 컨설팅이 시작된 지 벌써 10년이 넘었다. 그런데 기존에 이루어진 이들 교회의 노력에 대해 기독교 내부에서도 곱지 않은 시선이 있다. 외형적이고 양적인 성장에 치중해 왔기 때문이다. 그런 의미에서 이 책에 소개된 춘천중앙교회의 사례는 매우 의미가 있다. 이 책에는 컨설팅을 통해 교회가 처음에 세웠던 선조들의 신앙과 교회의 본질을 회복하기 위해 기울였던 다양한 노력이 담겨 있다. 하나님을 섬기는 종이자 컨설턴트로서, 컨설팅이 목회에 어떻게 기여할 수 있는지 진지하게 고민할 수 있었던 은혜로운 시간이었다.

윤상철 대표 갈렙앤컴퍼니 대표이사

변화와 개혁, 갈구, 그리고 도전

춘천중앙교회는 지금도 충분히 좋은 교회이다. 인구 30만 명도 안 되는 크지 않은 도시에서 그것도 백 년이 넘은 늙은(?) 교회에서 3천 명의 대가족을 이루었다는 것은 실로 경이로운 사건이다. 지금도 안정적이고, 지역을 섬기는 교회로 박수를 받고 있다.

그럼에도 더 좋은 교회로 변화와 개혁을 끊임없이 갈구하고 도전하는 권오서 감독님의 주님 앞에 서 있는 코람데오의 신앙고백이 오늘 이 책을 한국 교회 앞에 과감하게 내놓게 되었다고 생각된다. 위기의 한국 교회 목회자들에게 이 책은 교회가 지금보다 한 차원 더 좋은 교회로 성장하고 성숙하게 하는 데 도움을 줄 것이다. 그리고 목회자뿐 아니라 평신도 지도자들이 이 책을 같이 공유한다면 교회가 우리들만의 리그가 아니라 밖에서도 박수치는 교회, 세상을 향한 빛과 소금의 사명을 잘 감당하는 교회로 가는 나침반이 될 것이라 확신한다.

이동춘 목사 기독교대한복음교회 총회장, 갈릴리교회 담임목사

교회성장 발전의 전략도서

"좋은 교회(Good Church)에서 위대한 교회(Great Church)로 도약하는 최고의 가이드북", 이 책에 걸맞은 표현일 것 같다. 과거와 현재의 교회 모습을 낱낱이 돌아보고 건강한 미래교회의 모습을 컨설팅 기법을 통해 탁월하게 묘사하고 있기 때문이다. 목회자뿐만 아니라 컨설팅에 대해 문외한인 사람들이 보기에도 적합하고 유익하다. 지금까지 출간된 교회 컨설팅 관련 도서 중에 가장 실용적이면서도 대중적이다. 다시 한 번 교회 컨설팅 전문가로서 교회성장과 발전을 위한 전략적인 도서로 꼭 한 번 읽어보도록 한국의 목회자들과 성도들에게 강력하게 추천한다.

이장석 목사 교회성장연구소 본부장, 교회전문 컨설턴트

부흥의 불길 지필 길잡이

이 책을 읽으면서 줄곧 짐 콜린스(Jim Collins)의 *Good to GREAT*가 떠올랐다. 세상의 좋은 기업들이 위대한 기업으로 도약하기 위해 끊임없이 변화를 추구하듯 한국 교회도 '좋은 교회(Good Church)'를 넘어 '더 좋은 교회(the Better Church)'가 되기 위해서는 변화와 혁신이 어느 때보다 절실하다. 교회로서는 이례적으로 춘천중앙교회가 급변하는 이 시대에 사명과 비전에 대해 고민하면서 전문 컨설팅을 받은 과정과 이를 통해 마련한 구체적인 변화 전략 등을 담은 이 책은 변화를 간절히 바라면서도 길을 몰라 난감해 하는 교회와 목회자들께 매우 귀하고 값진 안내서다. 이 책은 특히 '교회와 성도들을 알기 위한 노력'에서 출발해 소통과 공유, 참여라는 디지털 시대의 가치를 교회의 사역과 조직에 반영하게 된 과정을 보여주며 한국 교회의 미래상에 대해서도 깊은 통찰을 제시하고 있다. 이 책이 한국 교회에 새 바람을 불어넣고 부흥의 불길을 지필 길잡이가 될 것으로 확신한다.

이재천 사장 현 CBS 사장

이 책에 모든 답이 들어 있다

이 책은 '더 좋은 교회'를 만들기 위해 수고한 권오서 목사님의 눈물과 기도의 결정체이다. 더 좋은 교회가 되려면 '너 자신을 알라'는 말처럼, 교회의 약한 부분만이 아니라 교회의 전체를 먼저 아는 것이 중요하다. 이 책은 교회를 밖에서 바라보고 안에서 해부하고 지역사회와의 관계까지 돌아보게 하고, 교회가 더 좋은 교회가 되기 위해 해결책을 연구하고 실천하여 얻은 경험과 앞으로 나가야 할 비전까지 제시해 주는 책이다.

"더 좋은 교회 만들기를 원하십니까?" 이 책에 더 좋은 교회를 만들기 위한 모든 답이 있다. 이 책을 통해 여러분의 교회가 '더 좋은 교회' 되기를 바란다.

전용재 감독회장 기독교대한감리회 감독회장

전 교회에 은혜, 도전되었으면

교회가 아름다우면 그 교인들도 아름다워진다고 믿는다. 행복한 가정에서 자란 아이들이 행복한 아이로 자라나는 것처럼, 부강한 나라의 국민들이 부유한 환경을 누리는 것처럼, 아름답고 거룩한 영적 환경에서 신앙생활을 하는 사람들도 그들의 삶에 거룩하고 아름다운 감동적인 모습을 간직하며 살아갈 수 있다고 믿는다. 방 안의 공기가 오염되어 있으면 자신의 의지와 상관없이 호흡할 때마다 나쁜 공기를 마실 수밖에 없어서 건강을 해치게 되지만, 공기가 깨끗하면 숨 쉬는 순간마다 건강해지고 상쾌해지는 것처럼, 교회도 아름다우면 그곳에 있는 교인들도 아름다워진다고 믿는다.

이 책에 잘 정리된 춘천중앙교회의 경험과 발자취를 통해 하나님이 각 교회마다 허락하신 그 존재와 목적이 무엇인지 돌아보는 은혜와 도전이 있었으면 좋겠다. 그래서 이 땅에 더 좋은 교회들이 만들어지고 세워지길 기대해본다.

지성업 목사 기독교대한감리회 산성교회 담임목사

목회사역의 3D 안경 같은 책

권오서 감독님은 좋은 나무와 같이 아주 멋진 분이시다. 나는 이 땅에 권 감독님을 허락하신 하나님께 늘 감사드리며 날마다 위하여 기도해 오고 있다. 그분의 인격, 말씀, 글, 그리고 모든 삶의 모습은 극상품 포도 열매와 같이 귀하고 소중하다. 이 책을 한 마디로 표현하면 목회사역의 3D 안경과 같다. 3D 안경을 착용하면 보다 웅장하게, 감동적이며 흥미진진하게 영화를 관람할 수 있는 것처럼, 이 책을 읽게 되면 목회의 3D 안경을 착용한 것같이 교회와 목회사역의 방향, 비전, 실제 등의 모든 것이 입체적으로 보이게 될 것이다. 그래서 이 책을 읽는 독자들은 라헬을 사랑하는 야곱처럼 주님의 교회를 사랑하는 가슴으로, 한평생의 목회사역도 수일처럼 여기며 행복하게 섬길 수 있는 은혜를 입게 될 것으로 확신한다.

지용수 목사 대한예수교장로회(통합) 증경총회장, 양곡교회 담임목사

이 시대 교회 사역의 지침서

한국 교회의 실상은 어떠한가? 비상등이 켜진 한국 교회의 슬픈 현실이 비록 일부분에 불과하다고 할 수 있을 것이다. 그러나 세속의 평균적 도덕성 수준에도 미치지 못하고 비판이나 합리성이 통용되지 못하며 성장물량주의와 교권권력에 취해 스스로의 개혁을 소홀히 함으로 한국 교계의 부정적 측면이 부각되면서 세상으로부터 냉엄한 비판 속에 강력한 도전을 받고 있다. 위기는 위험과 기회를 함께 품고 있다. 지금 이때야말로 한국 교회가 개혁하고 혁신할 때이다. 교회개혁의 주창자였던 장 칼뱅도 "개혁된 교회는 항시 개혁되어야 한다(ecclesia reformata et semper reformada)."고 지속적 개혁을 당부한 것처럼 한국 교회가 곤혹스런 현실에 좌절하지 말고 진정한 개혁의 길로 나서야 한다. 춘천중앙교회의 「더 좋은 교회 만들기」는 하나님 나라의 실현을 위해 이 땅에 세워진 교회로서 자력으로 개혁하고 새로워지고자 하는 노력의 결실이다. 교회 밖에서 교회를 조명하고 교회와 성도가 더욱 소통하고 함께하는 열린 교회, 겸손과 사랑이 체화된 믿음의 공동체를 이루기 위한 이 시대에 필요한 교회 사역의 혁신 지침서라 하겠다.

홍기화 전 KOTRA 사장 종교교회 장로

어느 12월 오후의 전화

12월의 어느 오후에 전화벨이 울렸다. 춘천중앙교회의 권오서 목사님이었다. "장로님, 지난 3년간 우리 교회가 컨설팅을 실시했습니다. 그런데 주위의 많은 분들이 혼자만 보기 아까우니 책으로 출판하자고 하여, 지금 준비 중에 있습니다. 그런데 장로님께서 추천서를 하나 써 주시지 않겠습니까?" 평소 존경하는 목사님이기에 "네, 그렇게 하겠습니다."라고 답하였다. 며칠 후 온 인쇄물을 읽기 시작하였다. 쉬지도 않고 한 번에 전부 읽었다. 교인이자 경영학자로서 교회에도 최근의 경영마인드와 기법이 이렇게 적용될 수 있구나 하는 생각에 스스로 많은 것을 배웠다. 권오서 목사님이 부탁하셨기에 이 책을 추천하는 것이 아니다. 정말 변화를 원하는 교회가 있다면, 이 책을 읽을 것을 강력하게 추천한다. 아니 교회뿐 아니라 일반 기업체 및 개인도 이 책을 통하여 무궁무진한 교훈을 얻게 될 것으로 확신한다.

교회의 부흥에 대하여 고민하거나 또는 관심을 가진 적이 있는가? 이런 분들은 한번 춘천중앙교회를 벤치마킹할 필요가 있다. 1898년도에 세워진 강원도 모교회인 춘천중앙교회는 지속적인 성장을 하다가 2009년도에 성장이 멈추었다고 한다. 이에 춘천중앙교회는 단순히 성장의 멈춤을 넘어선 교회의 사명과 정체성에 대하여 고민하기 시작하였다. 이것은 올바른 출발점이라고 생각한다. 인간도 가끔은 자기의 과거와 현재, 그리고 미래에 대하여 생각해 볼 시간을 갖는다. 나는 왜 존재하는가? 나는 어디로부터 와서 어디로 가고 있는가? 이러한 고민은 모든 조직에게도 필요하다. 하나님이 세우신 교회도 마찬가지이다. 하나님께서 왜 이곳에 교회를 세우셨을까? 하나님의 종인 우리는 주님께서 주신 그 사명을 잘 감당하고 있는가? 우리 교회는 어떤 목적을 가지고 미래를 향하여 나아가고 있는가? 이것이 중요한 질문인줄 알면서 우리는 바빠서 또는 무의식적으로 그냥 지나친다. 그리고 그저 과거의 관습에 이끌려 그냥 바쁘게만 움직인다. 춘천중앙교회는 이러한 근본적인 질문에 스스로를 던졌다. 그러나 이것은 그리 쉬운 결단이 아니다. 자기의 정체성을 알려면 모든 것을 밝히고 철저하게 벗어야 한다. 춘천중앙교회는 '주님이 원하시는 일인가?'를 기준으로 회개하는 마음으로 철저하게 스스로를 벗었다. 그렇지 않으면 대부분의 교회처럼 그냥 하다가 아무도 모르게 과거로 회귀하기 때문이다.

춘천중앙교회는 직면한 문제들을 파악하고 해결하기 위하여 컨설팅을 받았다. 교회 사역에 경영 컨설팅을 도입하는 것에 부정적인 견해를 가진 사람들이 많다. 그래서 외부 컨설팅 업체가 아닌, 교인들에 의한 컨설팅을 자체적으로 실시하였다. 또 컨설팅을 '주님의 교회를 위해서 사용한다'는 목적을 분명히 하여 오히려 주님께 영광을 돌리고자 하였다. 경영의 패러다임이 변하고 있다. 경영의 목적은 더 이상 이윤창출만이 아니다. 사명과 핵심가치, 비전을 중시하는 경영 패러다임의 변화는 교회에도 영향을 주고 있다. 이미 성서는 컨설팅의 근거를 제시하고 있다. 춘천중앙교회는 성장의 멈춤 차원을 넘어서 많은 교회들이 직면하는 문제를 세 가지 차원으로 분류하였다. 즉, 기도, 예배, 신앙 본질 회복과 같은 영적 차원, 교회의 존재 목적과 예산 등과 같은 물질적 차원, 그리고 평신도 지도자 훈련 및 교회 문화 등과 같은 인적 차원으로 분류하였다. 신앙의 본질을 회복하고 싶은가? 예산이 적어 부서끼리 갈등이 있는가? 사역은 있는데 항상 지시만 받아 열정이 식는가? 시설이 안 좋아 교회가 성장하지 않는다고 생각하는가? 이런 고민을 가지신 분들은 춘천중앙교회를 벤치마킹하기 바란다.

변화하는 것은 인간이나 조직이나 쉽지 않다. 왜냐하면 자기를 부정하여야 하기 때문이다. 자기가 잘못한 것을 스스로 알고 있다 하더라도 그것을 공개적으로 표명하는 것은 정말 어렵다. 그러나 자기 부정은 비판의 대상이 아니라, 변화와 성장을 위한 출발점이라는 사실을 인지하여야 한다. 1993년 설립된 최초의 그래픽카드 회사인 미국 nVIDIA*에서는 저지른 실수를 빨리 인정하고 이 실수를 자산으로 만드는 것이 중요하다고 하였다. 이것을 '지적 솔직함(Intellectual Honesty)'이라 하는데, 스스로의 실패를 솔직하게 인정하고, 타인의 실패를 비난하지 않고, 실패를 자산으로 만들어가는 것이다. 이것은 서로 비난하게 되면 결국은 모두 망하게 된다는 경험에서 나오게 되었다. nVIDIA는 잘못한 사람을 찾지 않고, 잘못한 원인을 파악하는 데 주력하였다. 우리는 1907년 평양대부흥성회가 회개로 시작한 역사를 잘 알고 있다. 그때 누가 다른 사람을 비난하였던가? 서로 스스로의 잘못을 말하고 회개의 눈물을 흘리면서 한국 기독교 역사상 가장 위대한 부흥성회가 되지 않았던가? 춘천중앙교회도 마찬가지이다. 반대도 있었고, 고민도 있었다. 그러나 담임목사인 권오서 목사님께서 결단을 내리셨다. nVIDIA처럼 춘천중앙교회도 스스로 벌거벗는 것을 비난의 대상으로 삼지 않고, 함께 책임을 지자는 인식으로 간주하였다. 권오서 목사님은 다음처럼 말씀하셨다. "'목회'란 목사 혼자서 하는 것이 아니다. 주님이 인도하시는 대로 하는 것이다. 또한 성도와 함께 하는 것이다." 모든 위대한 변화와 혁신은 사고의 전환에서 출발한다.

변화가 효과적이기 위해서는 모든 구성원들의 동의가 절대적이다. 한 사람 또는 소수 집

---

* nVIDIA는 1993년 미국 캘리포니아 주 산타클라라에서 설립된 회사로, 최초의 그래픽 카드(graphic card) 'NV1'을 출시한 비주얼 컴퓨팅 분야의 선구자이다. 전 세계에 8,800여 명의 직원을 둔 글로벌 기업으로 '지적 솔직함'이 기업의 핵심가치가 되었다. 그래픽 칩 디자인(Graphic Chip Design) 시장에서 세계 최고의 기업이고, 2008년 1월 7일 포브스(Forbes) 선정 '올해의 기업'이 되는 영예를 안았다.

단이 일방적으로 결정하고 무리하게 시행하는 것은 시간이 지나면 저절로 사라진다. 이런 점에서 변화의 첫 걸음은 모든 구성원들이 변화에 공감하여야 한다는 점이다. 춘천중앙교회는 이런 점에서 일찍부터 소통이 잘 이루어지는 문화를 구축하였다. 담임목사가 부목사들에게 일방적으로 지시를 내리지 않고, 부목사들에게 많은 권한과 책임을 부여하여 자율권을 강화하였다. 그래서 예산 심의와 결재는 담당목사가 한다. 각 교구의 운영도 담당목사가 전적으로 한다. 물론 모든 결정은 교회의 사명과 목적, 그리고 담임목사의 목회계획과 연계된다. 자율권이 높은 성과를 창출한다는 것은 이미 전통적인 동기부여이론에 의하여 입증되었다. 동기부여는 창의력을 높이고, 능력 이상의 성과를 창출하며, 신뢰관계를 구축한다. 교회는 주님의 은혜 가운데 서로 사랑하며, 긍정적인 마인드를 가지고 서로를 격려하고 위로하여야 한다. 그러나 일방적인 지시, 사역부서 간의 갈등, 물질주의가 교회 내에 존재하는 것도 현실이다.

모든 조직에는 목적이 있다. 보다 구체적으로 사명, 비전, 핵심가치, 이념, 철학, 목적 등이 있다. 이러한 것들은 전부 보이지 않는 영적 또는 형이상학적인 것들이다. 기업의 역사에서 보면 과거에는 설비, 기계, 비용, 제품 등 외형적인 것들을 중요시하였다. 그러나 최근 보이지 않는 요소들이 중요해졌다. 이것은 패러다임이 변하기 때문이다. 변하는 패러다임을 인지하지 못하고 따라가지 못하는 조직은 도태되기 마련이다. 하나의 예를 들어보자. 많은 사람들은 기업의 목적을 영리추구라고 생각하였다. 지금도 이렇게 생각하는 사람들이 많다. 그러나 영리만을 추구하는 조직은 오히려 실패하고 시장에서 사라진다. 보다 중요한 것은 영리가 아닌, 고객만족, 사명 및 이념 실천 등이다. 즉 이러한 것들을 잘 실행하면 수익은 부수적으로 발생한다. 세계의 장수하는 기업들을 조사한 연구는 전부 위의 사실들을 명확하게 실증적으로 확인시키고 있다. 춘천중앙교회도 가장 먼저 근본적인 질문을 던졌다. 교회는 왜 존재하는가? 교회의 목적은 무엇인가? 이러한 질문은 앞에서도 언급하였듯이 근본적이며 핵심적인 질문이다. 이러한 질문에 병행하여 새로운 비전을 설정하였고, 이 비전을 실행할 수 있는 세부적인 핵심가치를 정하였다. 물론 이전에도 비전과 핵심가치가 있었지만, 구체적 실행계획의 결여로 집행되지 못하였다. 그래서 이번에는 구체성을 보완하였다.

춘천중앙교회는 이 질문을 지역사회와 연계시켰다. 이것은 교회는 세상 속에서 빛이 되고 소금이 되어야 하지, 별개의 세상에서 존재하는 것이 아니기 때문이다. 즉, 세상을 구원하기 위해 교회는 존재하는 것이다. 그래서 SWOT 분석을 하였다.

SWOT(Strengths-Weaknesses-Opportunities-Threats) 분석은 기업 내부 환경의 강점과 약점, 외부환경의 위협과 기회에 대해 분석하는 기법이다. 외부환경을 분석하는 이유는 교회가 존재하는 지역을 이해하여야 비로소 교회의 비전과 방향이 정해지기 때문이다. 내부 환경 분석을 통해서는 춘천중앙교회의 강점과 취약점을 파악하였다. SWOT 분석을 통하여 춘천중앙교회는 교회와 성도를 잘 알게 되었다.

환경을 분석한 다음 춘천중앙교회는 교회의 미래를 만들어 가기 위하여 미래준비위원회를 구성하였다. 11개의 분과위원회를 설치하고, 각 분과의 개선방안을 제시하였다. 구체적인 개선 방안을 수립하기 위하여 이웃 5개 교회에 대한 벤치마킹을 실시하였다. 그리고 각 교회가 변화하는 한국사회와 지역사회에 대한 대응방안, 선택과 집중이 이루어지는 사역, 각 분과별로 극복하여야 할 과제 등을 보고서로 채택하였다.

춘천중앙교회는 이제 문제점을 파악하고, 그 해결책을 도출하였다. 그러나 모든 교회가 처한 환경이 다르므로, 이러한 개선안을 춘천중앙교회의 특성에 맞도록 재조정하였다. 그리고 자원의 제약으로 선택과 집중을 하였다. 이렇게 하여 기본방향과 분야별 사역 방향을 도출하였다. 덧붙여 교회의 5대 사역(선교, 예배, 봉사, 양육, 교제)에 있어서 정의를 내리고 유기적인 사역조직을 구성하였다. 그리고 각 사역을 연결시킴으로 통합적인 사역이 가능하도록 하였다. 특히 사역조직도, 사역 프로세스 및 사역설명서를 통하여 권한과 책임의 원칙을 실천에 옮겼다. 더 나아가 롤링플랜(Rolling Plan)을 수립하고, 사역점검인 BSC(Balanced Scorecard)를 통하여 주기적으로 피드백과 검토를 하고 있다.

어떤 성과가 있었는가? 교회가 부흥되었다. 구체적으로 새가족이 많이 정착되었고, 예배 출석인원이 증가하였다. 또 목회자와 성도 간의 관계가 파트너십으로 변하였다. 이것은 의식의 변화로 새로운 문화가 정착되는 출발점이 되었다. 자율중심의 조직이 확립되었다. 즉, 권한을 위임받아 책임사역이 확립되었다. 또 담임목사 고유의 권한이라 간주되던 목회계획이 담임목사 한 분에 의해서가 아닌 부목사와 평신도 지도자와의 협의를 거쳐 나오게 되었다. 이것은 높은 참여율과 강화된 동기부여로 나타났다. 그래서 과거의 혼자 뛰는 사역이 함께 뛰는 사역으로 바뀌었다.

이 책을 통하여 다음과 같은 교훈을 얻을 수 있다. 첫째, 회개하는 자세가 필요하다. 둘째, 변화에 대한 공감대를 모든 교인들이 공유하여야 한다. 셋째, 기존의 폐쇄적인 틀을 깨는 마인드와 창의력이 필요하다. 넷째, 문화는 장기적으로 형성되기 때문에 빠르게 성과를 얻으려는 것은 실패하기가 쉽다. 다섯째, 높은 성과를 획득하기 위하여 최신 경영 기법을 도입하였다.

한 마디로 변화를 원하는 교회에게 이 책은 필독서이다. 개인이든 기업이든 변화의 필요를 인정하지만, 성공보다는 실패가 많았다. 그것은 기존의 관습을 버리고 새로운 마인드로

고정관념을 버려야 하기 때문이다. 휴대폰 시장 세계 1위인 노키아 같은 글로벌 초일류 기업도 변화를 하지 못하여 시장에서 축출 당하였다. 그것은 노키아가 문화적 폐쇄성에 갇혀 있었기 때문이다. 즉 시장의 변화를 의식적이든 무의식적이든 인정하지 않았기 때문이다. 교회가 부흥되기 원하는가? 우리 교회의 사명과 목적은 무엇인가? 이런 질문에 관심이 있다면, 꼭 춘천중앙교회를 벤치마킹하기 바란다. 짧은 시간에 엄청난 가치를 얻을 것이다. 이 책은 한국교회사에 큰 획을 긋는 교회개혁을 단행하였다.

춘천중앙교회는 먼저 스스로의 옷을 완전히 벗고 허공에 던졌다. 어렵지만, 비난이 아닌 부흥의 원천으로 생각하는 겸허한 마인드를 구축하였기 때문에 가능하였다. 성서에 근거하여 최근의 경영개념을 적용하였다. 비전과 핵심가치를 구체화하고, 각 사역을 유기적으로 연계하였다. 교회에서 흔히 볼 수 있는 수직적인 벽과 수평적인 벽을 허물었다. 환경 분석을 통하여 문제점을 도출하고, 이웃 교회들을 벤치마킹하여 해결책을 도출하였다. 확고한 문화를 구축하기 위하여 롤링플랜을 구축하고 정기적으로 평가하였다. 교회에 이런 경영의 개념과 기법이 적용된 것을 처음 보았다. 성과 역시 기대 이상이었다. 하나님의 교회를 부흥시키는 것은 우리 신도들의 의무이다. 그 의무를 다하는 충성된 종이 되기 원한다면 이 책을 필독하기 바란다.

안영진 교수 단국대학교 경영학부, 분당한신교회 장로

주님이 원하시는 교회 세우기

어느 대학이든 현재에 안주하지 않고 보다 나은 모습을 갖추려고 애씁니다. 그래서 각 대학마다 학과나 대학원을 특성화하기 위해 노력합니다. 제가 감리교신학대학교 이사장으로 재직하였을 때 대학의 미래를 위해 추진했던 것이 컨설팅이었습니다. 컨설팅을 도입한 이유는 현재 감리교신학대학교가 처한 상황을 보다 면밀하게 파악하고 보완해야 할 부분을 진지하게 고민하기 위해서였습니다. 한편으로는 컨설팅 결과에 대한 두려움과 걱정이 있었습니다. '학교가 어려운 상황에 처해 있다면 이것을 어떻게 해결해야 할까?', '보다 나은 대학이 되기 위해서 어디서부터 시작해야 할 것인가?', '교단에서 필요로 하는 목회자를 어떻게 준비시켜야 할 것인가?' 등이 제 고민이었습니다.

컨설팅 결과가 보고되고 나서 걱정과 두려움보다는 객관적으로 대학의 현실을 알게 되어 마음 한편으로는 시원함을 느꼈고, 대학의 앞날을 위해 무엇을 준비하고 대비해야 할 것인가에 대해 명확하게 알 수 있었습니다. 그리고 이해득실을 떠나 모든 이사회 임원들과 교수, 직원이 한마음이 되어서 대학의 현실을 직시하고 어려움을 벗어나기 위해 노력하게 되었습니다.

제가 몸담고 있는 춘천중앙교회는 올해 117주년을 맞이하는 오래된 교회입니다. 오늘날 기독교의 교세가 줄어들고 있는 것을 어느 누구도 부인하지 않습니다. 교회가 위기 가운데 있다고 말합니다. 우리 교회 역시 이와 비슷한 위기를 맞이할 것이라는 것을 예감하고 감리교신학대학교에서 컨설팅을 추진했던 경험을 살려보기로 마음을 먹었습니다. 우리 교회 역시 현재의 비전과 사역, 지역사회에 선한 영향력을 나타내는 교회로 자기 역할을 올바르게 하고 있는지 살펴보아야 할 필요성을 느꼈기 때문입니다. 목회는 경영이 아닙니다. 목회자에게 필요한 것은 분명 경영자에게 필요한 것과 다릅니다. 그래서 처음에 컨설팅을 추진하는 것이 두려웠습니다. 왜냐하면 담임목사로 있는 저에게는 컨설팅 결과에 대해 목회적 책임을 져야 하는 부담감이 있었기 때문입니다. 하지만 하나님께 기도하면서 주님이 원하시는 교회, 하나님의 마음에 합당한 교회가 세워져야 한다는 생각에서 교회를 컨설팅하기로 마음먹게 되었습니다.

교회를 컨설팅한다는 것이 불편한 분들도 있을 것입니다. 신앙이나 믿음은 컨설팅의 대상이 아닙니다. 교회가 지향하는 비전이 사역에 올바르게 반영되고 있는지 사역이 올바르게 진행되고 있는지 더 좋은 교회가 되기 위해서, 건강한 교회가 되기 위해 보완해야 할 부분이 무엇인지 알기 위해서 컨설팅을 하게 된 것입니다.

기획위원회를 통해 미래준비위원회가 구성될 수 있도록 도와주신 장로님들, 미래준비위원회 위원장을 맡아 주신 함광복 장로님, 힘든 회사업무에도 교회를 향한 사랑의 수고로 헌신하신 최은석 집사님(갈렙앤컴퍼니 상무이사), 그리고 컨설팅을 공부하며 이 일을 맡아 수고한 이용석 목사님께 감사의 마음을 전합니다.

저를 위해 기도해 주시며 격려해 주신 많은 분들, 일일이 호명할 수는 없지만 특별히 추천의 글로 마음을 전해 주신 많은 분들에게 감사의 마음을 전합니다.

제가 27년 동안 섬긴 교회가 이 책에 그대로 기록되어 있어서 마치 발가벗겨진 듯한 기분입니다. 하지만 후배 목회자들의 목회적 도전을 위한 요청으로 이 책을 펴 내게 되었습니다. 아무쪼록 이 책이 하나님이 원하시는 교회, 하나님의 선한 영향력이 교회를 통해 나타나며 하나님 나라의 증거로 교회가 새로워지는 일에 작은 보탬이 되기를 소망합니다.

2015년 강원도 퇴송골에서

권오서 목사

제3부 '좋은 교회'에서 '더 좋은 교회'로

더 좋은 교회 만들기 08

비전 만들기 164

비전 워크숍

더 좋은 교회 만들기 09

비전을 이룰 수 있는 그릇 만들기 187

사역조직 구성

더 좋은 교회 만들기 10

무엇을? 어떻게? 203

사역 설명서

여러분은 '교회'에 대해서 얼마나 알고 있는가?

여러분은 자신이 출석하고 있는 교회에 대해서 얼마나 알고 있는가? 교회에 다니는 사람들에게 "교회가 어떤 곳입니까?"라고 물으면 다양하게 대답할 것이다. '십자가'를 먼저 떠올리는 사람도 있고, '예배드리는 곳', '복음을 전하는 곳', 더 나아가 '예수님을 닮아가기 위해 이 세상에서 훈련받는 곳'이라고 말하는 사람도 있을 것이다. 그렇다면 이런 말로 교회를 정의할 수 있을까? 사실 교회에 다니면서도 교회에 대해 정확하게 말할 수 있는 사람은 많지 않다. 보통의 사람들이 교회를 묘사하는 것은 마치 시각장애인이 코끼리의 앞다리나 뒷다리, 혹은 머리만을 만져 보고 말하는 것과 같다. 정확한 코끼리의 모습을 모르는 것이다. 우리는 교회를 잘 알고 있는 것 같지만, 사실 교회에 대해서 정확하게 알지 못한다.

왜 그럴까? 사람은 '자기 관심사'만 보기 때문이다. 그래서 부분밖에 보지 못한다. 예배가 자기생각에 만족스러우면 교회는 예배드리는 곳이라고 생각하고 사회봉사가 만족스러우면 교회는 사회봉사를 하는 곳이라고 생각한다. 결국, 하나님을 생각하는 신앙생활을 하기보다 자기가 만족하는 부분을 더 강조하기 때문에 교회를 전체적으로 보지 못하는 것이다. 또한 '교회는 이런 곳이야!' 혹은 '이런 곳이어야 해!'라고 정의하기 때문에 '교회' 전체를 보지 못하게 된다. 즉, 자기 사고의 틀 속에서 교회를 이해하고 정의하는 것이다.

여러분이 출석하는 교회의 존재목적은 무엇인가?

여러분이 출석하고 있는 교회가 이 땅에 세워진 존재의 목적이 무엇인지 알고 있는가? 여러분의 교회는 이 목적에 합당하게 사역을 하고 있는가? 이런 질문에 대해서 정확하게 대답하기는 어려울 것이다. 왜냐하면 사실 교회를 오랫동안 다니고 또 교회에서 하는 행사에 거의 빠짐없이 참여는 하지만 교회를 아는 일에는 많은 관심을 두지 않는 것이 현실이기 때문이다.

교회가 어느 지역에 세워졌든지 간에 세워진 지역과 교회를 연결해 보면 반드시 교회가 존재하는 이유와 목적이 있다. 그것은 예수께서 분명한 목적을 가지고 당신의 피 값을 치르면서 교회를 세우셨기 때문이다. 모든 교회는 사명 때문에 세워졌다. 그래서 내 교회가 아니라 주님의 교회이다. '주님이 무엇을 원하시는가? 우리 교회를 통해서 어떤 일을 계획하고 계시는가?' 이런 질문을 통해 우리는 교회를 통해 하나님께서 이루고자 하시는 목적과 비전이 있고, 우리의 사명과 역할이 무엇인지 알게 된다. 그래서 자기검증이 필요하다. 교회가 존재하는 이유와 목적을 잊어버리면 교회로서의 존재가치를 잃어버린다. 마태복음 5장 13절 말씀[1]처럼 되기 쉽다.

춘천중앙교회는 1898년에 세워져 2015년 현재 117년을 맞이한 전통 있는 교회이다. 지금까지 '선교, 예배, 봉사, 양육, 교제'라는 다섯 가지 축을 중심으로 균형 있는 목회를 해왔다. 옥천동에 있을 때 교회에 출석하는 성도의 수는 1,000명 정도였다. 교회를 건축하면서 퇴계동으로 옮긴 뒤 현재 출석성도는 3,000명으로 증가하였다. 사실 인구 27만여 명이 거주하는 춘천에서 출석성도 3,000명이라는 숫자는 적지 않은 숫자이다. 하나님의 인도하심으로 옥천동에서 퇴계동으로 이전한 후 춘천중앙교회는 오늘에 이르기까지 '변화'라는 것을 목회의 기준으로 삼아왔다. 시대의 변화 속에서 교회 역시 변화되어야 했다. 이 변화는 복음을 말하는 것이 아니다. 세상 사람들에게 복음을 전하고 교회의 본질로서의 사명을 다하기 위해서 성도가 말씀으로 변화되어야 하지만 교회 역시 변화되어야 한다는 것을 의미한다.

그럼 교회는 어떻게 변화되어야 하는가? 세상 속에서 선한 영향력을 나타내는 교회가 되는 것이다. 그래서 지탄과 비난의 대상이 되거나 자기정체성을 상실한 교회가 아니라, 세상에서 빛과 소금의 역할을 할 수 있는 교회가 되는 것이다. 그러기 위해서 우리 교회는 변화하려고 몸부림쳐 왔다. 교회가 정체되지 않고 변화하기 위해 매년 6월 셋째 주간이 되면 모든 목사, 전도사들이 함께 숙식하면서 목회계획세미나를 해왔고 이것을 토대로 교회의 미래를 준비하였다.

그런데 2009년부터 양적으로나 질적으로 성장해 오던 교회가 주춤하기 시작했다. 더욱이 춘천 지역에 신천지가 들어오면서 여러 교회와 성도들이 타격을 받게 되었고 전도에도 영향을 받게 되었다. 이런 상황을 겪으면서 춘천중앙교회의 존재목적과 비전, 그리고 교회가 주님의 뜻에 합당한 사역을 하고 있는지에 대해 다시 한 번 생각하게 되었다.

그러면 어떻게 해야 할까? 그것을 고민하던 중 우리는 미래준비위원회를 발족하게 되었다. 지금까지 목회해 온 사역의 내용이 올바른지를 평가하고, 부족한 부분이 무엇인지를 파악하여 보완하며, 교회가 올바른 모습으로 나아가기 위해 미래준비위원회를 통해 '컨설팅'을 추진하게 된 것이다.

---

1) 개역개정 성경, 마태복음 5장 13절, "너희는 세상의 소금이니 소금이 만일 그 맛을 잃으면 무엇으로 짜게 하리요 후에는 아무 쓸 데 없어 다만 밖에 버려져 사람에게 밟힐 뿐이니라."

이 책은 어떻게 구성되었나?

앞서 이런 질문을 했다. '교회에 대해서 얼마나 알고 있는가?' 이 물음에 대한 답은 '컨설팅'을 하면서 더 잘 알게 되었다. 그리고 목회의 방향이 어디로 가야 할지에 대해서 용기와 담대함을 얻게 되었다. 더욱이 무엇이 부족하고, 무엇을 보완해야 하며, 주님이 원하시는 사역이 무엇인지를 명확히 파악하게 되었다. 그래서 이 책을 통해 교회의 목적과 가치, 그리고 비전을 품게 된 이야기를 하려고 한다.

이 책은 '좋은 교회에서 더 좋은 교회 만들기(Making from Good Church to the Better Church)'라는 컨설팅의 이론과 춘천중앙교회의 13개 컨설팅 과정을 4부로 나누어 설명했다.

1부에서는 기업이나 공공기관을 대상으로 하는 컨설팅을 교회에서 추진하게 된 배경에 대해 설명한다. 이를 위해 컨설팅은 무엇이며, 컨설팅을 인간적인 도구로만 이해해야 하는지, 성서적인 근거가 있다면 그 내용은 무엇인지를 다룬다. 또한 교회가 '컨설팅 기법'을 도입해야 하는 필요성, 가치의 문제, 그리고 컨설팅이 유익한가를 다룬다.

2부에서는 춘천중앙교회에서 컨설팅을 추진하면서 이루게 된 일과 결과물을 소개한다. 교회가 처한 외부환경과 내부환경이 어떠한지 알고 분석하기 위해 사용된 방법과 분석 결과를 토대로 시사점을 도출하는 과정이 상세히 설명되어 있다. 또한 그 과정에서 목회자와 성도들 간의 공감대를 형성하게 된 과정도 다루고 있다.

3부에서는 새로운 비전과 핵심가치를 만드는 과정을 다룬다. 비전과 핵심가치를 이행하기 위해서 사역조직을 어떻게 구성하고 이를 실행하기 위해 어떤 조치가 필요한가를 살펴본다. 특히 교회의 비전과 핵심가치 이행 수준을 모니터링하기 위하여 BSC를 활용한 사역점검체계를 구축한 사례를 제시한다.

마지막으로 4부에서는 교회가 컨설팅 과정을 통해 긍정적으로 변화되려면 반드시 알아두어야 할 부분이 무엇인지를 설명한다.

컨설팅을 도입하는 목적과 방향

먼저 분명히 해야 할 것은 교회에서 컨설팅을 추진하면서 막연한 기대를 한다거나, 혹은 다른 교회에서 하니까 우리도 한다거나, 혹은 철저한 준비 없이 진행한다면 만족할 만한 결과를 얻을 수 없다는 사실이다. 이 책은 필자들이 춘천중앙교회에서 컨설팅을 수행하면서 경험한 것을 토대로 기술되었다. 이 과정에서 반드시 지켜져야 한다고 생각한 기준이 있었다. 첫째, 신앙과 믿음은 컨설팅의 대상이 아니라는 것을 명확히 해야 한다. 둘째, 교회를 컨설팅하기 전에 구체적인 수준과 범위를 정해야 한다. 자칫 잘못하면 교회의 부정적인 부분만 부각되기 때문이다. 셋째, 교회컨설팅 결과에 따른 계획은 급진적인 방법이 아니라 점진적인 방법으로 추진해야 한다. 이런 기준을 토대로 다음과 같이 목적과 방향이 정해졌다.

1) 교회의 존재가치와 사명을 실천하는 비전 중심의 교회

2015년을 기점으로 춘천중앙교회는 교회 창립 117주년을 맞이했다. 미국 남감리회 선교부가 강원 선교를 결정한 이후 매서인(성경을 권해 주며 전도하던 사람)들을 통해 복음이 전파되었다. 지금까지 춘천중앙교회는 강원도의 모교회로서 지역사회에 복음을 전하며 영혼 구원의 사명뿐만 아니라 전도와 선교에 힘써 왔다. 따라서 하나님께서 우리 교회를 강원도의 첫 교회로 세우신 목적과 교회의 존재가치를 재확인하고, 하나님께서 맡겨 주신 사명을 중심으로 비전을 세워 그 비전을 이루어가는 비전 중심의 교회가 되기 위해 컨설팅을 추진했다.

2) 시대의 변화를 읽고 대처하는 교회

교회마다 전통이 있다. 교회의 전통은 교회가 창립된 이유, 지역적인 특성, 그리고 신앙공동체가 서로 영향을 주고받으면서 형성된다. 이런 교회의 전통에는 옳은 것, 발전시켜야 할 것도 있지만, 시대의 변화에 따라 함께 변하고 바뀌어야 할 것도 있다. 무엇보다 중요한 기준은 '주님이 원하시는 일인가?' 하는 것이다. 교회의 정체성과 본질의 문제를 생각해야 하는 것이다. 교회의 평신도 지도자나 목사가 기준이 되어서는 안 된다. 다시 말하면 교회는 존재목적과 비전에 부합되는 기준에 맞추어 변화되어야 한다. 좋은 신앙공동체의 문화를 시대가 변했다는 이유로 소멸시키는 것도 문제이지만, 변화된 시대에 맞지 않는 것을 고집스럽게 가지고 있는 것도 문제이다.

3) 영성의 조화를 이루어가는 교회

교회는 경영학을 배운 사람이 경영하는 곳이 아니다. 하나님께서 인도하시는 대로 따라가는 곳이다. 하나님의 인도하심을 어떻게 알 수 있는가? 그것은 '영성'이다. 하나님의 임재하심을 체험하고 모일 때마다 성령의 기름 부으심을 체험할 수 있어야 한다. 그렇게 되기 위해서는 개인의 내면에 영성이 있어야 한다. 그리고 개인의 영성과 신앙공동체의 영성을 통해 세상에 선한 영향력을 끼칠 수 있어야 한다. 개인의 내면적인 영성은 결국 신앙공동체의 영성이 되어 세상에 선한 영향력을 끼치게 된다. 그래서 교회 안의 성도 개개인의 영성과 신앙공동체의 영성을 세상에 전함으로 교회의 사명과 역할을 다하는, 영성의 조화를 이루는 교회가 되고자 했다.

4) 은사 중심으로 평신도가 사역하는 교회

교회 건물에는 철근, 시멘트, 콘크리트, 벽돌, 유리 등 다양한 재료가 사용된다. 어떤 건축자재는 밖으로 드러나 보이지만 아예 보이지 않는 건축자재도 있다. 건물에 철근이 삐져나와 있으면 보기에 흉하다. 분명 필요한 건축자재이지만 적절하고 올바른 자리에 있지 않으면 어떤 건축자재든지 그 가치를 잃어버리게 된다. 적절한 자기 위치에 놓여 있다는 것은 서로 조화를 이룬다는 것을 의미한다. 철근이 시멘트를 대신 할 수 없고, 유리가 철근을 대신 할 수 없다.

마찬가지로 교회 안의 모든 사역은 한두 사람의 힘으로 완벽하게 이루어질 수 없다. 각기 은사가 있는 사람들이 서로 협력해야 사역이 아름답게 이루어진다. 목사나 평신도는 각기 하나님께서 주신 은사가 다르다. 모든 사역을 목사 혼자서 할 수 없다. 그것은 각각 은사가 다르기 때문이다. 평신도의 은사가 무엇인지 파악하고 계발하면서 동시에 평신도 지도자를 세우기 위해 훈련하는 교회가 되어야 한다. 단순히 은사를 발견하는 것만으로는 부족하다. 은사별로 성도들을 훈련시켜야 한다. 은사를 가진 평신도 지도자들과 함께 사역한다는 것은 서로의 삶을 나누는 것이며 주님의 몸 된 교회를 함께 세워 나가는 일이다.

5) 지역사회와 소통하는 선교적 교회

교회는 세상에서 구원의 방주로서의 역할을 해야 한다. 교회는 세상 속에 존재한다. 세상과 구별되어야 하지만 세상을 이해하고 세상을 주님께로 인도하는 역할을 하는 것이 바로 교회이다. 지역사회가 안고 있는 문제나 지역의 현안을 무시한 채 교회는 선교적 사명을 다할 수 없다. 교회는 자기정체성을 가지고 지역사회 안으로 침투해 들어가야 한다. 지역사회가 필요한 것을 알고 지역사회가 교회에 대해 무엇을 원하는지 알아야 한다. 교회는 세상을 향해 '오라'는 구조가 아니라, 세상을 향해 '가는' 구조가 될 때 지역사회와 소통할 수 있다.

춘천중앙교회를 소개합니다

춘천중앙교회는 '강원도의 모교회'로 1897년 12월 서울에서 열린 남감리회 한국선교회 연회에서 강원도 선교를 결의하고, 1898년 나봉식과 정동렬이 춘천에 복음을 전하여 세워졌다. 춘천중앙교회는 홍천과 화천, 양구와 인제, 철원으로 복음을 전파하는 데 앞장섰다. 일제 강점기에는 1919년 3·1운동과 일제말기 십자가당 사건과 춘천중학교 상록회 사건 등 항일 민족운동의 중심적인 역할을 했다.

6·25전쟁 이후 1955년 옥천동 선교부 병원 건물을 예배당으로 개조하여 사용하다가 1971년 '아폴로' 현대식 예배당과 교육관, 쥬디 기념관을 건축했다. 춘천 성시화(聖市化) 운동, 동원교회와 춘일교회, 만천교회 등 개척교회를 설립하였고 미자립 교회들을 재정적으로 지원했다. 1988년 고(故) 곽철영 목사가 은퇴하고, 그 뒤를 이어 40세 젊은 나이의 권오서 목사가 부임하면서 교회는 새로운 전기를 맞았다. 부임 직후 교회 조직과 체제를 개편하고 다양한 교육과 선교, 친교와 봉사 프로그램을 통해 교회의 체질을 변화시켰다. 1990년 인도네시아를 중심으로 해외선교를 시작하였고, 지역사회를 위해 장학사업과 경로대학을 운영하였으며, 1995년 기독교 춘천 방송국 설립을 주도하였다. 춘천중앙교회는 100주년을 맞아 기념교회를 건축하였는데 1901년 무스 선교사가 춘천에 와서 첫 속회를 조직했던 '퇴송골'이 있던 지역이었다.

또한 2010년 후반기부터 '미래준비위원회'를 구성하여 교회 컨설팅을 추진했으며, 그 결과를 토대로 교회의 각 사역조직을 정비하고, 사역활동을 매뉴얼화 하는 작업을 추진했다. 춘천중앙교회는 현재 평신도 사역자를 세우고 평신도 사역자와 목회자가 서로 파트너십을 통해 하나님과 세상을 섬기는 교회, 하나님의 사랑과 은혜의 역사가 나타나는 교회로 성장하고 있다.

제1부

더 좋은 교회를 향한 발걸음

교회 밖에서 교회를 보다

시작하다

더 좋은 교회 만들기 01

교회 밖에서 교회를 보다

오늘날처럼 연애가 자유로운 시절이 아니던 때, 한 만석꾼이 하나뿐인 아들을 장가보내려고 고민을 하였다. 당시 풍습에 아들은 부모가 정해 주는 대로 결혼을 하였다. 만석꾼은 '어떤 처녀를 며느리로 맞이할까?' 고민하다가 며느리 모집 광고를 내기로 했다.

'만석꾼 며느리 되기 – 쌀 한 말로 한 달 살기'

그는 당장에 초가집 하나를 마련했다. 만석꾼 며느리가 되겠다고 처녀들이 찾아오기 시작했다. 제일 먼저 찾아온 처녀는 쌀 한 말을 하루 세 끼 30일 분량으로 나누어 담았다. 그리고 죽을 쑤어 먹기 시작했다. 오늘날 같으면 쌀 소비량이 적어서 30일쯤은 간단하게 버틸 수 있을 거라 생각했지만 당시에는 오늘날처럼 쌀을 대신할 수 있는 부식이 거의 없었다. 열흘이 지난 후 이 처녀는 배고픔을 견디지 못하고 집으로 돌아갔다.

다른 처녀가 찾아왔다. 이 처녀는 아침엔 금식하고, 점심엔 죽을 먹고, 저녁에는 쌀밥을 먹겠다고 생각했다. 그래서 쌀을 배분한 뒤 한 달을 버티려고 애를 썼다. 결국 15일쯤 버티다가 배고픔에 지쳐서 한밤중에 자기 집으로 도망쳐 버렸다. 이렇게 수많은 처녀들이 나름의 방법을 가지고 만석꾼 며느리가 되겠다고 도전했지만 결국 배고픔을 견디지 못하고 다 자기 집으로 도망치고 말았다.

만석꾼은 좋은 며느리를 맞이하려는 욕심이 지나쳐서 하나뿐인 아들을 홀아비로 살게 만들겠구나 하는 후회가 들기 시작했다. 그러던 차에 만석꾼 며느리가 되겠다고 한 처녀가 찾아왔다. 만석꾼은 이번에도 이 처녀가 며칠 버티다가 도망가겠거니 하고 생각했다. 여자 하인 역시 수많은 처녀들과 생활을 해보았기 때문에 기대를 하지 않았다. 그런데 이 처녀는 집에 들어서자마자 제일 먼저 살림을 정리하는 거였다. 부엌을 정리하며 설거지부터 시작해 모든 그릇을 윤이 나게 닦았다. 그리고 하인에게 밥을 하라고 시켰다. 하인은 집 정리를 하고 밥이나 실컷 해 먹은 뒤에 집에 가려나 보다 하고 생각했다. 어쨌든 밥을 한상 차려서 먹고 난 뒤 이 처녀는 하인에게 쌀을 모두 가져오라고 했다. 그리고 그 쌀로 떡을 만들라는 거였다. 하인은 마음속으로 정신 나간 처녀라고 생각했다.

잠시 후에 처녀는 하인에게 한 달을 살아갈 방도에 대해 말해 주었다. 그것은 간단하지만 대단한 것이었다. 쌀을 가져다가 떡을 만들고 그것을 시장에 내다 판다는 거였다. 떡을 팔아서 생기는 돈으로 다시 쌀을 사고, 또 떡을 만들어 시장에 내다 팔겠다는 거였다.

보름이 지난 후 만석꾼 내외가 초가집으로 찾아왔다. 두 사람은 눈이 휘둥그레졌다. 집은 잘 정리되어 있었고, 그릇들은 반짝거렸으며, 굴뚝에서는 연기가 나고 있었다. 처녀와 자기 집 하인이 시장에서 돌아왔다. 두 사람은 죽만 먹은 사람의 얼굴이 아니었다. 얼굴에는 윤기가 흘렀다. 하인은 오히려 자기 집에 있을 때보다 더 살찐 것 같았다. 만석꾼은 처녀와 하인을 불러서 어찌된 일인지 자초지종을 물었다.

처녀는 그동안 있었던 일을 이야기했다. 쌀을 떡으로 만들어 시장에 내다 팔고, 그 돈으로 다시 쌀을 사고, 그래서 지금 집안에 만석꾼이 준 것보다 더 많은 쌀이 있고, 반찬도 주신 것보다 더 다양하며, 먹고 싶은 음식을 마음껏 해 먹고 있다고 말했다. 이 이야기를 들은 만석꾼은 이 지혜로운 처녀를 며느리로 맞이했다.

'만석꾼 되기 시험'에 응시한 처녀들은 모두 자기 나름의 계획이 있었다. 매 끼니를 죽을 해서 먹거나, 하루 한 끼는 금식을 하거나, 밥과 죽을 번갈아 먹거나 했다. 반면 이 처녀는 쌀을 가지고 떡을 만들어 돈을 버는 특별한 계획(?)을 세웠다. 이들의 차이가 무엇인가? 앞서 만석꾼의 며느리가 되려고 응시한 처녀들은 '이 쌀을 가지고 어떻게 하면 30일 동안 먹고 사느냐?'를 생각했다. 가지고 있는 것을 배분하여 그 테두리 안에서 생활하려고 한 것이다. 반면에 만석꾼의 며느리가 된 처녀는 '있는 것으로 생활하는 생각'의 틀에서 벗어나 '이 쌀을 가지고 무엇을 하면 30일을 잘 보낼 수 있을까?' 하는 것에 골몰했다. 생각의 차이가 삶을 변화시킨 것이다. '30일 동안 쌀 한 말이라는 범위 안에서 먹을 걱정을 한 사람들'과 '쌀을 도구로 사용해서 30일을 살아야겠다.'는 생각은 아주 작은 차이지만 그 결과는 매우 달랐다.

'30일만 살아가는 것'이 아니라 '30일 이상', 그리고 쌀 한 말에 매여 살지 않았던 처녀의 생각처럼 오늘날 주님이 원하시는 교회가 되기 위해서는 사고의 틀을 깨뜨릴 수 있어야 한다. 목사의 생각, 성도들의 생각보다 하나님의 생각은 더 넓고 위대하다. 하나님은 우리들이 속해 있는 교회를 통해 일하기를 원하신다. 그렇기 때문에 지금 우리 교회가 하나님께서 이루고자 하시는 일들을 잘 이루어가고 있는지 살펴보아야 한다. 목사는 목회를 하면서 사명을 날마다 새롭게 하고, 성도는 교회와 사역을 통해 하나님의 자녀임을 날마다 재확인하는 삶을 살아야 한다. 우리는 하나님이 맡겨 주신 비전을 실천하는 교회로 새롭게 거듭나야 하는 것이다.

1. 컨설팅에 눈을 돌리다

교회에서 '컨설팅(Consulting)'이라는 말을 사용하면 거북스럽게 여기거나 부정적으로 생각하는 이들이 많다. 컨설팅의 의미를 잘 몰라서 그런 것이다. '컨설팅'이란 "당면한 문제들을 분석하고 해결할 수 있도록 도와주는 전문적인 서비스를 제공하는 것"이다.[2] 네이버 경제사전에서는 "어떤 분야에 전문적인 지식을 가진 사람이 고객을 상대로 상세하게 상담하고 도와주는 것"이라고 말한다. 다시 말하면, 컨설팅이란 전문적인 지식과 객관적인 조사과정을 통해 조직의 상황을 파악하여 문제를 해결하고 필요를 채우는 데 도움을 주는 활동이다. 보통은 기업에서 하는 경영 컨설팅을 떠올린다. 그러나 최근에는 정부기관, 문화, 예술, 스포츠, 병원, 학교, 그리고 교회에 이르기까지 영리조직이든 비영리조직이든 모든 부문에 걸쳐 컨설팅이 진행되고 있다.

좀 더 자세히 살펴보면, '특별한 훈련'을 통해 일정한 자격을 갖춘 사람들이 고객과의 계약에 따라 독립적이고 객관적인 태도로 경영상의 문제들을 찾아내고 분석하여 그 발견된 문제들에 대한 해결안을 추천하는 것이다. 컨설팅은 첫째, 전문가를 통해 전문적인 기술과 지식을 제공한다. 둘째, 문제를 해결하기 위한 자문 역할을 한다. 셋째, 의뢰를 부탁한 조직이나 사람에 관계없이 독립적으로 컨설팅을 통해 얻어진 결과를 제시한다.[3] 이와 같은 특성 때문에 어떤 이익 집단이나 개인의 영향력에서 벗어나 객관적인 시각에서 문제를 보게 한다.

2. 컨설팅은 인간적인 도구인가

기업에서 사용하는 컨설팅을 교회에 도입하는 것은 하나님의 사역을 종교 비즈니스로 전락시키는 것이라는 우려가 있다. 기업과 교회는 분명히 다르다. 기업은 성과, 즉 이윤을 얻기 위한 이익집단이다. 반면 교회는 이익을 위한 집단이 아니다. 교회는 믿음과 신앙을 중심으로 세워진 공동체이기 때문에 컨설팅 기법을 도입하는 것에 반대하는 입장이 많다. 이에 따라 '컨설팅'이라는 도구를 통해 인위적으로 교회를 성장시키려는 성장제일주의 사상을 부추기는 것으로 여겨질 수 있다. 더구나 영혼 구원을 목적으로 하는 교회의 모든 사역은 하나님이 하시는 일이지, 인간이 인위적으로 조직과 방법을 통해 만드는 것은 잘못이라고 여겨

---

2) 방용성, 김용한, 주윤황, 「경영컨설턴트 기획자를 위한 컨설팅 프로세스와 컨설팅 수행기법」(서울: 학현사, 2012), p.3.
3) 위의 책, p.4.

질 수 있다. 결국 인간이 어떤 방식을 써서 하나님의 사역에 개입하려는 생각 자체가 불경한 것으로 보일 수 있다.

물론 교회성장은 전적으로 하나님의 역사이며 하나님의 섭리이다. 인간적인 방법인 컨설팅을 통해서 인위적인 교회성장을 이야기한다면 주님은 기뻐하시지 않을 것이다. 그러나 하나님의 섭리와 인도하심도 있지만, 우리 인간이 하나님의 섭리에 순응하기 위해 해야 할 일이 있다는 것도 알아야 한다. 모든 일은 하나님께서 하신다. 그러나 하나님이 하시는 일과 인간인 우리가 해야 할 일을 구분해야 한다.

예를 들어보자. 예수님은 승천 후 성령을 기다리라고 하셨다. 500명의 사람들이 예수님의 승천을 바라보았지만 정작 마가의 다락방에 있었던 사람은 120명뿐이었다. 오순절 성령이 임하셨을 때 120명의 사람들은 성령의 충만함으로 각기 다른 방언을 말하며 성령 강림의 기쁨과 감격을 누렸다. 성령께서 임재하신 것은 주님의 일이며 사역이다. 그러나 성령을 기다리는 것은 성도들의 역할이다. 120명은 성령 임재를 체험했지만, 나머지 380명은 성령의 임재와 방언과 능력을 체험하지 못했다. 380명은 자신이 성령을 기다려야 할 사명과 이유를 몰랐을 뿐만 아니라 예수님의 말씀에 순종하지 않았다. 다시 말하면, 자신이 해야 할 역할을 다하지 못한 것이다. 우리를 위해서 은혜와 기쁨, 그리고 능력의 자리를 마련하는 것은 주님의 역할이지만 그곳에 참여하는 것은 인간의 역할이다.

교회의 모든 사역은 하나님이 계획하시고 섭리하셔서 인도하신다. 그것에 순종하며 사역에 임하는 것은 우리의 몫이다. 교회의 잘된 사역과 잘 이루어지지 못한 사역이 모두 하나님의 섭리라고 말한다면, 이것은 하나님을 모독하는 것이다. 왜냐하면 거기에는 목사와 성도의 실수와 연약함이 묻어 있기 때문이다.

구약성경에 보면 하나님은 사사시대에 많은 이방민족을 사용하셨다. 그것은 이스라엘 민족이 가나안에 정착한 후에 이방신들을 섬기기 시작했기 때문이다. 그때 하나님은 미디안 족속을 비롯한 이방 민족을 통해 이스라엘 민족을 심판하시기도 하고, 사사들을 통해서 구원하시기도 하셨다. 북이스라엘을 멸망시키려고 앗시리아를, 남유다를 멸망시키기 위해 바벨론의 느부갓네살 왕을 사용하셨다. 그리고 고레스를 통해서 다시금 나라를 세울 수 있도록 인도하셨다.

이분법적으로 우리의 기준에 맞추어 모든 것을 구분한다면 마치 하나님의 자리에 올라가려는 것밖에 되지 않는다. 하지만 '컨설팅'이라는 도구를 '주님의 교회를 위해서 사용한다.'는 목적을 분명히 하기만 하면 '인간적인가', '인위적인가', 그리고 '개인적이고 사적인 문제', 나아가 '교회성장제일주의'라는 잘못된 이해에서 벗어날 수 있다.

3. 컨설팅의 성서적인 근거

그렇다면 컨설팅이 성서적 근거를 가지고 있는지에 대해 묻고 싶을 것이다. 한마디로 대답한다면 컨설팅은 '성서적인 근거'가 있는 사역이다. 그 근거를 성경에서 찾아보자.

1) 창세기 41장 : 요셉의 꿈 해몽 이야기

야곱의 열한 번째 아들 요셉은 꿈을 가진 사람이었다. 그 꿈 때문에 그는 애굽에 노예로 팔려갔다. 그는 보디발 집안의 가정총무를 지냈지만 죄수로서 감옥에서 생활하기도 했다. 감옥에 있으면서는 술장관과 떡장관의 꿈을 해몽해 주기도 했다. 그리고 훗날 바로 왕 앞에서 바로의 꿈을 해몽하여 7년간의 풍년과 이어질 7년간의 흉년을 어떻게 대비할지를 말해주었다. 이 이야기는 창세기 41장 34~36절[4]에 자세히 기록되어 있다. 그 결과, 풍년의 시간을 통해 흉년의 국가적인 재앙을 막아낼 수 있었다. 또한 애굽의 영토가 확장되는 계기도 마련되었다. 이처럼 7년의 풍년을 통해 7년의 흉년에 대한 대비책을 마련할 수 있도록 조언을 한 '요셉의 꿈해몽'은 컨설팅의 성서적 근거가 될 수 있다.

2) 출애굽기 18장 : 모세와 장인 이드로의 대화

모세는 출애굽한 후 수많은 백성들의 송사를 혼자 재판하게 되면서 탈진하였다. 이러한 시기에 모세의 장인 이드로는 모세에게 찾아와 조언했다. 출애굽기 18장 21~22절의 말씀[5]을 보면 이드로는 모세에게 천부장, 백부장, 오십부장, 십부장 등의 중간 지도자들을 세울 것을 권면한다. 모세는 장인의 말대로 중간 지도자들을 세우고 그들에게 권한을 위임했다. 이로 인해 모세 자신의 육체적, 정신적 탈진도 피할 수 있었고, 이스라엘 백성들에 대한 재판도 효율적으로 진행할 수 있었다. 장인 이드로의 조언으로 모세는 중간 지도자를 세워 책임의식을 심어 주었을 뿐 아니라 이스라엘 백성의 송사 문제를 해결하였다. 이스라엘 민족이 재정립되어 가나안으로 갈 수 있도록 도운 장인 이드로의 조언은 컨설팅의 한 예라고 볼 수 있다.

---

4) 개역개정 성경, 창세기 41장 34~36절, "바로께서는 또 이같이 행하사 나라 안에 감독관들을 두어 그 일곱 해 풍년에 애굽 땅의 오분의 일을 거두되 그들로 장차 올 풍년의 모든 곡물을 거두고 그 곡물을 바로의 손에 돌려 양식을 위하여 각 성읍에 쌓아 두게 하소서 이와 같이 그 곡물을 이 땅에 저장하여 애굽 땅에 임할 일곱 해 흉년에 대비하시면 땅이 이 흉년으로 말미암아 망하지 아니하리이다."

5) 개역개정 성경, 출애굽기 18장 21~22절, "너는 또 온 백성 가운데서 능력 있는 사람들 곧 하나님을 두려워하며 진실하며 불의한 이익을 미워하는 자를 살펴서 백성 위에 세워 천부장과 백부장과 오십부장과 십부장을 삼아 그들이 때를 따라 백성을 재판하게 하라 큰 일은 모두 네게 가져갈 것이요 작은 일은 모두 그들이 스스로 재판할 것이니 그리하면 그들이 너와 함께 담당할 것인즉 일이 네게 쉬우리라."

3) 사도 바울이 소아시아 일곱 교회에 보낸 편지

사도 바울은 그의 전도여행과 서신을 통해서 교회들에게 적절한 조언을 했다. 요한계시록 3장 이하에 나오는 소아시아의 일곱 교회에 편지한 목회적인 조언은 오늘날로 말하면 컨설팅이다. 그 내용을 요약하면 다음과 같다. 에베소 교회에는 '첫사랑을 회복하라', 서머나 교회에는 '네가 죽도록 충성하라', 버가모 교회에는 '회개하라', 사데 교회에는 '너는 일깨워 그 남은 바 죽게 된 것을 굳게 하라', 빌라델비아 교회에는 '네가 가진 것을 굳게 잡아 아무나 네 면류관을 빼앗지 못하게 하라', 라오디게아 교회에는 '차든지 더웁든지 하라, 네가 열심을 내라, 회개하라' 고 했다.[6]

이처럼 구약성경의 요셉의 꿈 해몽과 모세의 장인 이드로의 조언, 그리고 신약성경에서 사도 바울이 소아시아 일곱 교회에 보낸 편지들이 컨설팅을 뒷받침하는 성경적 근거라고 설명할 수 있다.

[표 1-1] 컨설팅의 성서적 근거

항목	내용	성서
요셉의 꿈 해몽	• 계획된 경제활동 조언 흉년 7년을 위해 풍년 7년 동안 준비하라.	창세기 41장 34~36절
장인 이드로의 권면	• 중간 지도자 세우기 - 책임과 권한 위임 이스라엘 백성들의 송사 문제를 천부장, 백부장, 오십부장, 십부장을 세워 해결하라.	출애굽기 18장 21~22절
소아시아에 보낸 바울의 편지	• 일곱 교회에 대한 목회적 조언 1. 에베소 교회 : 첫사랑을 회복하라. 2. 서머나 교회 : 네가 죽도록 충성하라. 3. 버가모 교회 : 회개하라. 4. 두아디라 교회 : 믿음을 굳게 잡으라. 5. 사데 교회 : 네가 어떻게 받았으며 어떻게 들었는지 생각하고 지켜 회개하라. 6. 빌라델비아 교회 : 네가 가진 것을 굳게 잡아 아무도 네 면류관을 빼앗지 못하게 하라. 7. 라오디게아 교회 : 차든지 더웁든지 하라, 네가 열심을 내라, 회개하라.	요한계시록 2장 1절~3장 22절

6) 신성준, "교회 컨설팅, 그 빛과 그림자," 「이슈논평」(2010년 2월호), p.116.

4. 컨설팅의 역할

피터 와그너(Peter Wagner)는 현대 교회가 겪고 있는 9가지 질병에 대해서 이야기했다. 인구감소, 고령화, 상호 불신, 친교 과잉, 열정 감퇴, 시설협소 증세, 지도력 긴장 증세, 영적 발전 제한 증세, 그리고 협동과잉 증세 등이다.[7] 조지 바나(George Barna)는 교회가 가지고 있는 해로운 습관으로 다음의 요소를 들었다. 고정된 예배순서를 고집하는 행위, 서로 악수하는 것만으로 교제가 다 이뤄졌다고 생각하는 행위, 그리고 과거부터 줄곧 해왔다는 이유로 프로그램을 지속하는 행위 등이다.[8]

피터 와그너가 이야기한 9가지 질병과 조지 바나가 말한 교회가 가지고 있는 해로운 습관은 세 가지로 요약 정리할 수 있다. 영적인 차원, 물질적인 차원, 그리고 인적 차원이다. 오늘날 현대교회가 안고 있는 문제가 무엇이고, 그 문제를 컨설팅을 통해서 해결할 수 있는지 살펴보자.

1) 영적인 차원의 문제 해결

첫째, 컨설팅은 기도의 영성을 회복시키는 역할을 한다. 기도의 영성은 성령 충만과 연결된다. 예수님이 부활 승천하신 후 120명의 성도들은 마가의 다락방에 모여서 기도했다. 그들은 약속하신 성령을 기다렸다. 기도를 통해 성령 충만했고, 기도를 통해 성령의 역사가 나타났다. 교회의 모든 사역은 기도의 힘으로 이루어진다. 기도의 영성이 바탕이 될 때 사역은 아름답게 이루어진다. 교회가 세상에서 선한 영향력을 발휘할 수 있는 힘도 기도의 영성에서 나온다. 성령께서 역사하실 때 개인도, 교회도, 그리고 세상도 변화된다. 컨설팅은 자칫 사역에 매여 있는 교회와 개인의 모습을 기도의 자리로 안내하며 영적인 능력을 회복시키도록 돕는다. 즉 컨설팅은 부족한 기도의 영성을 회복시키는 역할을 한다.

둘째, 예배의 영성을 회복시키는 역할을 한다. 성도들은 편안한 예배, 자기를 만족시키는 예배와 교회를 원한다. 예배를 통해 감동받기를 원한다. 그러나 중요한 사실은, 예배는 하나님께 드리는 것이다. 예배의 중심은 하나님이다. 그래서 예배자의 마음이 우선 준비되어 있어야 예배를 통해 감동을 받고 말씀의 능력이 나타난다. 이것이 영적 예배이다. 하나님의 마음에 드는 준비된 예배, 하나님이 기뻐하시는 예배가 되어야 한다. 하나님 앞에 예배자로서 준비하지 않으면 예배의 영성이 약해질 수밖에 없다. 컨설팅은 준비된 예배를 위해 무엇을

---

7) 피터 왜그너, 홍용표 역, 「건강한 교회성장을 방해하는 9가지 요인들」(서울: 서로사랑, 1997).
8) 조지 바나, 조계광 역, 「성장하는 교회의 9가지 습관」(서울: 생명의말씀사, 2001), pp.18~19.

해야 할 것인지를 깨닫게 하는 역할을 한다. 즉 약해진 예배의 영성, 예배자의 영성을 회복시키는 역할을 한다.

셋째, 신앙의 본질을 회복시키는 역할을 한다. 오늘날 복음에 대한 확신, 구원에 대한 확신이 과거에 비해 약해졌다. 그 결과 나타나는 현상이 전도와 선교의 약화이다. 전도하기 위해서는 복음을 전하는 사람이 구원에 대한 확신이 있어야 한다. 선교를 하기 위해서는 선교를 하는 이유와 목적에 대한 신앙적인 확신이 있어야 한다. 단순히 물질적인 후원이 전도나 선교의 방법과 수단이 될 수 없다. 컨설팅은 본질(사역의 본질, 신앙의 본질, 교회의 본질)의 문제를 다시금 일깨워 우리가 신앙 성장할 수 있도록 돕는 역할을 한다.

영적인 차원의 문제를 해결하기 위해서는 교회와 신앙의 본질적인 문제를 다시 파악해야 한다. 기도의 영성을 회복시키며 자기중심적인 예배에서 벗어나 하나님 앞에 신령과 진정으로 드리는 예배, 그리고 복음과 구원에 대한 확신을 통해 전도와 선교를 하는 것은 신앙의 본질과 교회의 본질을 바로 보고 깨달을 때 가능하다. 결국 컨설팅의 역할 중 하나는 영적인 문제 해결을 통해 교회와 신앙의 본질을 바르게 볼 수 있도록 안내해 주는 것이다. 따라서 컨설팅은 현대 교회의 영적 차원의 문제를 보완해 줄 것이다.

2) 물질적인 차원의 문제 해결

첫째, 컨설팅은 시설이 잘 갖추어져야 부흥할 수 있다는 편견을 해결해 줄 수 있다. 교회의 시설이 낡거나 부족하기 때문에 교회가 성장하지 못한다는 편견을 가진 사람들이 있다. 그런 사람들은 영적으로 말씀이 살아 움직이며 성도들이 성령 충만하고 성령의 기름 부으심이 있는 교회를 지향하기보다, 교회시설에 더 많은 관심을 가지고 있다. 물론 교회의 시설이 어느 정도 갖추어져야 한다. 그것을 부정하는 것은 아니다. 그러나 교회의 부흥, 즉 교회의 질적 성장이나 양적 성장이 교회시설에 맞추어진다면 그것은 잘못된 것이다. 컨설팅은 시설이 아닌 교회의 본질과 그 역할에 대해서 진지하게 생각할 수 있는 길을 제공해 준다.

둘째, 예산과 교회시설 유지, 보수 집행에 대한 우선순위의 문제를 해결해 준다. 즉 컨설팅은 교회시설의 보수, 유지 관리, 그리고 새로 구입하거나 설비투자를 해야 할 부분에 대해서 우선순위를 정해 줄 수 있다. 사역자들은 자신이 속해 있는 부서의 입장만을 주장할 수 있다. 그 결과 혼란이 빚어질 수 있는 부분을 교회의 비전과 사역에 맞추어 정비하는 일이 컨설팅을 통해 가능하다. 예산의 경우도 마찬가지이다. 모든 부서가 예산이 넉넉하게 배정되기를 원한다. 하지만 예산은 교회의 비전과 연도별로 추진해야 할 사역에 맞추어 편성되고 집행되어야 한다. 결국 컨설팅은 예산의 편중을 막고 올바른 예산의 집행을 위해 우선순위에 맞게 예산을 투입할 수 있도록 도와준다.

셋째, 교회의 존재목적과 목회철학을 새롭게 해준다. 교회의 모든 사역은 어디에 집중되어야 하는지, 비전을 이루기 위해서 같은 방향으로 진행되고 있는지를 살펴보아야 한다. 다른 교회에서 잘 이루어진다는 프로그램이 있으면 우리 교회에도 적용해 본다는 식의 발상은 교회의 사역 방향을 올바르게 인식하지 못한 결과이다. 프로그램을 도입한 후에 길게 2~3년 진행하다가 잘 안 되면 다른 프로그램을 찾고 지금까지 해오던 프로그램을 중지하는 일들을 교회 안에서 보게 된다. 그럴 때마다 성도들은 프로그램에 매달리게 되고, 반복되거나 새롭다고 시작된 프로그램들을 볼 때마다, 곧 싫증을 느끼거나 마음의 문을 닫아 버린다. 결국에는 목회사역에 동참하지 않는 결과를 낳게 된다. 컨설팅은 교회마다 필요에 대한 우선순위를 정해 주고 연차적인 계획을 마련하게 해 준다. 예를 들면, 주차장이 필요한 교회가 있고, 교육 프로그램이 우선 준비되어야 하는 교회도 있다. 혹은 제자훈련과정이 많은 교회에 대해서는 단순화시키고 집중시킬 수 있도록 조언을 해줄 수 있다. 이렇듯 교회가 가지고 있는 비전과 목적을 향해 나아갈 수 있도록 도와주는 것이 바로 컨설팅이다.

3) 인적 차원의 문제 해결

첫째, 평신도 지도자를 올바르게 세울 수 있도록 도와준다. 교회에는 각 기관과 부서, 그리고 소그룹이 있다. 교회에 출석하는 사람이 많은데 왜 지도자가 될 만한 사람이 없다고 이야기할까? 그것은 평신도 지도자를 세우기 위한 훈련이 없어서가 아니라 평신도 지도자에게 권한위임을 하지 않기 때문이다. 평신도 지도자를 세워 놓고 모든 권한을 목사들이 가지고 있다. 처음에는 평신도 지도자가 사명을 가지고 시작하지만, 결국 아무 권한도 없는 이름뿐인 직임이라는 것을 알게 되고, 그러다 보면 열정이 식게 된다. 평신도 지도자들은 시키는 일만 하는 꼭두각시가 아니다. 함께 목회를 나누고 기도하며 비전을 향해 달려갈 수 있는 동역자로 이해하고 세워줄 때, 평신도 지도자의 역할이 가능해진다. 컨설팅은 평신도 지도자를 세워줄 뿐만 아니라, 그 역할을 분명히 알려주는 역할을 한다.

둘째, 은사대로 사역할 수 있도록 도와준다. 어떤 사람은 다른 사람을 대접하는 은사를 가졌고, 어떤 사람은 기획을 잘 하는 은사를 가졌다. 그런데 기획을 잘 하는 사람에게 대접하는 사역을 맡기고, 다른 사람을 잘 대접하는 사람에게 기획하는 사역을 맡기면, 사역을 맡은 성도는 곧 지치게 된다. 결국 사역은 중단되고, 맡겨진 사역을 잘 감당하지 못한 것이 마음에 상처가 된다. 목사와 관계가 좋다거나 친분이 있기 때문에 사역을 맡기는 풍토는 사라져야 한다. 컨설팅은 성도 개인에게 주신 은사를 귀하게 여길 뿐만 아니라, 보람과 영적 성장이 이루어지는 사역이 되도록 돕는 역할을 한다.

셋째, 교회의 문화를 바꾸어 준다. '교제'라는 말은 좋은 말이다. 신앙적인 친교는 성도들 사이에서 또 다른 문화이기도 하다. 그런데 성도들 사이의 교제가 새로 등록한 성도나 새롭게 사역을 시작하려는 성도들에게 '텃세'로 작용할 때가 있다. '신앙생활 오래하지 않은 주제에?' 혹은 '내가 이 교회 몇 년을 다녔는데, 뭘 안다고 나서느냐?' 이런 이야기는 성도 간의 교제가 원만하지 않을 때 생겨나는 것이다. 이것이 복음을 통해 하나님의 나라가 확장되는 것을 막는다. 컨설팅은 잘못된 교회의 문화를 바로 잡을 수 있도록 도와주고, 교회에 바람직한 문화가 정착되도록 돕는 역할을 한다. 컨설팅은 교회의 강점과 약점을 파악하고, 성도를 헌신자, 사역자로 세울 수 있도록 도와준다. 사역 구조 역시 주먹구구식의 방법이 아니라, 하나님이 주신 은사를 통해 사역하는 구조, 그리고 성도들 사이의 관계 문제에 대하여 대안을 제시해 줄 수 있다.

우물 안의 개구리는 우물 안의 모습을 통해 우물 밖의 세상을 규정한다. 그러나 우물 밖의 개구리는 우물의 모습뿐만 아니라 세상을 바르게 볼 줄 안다. 우물의 입구가 둥글다고 세상이 모두 둥근 것은 아니다. 먼저 한국교회가 세상을 바르게 보는 것이 중요하다. 우리 교회가 어떤 모습으로 세상에 비치고 있고 어떤 역할을 하고 있는지 올바른 시각을 가져야 한다. 교회는 세상 밖에 있는 것이 아니라 세상 안에 있기 때문에 자기를 살피는 일이 그 어느 때보다 중요하다. 교회가 자기를 살피는 일, 세상을 바로 보고 세상을 이끌 수 있는 교회가 되도록 도와주는 것이 컨설팅이다.

[표 1-2] 컨설팅의 역할

항목	내용
영적인 차원	1. 기도의 영성을 회복시키는 역할을 한다. 2. 예배의 영성을 회복시키는 역할을 한다. 3. 신앙의 본질을 회복시키는 역할을 한다.
물질적인 차원	1. 시설이 잘 갖추어져야 부흥할 수 있다는 편견을 해결해 준다. 2. 예산과 교회시설 유지, 보수 집행에 관한 우선순위의 문제를 해결해 준다. 3. 교회의 존재목적과 목회철학을 새롭게 해준다.
인적 차원	1. 평신도 지도자를 세울 수 있도록 도와준다. 2. 성도의 은사대로 사역할 수 있도록 도와준다. 3. 교회의 문화를 바꾸어 준다.

5. 컨설팅의 필요성

교회의 주인은 하나님이다. 교회의 모든 사역은 하나님의 뜻에 따라 이루어져야 한다. 하나님의 뜻에 대한 분별은 기도를 통해 알 수 있으며, 성령의 인도하심에 따라 모든 사역이 이루어져야 한다. 또한 교회가 존재하는 목적은 효율성이나 생산성을 향상시키기 위한 것이 아니다. 교회는 신앙공동체이다. 신앙을 중심으로 영혼 구원을 목적으로 세워진 구원의 방주이다. 그렇기 때문에 영리를 목적으로 하는 기업들이 사용하는 컨설팅이 교회에는 적합하지 않다는 점을 강조하는 분들이 많다. 그런 교회에 컨설팅을 반드시 도입해야 한다고 말하고 싶지 않다. 다만, 컨설팅을 도입한다면 어떤 필요를 채워줄 수 있는지 언급하고 싶다. 컨설팅을 도입하든 안 하든 그것은 각 교회의 결정에 맡겨야 할 부분이다. 여기에서는 교회에 컨설팅을 도입할 때 생기는 부정적인 면과 컨설팅을 추진하면서 생기는 긍정적인 면을 언급하려고 한다. 그래서 정말 컨설팅이 필요한지를 알아보고자 한다.

1) 컨설팅에 대한 부정적 시각

(1) 예수님의 피 값으로 세워진 교회는 평가의 대상이 될 수 없다

교회는 하나님께서 예수님을 이 땅에 보내심으로 세워진 창조물이다. 그래서 인간의 기준으로 만들어진 컨설팅이라는 도구로 교회를 평가한다는 것 자체가 '신성모독'이라고 생각한다. 그러나 하나님께서는 우리가 가지고 있는 것을 도구로 사용하신다. 고레스 왕을 통하여 이스라엘을 회복시키신 것처럼 컨설팅이라는 도구 역시 예외가 아니라는 점을 기억해야 한다.

(2) 하나님이 주신 교회의 권위를 훼손한다

한국교회의 경우 권위의 문제를 중요하게 여긴다. 권위는 곧 직분과 연결된다. 직분은 임의로 선택된 것이 아니라 하나님께서 선택하셨고 하나님께로부터 받았다는 신앙을 바탕으로 하기 때문이다. 그래서 컨설팅의 목적은 교회의 권위에 대항하는 것이 아니라 사역을 통해 교회의 존재목적과 비전을 새롭게 하는 데에 있다.

(3) 교회의 전통이 컨설팅을 통해 평가의 대상이 될 수 없다

교회의 전통은 존중되어야만 한다. 컨설팅은 교회의 전통을 무시하거나 전통을 없애려는 것이 아니다. 오히려 교회의 전통이 더 존중받을 수 있게 만드는 역할을 한다.

(4) 신앙과 종교의 문제를 사회적인 문제처럼 비화시킬 수 있다

컨설팅은 교회 안에 가라앉아 있던 문제를 수면 위로 끌어올려 분쟁거리를 만든다는 생각을 한다. 하지만 교회는 사회와 다르다. 신앙공동체라는 특수한 구조를 가지고 있기 때문에 문제를 책임의 문제로 보지 않고 함께 풀어가야 할 과제로 본다. 그래서 공동책임이 강조되고 사랑과 용서가 강조되는 곳이 교회이다. 컨설팅은 잘 진행되고 있는 사역을 더 잘 될 수 있도록 안내해 주며, 보완해야 할 사역을 보완할 수 있는 방법을 마련하여 본래의 목적대로 사역이 진행되게 한다.

[그림 1-1] 컨설팅에 대한 부정적 시각과 바른 이해

컨설팅에 대한 부정적인 시각	컨설팅에 대한 바른 이해
예수님의 피 값으로 세워진 교회는 평가의 대상이 될 수 없다.	하나님께서는 컨설팅이라는 도구를 통해 일하신다.
하나님이 주신 교회의 권위를 훼손한다.	교회의 권위에 대항하는 것이 아니라 사역을 통해 교회의 존재목적과 비전을 새롭게 하는 데에 목적이 있다.
교회의 전통은 컨설팅을 통해 평가의 대상이 될 수 없다.	교회의 전통을 더 존중할 수 있도록 해야 하며, 잘못된 전통은 컨설팅을 통해 새롭게 변화되어야 한다.
신앙과 종교의 문제를 사회적인 문제처럼 비화시킬 수 있다.	교회의 문제를 잘 해결할 수 있도록 도와주는 역할을 한다.

2) 컨설팅에 대한 긍정적 시각

(1) 교회의 비전과 목회의 방향을 올바르게 준비하게 한다

컨설팅의 목적은 종교나 신앙에 대한 평가나 분석이 아니다. 교회가 나아갈 방향, 비전과 목회의 방향에 대해 진단하는 것이다. 컨설팅은 교회가 세워진 이래로 과거와 현재, 그리고 미래에 대한 모습을 조명해 준다. 교회가 어떤 모습으로 발전해 왔는지 알 수 있게 하며, 현재 하고 있는 사역이 올바르게 추진되고 있는지 자기검증을 할 수 있게 한다. 나아가 세상의 변화를 읽을 수 있는 안목과 시야가 열리고 준비할 수 있도록 한다. 예를 들면, 오늘날 성경

책의 개념이 바뀌었다. 과거에는 성경책을 가지고 교회에 가야 하는 것으로 이해했다. 오늘날은 성경을 가지고 다니는 사람이 과거에 비해 많지 않다. 교회마다 빔 프로젝트를 이용해 예배 서비스를 하고 있는 이유도 있지만, 스마트폰에 성경이나 찬송뿐만 아니라 성경주석의 애플리케이션(Application)이 있기 때문에 성경 대신 핸드폰을 가지고 예배드리는 시대가 되었다. 이처럼 세상은 급변하고 있다. 이런 현실과 미래를 읽고 준비할 수 있는 안목은 바로 컨설팅을 통해 얻을 수 있다.

(2) 주님의 사역을 감당하게 한다

컨설팅은 사역의 목적이 분명하게 이루어지고 있는지, 사역의 결과가 무엇인지를 점검한다. 사역을 진행하는 사역자 개인의 능력이나 사역자의 권위를 무시하는 것이 아니다. 사역에 초점을 두고 컨설팅을 하게 된다. 즉, 올바르게 사역을 감당하도록 만드는 것이 목적이지 사역자 개인에 대해 공격하는 것이 목적은 아니다. 컨설팅은 사역이 올바르게 이루어지게 하며 부족한 사역을 보완하는 역할을 한다.

(3) 시대의 변화와 교회의 모습을 바로 볼 수 있게 한다

교회가 지녀온 전통은 소중하다. 하지만 교회의 전통 중에서도 지켜야 할 전통이 있는 반면 버려야 할 전통도 있다. 버려야 할 것을 어떻게 찾아낼 수 있을까? 버려야 할 부분을 찾아내고 발전시켜야 할 부분을 잘 파악할 수 있는 방법이 바로 컨설팅이다. 시대가 변하는 것처럼 교회 역시 복음을 전하기 위해서는 변해야 한다. 과거에는 교회에서 피아노를 치면 안 되는 때가 있었다. 지금은 어떤가? 드럼이 없는 교회가 없을 정도로 모든 교회가 드럼을 구비하고 있다. 그것은 찬양을 중요하게 여기기 때문이다. 시대가 변화하는 것을 교회가 느끼며 함께 변화해 갈 때 교회에 주신 사명을 잘 감당할 수 있게 된다.

(4) 교회가 안고 있는 문제를 원만하게 해결한다

교회 안의 문제를 드러내어 이것을 쟁점화시키는 것은 컨설팅의 목적이 아니다. 컨설팅의 목적은 한마디로 '문제해결'이다. 전문가의 도움을 받아서 해결하려는 것이다. 어려운 문제를 담임목사나 일부 평신도 지도자가 책임지기보다 신앙공동체의 모든 구성원이 함께 이해하며 풀어나가자는 것이다. 특히 교회 안의 중요한 사안에 대해 갈등과 대립이 생기거나 설득과 중재가 필요할 때 컨설팅은 그 역할을 할 수 있다. 예를 들면 '교회의 건축은 필요한가?'라는 문제 때문에 '목사와 평신도, 혹은 평신도들 사이에서 갈등과 대립'이 생길 수 있다. 그때 전문가의 도움과 조언이 필요하다. 사실 대부분의 문제들은 대화와 공감대 형성이 중요하다. 이러한 대화를 효과적으로 추진하기 위해서는 조언이 필요하다.

컨설팅은 교회의 역할이나 존재목적을 무너뜨리는 것이 아니라 더욱 견고하게 세워나가는 과정이다. 현재의 사역이 올바르게 이루어지고 있는지를 분석하여 교회의 사역이 보다 잘 이루어지도록, 결국 교회의 존재목적과 목회가 잘 진행되도록 돕는 역할을 한다.

(5) 교회사역을 통해 더 좋은 신앙공동체로 세워나간다

모든 사역이 다 합리적인가? 모든 성도가 다 이해하며 수용하고 있는가? 이 질문에 대해서 쉽게 '예'라고 대답할 수 있는 성도는 드물 것이다. 교회의 목회방향이 목사나 평신도 지도자들에 의해서 주관적이고 비합리적으로 세워질 때가 있다. 진정한 교회는 교회의 건물이 아니라 '성도가 모인 신앙공동체'이다. 목회철학이나 비전은 목사나 일부 평신도 지도자가 이루는 것이 아니라 신앙공동체에 속한 모든 성도가 함께 이루어가는 것이다. 컨설팅은 잘못 세워진 주관적이고 비합리적인 부분을 객관적이고 합리적으로 재구성하여 모든 성도가 더 좋은 교회, 더 좋은 신앙공동체로 만들어가게 한다.

[그림 1-2] 컨설팅의 필요성

컨설팅의 필요성(긍정적인 시각)	주요 내용
교회의 비전과 목회의 방향 설정	교회의 비전과 목회의 방향을 설정하고 진단할 수 있게 해 준다.
주님의 사역을 위해서	교회가 현실과 미래를 읽고 준비할 수 있는 도구가 컨설팅이다.
시대의 변화에 따른 올바른 교회상 정립	교회가 세상을 인도하는 변화의 중심에 설 수 있게 한다.
교회가 안고 있는 문제점 해결	컨설팅의 목적은 한마디로 '문제 해결'이다. 전문가의 도움을 받아서 해결하려는 것이다.
교회의 사역을 통해 더 좋은 신앙공동체로 세워 가기 위해서	객관적이고 합리적으로 비전과 사역을 구성하여 더 좋은 교회, 더 좋은 신앙공동체로 만들어 가게 한다.

지금까지 컨설팅의 긍정적 효과에 대해서 언급했다. 교회마다 컨설팅을 꼭 해야 한다고 주장하는 것이 아니다. 지금까지 목숨을 걸고 해 온 목회가 갑자기 벽에 부딪치거나 교회의 미래를 준비하려고 할 때 한번쯤 생각할 수 있는 것이 컨설팅이다. 신앙공동체는 예수님의

피 값으로 세워진 구원받은 공동체이다. 교회가 하나님이 주신 사명에 올바르게 서 있는지 확인하는 것이 컨설팅이다. 교회가 중요하기 때문에 컨설팅을 하는 것이다.

6. 춘천중앙교회의 경험

앞서 컨설팅에 대해 여러 가지를 언급했다. 모든 교회가 컨설팅을 추진할 필요는 없지만 많은 교회에 컨설팅이 필요하다는 점을 말하고 싶다. 춘천중앙교회도 컨설팅을 하면서 앞서 언급했던 염려와 근심이 있었다. 하지만 결과적으로 기우(杞憂)였다. 컨설팅을 하면서 경험했던 것은 다음과 같다.

1) 교회를 사랑할 수 있는 계기 마련

그동안 정체되어 있던 성도 개인의 신앙과 믿음이 변화되는 것을 알게 되었다. 교회에 필요한 것이 무엇이고, 내가 해야 할 일이 무엇인지 확인할 수 있었고, 교회를 다시 바라보게 되었으며, 교회를 주님의 몸 된 교회로 재확인하며 사랑하는 계기가 되었다.

2) 부정적이고 비판적인 시각이 긍정적인 시각으로 전환

지금까지 교회를 어떻게 바라보았는지를 생각하게 되었다. 다시 말하면, 교회를 부정적으로 바라보던 시각이, 긍정적인 시각으로 전환되었다. 잘 안 되는 것과 부족하다고 여겼던 것을 과거에는 비판하며 바라보았지만, 잘 안 되고 부족한 것을 자신이 솔선수범하여 개선하고 보완하려고 하는 긍정적인 입장으로 바뀌게 되었다.

3) 진실한 마음으로 사역에 임함

다른 사람을 의식하거나 체면 때문에 교회의 사역을 맡는 경우가 있었다. 소위 사역에도 높은 것과 낮은 것, 귀한 것과 하찮은 것이 있다고 구분하는 마음이 있었다. 그러나 컨설팅을 추진하면서 사역을 구분했던 마음이 사라지고, 모든 사역이 동등하며 귀중하다는 인식을 갖게 되었다.

4) 사역을 명확히 보게 됨

교회 안에 필요한 사역과 불필요한 사역을 구분하게 되고, 선택해야 할 사역과 집중해야 할 사역이 명확해졌다. 또한 모든 사역이 교회 안의 기관과 서로 유기적으로 연결되어 있다는 것을 알게 되었다. 결국 사역은 혼자 하는 것이 아니라 함께 나누는 사역이라는 사실을 알게 되고, 사역을 통해 받은 은혜와 기쁨, 그리고 아쉬움과 슬픔도 함께 나누게 되었다.

5) 교회의 미래 준비

교회는 주님의 몸 된 교회이며 주님의 피 값으로 세워진 곳이다. 주님이 오실 때까지 교회는 존재한다. 그리고 각 교회마다 교회의 존재목적이 있다. 교회의 존재목적, 하나님께서 세우시고 이루고자 하시는 하나님의 섭리가 무엇인지를 알게 되었다. 교회의 미래를 위해 무엇을 준비해야 할지 알게 되고, 교회의 모든 성도가 하나님이 주시는 꿈과 비전을 품게 되었다.

이상의 다섯 가지는 춘천중앙교회가 컨설팅을 하면서 얻게 된 긍정적 효과이다. 컨설팅을 추진할 때에는 두려움도 있었지만, 교회에 대해 많은 것을 알고 있다고 자부했던 모습에서 벗어나 겸손해졌고, 하나님의 인도하심을 더욱 간구하는 교회와 성도, 그리고 개인이 되었다.

이 장에서는 교회에 컨설팅을 도입하면서 생각할 수 있는 내용에 대해 설명했다. 컨설팅은 성서적인 근거가 있다. 인간적인 도구로 평가되지만 하나님이 교회를 더 새롭게 하시는 도구로 사용할 수 있다. 컨설팅은 영적인 차원, 물질적인 차원 그리고 인적 차원에서 교회가 안고 있는 문제를 해결해 주며, 교회가 가진 사역을 점검할 수 있게 한다. 다양화되고 전문화되는 사회에서 컨설팅은 교회에 필요한 도구이며, 교회의 가치를 새롭게 한다. 컨설팅은 교회에 유익함을 주는 도구이다.

1 '컨설팅'을 하는 목적이 무엇이라고 생각하십니까?

2 '컨설팅'을 하게 된다면 어떤 부분에 좀 더 주의해야 할까요?

3 '컨설팅'을 하기 위해서 가장 먼저 준비해야 할 부분은 무엇이라고 생각하십니까?

4 '컨설팅'에 대해 경험하거나 들은 이야기가 있다면 함께 나누어 봅시다.

시작하다

심한 갈등으로 이혼에 이르게 된 부부가 있었다. 이혼하기로 결심한 아내를 설득하는 남편의 노력이 좀처럼 먹혀들지 않고 있었다. 그때 남편은 주머니에서 500원짜리 동전을 꺼내면서 아내에게 다시 한 번 제안을 했다.

"감정적으로 하지 말고 동전을 던져서 학이 나오면 시간을 갖고 더 노력해 보기로 하고, 숫자가 나오면 과감하게 이혼하기로 합시다."

머뭇거리던 아내는 마지못해 고개를 끄덕이며 남편에게 던져 보라고 했다. 남편은 동전을 위로 던진 뒤 오른손으로 받아 왼손 위에 얹고 오른손을 떼었다. 학이 춤추고 있었다. 학을 본 아내가 시무룩하게 일어서며 다시 노력해 보겠다며 밖으로 나갔다. 남편은 싱긋이 웃으면서 뒷면을 보았다. 동전의 뒷면 역시 학이 춤추고 있었다. 남편은 양쪽이 같은 동전을 만들어 던진 것이다. 남편은 화해와 회복을 전제로 이런 시도를 한 것이다.[9]

우리는 인생을 살아가면서 선택해야 할 일이 많다. 주님이 맡겨주신 사역을 할 때도 우리는 기도하며 선택한다. 선택하고 일을 시작할 때 부정적인 마음으로 시작하는 사람도 있고, 긍정적인 마음으로 시작하는 사람도 있다. 부정적인 마음을 가진 사람은 아주 작은 일에도 원망과 불평을 늘어놓게 된다. 그러나 긍정적인 마음을 가진 사람은 아무리 큰 어려움이 다가와도 긍정적으로 바라보고 목표로 하는 일을 성취한다. 긍정과 부정 중에서 하나를 선택하기보다, 긍정적으로 바라보고 시작하는 것이 가장 지혜로운 방법이다.

지금부터 춘천중앙교회(담임목사: 권오서, 소속교단: 기독교대한감리회, 소재: 강원도 춘천시)에서 지난 2010년부터 2013년까지 실제 이루어진 '컨설팅의 과정'을 본격적으로 소개한다. 가장 먼저 준비했던 내용은 다음과 같다.

첫째, 소통의 자리를 마련하였다. 춘천중앙교회는 컨설팅을 시작하면서 교회 안의 목사

9) 설교닷컴. "긍정을 전제로 시작하라"

그룹과 평신도 지도자들을 대상으로 컨설팅에 대한 소개와 전반적인 이해를 위해 서로 소통하는 자리를 마련했다. 더 좋은 교회가 되기 위해 컨설팅을 준비하면서 가장 먼저 시작한 것이 소통이다.

둘째, 컨설팅을 할 수 있는 팀을 구성하였다. 외부기관에 의뢰할 수 있었지만 춘천중앙교회에 맞는 컨설팅을 위해 담당 목사를 세워 훈련시키고, 평신도 지도자 중 한 사람을 추천하여 목사가 할 수 없는 부분에 대해 서로 협력하게 했다. 그리고 교회 컨설팅 역시 사역의 일부분이기 때문에 본 교회에 출석하는 성도 중에서 컨설턴트로 활동하는 전문가를 중심으로 컨설팅을 진행해 나가도록 했다.

셋째, 컨설팅을 할 수 있도록 위원회를 구성하였다. '미래준비위원회'라 명칭을 확정하고 미래준비위원회가 활동할 수 있도록 교회 안에서의 권한과 역할을 위임했다.

지금부터 이러한 일련의 과정을 설명하고자 한다.

1. 소통으로 컨설팅을 시작하다

사회에서도 그렇듯이 교회 안에도 모임과 회의가 있다. 교회에서 모임을 갖고 회의를 하는 가장 큰 이유는 업무의 내용과 협조 요청사항을 각 부서별 보고를 통해 이야기 나누는 데에 있다. 교회 사역이 하나님의 인도하심 가운데 이루어지기를 소망하기 때문이다. 교회에서 한 달 동안 혹은 분기별로 어떤 일들이 이루어지며, 그것을 위해서 어떤 계획과 준비가 필요한가에 대한 이야기를 서로 나눈다. 특히 교회에서 주요 사역에 대해서 논의할 때는 특별한 자격을 두고, 그 자격에 맞는 분들이 회의에 임하게 된다. 이와 같이 회의를 하는 목적은 '소통'이다. 목사와 평신도 지도자들 간에 소통이 잘 이루어지면 협력이 잘 이루어지게 되고, 해야 할 사역이나 업무가 순조롭게 진행된다. 반면 익숙하고 반복적인 일이라 할지라도 소통이 이루어지지 않으면, 자기 부서나 사역에 대한 주장만 하게 된다. 그 결과 사역이나 업무는 잘 이루어지지 않고, 오히려 서로 갈등하게 된다. 이러한 일은 소통이 이루어지지 않은 결과이다.

일반 기업과 같은 영리단체나 대학과 같은 비영리단체와 소통의 구조를 비교할 때 교회는 조금은 특별한 소통의 구조를 가지고 있다. 그것을 두 가지로 살펴보면 첫째는 '예배'이다. 목사는 언제나 성도들과 소통한다고 생각한다. 그것은 '예배'라는 방법을 통해서다. 예배란 하나님의 말씀을 통해 성도들을 이해시키는 일이며, 성도들을 목회적으로 돌보는 일이다. 예배에서 설교는 성경의 텍스트(text)와 성도의 삶이라는 콘텍스트(context)에 대한 이해를 통해 말씀으로 선포된다. 이는 말씀을 통해 성도들의 삶을 인도하는 방법이다. 그런데 간과해서는 안 되는 것이 있다. 예배 때 선포되는 설교는 일방적이라는 것이다. 강단에서 설교하는 목사는 성도와 대화하면서 설교하지 않는다. 그렇기 때문에 예배에서 설교는 소통의 수단이 될 수 없다. 설교는 하나님 말씀에 대한 성도들을 향한 선포의 수단이다. 신앙적인 권면을 목적으로 말씀이 선포되기 때문에, 진정한 의미에서 볼 때 소통이 이루어진다고 보기 어려운 면이 있다.

둘째, '심방'은 성도의 삶을 이해하는 중요한 수단이며 방법이다. 그러나 심방의 목적은 성도들에게 믿음의 문제, 삶의 문제를 위한 목회적 돌봄의 차원이지 소통의 차원은 아니다. 성도들은 자신의 상황을 이해하고, 목회적 돌봄의 차원에서 심방을 요청한다. '소통'이란 상호간의 입장과 마음속에 품은 계획이나 상황을 이야기하며 나누는 것이다. 한마디로 서로의 마음을 나누는 것이다. 일방적으로 말하거나 일방적으로 듣는 구조에서는 소통이 이루어질 수 없다.

1) 목사들과의 소통

교회 안에서 소통이 잘 안 되는 계층이 있다. 앞서 말한 목사와 성도의 관계도 있지만 사실은 목사와 목사 사이에 소통이 안 되는 경우가 더 많다. 목사들 사이에서 소통이 안 되는 이유를 살펴보면 다음과 같다.

첫째, 자기 사역에만 집중하기 때문이다. 자신에게 맡겨진 사역을 잘 하는 것은 중요하다. 그러나 모든 사역은 서로의 협력이 필요하다. '협력'이란 소통에서 시작된다. 둘째, 자기 사역에 대한 지나친 신념 때문이다. 다시 말하면, 다른 사람의 조언이나 평가에 대해서 열린 마음으로 대하지 않기 때문이다. 마치 자신에게 주어진 사역이 평가되는 것처럼 느끼기 때문에 소통이 좀처럼 어려워진다. 셋째는, 자신이 하는 방식이 옳다는 생각 때문이다. 목적지를 가는 데는 여러 가지 길이 있다. 혼자 가는 길, 마음이 맞는 사람과 함께 가는 길도 있다. 지름길도 있고 돌아서 가는 길도 있다. 목사는 동역의 방법을 알아야 한다. 그리고 어떻게 하는 것이 더 효율적이며 여러 사람이 참여할 수 있는지를 살펴야 한다. 자기만의 방법이 있다는 것은 경험에서 나온다. 다른 사람의 경험도 인정할 줄 알아야 한다. 여럿이 함께하면 더디 갈 수 있지만 기쁨과 슬픔, 그리고 사역을 나눌 수 있어서 더 효과적으로 될 수 있다는 것을 알아야 한다.

교회는 유기체와 같다. 한 가지 사역을 잘한다고 다른 사역도 잘되는 것은 아니다. 모든 사역이 서로 발을 맞추어야 한다. 마치 네 바퀴를 가진 승용차와 같다. 네 바퀴 중 한 바퀴에 펑크가 나면 차가 달릴 수 없다. 네 바퀴 모두 알맞은 공기압을 가지고 있을 때 자동차는 아주 빨리 달릴 수 있다.

2) 성도 간의 소통

성도들 사이에서도 소통의 문제가 해결되어야 한다. 성도들 사이에서 소통이 어려운 이유는 다음과 같다.

첫째, 성도들마다 신앙의 연륜이 다르고 현재를 사는 삶의 자리가 다르기 때문이다. 예수를 믿게 된 배경과 성장한 환경, 관심사, 그리고 은사가 다르다. 이렇게 다양한 사람들이 십자가 앞에 나와 예배를 드리고 신앙생활을 한다. 예수님을 구주로 고백하고 함께 기도하고 말씀을 들을 때 '아멘'이라고 답한다. 기적 중에 기적이다. 수많은 성도들이 서로 소통할 때 신앙공동체는 주님께서 맡겨주신 사명을 감당하게 된다.

둘째, 신앙생활을 하면서 자신만이 가지는 신앙적인 관심이 다르기 때문이다. 같은 교회에서 같이 신앙생활을 해왔다 할지라도 어떤 사람은 기도에 관심이 있고, 어떤 사람은 봉사에 관심이 있다. 각기 가지는 관심사가 다르다는 것을 인정하고 이것을 하나로 연결시키는 소통의 과정이 이루어질 때, 다양하지만 서로 연합함으로 큰 힘을 가지게 되는 것이다.

셋째, 성도 한 사람, 한 사람에게 주어진 달란트가 다르기 때문이다. 모든 성도가 다 내 마음 같지 않다. 또한 소질이나 취미, 특기가 다 다르다. 그렇기 때문에 서로가 연합하여 사역을 이루는 것이 필요하다. 어떤 성도는 사역에 대한 기획을 잘하는가 하면, 어떤 성도는 풍선으로 예쁘게 공작물을 만드는 것을 잘한다. 어떤 성도는 그림을 잘 그린다. 이 모든 성도들이 한데 어우러져서 함께 일할 때 아름다운 사역의 모습이 나타나게 된다. 이처럼 성도 한 사람, 한 사람을 그리스도의 사역으로 이끄는 것은 바로 소통이다. 진정한 소통이 이루어질 때 사역을 통해 보람과 기쁨을 얻게 되며, 우리에게 맡겨주신 사명 역시 아름답게 이루게 되는 것이다.

[표 2-1] 소통이 어려운 이유

목사	성도
1. 자기 사역에만 집중 2. 자기 사역에 대한 지나친 신념 3. 자신이 하는 방식이 옳다는 생각	1. 신앙과 삶의 자리의 차이 2. 자신만이 가지는 신앙적인 관심의 차이 3. 개인이 가진 달란드의 차이

3) 춘천중앙교회의 경험

(1) 목사 간의 소통

목사 간의 소통은 담임목사와 부목사 간의 소통을 의미한다. 일반적으로 담임목사가 지시하면 부목사가 따르는 것이 보통의 교회이다. 그런데 춘천중앙교회는 좀 다르다.

첫째, 부목사들에게 많은 권한과 책임을 부여하고 있다. 춘천중앙교회의 부목사는 담당 부서와 교구를 맡고 있다. 부목사에게 상당히 많은 책임과 권한이 위임되어 있다. 우선 예산의 심의와 편성, 결재에 대한 권한을 부목사가 가지고 있다. 물론 교회 전체의 목회방향과 예산편성 전에 담임목사와 부목사가 사전심의를 한다. 이후 세부적인 사항이나 연간계획의 전반적인 심의는 목사와 평신도(담당 국장인 장로)가 함께 한다. 소요예산에 대해서 다음 해의 교회의 비전과 목표에 따라 예산이 증액되거나 감액된다. 이렇게 편성된 행사계획, 예산편성과 집행이 담당 부서의 평신도 지도자의 지출결의서와 담당 국장, 담당 목사의 승인을 거쳐 이루어진다. 교구 역시 전반적인 교구운영에 대해서는 목사 미팅을 통해서 이루어지지만 각 교구 안에서의 전반적인 운영은 담당 교구 목사에게 전적으로 위임되어 있다. 따라서 담임목사와 부목사들 간에 소통이 원활하게 이루어져야 한다. 둘째, 각 부목사들 사이에서 협의된 내용이 목회사역에 반영된다. 담당 목사의 사역에 대한 독립성을 인정하지만 목회계획세미나 등을 통해 개별 사역이 분배되고, 교회의 공통적인 사안에 대해서 협의한다. 예를 들면 전교인찬양제나 전교인체육대회, 그리고 사순절 특별새벽기도회의 계획안은 주제선정, 사역의 분배 등에 대해 목회계획세미나, 혹은 목사 미팅을 통해서 서로 협의한 뒤에 작성된다.

담임목사와 부목사의 소통(컨설팅에 대한 소통의 시작)

담임목사가 요청하여 1차 전체 목사 회의를 하였다. 1차 회의의 주제는 컨설팅을 하는 이유와 목적에 대한 설명이다. 컨설팅에 대한 내용을 간략하게 설명하고 컨설팅을 했던 교회의 사례를 설명하면서 컨설팅을 하려는 목적을 분명히 했다. 회의의 주제가 '컨설팅'이기 때문에 긴장할 수밖에 없었다.

부목사들은 "왜 우리 교회가 컨설팅을 받아야 하는가?"라는 회의적인 생각을 가지고 있었다. 지금까지 목사들은 스스로 열심히 해왔다고 자부했다. 열정과 소신을 가지고 해온 목회에 대해서 평가를 받는다는 생각 때문에 거부감이 있었다. 춘천중앙교회가 컨설팅을 하는 목적을 부목사들에게 설명한 내용을 요약하면 다음과 같다. 아마도 컨설팅을 추진하고자 하는 다른 교회에서도 충분히 적용할 수 있을 것이다.

지금까지의 목회가 단편적인 목회였다면, 이제 새로운 시대에 대한 방향이 설정되어야 한다. 우리 교회를 새롭게 하는 일은 이 시대에 하나님이 우리에게 주신 거룩한 사명을 다시 깨닫는 일이다. 우리에게 주어진 사명을 수행함에 있어서 바른 목회철학을 정립하고 효과적인 목회전략을 세우는 일은 무엇보다 중요하다. 오늘날 사회가 전문화되면서 교회도 전문화되고 있다. 교회의 모든 분야를 목사가 다 한다는 것은 불가능한 현실이다. 말씀이 있는 교회, 생명력이 있는 교회, 사랑이 넘치는 교회, 선교에 열정을 쏟는 교회가 되기 위해 다시금 새로운 비전과 지평을 열어야 할 시기이다. 그렇기 때문에 컨설팅을 하려고 한다.

컨설팅 취지

첫째, 우리 교회가 있는 춘천 지역에서 선한 영향력을 끼치는 교회로 발전해야 한다.
둘째, 유능한 평신도들을 통해 우리 교회가 활성화되어야 한다.
셋째, 우리 교회는 미래를 준비하면서 부흥하는 교회, 선교하는 교회, 성령의 역사하심이 성도의 삶 속에 증거되어 간증과 고백이 더해지는 교회가 되어야 한다.

준비와 대책

1. 이 모든 일을 이루기 위해서 컨설팅을 전담할 위원회가 필요하다.
   (가칭) '교회발전준비위원회'라고 명칭을 정했다.
2. 교회발전준비위원회의 구성
   1) 전문적인 평신도들과 담당 부서 목사의 참여
   2) 직분에 관계없이 교회의 비전과 발전에 관심을 갖고 활동할 수 있는 분들이 참여
   3) 사역(선교, 예배, 봉사, 양육, 행정, 교회학교)에 따라 분과위원을 선임하고 각 분과별 위원회를 구성
   4) 교회의 외부환경 분석과 내부환경 분석, 설문지 조사, 타 교회 벤치마킹 등 교회 전반에 대한 조사를 통해서 비전과 목표를 설정
3. 컨설팅 기간 : 2010년 9월~2013년 9월

요약

1. 지역사회에 선한 영향력을 끼치는 교회로 변화
2. 세상의 변화에 맞추어 춘천중앙교회의 사역을 고도화
3. 평신도 사역자를 세워 목사와 성도의 동반자 관계로 발전

춘천중앙교회는 강원도의 모교회이다. 1898년에 세워져 2015년 현재 117년의 역사를 가진, 한국교회사에서 중요한 위치에 서 있는 교회이다. 교회적으로 표현한다면 117년 동안 교회가 시대적인 변화에 맞게 사역해 왔다는 것을 말해 준다. 그래서 지금까지 이루어진 사역에 대한 정리를 위해 평가가 필요했고, 세상의 변화에 대해서 교회뿐만 아니라 목사들이 먼저 사고의 틀을 깨고 변화되어야 했다. 또한 평신도 지도자들의 동참을 통해 평신도들이 하나님께서 주신 은사를 통해 사역하는 교회로 발전해 나가야 할 필요가 커졌다.

목사들과 평신도 지도자들이 이러한 상황을 충분히 알고 있다고 생각했다. 그래서 쉽게 소통이 될 것으로 생각했으나 다음과 같은 몇 가지 문제로 소통이 원활하게 진행되지 못했다. 첫째, 자신이 해온 사역에 대해 평가받기를 싫어했다. 둘째, 평가에 따르는 책임이라는 부담감이 작용했다. 셋째, 자신의 사역이 모두 드러난다는 것이 마치 발가벗겨진 듯한 인상을 주기 때문에 거부감을 가졌다. 넷째, 지금까지 목회계획세미나를 통해서 많은 것을 이루어왔기 때문에 목회계획세미나로 대신할 수 있다는 생각이 강했다. 이러한 이유와 부담감이 목사들과의 소통에서 장애가 되었다.

2차 목사 회의에서는 1차 회의에서 소통이 잘 되지 않았던 이유를 다시 설명하고 설득하는 일을 했다. 첫째, 사역에 대한 평가가 아니라 사역의 완성도를 높이는 일이라는 점을 강조하였다. 둘째, 지금까지 우리 목사들이 중심이 되어 해 온 사역을 평신도 지도자들과 동역하기 위해서는 사역이 오픈되어야 한다는 점도 강조하였다. 셋째, 목회계획세미나를 통해 목표로 한 계획이 실제 이루어졌는지 확인하고, 목회계획세미나가 시대의 변화에 맞춰 새롭게 진행되어야 한다는 점을 강조하였다. 특히 목사들이 거론한 부분에 대해서 설명하고, 컨설팅을 해야 하는 이유를 소통하는 것에 초점을 맞추어 회의가 진행되었다.

2차에 걸친 목사 회의를 거쳐 우선 목사들이 지금까지 목회계획세미나를 통해 진행했던 사역에 대한 재평가를 추진했다. 2007년부터 당시 2010년까지 목회계획세미나를 통해 이루어진 계획과 실천된 부분을 비교했다. 그리고 그 결과를 모든 목사들에게 나누어 주고 지금 처해 있는 상황에 대해 인식하도록 했다. 이렇게 함으로써 세 가지를 생각하게 되었다. 첫째, 스스로 잘 이루어지고 있다는 사역의 내용을 한눈에 봄으로써 사역의 허와 실을 직접 깨닫게 되었다. 둘째, 자기가 담당하는 사역뿐만 아니라 전체적인 사역의 내용을 봄으로써 교회 내 사역이 유기적으로 이루어져야 한다는 것을 이해하게 되었다. 셋째, 서로 유기적으로 이루어져야 할 사역, 특히 계획은 세웠지만 실제로 실천하는 사역이 되기 위해서 어떻게 해야 하는가에 대한 해답을 생각하게 되었다. 결국 세상이 변화되듯이 교회 역시 변화에 민감해져야 함을 공감하게 되었다. 더 이상 '왜 컨설팅을 해야 하는가?'에 대한 질문이나 이에 대한 반론은 제기되지 않았다.

[표 2-2] 춘천중앙교회 컨설팅을 위한 소통 과정

항목	내용
춘천중앙교회 사역의 특징	• 부목사들에게 많은 권한과 책임을 부여 • 교회의 비전과 사역 속에서 개별 사역을 자율적으로 진행 • 각 부목사들 사이에서 협의되고 합의된 내용이 목회사역에 반영되는 구조
컨설팅의 목적	• 지역사회에 선한 영향력을 끼칠 수 있는 교회로의 정립이 필요 • 세상의 변화에 따른 춘천중앙교회의 사역을 준비 • 평신도 사역자를 세워 목사와 평신도 간 파트너십을 통한 발전
1차 회의의 주요 내용	• 컨설팅은 사역에 대한 평가가 아니라 사역의 완성도를 높이는 일임을 강조 • 목사 중심 사역을 평신도 지도자들과 동역하는 사역으로 오픈 • 목회계획세미나를 시대의 변화에 따라 새롭게 진행
2차 회의의 주요 내용	• 담당 사역의 허와 실을 직접 깨닫게 됨 • 전체 사역의 내용을 보게 됨으로써 사역이 유기적으로 진행되어야 함을 이해 • 유기적인 사역이 되기 위해서 사역의 방법론적인 해답을 생각하게 됨

⑵ 담임목사와 성도들 간의 소통

컨설팅에 대한 부담감은 목사들만 가지는 것은 아니다. 교회의 평신도 지도자들도 동일한 부담감과 거부감을 가진다. 지금까지 평신도 지도자로서 헌신하고 봉사해 온 부분들에 대하여 평가를 받으면 교회에서 자신들의 직분, 위치, 그리고 역할이 실추될 수 있다는 두려움이 있었다. 이것을 극복하기 위해서는 누구의 책임이라는 결과에 대한 인식보다는 함께 책임을 지고 함께 역할을 감당해야 한다는 인식을 가져야 했다.

춘천중앙교회의 경우 매월 첫째 혹은 마지막 토요일 오전 6시에 기획위원회를 가진다. 기획위원회에서는 그 달의 전반적인 목회계획과 다음 달의 목회계획을 함께 이야기한다. '목회'란 목사 혼자서 하는 것이 아니다. 주님이 인도하시는 대로 하는 것이다. 또한 성도와 함께 하는 것이다. 이러한 목회방침을 바탕에 두고 평신도 지도자들과 함께 계획을 나누고 서로가 맡은 역할을 정리한다.

기획위원회를 통해서 컨설팅을 하겠다는 담임목사의 입장이 전달되었다. 평신도 지도자들에게도 컨설팅의 목적과 이유를 설명했다. 앞에서 목사들을 대상으로 이야기한 세 가지를 동일하게 설명했다. 첫째, 우리 교회가 있는 춘천 지역에서 선한 영향력을 끼치는 교회로 발전해야 한다. 둘째, 교회가 활성화되기 위해서는 유능한 평신도 지도자들의 활동이 필요하다. 셋째, 우리 교회가 미래를 준비하면서 부흥하는 교회, 선교하는 교회, 성령의 역사하심으로 성도들의 삶 속에 간증과 고백이 더해지는 교회가 되어야 한다. 기간을 2010년 9월부터 2013년 9월까지로 정해서 이 기간 동안 컨설팅을 진행하도록 했다. 그렇게 하기 위해서 기획위원회에 위원회의 구성을 요구했다.

목사들과 평신도 지도자들 간의 대화를 통해서 어느 정도 교회에 컨설팅을 도입하는 목적과 이유가 설명되고 받아들여졌다. 하지만 모든 사람이 다 동의하여 한마음이 된 것은 아니었다. 사실 한두 번 회의한 것으로 소통이 이루어졌다고 말할 수 없다. 소통은 말로만 하는 것이 아니라, 실제로 보여야 하는 것이다. 그래서 소통은 점진적인 단계를 통해 완벽하게 이루어지게 된다. 변화 역시 갑작스럽게 추진될 때, 그것이 아무리 좋은 것이라 할지라도 사람들을 불안하게 한다. 마찬가지로 컨설팅을 통해 아무리 좋은 변화를 이야기해도, 결국은 소통을 통해 변화의 필요성을 깨달을 때에만 변화가 가능해진다. 목사와 평신도 지도자들 간의 소통은 앞서 말한 것처럼 점진적으로 이루어졌다.

2. 팀(TFT, Task Force Team)[10]을 만들다

춘천중앙교회는 컨설팅을 준비하면서 한국교회를 진단할 수 있는 컨설팅 기관을 알아보았다. 컨설팅 기관의 기준도 필요하지만, 교회가 처해 있는 여건과 환경에 맞추어 진행할 수 있는 기관이 있는지 살펴보면서 다음과 같은 기준을 고려했다. 첫째, 우리 교회의 현실에 맞게 컨설팅을 할 수 있는 기관이 있는가? 둘째, 모든 교회를 일률적으로 같은 기준으로 설문하고 평가할 수 있는가? 셋째, 컨설팅 진행 과정에서 수준과 범위의 문제를 조율할 수 있는가? 넷째, 시간과 비용은 얼마나 드는가?

결국 컨설팅을 도입하여 진행하는 전체의 과정을 내부에서 해결하기로 했다. 당시 5개의 교구를 한시적으로 4개의 교구로 줄이고 교구와 기획을 맡아하던 이용석 목사를 기획 전담으로 업무를 전환했다. 그리고 서울에 파견하여 컨설팅 훈련과정을 이수하도록 했다. 2010년 예산안에 '목회기획파트'에 '목회기획비'라는 항목을 두어 필요한 예산을 준비했다. 목사를 훈련시켜서 컨설팅을 하려고 했던 이유는 외부기관에 의뢰해서 컨설팅을 하게 될 경우

---

10) 'TF Team'란 Task Force Team의 약어로 회사에서 중요한 일, 새로운 일(프로젝트)을 추진할 때 각 부서 및 해당 부서에서 선발된 인재들이 임시 팀을 만들어 활동하는 것을 말한다.

자칫 갖게 되는 부담감과 거부감 때문이다.

교회를 기업이나 대학처럼 컨설팅 할 수는 없었다. 그래서 춘천중앙교회의 형편과 여건에 맞는 컨설팅을 하되 범위와 수준을 조정하고 점진적인 변화를 이끌어낼 수 있게 했다. 또한 외부기관에 전체를 맡기는 것보다 컨설팅 과정을 이수한 목사를 통해 완급을 조절하고 컨설팅의 과정 전체를 파악할 수 있도록 했다. 특히 컨설팅의 진행과정에 대해 시간적인 조율과 부족한 부분을 채워나갈 수 있도록 계획하고 준비하여 컨설팅을 진행했다.

성도 중에서 컨설팅 전문가를 찾아 도움과 자문을 구했다. 본교회에 출석하는 최은석 집사(갈렙앤컴퍼니 상무이사)의 도움을 받아 컨설팅 진행과정에 대한 자문, 컨설팅 관련 각종 세미나, 그리고 비전 워크숍 등을 진행하도록 했다. 목사와 평신도 전문가 두 사람만으로는 부족했다. 왜냐하면 목사와 전문가가 교회 전체를 컨설팅하는 것에 대해서 교회의 평신도 지도자(장로)들에게 부담감이 있었다. 그래서 기획위원회를 통해 평신도 지도자 중에서 함광복 장로를 추천받아 선임했다.

다음과 같은 몇 가지 사항에 유의하면서 컨설팅을 추진하였다. 컨설팅을 하고자 하는 교회라면 마찬가지로 유의해야 할 점이다. 첫째, 성급하게 무엇인가를 이루려는 마음이다. 한두 번 이야기하면 모두 다 이해했을 것이라는 조급한 생각이 일을 어렵게 만든다. 둘째, 정확한 역할을 정해 주지 않을 때 실수하게 된다. 목사, 평신도 지도자, 평신도 전문가의 역할이 정확하게 주어지고 권한과 위임의 문제가 해결되어야 업무를 추진하는 데 어려움이 없게 된다. 셋째, 컨설팅은 긍정적으로 보는 사람보다 부정적으로 보는 사람이 더 많기 때문에 교회 차원에서 적극적인 홍보가 필요하다. 왜 컨설팅을 도입해야 하는지, 더 좋은 교회가 되기 위해서 무엇을 해야 하는지에 대해 적극적으로 홍보해야 한다. 넷째, 평신도 지도자를 선임할 때 목사가 임의로 선임하지 말고 추천제를 도입해야 한다. 목사가 지명하여 평신도 지도자를 선임하게 되면 다른 평신도 지도자들은 목사가 임의대로 모든 일을 진행한다고 생각할 수 있고, 다른 평신도 지도자들을 방관자가 되도록 만들 수 있다.

최종적으로 이용석 목사(기획목사), 함광복 장로(미래준비위원장), 그리고 최은석 집사(평신도 컨설팅 전문가) 이렇게 세 사람이 한 팀이 되어 춘천중앙교회의 컨설팅을 시작하게 되었다.

[표 2-3] 춘천중앙교회 컨설팅 계획

항목	내용
컨설팅 기준 선정	• 우리 교회의 현실에 맞게 컨설팅을 할 수 있는 기관이 있는가? • 모든 교회를 일률적으로 같은 기준으로 설문하고 평가할 수 있는가? • 컨설팅 진행 과정에서 수준과 범위의 문제를 조율할 수 있는가? • 시간과 비용은 얼마나 드는가?
TFT의 구성	• 미래준비위원회 위원장 : 함광복 장로(기획위원회에서 천거) • 담당 목사 : 이용석 목사(기획 전담 목사, 컨설팅 관련 업무 총괄) • 컨설팅 전문가 : 최은석 집사(갈렙앤컴퍼니 상무이사)
컨설팅 TFT 구성 시 유의점	• 성급하게 무엇인가를 이루려는 마음을 조심한다. • 정확한 역할을 정해 주지 않을 때 실수하게 된다. • 컨설팅을 부정적으로 보는 사람이 더 많다는 점을 잊지 않는다. • 평신도 지도자를 선임할 때 추천제를 도입한다.

3. '미래준비위원회'가 출범하다

처음 컨설팅을 준비할 때 위원회의 이름은 '교회발전위원회'라고 정했다. 그러나 기획위원회를 통해 평신도 지도자들과 목사들이 서로 머리를 맞대고 의논한 결과 '교회발전위원회'라는 이름 대신 '미래준비위원회'라는 명칭을 채택하게 되었다. 이렇게 함으로써 컨설팅이 목사가 제안하고 이루어지는 일방적인 구조가 아닌 평신도 지도자들의 동참을 통해 목사와 평신도 지도자들의 소통과 합의로 진행된다는 점을 분명히 했다.

'미래준비위원회'는 컨설팅을 준비하면서 이에 필요한 권한을 기획위원회에서 위임받았다. 컨설팅을 위한 전담기구가 구성된 것이다. 전담기구가 구성된 후 업무에 따른 예산의 규모가 정해졌고, 업무 진행과정을 위임받게 되었다. 마침내 '미래준비위원회'가 실질적인 교회의 기구로 탄생하였다. 목사와 평신도 지도자들에게 설명과 설득을 하고, 그들이 안고 있는 부담감이 무엇인지 이해하고 수용해서 점전적인 변화와 교회의 미래를 준비하는 기구로 구성되었다. 특별기구로서 업무의 역할과 내용, 시기적인 내용을 확정하여 투명성과 확실성을 공고히 했다. 그렇게 함으로써 미래준비위원회가 갖는 불안요소를 제거하였다.

다음은 미래준비위원회의 업무 진행과 관련한 로드맵이다.

[그림 2-1] 미래준비위원회 업무 로드맵

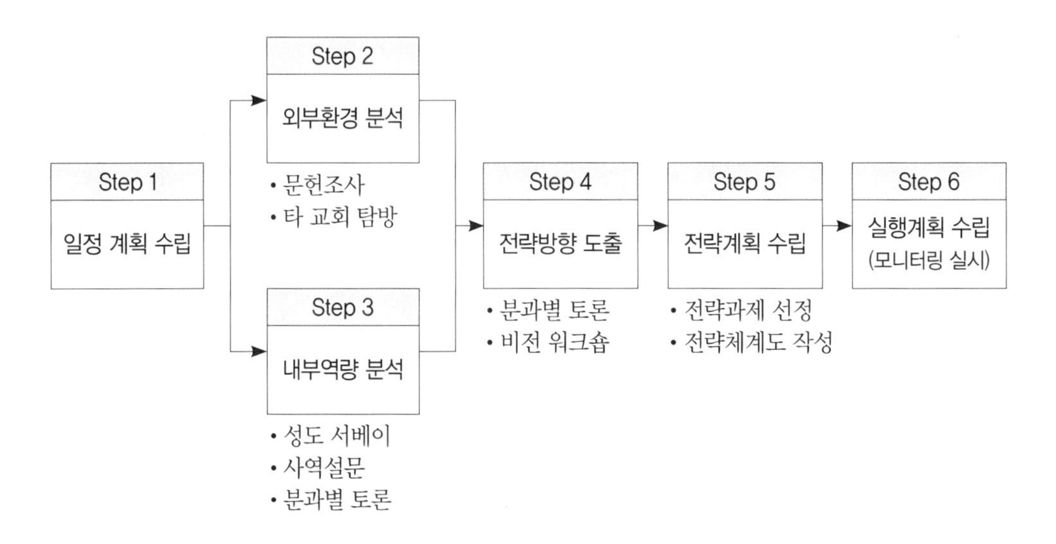

교회에 컨설팅을 도입하기 위해서는 교회 자체에 대한 이해와 협력이 필요하다. 일방적인 명령이나 통보가 아니라 목사와 성도 간 소통의 구조에서 시작되어야 한다. '컨설팅을 도입하는 목적은 무엇인가?' '컨설팅을 도입하기 전 교회가 안고 있는 어려움은 무엇인가?' '컨설팅을 도입하면 교회가 안고 있는 어려움을 정말 극복할 수 있을까?' 목사와 성도들이 소통을 통해 같은 마음이 될 때, 컨설팅은 차질 없이 준비되고 진행된다.

춘천중앙교회는 목사 그룹과 평신도 지도자들에게 컨설팅에 대한 소개와 전반적인 이해를 위해 소통하는 자리를 마련했다. 그리고 교회에 맞는 컨설팅을 위해 담당 목사를 세워 훈련시키고, 평신도 지도자 중 한 사람을 추천하여 목사가 할 수 없는 부분을 서로 협력하게 했다. 교회 컨설팅 역시 컨설팅의 일부분이기 때문에 본교회에 출석하는 성도 중에서 컨설턴트로 활동 중인 전문가가 도와서 컨설팅을 진행해 나갈 수 있도록 했다. 그리고 컨설팅을 시행할 기구를 구성하고, 권한을 위임하고, 예산을 편성하여 컨설팅을 진행할 수 있도록 했다. 아울러 업무 로드맵을 만들어 컨설팅의 진행 방향에 대해 투명하게 준비할 수 있도록 했다.

토론 02

1 목사와 성도가 소통해야 하는 이유는 무엇입니까?

2 목사 간, 목사와 성도 간 소통을 어렵게 하는 요인은 무엇이라고 생각하십니까?

3 신앙공동체가 서로 소통하기 위해서 해야 할 일은 무엇일까요?

4 교회의 비전과 핵심 가치가 정해져 있습니까? 정해져 있다면 현재 하고 있는 사역은 비전의 어느 부분에 속한다고 보십니까?

제2부

지역사회, 교회, 그리고 성도를 알아 가다

교회와 성도를 알기 위한 노력

교회와 성도를 알게 되다

교회의 미래를 만들어 가다

옆을 바라보자

다시 시작하기

더 좋은 교회 만들기 03

교회와 성도를 알기 위한 노력

외부환경 분석, 내부환경 분석

피부 전문 약국인 '종로 피보약국'을 경영하는 약사가 있었다. '피부를 보호한다'는 뜻을 가진 '피보약국'은 피부에 민감한 여성들이 이곳을 자주 찾으면서 유명해졌다. 수십만 명의 사람들이 이 약국을 다녀갔다고 한다. 전국에서 약사들까지 몰려들어 자기들한테 약을 공급해 달라는 주문도 쇄도했다. 지방에서 올라오는 환자들의 편의를 생각해서라도 약을 공급해 주는 게 좋겠다는 생각에 그는 전국 60개의 다른 약국에도 약을 조제해서 공급하기로 했다. 그런데 이것이 문제가 되어 무허가 제약행위로 보건범죄단속법에 걸리고 말았다. 별다른 생각 없이 한 일이지만 법이 가만둘 리 없었다. 1979년 그는 당시 무려 8억 3,000만 원이라는 엄청난 벌금을 물었다. 14년 동안 눈코 뜰 새 없이 돈을 벌었지만 하루아침에 빚더미에 올라앉고 만 것이다.

그는 전국의 사찰을 돌아다니면서 도피생활을 했다. 그런데 6개월을 피해 다니자 더 이상 갈 곳이 없었다. 그가 마지막으로 찾은 곳은 경상남도 양산에 있는 통도사였다. 자신의 인생을 마감하고 싶었다. 그런데 통도사에서 그를 반기는 게 있었다. 자신의 사건 기사가 실린 6개월 전의 신문이었다. 우연치고는 너무 이상했다. 갑자기 울분이 솟구쳤다. 그는 신문을 움켜쥐고 울고 또 울었다. 그러다가 갑자기 입술이 열리면서 단어 하나가 툭 튀어나왔다. 바로 '하나님'이었다.

사실 그는 태어나서 여태까지 하나님이란 말을 해본 적이 없다. 원래 그의 집안은 불교 집안으로 그의 어머니는 평상시에 승복을 입고 다닐 정도였다. 그는 잘나가던 약사 시절에 도봉산 기슭에다 절을 짓기도 했다. 그 절에는 1,000명의 불신도들이 몰려들었고 그는 불신도회 회장을 맡기도 했다. 그런 그가 이 절에서 하나님을 부른 것이다. 결국 통도사에서 나와 그는 교회를 다니게 되었다. 하루는 기도하던 중에 사업 아이디어가 떠올랐다. '우리나라 여성들의 피부는 서양 여성들하고는 다르지 않은가. 우리나라 여성들한테 꼭 맞는 기초화장품을 만들어 보면 어떨까?' 그래서 그는 46세 되던 1984년에 '참존'이라는 기초전문 화장품 회사를 세우게 된다. 이 회사는 이후 지금까지 16년을 지나면서 기초화장품 분야에서 세계 제일의 품질을 자랑하는 수준으로 도약하게 되었다. 이 회사의 간판 제품인 컨트롤크림은 기초화장품 시장에서 2년 연속 1위를 차지했다고 한다.

이 회사의 김광석 회장, 지금은 장로로 교회를 섬기고 있다. 새벽기도로 하루를 열면서 무엇보다 겸손한 사람이 되게 해 달라고 기도한다. 지금은 개척교회를 비롯해서 20군데가 넘는 곳에 선교헌금도 보내고 있다.[11] 한때 자살의 벼랑 끝으로 내몰렸던 김광석 장로, 그러나 하나님의 아들 예수님을 믿고 따르면서 삶을 돌이키자 놀라운 삶의 변화를 체험하게 된 것이다.

우리 모두 주님이 주신 사역이라는 소명의식을 가지고 섬기며 헌신한다. 그런데 그 헌신이 기쁨이나 감사가 되지 않고 오히려 삶을 힘들게 할 때가 있다. 왜 그럴까? 나만 잘 뛰면, 나만 잘하면 된다는 식의 고집 때문은 아닐까? 다시 말하면 목회만 열심히 한다. 아침부터 저녁까지 최선을 다한다. 하지만 주위는 보지 않고 열심히만 한다. 의자에 엉덩이 붙이고 오래 앉아 있다고 다 공부를 잘하는 것은 아니다. 의자에 앉아 있는 이유와 목적이 분명해야 한다. 그리고 무엇을 어떻게 할 것인지 목표와 과정이 정해져 있어야 한다. 제일 중요한 것은 시험에 어떤 문제가 출제될 것이라는 핵심을 잘 알고 있어야 한다. 시험문제를 출제하는 사람의 의도를 알고 있어야 하는 것이다.

교회 역시 교회의 존재가치와 목적을 분명히 알고 있어야 한다. 교회가 위치한 곳, 지역적인 상황, 복음을 전해야 할 사람들의 삶의 모습을 이해하고 수용하지 않는다면 교회는 지역사회로부터 따돌림을 받게 된다. 교회는 세상 속에서 빛이 되고 소금이 되는 것이지 세상과 별개의 세상을 만들기 위해서 존재하는 것이 아니다. 세상의 빛과 소금은 빛과 소금의 자기 정체성을 소유한 채 세상 안에 존재해야 한다. 세상을 구원하기 위해 교회가 존재한다. 구원으로 이끌기 위해 세상을 읽어야 한다. 세상을 모른다면, 지역사회의 변화를 교회가 이해하지 못한다면, 교회는 그 맛을 잃어버린 소금이 되고, 빛이 없는 등대와 같이 존재가치가 사라지게 될 것이다.

컨설팅을 진행하면서 가장 먼저 생각해야 하는 것은 교회가 존재하는 지역의 환경 분석이다. 환경 분석은 외부환경 분석과 내부환경 분석이 중심이 된다. '외부환경 분석'이란 교회가 위치해 있는 지역사회에 대한 이해와 분석을 말한다. 여기에는 시대적 상황, 사회적 상황, 그리고 지역 사람들의 심리적 분석까지 포함된다. '내부환경 분석'이란 신앙공동체 내의 각 사역과 소그룹, 각 기관을 총망라하여 분석하는 것이다. 즉 예배, 선교, 봉사, 양육, 교육, 행정사역, 소그룹, 각 선교회, 교회학교 등 교회의 사역에 대해 분석한다. 내부환경 분석

11) 설교닷컴, "변화된 새 삶"

의 경우 다양한 방법을 이용할 수 있다. 춘천중앙교회에서 컨설팅을 추진할 때는 설문지법을 주로 이용하였다. 그래서 내부환경 분석의 경우 설문 결과를 중심으로 컨설팅 과정을 설명한다.

[그림 3-1] 춘천중앙교회 컨설팅의 목표

춘천중앙교회가 지향하는
비전과 가치 실현

중장기 발전전략 명확화

현재에 대한 진단	개선과제 인식	변화 동인 강화
• 외부환경 변화에 대한 검토 • 내부 개선니즈에 대한 검토 • 교회 역량과 제약 요인 검토	• 분과 활동을 통해 교회 여건에 맞는 개선과제 도출 및 공유 • 타 교회 벤치마킹	• 교회의 미래상 정립 • 중장기 발전전략 및 추진 과제 도출 • 핵심성도 공감대 확보

1. 외부환경 분석

외부환경 분석을 하는 이유는 교회가 존재하는 지역을 이해할 때 비로소 교회의 비전과 목회의 방향이 정해지기 때문이다. 복음을 전하는 것은 교회의 비전이며 목적이다. 그러나 복음을 어떻게 전하느냐 하는 것은 전략이다. 전략 없이 목적이나 목표를 이룰 수 없다. 전략을 세우기 위해서는 교회가 처해 있는 외적인 환경을 읽어야 한다. 한국 사회는 정치, 경제, 그리고 사회적으로 급변하는 시대를 맞이하고 있다. 춘천중앙교회가 위치해 있는 춘천 지역의 외부환경 변화는 많은 교회가 겪고 있는 변화이기도 하다.

1) 고령화 사회

한국 사회가 베이비붐의 시대를 지나 어느덧 고령화 사회로 접어들었다. 유엔(UN)에서는 총 인구 중 65세 이상의 인구가 차지하는 비율이 7% 이상이면 '고령화 사회', 14% 이상이면

‘고령사회’, 20% 이상이면 ‘초고령 사회’라고 규정한다. 우리나라 2010년 인구주택 총조사의 인구 부문을 보면 65세 이상의 고령 인구가 11.0%인 542만 명으로 2005년 9.3%였던 437만 명에서 105만 명(24.1% 증가)이 증가했다. 시도의 고령인구비율 역시 7%가 넘어서 이미 고령화 사회로 들어서고 있다.[12] 2017년에는 우리나라 전체 인구 가운데 65세 이상의 고령층이 14세 이하의 유년층보다 많아질 것으로 예측하고 있다.

이런 고령화 사회의 모습은 춘천 지역에서도 그대로 나타난다. 2010년 기준으로 춘천시의 총 인구는 27만 2,739명이다. 이 중 65세 이상의 인구는 춘천시 전체 인구의 13.1%, 3만 5,729명이다. 65세부터 69세까지 4.4%, 70대 6.2%, 80대 2.1%, 90세 이상 0.4%로 나타났다. 연령별 인구로 볼 때 40대가 전체 인구의 17.4%로 가장 많았다.[13] 춘천 지역은 65세 이상 인구의 전국 평균보다도 2.1%가 높게 나타났다. 다른 지역보다 고령화 추세가 더 빠르게 진행되고 있다. [그림 3-2]는 2003년부터 2010년까지의 춘천시 인구 고령화 추세를 나타내고 있다.

[그림 3-2] 춘천시의 고령화 전망

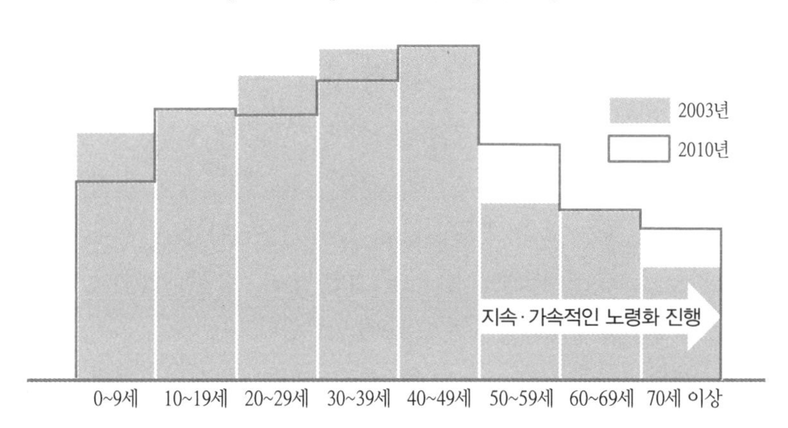

자료원 : 통계청(춘천시 주민등록인구 통계자료)

2) 저출산

고령화의 또 다른 원인은 저출산이다. 출산율은 1960년에는 6.0명, 1970년에는 4.5명, 1980년에는 2.8명, 1990년 1.5명, 2000년 1.47명, 2008년에는 1.19명으로 급격하게 줄어들고 있다.[14] 이런 저출산은 우리나라가 선진산업사회로 접어들었다는 반증이기도 하다. 저출산

12) 정재영, 「한국교회, 10년의 미래」(서울: SFC출판부, 2012), p.23.
13) 춘천시(2012), “2011 춘천시 사회분석 보고서,” p.17.
14) 정재영(2012), 앞의 책, p.36.

의 원인은 저출산을 해결할 수 있는 방법에서 찾을 수 있다. 저출산의 가장 근본적인 원인은 경제적인 요인이다. 출산과 양육에 대한 경제적인 비용이 많이 들기 때문에 자녀를 많이 낳기보다는 하나만 낳아서 양육하고자 하는 부모가 늘어났다. 2011년 춘천시 사회조사 분석 보고서를 보면 저출산의 해결 방법에 대한 주된 응답이 경제적인 문제였다. 자녀양육비 지원 49.1%, 자녀출산비 확대 지원 18.3%, 의무교육 확대 15.7%, 보육시설 확대 8.9%, 그리고 유아휴직제 확대 5.5%, 산후도우미 1.2%, 기타 1.3%로 나타났다. 이처럼 자녀출산과 양육에 대한 부담이 전체 응답의 83.1%이다.[15]

저출산은 교회학교 어린이의 감소로 이어지고 미래에 성도 수가 자연적으로 감소하게 된다는 것을 의미한다. 또한 저출산으로 자녀의 소중함이 그 어느 때보다 강조되다 보니 가족의 가치관이 더욱 자녀중심주의로 변화될 것을 짐작할 수 있다.

3) 가족 구성의 변화

지난 30년간 한국 가족의 형태가 변화되었다. 두드러진 특징은 '부부와 자녀 중심의 핵가족'이 지속적으로 증가하고 있으며, 3세대 확대 가족이 급격히 감소하였다는 것이다. 그리고 부모와 자녀로 구성된 안정된 형태의 가족도 줄어든 반면, 자녀가 없는 '부부가족'이나 자녀와 함께 살지 않는 '1인 가구'가 급격히 증가했다. 1975년에는 가장 보편적인 '부모 자녀 가족'의 비율이 70%였는 데 비해 2000년에는 60%로 감소했다. '부부+자녀'의 가구는 1975년 51.7%였지만 2000년에는 48.2%로 감소했고, 2008년에는 41.8%로 더욱 감소했다. 뿐만 아니라 '한부모 가구', '조손(조부모+손자녀) 가구', '1인 가구', '비혈연 가구' 등이 차지하는 비율이 1975년 18.8%였던 것이 2005년에는 30.4%에 이르렀다.[16]

특히 1인 가구의 경우 농촌은 '독신 노인'의 가구가 늘었고 도시의 경우에는 '미혼 가구'가 증가했다. 연령과 성비로 분석하면 농촌의 경우 교육수준이 낮은 '60대 이상의 노인'과 '남편과 사별한 여성'의 가구 수가 증가하였다. 반면 도시의 경우, 교육수준이 높고 연령층이 낮은 '미혼 1인 가구'가 증가하고 있다. 최근 30~40대 가구 중에 '무자녀 부부'가 늘고 있다. '무자녀'는 자녀 양육과 교육에 관련한 경제적인 비용 회피, 직업 참여에서 얻어지는 경제적인 보수 및 사회적인 안정과 여가활동 증대라는 보상이 있다. 그렇기 때문에 안락한 삶을 위해서 무자녀로 생활하는 가정이 늘고 있다.

이런 현상은 춘천 지역의 인구조사에서도 볼 수 있다. 고등학생 이하의 자녀를 둔 가구

---

15) 춘천시(2012), 앞의 보고서, p.24.
16) 정재영(2012), 앞의 책, p.48.

가 전체의 24%에 불과하다. 인구 연령비로 볼 때 20~29세의 경우 '없다'라고 응답한 비율은 92%, 30~39세의 경우 52%, 40~49세의 경우 37.8%로 나타났다. 춘천시 전체로 볼 때 76%가 고등학생 이하의 자녀가 없다고 응답했다. 이중에서 배우자와 함께 살고 있는 경우 66.6%, 이혼의 경우 24.2%, 사별의 경우 9.3%로 나타났다. 춘천지역 전체 가구 수 중에서 2세대 가구(부모+자녀) 39.3%, 1인 가구 29.8%, 1세대 가구(부부) 24.6%, 그리고 3세대(조부모+부부+손자) 이상의 가구 5.3%, 비혈연 가구가 1.0%로 나타났다. 가구주의 혼인상태를 살펴보면 미혼 13.6%, 배우자가 있는 경우 64.4%, 사별 15.7%, 이혼 6.3%로 나타났다.[17]

이와 같은 인구조사의 결과 춘천 지역 역시 가구주가 미혼인 경우가 13.6%이며, 1인 가구이거나 1세대 가구가 전체의 54.4%로 볼 때 미혼 가구, 무자녀 가구가 늘고 있으며, 자녀를 출가시키고 춘천 지역에 와서 노후를 즐기는 사람들이 늘어나고 있다고 볼 수 있다. 한편 춘천 지역의 대학에 다니거나 출장을 이유로 동료 직원이나 학생들이 함께 거주하는 가구가 비혈연 가구로 나타나고 있다.

[표 3-1] 가족 구성원의 변화

항목	주요 내용
주요 변화	1. 증가 : 부부가족, 미혼녀 중심의 핵가족 2. 비정상적 증가 : 한부모 가구, 조손(조부모+손자녀) 가구, 1인 가구, 비혈연 가구 3. 지역적 변화 1) 농촌 - 독신 노인 증가 2) 도시 - 미혼 가구 증가 4. 연령과 성비에 따른 변화 1) 농촌 : 60대 이상의 노인, 남편과 사별한 여성의 가구 증가 2) 도시 : 미혼 1인 가구, 30~40대 무자녀 부부 증가
춘천 지역의 인구조사	1. 고등학생 이하의 자녀를 둔 가구 : 24%(고등학생 이하의 자녀가 없는 가구 : 76%) 2. 춘천 지역 인구 구성 : 2세대 가구(부모+자녀, 39.3%) 〉 1인 가구(29.8%) 〉 1세대 가구(부부, 24.6%) 〉 3세대 이상(조부모+부부+손자, 5.3%) 〉 비혈연 가구(1.0%) 3. 가구주의 혼인상태 : 기혼(64.4%) 〉 사별(15.7%) 〉 미혼(13.6%) 〉 이혼(6.3%) 4. 춘천 지역 인구 구성의 특징 1) 미혼 가구, 무자녀 가구 수 증가 2) 자녀를 출가시키고 춘천 지역에 와서 노후를 즐기는 사람 증가 3) 비혈연 가구 증가 : 동료 직원이나 학생들이 함께 거주하는 가구(대학, 직장 파견근무)

17) 춘천시(2012), 앞의 보고서, p.24.

4) 다문화 사회 진입

2007년 공식적으로 우리나라에 체류하는 외국인의 수는 100만 명이 넘어섰다. 본격적인 다문화 사회로 접어든 것이다. 아직은 전체 인구 중 2.2% 수준으로 미미하지만 단일민족이란 용어를 사용할 수 없을 만큼 엄청난 변화이다. 2010년 기준으로 국내 체류하는 외국인의 수는 130만 명(불법체류자 17만 명 포함)에 출신 국가도 40여 개국으로 다양하다. 이러한 급격한 변화에는 두 가지 원인이 있다. 하나는 국제결혼의 증가와 다른 하나는 외국인 취업자 수의 증가이다. 매년 3만 5,000명 정도의 국제결혼이 성사되고 있으며 한국으로 이주하는 노동자도 4만 명씩이나 증가하고 있다. 결국 2020년에는 이주민이 60만 명 증가될 것이며 이들과 함께 들어오는 가족 등의 여건을 더하면 약 18만 명 정도가 더 증가할 전망이다.[18]

이렇게 다문화 사회로 변화된다는 것은 다인종 사회로 전환되는 것을 뜻하며, 종교 역시 더욱 다양해지고 그 영향력도 강화됨을 뜻한다. 과거 불교, 유교, 기독교가 중심 종교였다면 이제 이슬람교, 불교 중에서도 소승불교가 한국 사회에 들어오게 되고 교세가 확장되고 있다. 또한 이들의 종교적 신념과 믿음이 정치-사회적인 영향력을 갖게 되었다. 따라서 다문화 사회는 한국 사회의 또 다른 변수가 되고 있다.

고령화 저출산에 따른 현상으로 노동이주자의 증가는 소위 3D(힘들고- Difficult, 더럽고-Dirty, 위험스러운-Dangerous) 업종에 종사하기를 거부하는 사회적 현상으로 말미암아 일어난 사회적 부작용이기도 하다. 또한 다문화 가정의 등장으로 인해 다문화 가정의 자녀들에 대한 교육과 사회적인 적응을 위한 제도적 기반이 필요하다.

춘천시의 경우 극히 미미하지만 2011년 현재 123가정이 국제결혼을 통해 이루어진 가정이다. 중국 42명, 베트남 39명, 캄보디아 20명의 순으로 주로 여성이 결혼을 통해 춘천에 이주하여 살아가고 있다. 또한 춘천 지역의 2011년 총 인구 27만 5,655명 중에서 유학을 온 외국인 학생들과 취업을 위해 춘천에 거주하는 외국인의 수는 2,850명으로 파악된다.[19] 외국인 유학생과 취업자를 위해 춘천중앙교회는 다문화 유학생을 위한 협동목사를 두어 이들에 대한 선교사역을 펼치고 있다.

5) 도심에 집중된 인구분포

[그림 3-3]은 춘천의 인구분포를 나타낸다. 먼저 춘천 지역 내의 인구분포 현황을 살펴보면 전체 인구의 82%가 춘천시 내에 거주하며, 춘천시 내 거주자와 동내면과 동면에 거주하

18) 정재영(2012), 앞의 책, p.69.
19) 춘천시(2012), 앞의 보고서, p.31.

는 인구를 합하면 실제 전체 인구의 91.2%가 춘천시 중앙부에 거주하고 있음을 알 수 있다. 반면 9.2%가 춘천시 외곽에 거주하고 있다. 따라서 지역적인 인구 분포의 차이가 상당히 크게 나타난다.

춘천시 내의 인구분포 현황을 보면 퇴계동, 석사동, 사우동, 그리고 후평동을 중심으로 인구가 증가한다. 이 지역들은 최근 아파트 건축과 택지조성으로 꾸준히 인구가 증가하고 있다. 퇴계동에 위치한 춘천중앙교회의 입장에서 볼 때, 외부에서 유입되는 인구의 증가와 춘천 내 인구이동 증가로 전도와 선교를 하기에 적합한 위치에 있음을 알 수 있다.

[그림 3-3] 춘천 지역의 인구분포와 춘천시 내 인구분포

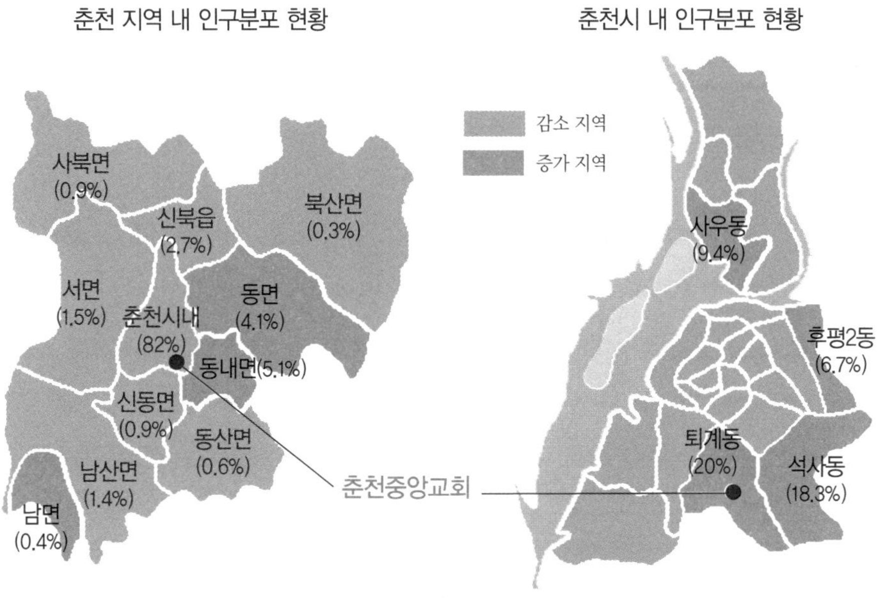

춘천 지역 내 인구분포 현황

춘천시 내 인구분포 현황

자료원 : 춘천시 홈페이지(춘천 지역 인구 및 세대 현황, 2009년 대비 2010년 비교 기준)

6) 춘천과 강원 지역을 중심으로 한 철도 도로망의 확충

최근 서울(용산)-춘천 간의 철도 복선화 작업과 철도구간의 확장, 그리고 서울-속초 간의 동서 고속도로의 완공으로 수도권 지역과의 접근성이 향상되었다. 이로 인해 춘천 지역이 새로운 도시 주거 문화를 가진 도시로 급부상하게 되었다. 다른 면으로 볼 때 주5일근무제로 말미암아 주말을 즐기기 위해 타도시나 지역으로 이탈할 가능성이 그만큼 커졌다.

[그림 3-4] 서울-춘천 간 철도 및 도로망 확충

인접 지역의 교통망 확충

경춘선 구간 확장(춘천~용산)

7) 평창동계올림픽에 따른 경제 및 인구 변화

평창동계올림픽은 강원도뿐 아니라 한국 경제와 사회, 문화에 지대한 영향을 끼칠 것으로 보인다. 직·간접적인 효과를 통해 강원도 경제와 발전에도 기여할 것이다. 춘천은 강원도 도청 소재지로서 상주하는 공무원이 많다. 그리고 춘천중앙교회 역시 성도 구성비 중 공무원이 차지하는 비율이 높기 때문에 파견근무 등으로 인해 성도의 이탈 가능성이 증대했다.

[그림 3-5] 평창동계올림픽 유치에 따른 영향

Good Future
(평창 기준)

직접효과
- 총생산유발효과 : 20조 4,973억 원
- 고용 유발 : 230,025명

간접효과
관련 인프라 확충으로 민간투자 유치 및 연관 산업 발전
- 관광 산업 발전 촉진 및 인프라 선진화
- 휴양·레포츠 산업 발전
- 컨벤션·이벤트 산업 발전
- 지역 브랜드화 및 가치 제고로 민간투자 촉진
- 시설 사후활용을 통한 사계절 체험형 패키지 관광자원화

간접적인 영향
- 강원도 재정 리스크 증가(cf. 인천, 대구)
- 공무원 및 공공 기관 인원 감축
- 춘천 지역에 대한 투자 감소

직접적인 영향
- 노무 및 기능직 종사 성도의 역내 유출
- 공무원 종사 성도의 역내 유출
- 춘천 지역 관광객 감소에 따른 서비스 종사 성도의 경제적 부담 가중

Bad Future
(춘천 기준)

자료원 : 2018 평창동계올림픽 유치위원회(2011), 2018 평창동계올림픽의 개최 의의

이상과 같이 춘천중앙교회가 받을 수 있는 외부환경 변화를 살펴보았다. 이러한 변화는 긍정적인 부분과 부정적인 부분으로 나누어 볼 수 있다. 우선 부정적인 부분을 살펴보면 춘천 지역은 '고령화 사회'에 접어들었고, 이미 '저출산'으로 인해 어린이의 수가 급격히 줄었다. 가족 구성에 있어서 '1인, 미혼세대 가구, 그리고 자녀를 출가시켰거나 무자녀 부부 중심' 가구의 수가 증가하고 있다. 긍정적인 부분에서 살펴보면, 춘천 지역 인구조사를 통해 본 결과, 읍면 지역의 인구는 전체 인구의 16%에 불과하며, 84%의 절대 다수의 인구가 춘천시에 거주하고 있고, 춘천중앙교회가 위치한 퇴계동은 인구밀집 지역으로 선교와 전도에 유리한 위치를 차지하고 있다.

강원도와 춘천 지역을 중심으로 서울-춘천 간의 철도복선화와 서울-춘천 간 고속도로망의 확충으로 인접 지역과의 접근성이 향상되었다. 이러한 영향으로 춘천 지역이 새로운 주거 중심의 도시로 발전할 수도 있지만, 타지역으로 인구가 이동할 수 있는 계기가 되고 있다. 평창동계올림픽 역시 경제적으로 발전할 수 있는 계기가 되지만 춘천중앙교회의 성도 구성원 중 공무원으로 종사하는 성도들이 타지역으로 거주지를 옮길 수 있는 계기가 되기도 한다. 결국 춘천중앙교회가 위치한 춘천 지역의 외부환경 분석은 긍정적인 측면(기회요인)도 있지만, 부정적인 면(위협요인)도 있다.

2. 내부환경 분석

1) 설문지의 유형

외부환경 분석을 통해 춘천중앙교회가 위치해 있는 지역과 시대적인 흐름에 대한 분석을 했다. 내부환경 분석은 앞에서 언급한 바와 같이 춘천중앙교회에서 진행된 설문조사 결과를 중심으로 이루어졌다. 설문지법은 설문지를 이용하여 자료를 수집하는 방법으로 일반적으로 많이 사용되는 방법이다.

설문지법을 사용하려면 설문에 대한 다음의 전반적인 내용을 알고 있어야 한다. 설문지를 작성하기 위해 첫째, 설문을 하려는 개별 항목을 선정해야 한다. 해당 질문이 반드시 필요한 것인지, 그리고 응답이 가능한지의 여부를 고려한다. 둘째, 질문 형태를 선정해야 한다. 질문 내용에 따라 개방형이 있고 선택형이 있다. 개방형의 질문은 형식에 관계 없이 답하도록 하는 질문, 미완성된 문장을 완성하도록 하는 질문, 그리고 응답자에게 단어를 제시하고 연상되는 생각을 묻는 질문이 있다. 선택형 질문의 유형은 '예, 아니오'로 묻는 '이분형', 선택할 수 있는 답이 셋 이상인 경우 '선다형', 응답자의 동의 정도를 묻는 '리커트 척도', 그리고 양쪽 끝이 서로 상이한 형용사를 표시한 질문으로 '어의 차이형'이 있다. 또한 속성의 중요도를 묻는 '중요성 척도' 등의 설문방법이 있다.[20]

[표 3-2] 설문 방식의 유형

구분	질문 유형	설명	질문 형식
개방형	완전 비체계형	형식에 관계없이 답하도록 하는 질문	새가족 모임에 대한 당신의 의견은?
	문장 완성형	미완성된 문장을 완성하도록 하는 질문	새가족 모임에 대한 개선사항은?
	단어 연상형	응답자에게 단어를 제시하고 연상되는 생각을 묻는 질문	다음의 단어를 들었을 때 가장 먼저 떠오르는 생각은? (1) 새가족 모임 : ( ) (2) 소그룹 모임 : ( )
설문형	이분형	선택할 수 있는 항목이 2개인 경우	교회에 출석하고 있습니까? (1) 예 (2) 아니오
	선다형	선택할 수 있는 항목이 3개 이상인 경우	언제부터 교회에 출석하셨습니까? (1) 10세 미만 (2) 10대 (3) 20대 (4) 40대 (5) 50대 (6) 60대 이후
	리커트 척도	응답자의 동의 정도를 묻는 질문	당신이 참여하는 봉사부서가 하나님이 주신 사명이며 은혜의 나눔이라고 느끼십니까? 매우 불만 불만족 보통 만족 매우 만족 (1) (2) (3) (4) (5)
	어의 차이형	양쪽 끝이 서로 상이한 형용사를 표시한 질문	우리 교회에 다니기에 교통 편리성은? 교통이 편리하다 (1) (2) (3) (4) (5) 교통이 불편하다
	중요성 척도	속성의 중요도를 질문하는 방법	교회를 선택하여 출석할 때 거리는? 전혀 무의미 무의미 보통 중요 매우 중요 (1) (2) (3) (4) (5)

2) 설문지 구성 시 유의점

설문지의 질문 유형과 항목, 내용을 구성할 때에는 다음과 같이 몇 가지 고려해야 할 것이 있다. 첫째, 질문하는 목적이 분명해야 한다. 설문을 하는 가장 중요한 목적은 교회의 내부환경을 알기 위한 것이다. 그렇기 때문에 일부 소수의 의도를 알아보기 위한 방법이나 내용이 없어야 한다. 개인이나 특정 소수집단의 의도와 목적을 가지고 설문을 해서는 안 된다. 둘째, 성도들의 생각과 의견이 가감 없이 반영되고 철저한 무기명을 통해 교회 안팎의 모든

20) 방용성(2012), 「경영컨설턴트 기획자를 위한 컨설팅 프로세스와 컨설팅 수행기법」, p.68~69.

세밀한 부분이 명쾌하게 드러나도록 해야 한다. 다시 말하면 교회 내부에 여러 가지 생각이 있지만, 이것을 올바르게 객관적으로 표현하고 그것을 평가할 수 있도록 해야 한다. 객관성을 유지하기 위해서는 우선 다양한 해당 전문가들의 자문과정을 거쳐야 한다. 그리고 평가하려는 대상에 대한 객관적인 내용으로 질문이 구성되어야 한다. 평가대상이 사람이든, 사역이든 평가 내용에 대해 누구나 수긍하고 인정할 수 있어야 한다. 또한 질문에 대한 객관성을 유지하기 위해서 우선 사역 담당 목사들과 사역을 뒷받침하는 성도들의 생각이 반영될 수 있도록 해야 한다. 셋째, 많은 사람들이 공통적으로 질문하고 싶거나 확인하고 싶었던 부분을 설문의 내용으로 구성해야 한다. 넷째, 기업을 대상으로 하는 설문과 달리 교회에서 내부환경 조사 영역으로 하는 설문은 개인의 믿음이나 신앙, 종교적인 신념이 설문의 내용이 되어서는 안 된다. 그것은 개인의 믿음이나 신앙이 평가의 대상이 될 때, 인간이 신을 평가하게 되는 잘못된 영역으로 나아갈 수 있기 때문이다.

3) 설문지 작성 시 유의점

설문지를 작성할 때 몇 가지 유의해야 할 부분이 있다. 첫째, 컨설팅을 하기 위해서는 질문항목을 간결하게 구성하고 모호하지 않도록 해야 한다. 누구나 질문을 보면 쉽게 대답할 수 있어야 한다. 둘째, 질문의 내용이 어떤 목적이나 생각을 유도하려고 하지 않아야 한다. 특정한 내용에 대한 확인보다는 평신도들의 생각을 정확하게 파악하는 데 초점을 맞추어야 한다. 셋째, 다양한 방법으로 설문지를 구성해야 한다. '예/아니오' 등 단순한 질문으로 설문을 나열해서는 좋은 결과를 얻기 어렵다. 앞에서 말한 대로 개방형과 설문형의 질문을 골고루 사용하여 응답자가 자신의 생각을 가능한 다 표현할 수 있도록 해야 한다. 또한 응답하기 어렵거나 많은 생각을 해야 하는 질문은 피하는 것이 좋다.

[표 3-3] 설문지 구성과 작성 시 유의점

항목	주요 내용
설문지 구성 시 유의점	• 질문하는 목적이 분명 • 가능한 많은 사람들의 의견이 반영될 수 있는 구조 • 공통적으로 질문하고 싶거나 확인하고 싶었던 부분을 중심으로 구성 • 개인의 믿음이나 신앙, 종교적인 신념은 설문에서 제외
설문지 작성 시 유의점	• 질문 항목이 간결하게 구성되고 질문이 모호하지 않아야 함 • 질문의 내용이 어떤 목적이나 생각을 유도하려고 하지 않아야 함 • 다양한 방법으로 설문을 구성해야 함

4) 춘천중앙교회의 경험

앞서 말한 바와 같이 춘천중앙교회의 설문은 다음의 내용을 고려하여 구성되었다. 첫째, 설문의 내용과 목적을 분명하게 설정하여 설문지를 구성했다. 교회가 현재 어떤 모습으로 존재하고 있는지 파악하기 위해 각 사역을 진단하는 데 초점을 두었다. 둘째, 사역 담당 목사와 담당 평신도 지도자가 설문지 제작에 참여했다. 설문지의 수준과 범위를 스스로 결정하게 했다. 셋째, 설문지 구성 시 다양한 방법을 이용했다. 설문형과 개방형을 이용하여 옳고 그름만을 평가하는 것으로 그치지 않고 평소 성도들이 교회에 대해 생각한 내용을 적절하게 표현할 수 있도록 하여 주관적인 생각을 기록하도록 했다. 넷째, 설문의 내용을 설문대상에 따라 다양하게 구성했다. 예를 들면 교회 전반과 (1) 목사와의 관계, 그리고 장로들 사이에서의 평신도 지도자들의 역할에 대한 관계를 묻는 장로설문지, (2) 집사 이상의 직분자를 대상으로 하는 사역 설문지, (3) 모든 성도를 대상으로 하는 성도 설문지, (4) 초등학교 4, 5, 6학년을 대상, (5) 중학생, 고등학생을 대상으로 초등부(이후 초등부를 푸른교회라고 지칭함), 중등부, 고등부(이후 중등부, 고등부를 드림교회라고 지칭함) 예배와 분반공부, 선생님에 대한 평가를 할 수 있는 푸른교회 설문지, 드림교회 설문지, 그리고 (6) 청년(이후 청년부를 비전교회로 지칭함)을 대상으로 하는 비전교회 설문지 등 교회 전반의 다양한 성도들을 대상으로 하여 대상에 맞는 사역과 내용을 중심으로 설문지를 구성했다.

이렇게 함으로써 교회 안에 사각지대(Blind-Side)가 없도록 했다. 그래서 일부분만 조사하는 방법이 아니라, 판단력과 분별력이 가능한 초등학교 4학년 이상의 모든 성도를 대상으로 설문조사를 실시했다.

일부의 의견만을 조사하는 'FGI(Focus Group Interview)'와는 다르다. 'FGI' 기법은 집단심층면접(Focus Group Interview)으로 집단토의(Group Discussion), 집단면접(Group Interview)으로 표현되기도 한다. 보통 6~10명의 참석자들이 모여 사회자의 진행에 따라 정해진 주제에 대해 이야기를 나누고, 집단으로 참여해 자유롭게 의견을 나눈다. 특히 다양한 의견과 심화된 의견이 나올 수 있는 장점이 있지만, 여러 사람이 모여서 토론을 하다 보면 자신이 정말 관심 있게 생각하고 말하고 싶은 부분이 있어도, 남의 눈치가 보여서 말하지 못하고 특정한 방향으로 이야기를 몰아가는 현상이 나타날 수 있다.

[표 3-4] 춘천중앙교회 설문지의 구성체계 및 내용

구분	설문종류	대상	문항	설문지의 주요 내용
일반 성도	성도 설문지	전교인	155	1. 교회전반 : ①비전 ②행사기획 ③교회 조직구조 평가 ④교회 이미지 ⑤영향력 ⑥출석사유 2. 예배사역 : ①만족도 ②예배순서 및 각 맡은 이(설교, 사회, 기도 등)에 대한 평가 ③예배 관련 사역 평가(안내, 영상광고, 찬양대, 찬양단) ④헌금 방식 3. 선교사역 : ①교회에서 하는 선교에 대한 사역 이해(비전, 목표, 국내선교, 해외선교) ②개인전도 활동 ③국내외 선교사역 방향에 대한 의견 수렴 4. 봉사사역 : ①교회에서 하는 봉사에 대한 사역 이해(비전, 목표, 현재 진행하는 봉사활동) ②봉사활동 참여 여부 ③봉사사역 방향에 대한 의견 수렴 5. 양육사역 : ①교회에서 하는 양육에 대한 사역 이해(비전, 목표, 현재 진행 중인 양육사역) ②각 양육 사역별 평가 새가족, 일대일, 평생훈련과정, 제자반, 베델, 마더와이즈, 은사) ③양육(훈련) 사역 참여도 ④양육 사역 방향에 대한 의견 수렴 6. 행정사역 : ①교회 인쇄물(주보, 신문 등) ②교회 직원의 친절도(직원, 차량운행 등) ③교회 홈페이지 ④보완 및 개선사항 7. 교회학교사역 : ①교회학교 운영 시스템 ②교육철학 및 교육 프로그램 ③교사의 능력 ④봉사 여부(교사) ⑤장점과 보완, 개선사항 8. 성도 간의 교제 : ①소그룹 참여 및 활동 ②선교회 참여 및 활동 ③새가족에 대한 이해(관계, 안내) ④자신이 속한 각 모임(소그룹, 선교회)에 대한 평가 ⑤보완 및 개선사항 9. 신앙생활과 은사 : ①영적 생활(은혜, 변화, 기도, 성경통독, 믿음) ②신앙생활에 대한 이해 ③개인 은사 확인 및 은사를 통한 활동 ④교회의 각 사역에 대한 전반적인 이해 10. 목사 : ①평신도와의 목회사역의 관계성(사역위임과 동역 참여기회 부여, 갈등 긴장관계, 목회적 징계 등) ②목사의 자질 ③보완 및 개선사항
특정인	장로 설문지	장로	24	①교회 ②비전 ③장로의 정체성 ④목사와의 관계성 ⑤장로들과의 관계성 ⑥담임목사의 비전과 리더십 ⑦사역 평가
	푸른교회 설문지	초등 4~6학년 어린이	42	①개인의 신앙생활 ②교회(예배, 분반, 성경학교 등의 집회) ③친구관계 ④교회 출석 이유 ⑤교회 이미지 ⑥보완 및 개선사항 ⑦요청사항(목사, 교사)
	드림교회 설문지	중고등학생	42	①개인의 신앙생활 ②교회(예배, 분반, 수련회 등의 집회) ③친구관계 ④교회 출석 이유 ⑤교회 이미지 ⑥장점과 보완, 개선사항 ⑦요청사항(목사, 교사)
사역자	직분자	장로, 권사, 집사, 교사	105	1. 선교사역 : ①사역 평가 및 참여도(새생명축제, 전도대, 실업인, 의료, 스포츠선교 등) ②각 선교회의 발전 방향에 대한 의견 수렴 ③국내외 선교사역 방향에 대한 보완 개선사항에 대한 의견 수렴 2. 예배사역 : ①예배 참여도와 보완 개선 의견수렴(주일, 수요예배, 금요기도회 등) ②예배순서 및 각 맡은 부분에 대한 평가(설교, 사회, 기도 등) ③예배 관련 사역 평가(안내, 영상광고, 찬양대, 찬양단) ④교회 내 연합행사에 대한 참여도 및 평가 ⑤예배사역에 대한 보완 개선사항에 대한 의견 수렴 3. 봉사사역 : ①봉사에 대한 사역 평가(기관봉사, 장학, 경로대학, 상담, 장례, 사랑의 나눔주간, 사랑의주일, 가정사역, 호스피스, 주방봉사 등) ②봉사활동 참여 여부 ③각 사역별 보완 개선 사항에 대한 의견 수렴 4. 양육사역 : ①각 양육에 대한 사역 평가(새가족, 일대일, 제자반, 베델, 평생훈련과정, 가정사역, 마더와이즈, 은사발견세미나 등) ②양육과정에 대한 참여도 ③각 사역별 보완 개선 사항에 대한 의견 수렴 양육(훈련) 5. 행정사역 : ①교회 인쇄물에 대한 활용도 평가(주보, 신문 등) ②교회 직원의 친절도 및 개선 사항(직원, 차량운행 등) ③보완 및 개선사항

사역자	꿈터교회	5세 미만 유아부 교사	11	①비전(교육철학) ②예배 ③신앙생활 ④교육 프로그램 평가 ⑤분반 ⑥장점과 보완 및 개선사항
	새싹교회	5~7세 유치부 교사	17	①비전(교육철학) ②예배 ③신앙생활 ④교육 프로그램 평가 ⑤주요 사역 평가 ⑥분반 ⑦장점과 보완 및 개선사항
	푸른교회	유초등부 교사	23	①비전(교육철학) ②예배 ③신앙생활 ④교육 프로그램 평가 ⑤주요 사역 평가 ⑥분반 ⑦장점과 보완 및 개선사항
	드림교회	중고등부 교사	17	①비전(교육철학) ②예배 ③신앙생활 ④교육 프로그램 평가 ⑤주요 사역 평가 ⑥분반 ⑦장점과 보완 및 개선사항
	비전교회	청년	37	①비전 ②예배 ③신앙생활 ④교육 프로그램 평가 ⑤주요 사역 평가 ⑥소그룹 ⑦리더십(소그룹 리더) ⑧예배시간 ⑨장점과 보완 및 개선사항

특별히 춘천중앙교회가 FGI를 선택하지 않은 이유는 첫째, 조사 대상자 수가 적고 편의에 의해 선정된 조사 대상자에 대한 FGI 결과가 전체 성도들의 생각이라고 판단하기 어렵기 때문이다. 둘째, FGI에서 많은 의견이 나왔다고 하더라도, 이것이 전체 집단에서 요구하는 우선순위와 다를 가능성이 있기 때문이다. 셋째, 표준화된 설문지를 사용하지 않아 정확한 분석이 어렵다는 점이다. 여러 가지 상반된 다양한 의견이 등장하기 때문에 조사 결과를 해석하고 결론을 내리기가 힘들다. 넷째, 집단의 상호작용이 잘못된 방향으로 나타날 수 있다. 참석자 중 한 사람이 주도적이고 강력한 의견을 제시할 경우, 다른 참석자들이 위축되어 발언을 소극적으로 하거나 그 사람의 의견을 따라갈 가능성이 있다. 개별 심층면접에 비해 질문 양이 적은 것도 단점으로 지적될 수 있다. 다섯째, 8명을 대상으로 조사를 할 경우 면접 시간을 1시간 반으로 길게 잡는다 하더라도 한 사람이 얘기할 수 있는 시간은 평균 10분 내외에 불과하다. 결국 참석자가 자신의 의견을 다양하게 전달할 수 있는 시간적인 여유가 없다. 춘천중앙교회가 사용한 설문지의 구성과 내용은 [표 3-4]와 같다.

내부환경 분석을 위해 진행한 설문조사는 하나님께서 무엇을 원하고 계신지, 그리고 지금까지 춘천중앙교회가 걸어온 과거와 현재를 진단하고, 이를 통해 보다 발전된 미래를 준비하기 위해 고려할 것이 무엇인지를 파악하기 위한 과정이었다. 춘천중앙교회는 설문조사를 위해 다음과 같이 준비했다.

첫째, 표본조사가 아닌 전수조사를 실시했다. 전체 예배 출석 성도를 대상으로 주일 1부(오전 7시), 2부(오전 9시), 3부(오전 11시) 예배 후 설문지와 필기구를 배부하여 진행하였다. 또한 푸른교회 어린이설문(초등학교 4, 5, 6학년 어린이), 드림교회 청소년설문(중고등학생), 비전교회 청년설문(청년), 사역자 설문에 있어서 교회 소그룹에 소속되어 있는 모든 성도와 직분자를 대상으로 진행되었다. 예배 후 바로 설문조사가 진행되었으며, 모든 소그룹에 대한 설문조사는 각 소그룹명을 기록하고 재적인원수만큼 설문지를 넣어 배부한 후 담당자를 정하여 수거하였다. 그 결과 기대했던 만큼 설문조사의 결과를 얻을 수 있었다. 설문조사 결과 신뢰수준은 99%, 표본오차는 ±0.1% 수준을 유지할 수 있었다.

둘째, 어린이, 청소년, 청년 들이 자신이 출석하는 교회의 부서에 대해서 평가할 수 있도록 했다. 교회학교의 경우 목사와 교사들이 목회계획을 준비하고 말씀을 양육한다. 그렇기 때문에 가르치는 사람 중심으로 목회계획이 이루어진다. 하지만 신앙훈련을 받는 어린이, 청소년, 청년 들은 본인이 출석하는 신앙공동체의 예배와 기타 제반 여건에 대해 다른 생각을 가질 수 있다. 대상을 알고 이해할 때 교육의 효과도 높아진다. 일반적인 공교육뿐만 아니라 교회교육 역시 같은 맥락에 있다. 어린이, 청소년, 청년 들의 의견을 수렴할 수 있도록 설문조사가 진행되었고 기대한 만큼의 설문조사 결과를 얻을 수 있었다. 나중에 이러한 결과는 교회학교 교육계획에 반영된다.

셋째, 일반성도 대상 설문과 사역자 중심의 설문을 구분했다. 성도 대상 설문은 10가지 항목으로 교회 전반, 예배, 선교, 봉사, 양육, 행정, 교회학교, 성도 간의 교제, 신앙생활과 은사, 목사에 대한 내용을 중심으로 했다. 특히 교회 전반, 성도 간의 교제, 신앙생활과 은사, 그리고 목사에 대한 평가를 넣어 교회에 대한 전반적인 의견을 수렴할 수 있도록 했다. 반면 사역자 설문의 경우 각 사역(선교, 예배, 봉사, 양육, 행정, 교회학교)에 대한 평가를 중점적으로 했고, 설문에 참여하는 대상을 현재 사역자이면서 교회에서 각 사역에 활동하는 성도들을 대상으로 하여 좀 더 전문화, 세분화하여 진행했다.

넷째, 사각지대로 불리는 부분을 최소화하고자 했다. 사각지대가 많을수록 빈틈이 많아지게 된다. 부분조사나 일부분만 직접 설문조사를 하는 'FGI'를 사용하지 않은 것은 이런 이유이다.

교회의 외부환경 분석과 내부환경 분석은 지역과 교회, 그리고 성도들을 알아 가는 과정이다. 주관적인 생각에 치우치면 실제의 모습을 보기 어렵다. 그래서 춘천중앙교회는 외부환경 분석과 내부환경 분석을 통해서 시대와 사회, 지역을 파악하고, 설문지를 통해 성도들의 생각을 알고자 했다. 진단 과정에서는 객관적인 방법을 사용하고 결과에 대해 누구나 이해하고 받아들일 수 있도록 준비하는 것이 필요하다. 외부환경과 내부환경 분석은 시대와 지역, 그리고 교회와 성도를 이해하기 위한 방법이다. 시대와 지역에서 도태되지 않고 미래를 준비하는 교회가 되기 위해 우선 교회를 둘러싼 환경의 변화와 요구를 이해해야 한다는 것이 춘천중앙교회의 판단이었다.

토론 03

1 자신이 출석하는 교회를 소개해 봅시다.

1) 교회는 어디에 위치해 있습니까?

2) 교회에 주로 출석하는 성도들의 연령계층과 직업은 어떻습니까?
- 교회에 가장 많이 출석하는 연령계층과 직업: 대 / 업

3) 성도들이 가장 많이 관심을 갖고 있는 사역은 무엇입니까?

2 자신이 참여하는 사역에 대해 소개해 봅시다.

1) 자신이 사역에 참여하게 된 계기는 무엇입니까?

2) 본인이 지금까지 생각한 사역과 참여하면서 느낀 실제 사역 간에 차이점이 있다면 무엇인가요?

3) 본인이 참여하는 사역의 바람직한 모습은 무엇이라 생각합니까?

3 본인이 생각하는 바람직한 교회의 모습은 어떤 모습입니까? 그것을 가로막고 있는 혹은 어렵게 하는 것은 무엇이라고 보십니까?

교회와 성도를 알게 되다

외부-내부 환경 분석 결과

프랑스의 작가 장 지오노(Jean Giono)의 단편소설 「나무를 심은 사람」의 내용이다. 한 젊은이가 알프스 여행길에 물을 찾아 폐허가 된 마을을 헤매다가 불모의 땅에서 양치기를 만나 음식과 잠자리를 제공받는다. 다음날, 그는 양치기를 따라 도토리 파종하는 것을 보러 갔다. 양치기는 55세 된 '엘제아르 부피에'. 이 사람은 아내와 아들을 잃고 외떨어진 산에 들어와 홀로 도토리 파종을 시작한 사람이다. 그는 나무가 부족하여 땅이 죽어가고 주민들이 포악해진다는 사실을 알고, 자신의 땅은 아니지만 산 곳곳에 너도밤나무뿐 아니라 떡갈나무 씨를 뿌리고 가꾸었다. 세월이 흘러 제1차 세계대전 후 젊은이는 부피에가 살던 곳에 다시 찾아와 그동안 파종한 나무들이 10년생의 우람한 나무로 성장한 것을 보게 된다. 그는 울창한 숲을 바라보며 사람의 노력으로 삶의 터전을 만들 수 있다는 사실을 깨닫는다. 메말랐던 마을 계곡에 물이 흐르고 주민들이 하나둘씩 돌아오고 조금씩 자연이 되살아나기 시작했다. 1935년 부피에의 '나무심기'는 정부정책으로 자리 잡게 되고, 부피에는 1947년 89세의 나이로 요양원에서 평화롭게 죽었다.[21]

황량한 땅에 한 그루 한 그루 정성을 다해 나무를 심었던 양치기처럼 우리는 정성으로 각각 무엇인가를 심어야 한다. 시간이 흘러 황무지가 나무로 우거지고, 새가 깃들이는 생명의 숲으로 바뀌었듯이 우리가 흘린 수고와 땀은 머지않아 열매로 나타날 것이다. 다른 사람들이 알아주지 않는다 할지라도 묵묵히 나무를 심으면 자라나 거목이 되듯이 비록 작게 보일지라도 심는 수고를 통해 풍성한 열매를 거둘 수 있다.

앞에서 춘천중앙교회에서 진행된 외부환경 분석과 내부환경 분석의 방법과 과정을 살펴보았다. 이하에서는 외부환경 분석과 내부환경 분석 과정에서 도출된 결과를 조금 더 상세

21) 설교닷컴. "나무를 심은 사람"

히 살펴보고자 한다. 춘천중앙교회는 이러한 과정을 통해 성도들의 의견, 그리고 각 사역에 대한 평가와 보완해야 할 부분을 정확하게 진단할 수 있었다.

1. 외부환경 분석의 결과

춘천 지역은 고령화 사회, 저출산의 문제를 안고 있으며 가족구성이 1인, 미혼세대인 가구와 부부 중심의 가구 수가 증가했다. 춘천 지역 인구조사를 통해 본 결과, 84%의 절대 다수의 인구가 춘천시에 거주하고 있다. 사회간접자본에 있어서 서울-춘천 간의 철도복선화와 서울-춘천 간 고속도로망의 확충으로 인접 지역과의 접근성이 향상되었다. 이로 인해 춘천 지역이 새로운 주거 중심의 도시로 발전할 수 있는 계기가 마련되었다. 평창동계올림픽의 유치는 경제적으로나 지역적으로 발전할 수 있는 계기가 되지만, 춘천중앙교회의 성도 중 공무원으로 종사하는 성도들이 타 지역으로 이주하는 원인이 된다. 외부환경 분석에 대한 결과는 아래 표와 같이 요약할 수 있다.

[표 4-1] 외부환경 분석 결과

긍정적 측면	부정적 측면
1. 춘천중앙교회의 위치 2. 인구의 도시 집중화 3. 주거 중심의 도시문화 형성 4. 동계올림픽을 통한 사회간접자본 유치 (철도의 복선화, 도로망의 확충) 5. 다문화 사회	1. 고령화 사회 2. 저출산 3. 성도 중 공무원 종사자의 높은 비율 4. 동계올림픽으로 성도의 이탈 가능성 증가

2. 내부환경 분석의 결과

다음에 소개하고자 하는 것은 일반 성도를 대상으로 한 설문 내용이다. 모든 내용을 이 책에 기록할 수가 없어서 일부 내용만 발췌하여 기록한다. 일반 성도를 대상으로 한 설문조사는 10개 부문으로 나뉘어 진행되었다.[22]

---

22) 상세한 설문내용은 부록 참조.

1) 교회 전반에 대한 인식

[그림 4-1] 춘천중앙교회 이미지 조사 결과

Q. '춘천중앙교회' 하면 떠오르는 이미지는 무엇입니까?

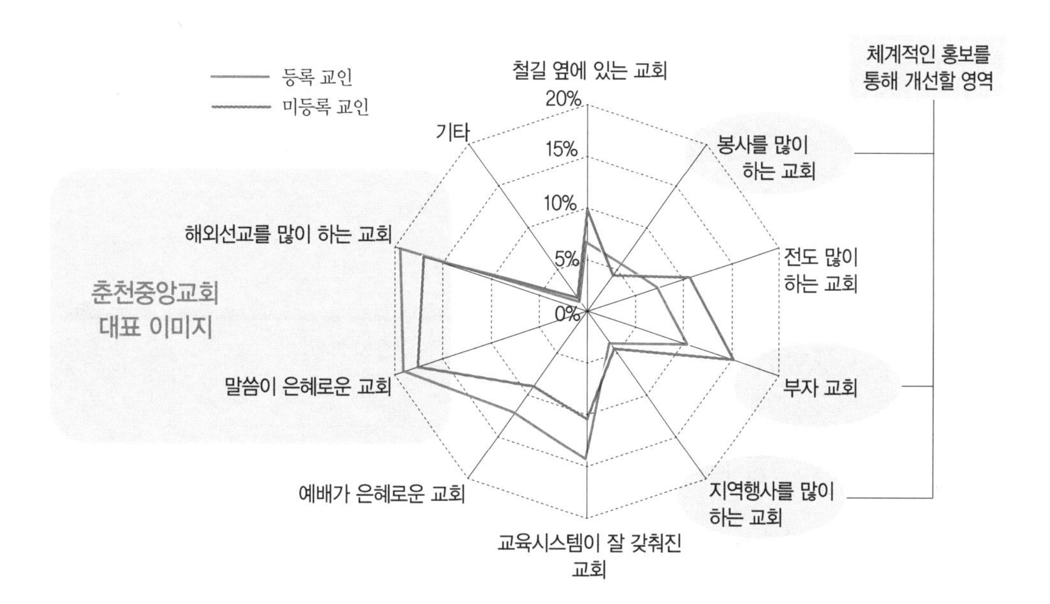

"생각하는 만큼 이룰 수 있다."는 말이 있듯이, 어떤 조직이건 정체성은 매우 중요한 문제이다. 개인이 느끼고 바라는 이미지가 곧 조직의 미래를 좌우하기 때문이다. [그림 4-1]에서 보듯이 설문조사 결과 춘천중앙교회의 이미지는 '해외선교를 많이 하는 교회', '말씀이 은혜로운 교회', '교육 시스템이 잘 갖춰진 교회'로 나타났다. 반면에 '봉사', '전도', '지역사회에 대한 기여' 부분에서는 긍정적 이미지를 구축하지 못하고 있으며, '부자교회'라는 부정적 이미지가 형성되어 있는 것으로 나타났다.

[그림 4-2] 교회의 현재와 미래 전략에 대한 인식 분석

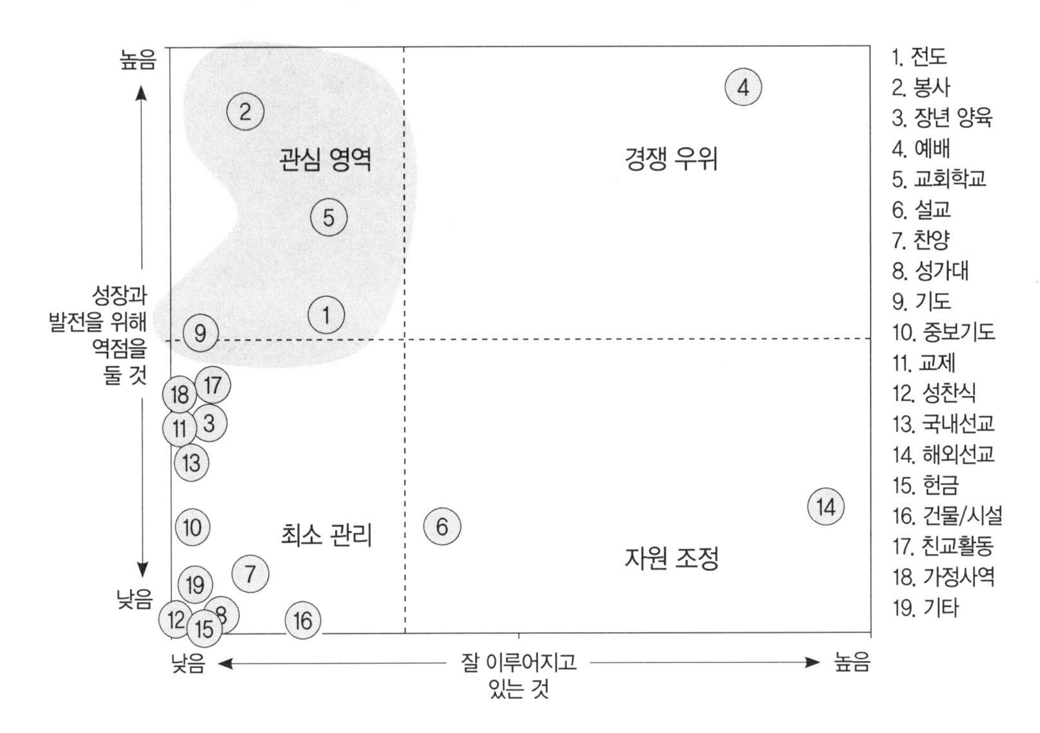

[그림 4-2]의 가로축은 춘천중앙교회에서 현재 수행하고 있는 사역에 대한 성도들의 인식을 의미한다. 오른쪽으로 갈수록 잘되고 있고, 왼쪽으로 갈수록 부족하다고 느끼는 부분이다. 반면에 세로축은 향후 교회가 역점을 두어야 할 부분에 관한 내용이다. 위로 올라갈수록 많은 관심과 투자를 기울여야 하고, 아래로 갈수록 상대적으로 관심과 투자를 늘릴 필요가 없다고 느끼는 부분이다. '해외선교'와 '설교'는 현재 매우 만족스러운 수준이며, 현재와 같은 수준을 유지하는 게 좋겠다고 느끼고 있다. 또한 '예배'는 현재도 만족스럽지만 더욱 개선을 위해 노력하면 좋겠다고 느끼고 있다. 반면에 '봉사', '교회학교', '전도', '기도'와 관련된 부분은 개선이 필요한 수준이며, 향후 적극적인 관심과 투자를 기울여야 한다고 느끼고 있다.

2) 예배에 대한 설문

[그림 4-3] 예배에 대한 인식 분석

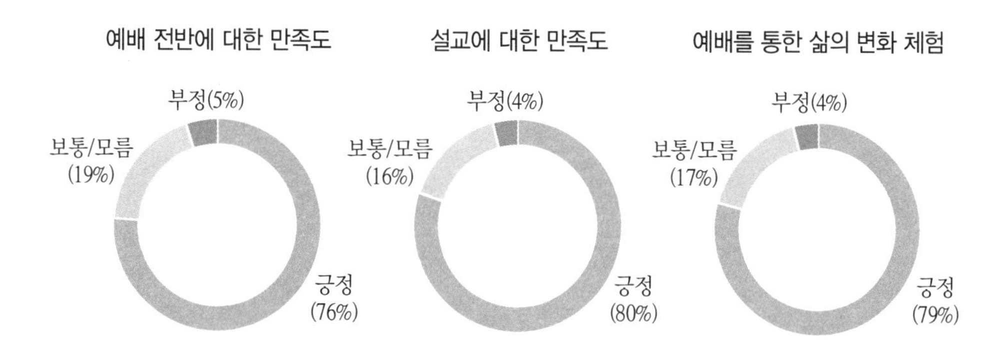

춘천중앙교회의 예배에 대해서는 전체 성도의 76%가 만족하고 있는 것으로 나타났다. 특히 예배 시 선포되는 설교에 대해서는 매우 만족도가 높게 나타났다. 또한 교회에서 드리는 예배가 자신의 삶에 큰 힘이 된다고 느끼는 성도가 79%로 나타났다.

3) 선교에 대한 설문(국내, 해외)

국내선교와 관련해 등록-미등록 성도 간 다소 차이가 있으나, 대체로 미자립교회에 대한 지원과 문화행사 등을 통해 전도 기회가 마련되기를 희망하는 것으로 나타났다. 특히 등록 성도들은 전도를 위한 훈련을 희망하는 것으로 나타났다. 반면에 해외선교 활동과 관련해서는 중보기도와 장기선교가 중요하다는 인식이 많았다.

[그림 4-4] 국내선교 활동 집중영역 분석

Q. 다음 제시된 국내선교를 위한 활동 중 향후 우리 교회가 집중해야 할 것은 무엇이라고 생각하십니까?

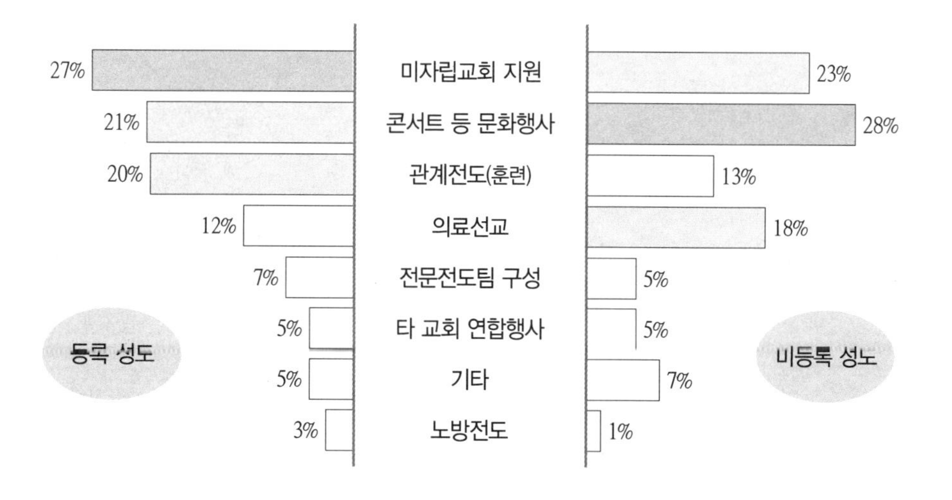

[그림 4-5] 해외선교 활동 집중영역 분석

Q. 다음 제시된 해외선교를 위한 활동 중 향후 우리 교회가 집중해야 할 것은 무엇이라고 생각하십니까?

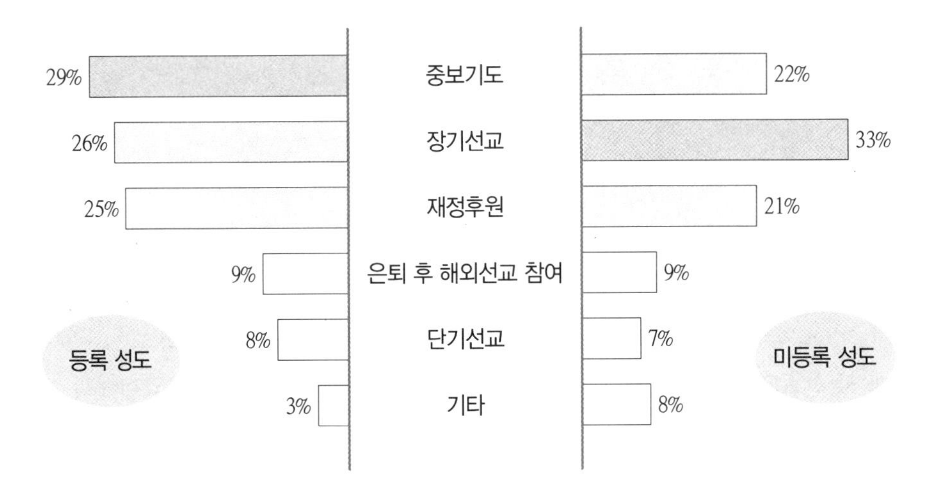

4) 봉사에 대한 설문

봉사활동에 참여하고 있다고 응답한 성도들은 25%(등록 성도 기준)로 나타났으며, 참여하지 못하는 성도들은 대체로 생업으로 인한 시간 부족과 경제적 부담 때문인 것으로 나타났다. 기타 의견 중에는 자녀 양육과 건강 문제로 봉사하기가 어렵다는 인식이 있었다.

[그림 4-6] 봉사활동 참여 여부와 미참여 원인 분석

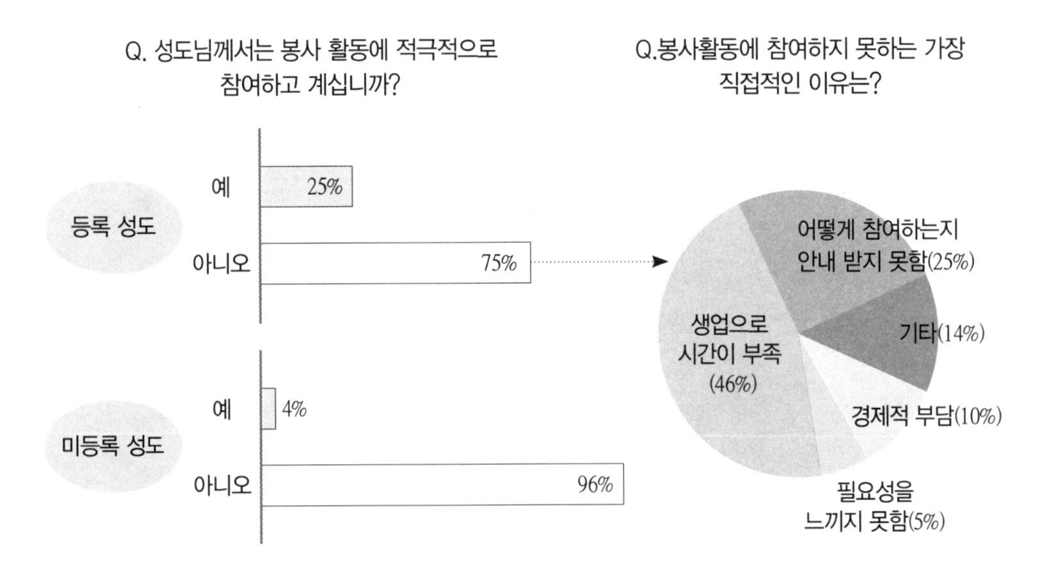

5) 양육에 대한 설문

성도들이 가장 많이 참여한 양육과정은 '새가족 교육'과 '일대일 양육'으로 나타났으며, 참여가 많았던 만큼 개선에 대한 요구 수준도 높게 나타났다. 양육과정에 참여했던 성도들은 주로 강의의 충실도(28%), 양육과정에 대한 안내(23%), 강의 개설 수 증가(14%) 등이 필요한 것으로 느끼고 있었다.

[그림 4-7] 양육과정별 참여도와 개선 요구도 분석

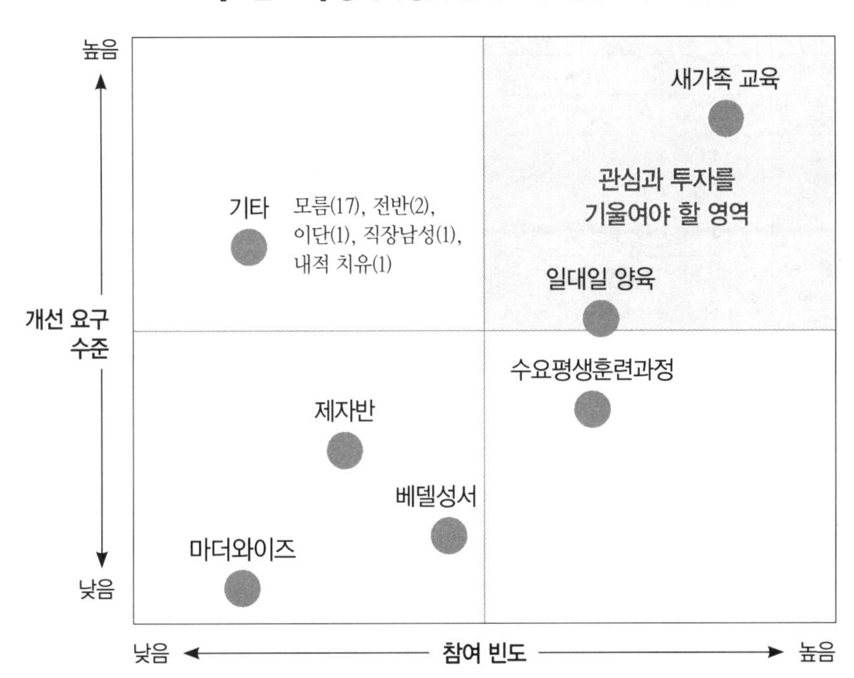

6) 행정에 대한 설문

교회 시설 중 향후 집중적으로 보완해야 할 부분을 조사한 결과 친교실과 주차장을 선택한 성도들이 많았으며, 교회 직원에 대한 만족도는 높은 수준으로 나타났다.

[그림 4-8] 교회시설 중 개선요구 영역 분석

구분	전체	남성	여성	20~30대	40대	50대	60대 이상
친교실	14.1%	17.8%	11.7%	10.5%	14.3%	16.9%	15.7%
주차장	13.5%	17.8%	10.7%	15.6%	12.6%	13.1%	11.8%
식당	11.4%	11.5%	11.4%	9.4%	11.2%	14.6%	12.6%
대예배실(본당)	5.2%	5.2%	5.1%	5.9%	4.0%	4.9%	6.3%
소예배실	5.7%	5.2%	6.0%	3.9%	5.7%	6.7%	6.3%
분반실	8.9%	5.7%	10.9%	7.8%	10.6%	9.0%	6.3%
유아/자모실	10.1%	7.6%	11.7%	**21.1%**	7.7%	3.0%	8.7%
조명 시설	1.1%	2.1%	0.5%	1.2%	1.1%	0.4%	2.4%
음향 시설	3.7%	3.9%	3.6%	1.6%	4.9%	3.0%	6.3%
냉난방 시설	4.0%	3.1%	4.6%	5.5%	4.0%	3.0%	3.9%
목회자 사무실	2.9%	3.1%	2.8%	2.0%	2.6%	4.9%	1.6%
기타	19.4%	17.0%	21.0%	15.5%	21.3%	20.5%	18.1%
	• 기타 시설과 관련된 의견 중에서 기도실(8건) 확충이 필요하다는 의견이 가장 많았음 • 그 밖에 체육시설 확충, 교회 진출입로 정비 등의 의견이 제시됨						

7) 교회학교에 대한 설문

교회학교에 대한 성도들의 만족도는 매우 높은 수준으로 나타났다. 다만 교육환경에 비해 교육 프로그램은 향후 개선해야 할 점이 있는 것으로 나타났다.

[그림 4-9] 교회학교에 대한 인식 분석

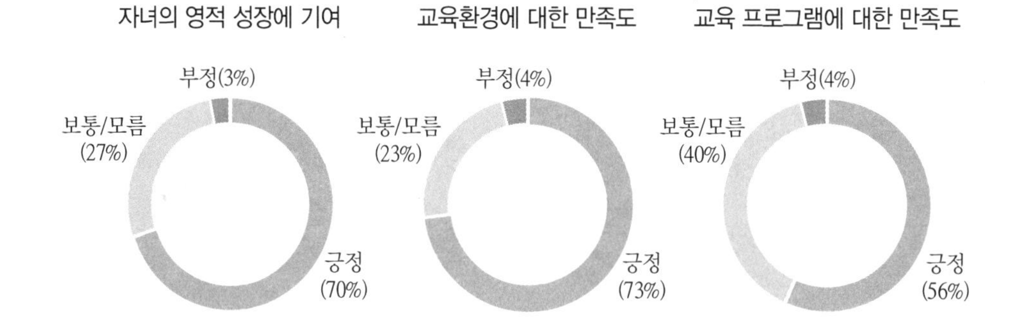

8) 교제(성도 간 관계)에 대한 설문

설문응답 성도의 59%가 교회 내 모임과 활동이 춘천중앙교회의 부흥에 기여한다고 생각하는 것으로 나타났다. 이에 비해 다른 성도와 별도의 친목활동을 하는 등 상호 친밀한 관계를 가진다고 생각하는 성도는 25% 수준에 그쳤으며, 성도 간 신뢰 수준에 대해서도 다른 응답 결과에 비해 상대적으로 낮은 만족도가 나타났다.

[그림 4-10] 교제에 대한 인식 분석

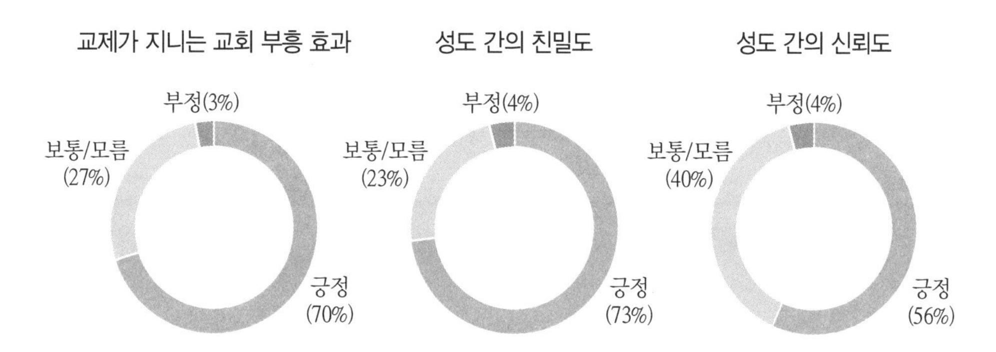

9) 신앙생활과 은사에 대한 인식

[그림 4-11] 신앙생활과 은사에 대한 인식 분석

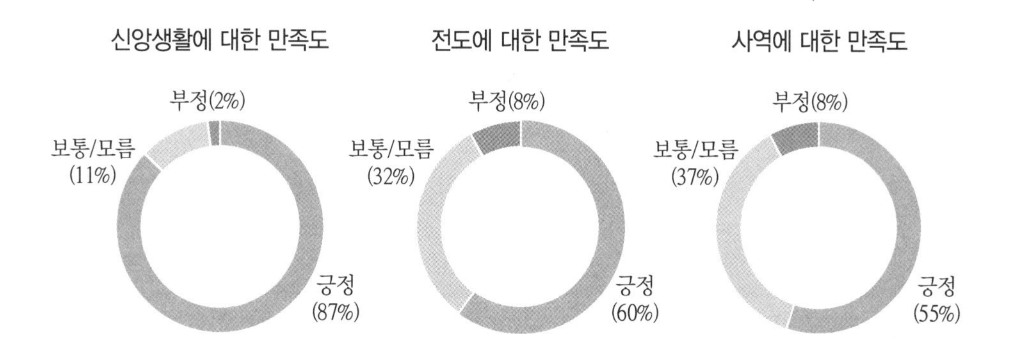

성도의 87%가 신앙생활을 통해 자신의 삶에 역사하시는 하나님께 항상 감사할 수 있게 되었다고 응답했다. 반면에 전도를 통해 기쁨을 느끼는 성도들은 60%, 교회에서 맡겨진 역할을 수행하는 데 만족을 느낀다고 응답한 성도는 전체의 55% 수준으로 나타났다.

10) 목회자에 대한 설문

성도의 75%가 교회 목회자(담임목사, 부목사)들의 리더십에 만족하고 있으며, 63%가 목회자들이 솔선수범하고 있다고 생각하는 것으로 나타났다. 또한 목회자들이 각자 은사가 있는 분야에서 충실하게 직분을 수행하고 있다고 생각하는 성도가 전체의 78%에 이르는 것으로 나타났다.

[그림 4-12] 목회자에 대한 인식 분석

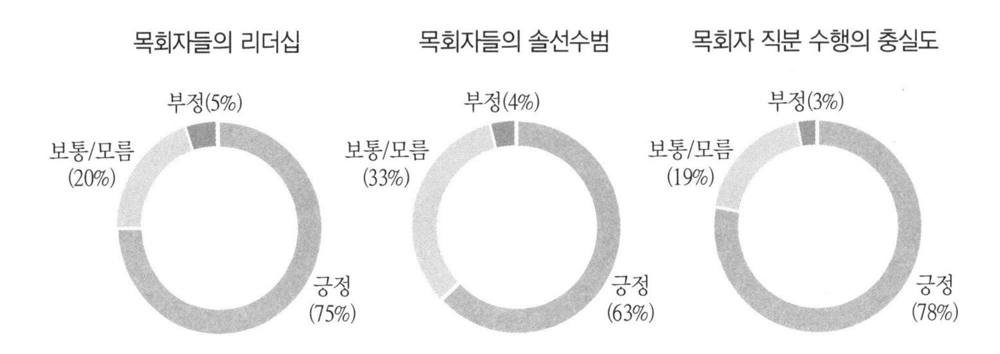

또한 [그림 4-13]과 같이 교회 발전을 위해 자유의견을 개진한 결과를 분석해 '성도와의 대화'에 목회자들이 더 많은 관심을 기울여야 한다는 사실이 명확해졌다.

[그림 4-13] 성도들의 교회 발전을 위한 자유의견 개진 현황

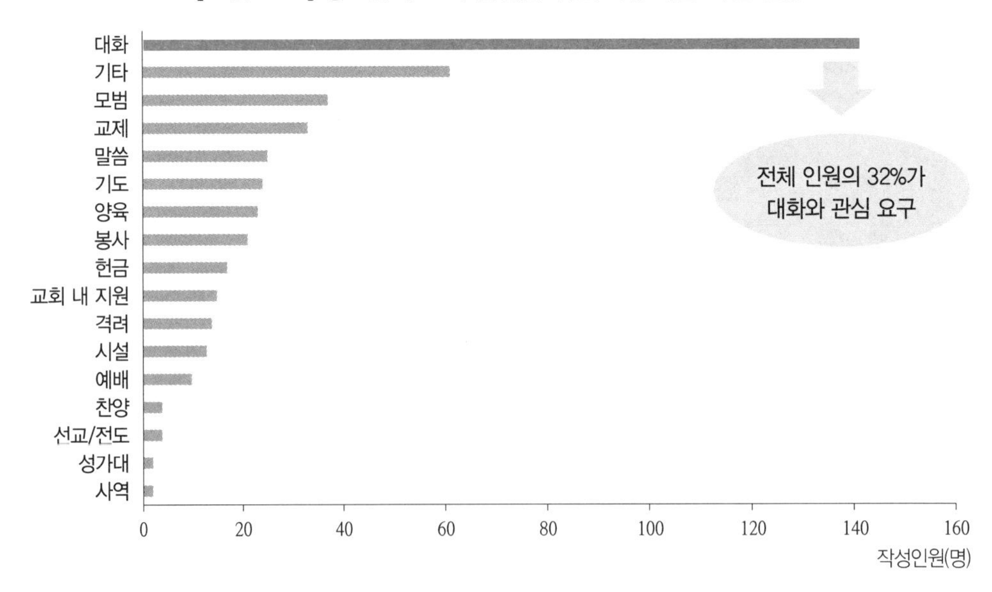

3. 내부환경 분석 결과의 보완

앞에서 내부환경 분석을 위해 성도들을 대상으로 실시한 설문조사 결과를 살펴보았다. 일반적으로 민간기업이나 공공기관에서는 내부환경 혹은 내부역량에 대한 진단 과정에서 설문조사 외에도 다양한 검토가 이루어진다. 특히 기업이나 기관이 보유하고 있는 인적·물적 자원에 대한 진단이 핵심이 된다. 이 과정에서 현재 기업이나 기관이 보유하고 있는 자원 및 역량의 수준과 달성해야 할 목표 수준을 비교하는 작업이 이루어진다.

[그림 4-14] 춘천중앙교회 성도의 연령별 구성비 변화

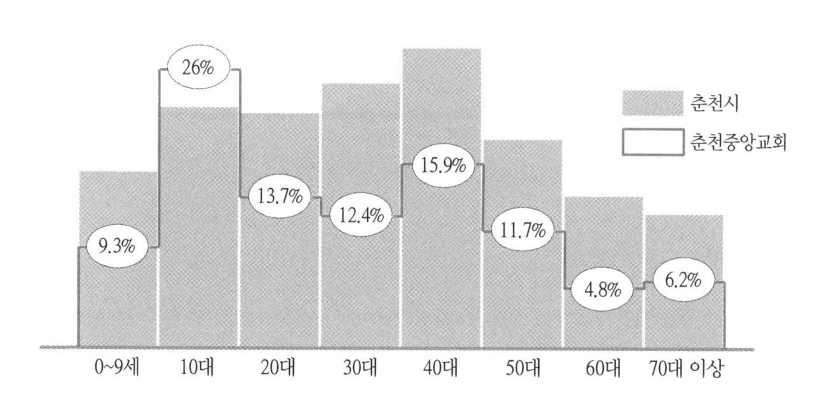

자료원 : 통계청(춘천시 주민등록인구 통계자료)

춘천중앙교회에서는 주로 설문조사에 의존해 내부환경 분석을 했기 때문에 정확한 진단이 이루어졌다고 보기 어렵다. 그래서 설문조사 결과를 보완하기 위한 추가적 분석이 이루어져야 했다. 이 과정에서 기업이나 기관에서 사용하는 현행 자원에 대한 진단과 검토 작업이 진행되었다. 내부환경 분석 결과를 보완하기 위해 진행된 작업에서 도출된 결과와 시사점은 다음과 같다.

첫째, 춘천중앙교회 성도들의 연령구조는 [그림 4-14]에 제시된 바와 같이 춘천 지역 전체 인구의 연령구조와 상이한 형태를 보인다. 전체 인구는 30~40대가 가장 높은 비율을 차지하는 반면, 춘천중앙교회 성도의 연령 구성비를 보면 10대의 비중이 높게 나타났다. 또한 상대적으로 전체 성도 중에서 50대 이상이 차지하는 비중을 감안할 때 전체 인구에 비해 고령화가 훨씬 높은 수준에 있었다. 특히 성도 구성에 있어서 30대의 장년층 성도의 비율이 낮았다. 이는 안정적으로 사역 인원을 확보하기가 계속해서 어려워진다는 의미이다. 이를 극

복하기 위해 춘천중앙교회는 30대 장년층에 초점을 맞추어 예배 방식의 변화를 시도했다.

[그림 4-15] 춘천중앙교회 출석성도의 직업 구성 현황

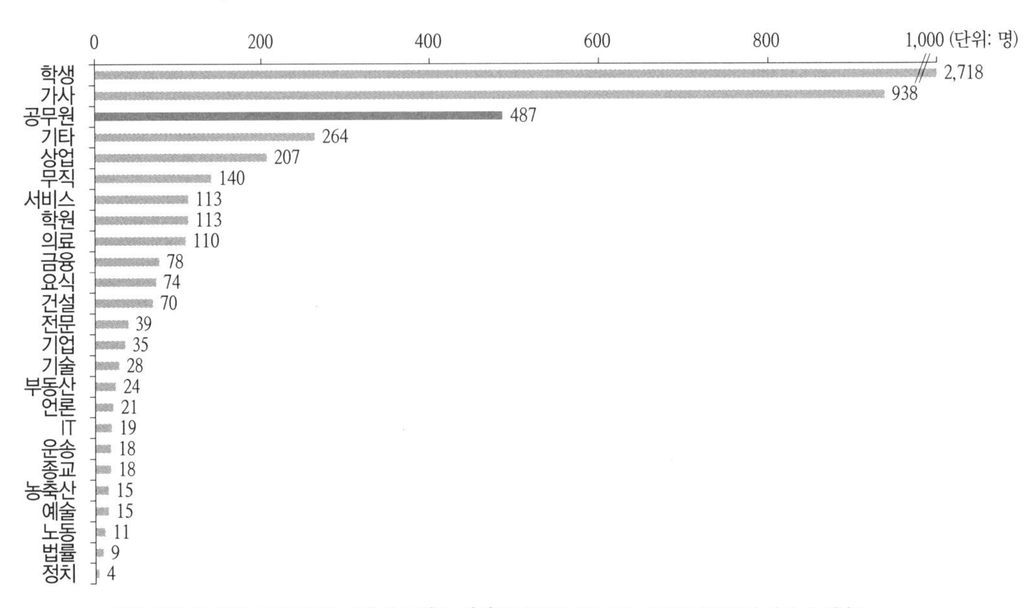

※ 전체 성도 중 학생, 목회자 및 기타 종교인은 제외(재적인원 기준으로, 실제 출석인원과 다를 수 있음)

[그림 4-16] 춘천 인구의 직업별 구성 현황

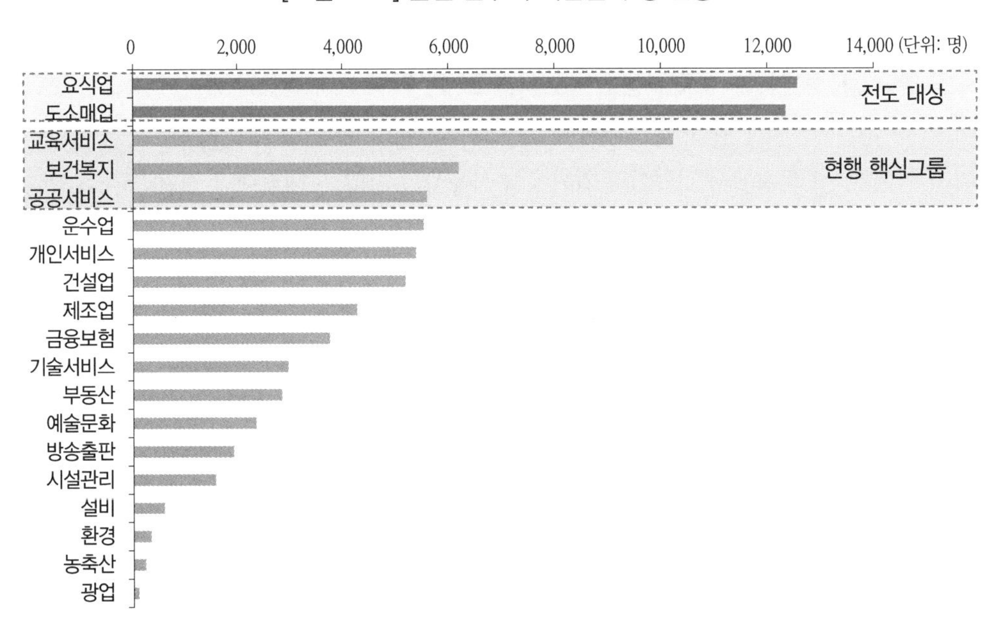

자료원: 춘천시 기본통계(2010.12)

둘째, 출석성도의 직업 구성 현황을 분석한 결과 [그림 4-15]에 제시된 바와 같이 공무원의 비중이 매우 높았다. 이는 [그림 4-16]에 제시된 춘천 인구의 직업별 구성 현황과 많은 차이를 보인다. 이는 현재 핵심 그룹을 형성하고 있는 성도들에 비해 상대적으로 소외 혹은 경제적으로 어려움에 있는 소상공인을 대상으로 전도가 집중 내지 확대되어야 한다는 점을 보여준다. 이를 위해 춘천중앙교회는 지역사회에 대한 공헌 활동을 강화하고, 예배 시 광고를 확대해 소상공인 성도들에 대한 간접적 지원을 확대하기 시작했다.

셋째, 등록한 새가족 중에서 정착한 새가족의 수가 줄어들고 있다는 점이다. 이는 새가족 교육 프로그램에 문제가 발생하고 있거나, 등록 이후 체계적인 관리가 이루어지지 못하고 있음을 의미한다. 이를 위해 춘천중앙교회에서는 사역조직을 전면적으로 개편하고, 샘터 활동을 강화하는 방식을 추진하였다. 이러한 변화에 관한 내용은 뒤에서 구체적으로 살펴볼 것이다.

[그림 4-17] 춘천중앙교회의 연도별 정착성도 현황

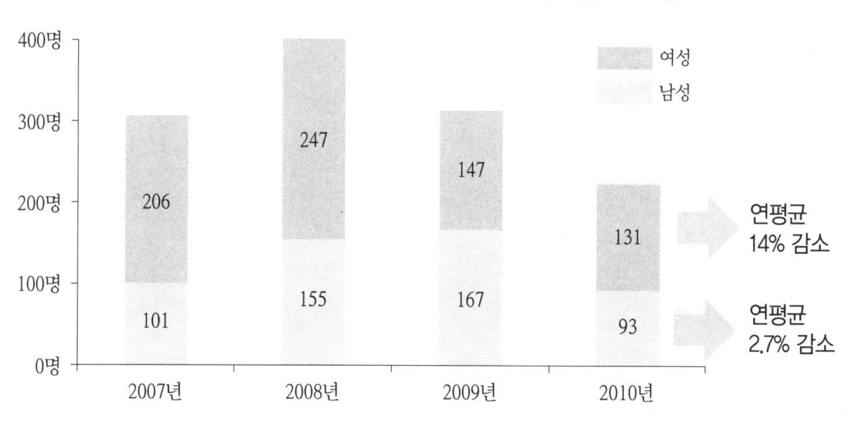

보통 교회를 안다고 하는 것은 교회의 일부분만을 안다는 의미이다. 그럼에도 불구하고 교회에 다니는 대부분의 성도들과 목회자들은 교회 전체를 알고 있다고 생각한다. 그러나 교회를 중심으로 외부환경과 내부환경을 분석해 보면 평소 알지 못했던 많은 것이 보인다. 막연하게 생각했던 것에 비해 실제 교회가 처한 상황이나 현실이 다르게 보인다. 모든 사람들이 교회가 가져야 할 이상을 가지고 있다. '교회는 이렇게 되어야 한다.'고 말하지만, 사실은 그 이상과 기대에 교회가 미치지 못해서 낙심하는 경우가 많다. 교회가 꿈꾸는 비전을 달성하고, 교회 내 모든 신앙공동체가 함께 참여하고 나누기 위해서는 먼저 교회에 대한 정확한 이해와 진단이 필요하다.

1 당신이 가지고 있는 이상적인 교회의 모습은 무엇입니까?

2 본인이 출석하는 교회의 외부환경 중 긍정적인 부분과 부정적인 부분은 어떤 것입니까?

3 본인이 출석하는 교회의 내부환경 중 긍정적인 부분과 부정적인 부분은 무엇입니까?

교회의 미래를 만들어 가다

미래준비위원회의 구성과 활동

로버트 슐러(Robert H. Schuller) 목사에 의해 1955년 자동차 극장에서 시작된 수정교회는 1980년 총 1,800만 달러를 들여 1만 장의 유리로 예배당을 완공해서 그야말로 세계적인 명소가 되었다. 예배당은 그들이 소위 부흥의 원동력이라고 했던 TV쇼 "능력의 시간(Hour of Power)"이 방송되는 곳이기도 했다. 그러나 2006년 로버트 슐러 목사가 은퇴한 이후 가족 간 갈등이 계속되어 교세 감소와 재정 악화로 교회는 파산하고 말았다. 1만 장의 유리로 지어진 예배당이라는 명성은 빛을 잃고, 2012년 2월 로마 가톨릭 주교 관구에 5,750만 달러에 팔리는 수모를 겪었다. 한마디로 교세가 감소했고 교회 내에 갈등이 있었던 것이 가톨릭에 교회를 매각할 수밖에 없었던 이유이다.

수정교회를 볼 때마다 느낀 것은 로버트 슐러 목사의 창의적인 생각이었다. '하나님의 말씀을 어떻게 하면 시각화하여 보여줄 수 있을까?' 그의 이런 생각이 반영된 수정교회는 하나님의 교회를 위해 헌신한 이들의 소중함이 곳곳에 표현되어 있었다. 그러나 사람들이 주목하던 교회가 지금은 교훈을 얻는 교회로 바뀌었다. 이런 일이 벌어진 이유는 무엇인가? 그것은 세상의 변화에 대해서 수정교회가 그 변화를 읽지 못했기 때문이다. 그 결과 교회가 매각되어야 하는 어처구니없는 사건이 일어나고 만 것이다.

이런 세상의 변화를 담임목사 혼자서 읽고 해석할 수 있을까? 목사들이 실수하는 것이 있다면 자신이 모든 것을 다 하려고 한다는 것이다. 사실 목사도 모르는 부분이 있다. 성도보다 모르는 부분이 더 많을 수도 있다. 이것을 인정해야 한다. 그 부족한 부분을 메워줄 사람이 필요하다. 바로 평신도 지도자들이다.

구약성경에 보면 모세가 이스라엘 백성들을 다스릴 때 장인 이드로의 조언으로 모세의 사역을 이스라엘 백성들과 함께 나누었다. 초대교회 역시 평신도 지도자들을 세우고 그들에게 사역을 맡긴 사건이 있다. 사도행전 6장 1~6절[23] 말씀을 보면 예수를 믿는 성도들이 많아졌다. 당시 헬라파 유대인들이 구제의 대상에서 소외되었다. 그 결과 원망과 불평이 일어났다. 사도들이 어려움에 처한 것이다. 사도들은 결단한다. 6장 2~3절의 말씀을 보면 하나님의 말씀을 제쳐두고 구제에 전념하는 것이 옳지 않다고 결정하고 지혜와 성령이 충만한 사람 7명을 선택한다. 그리고 사도들은 기도와 말씀사역에 힘쓴다. 그 이후 어떻게 되었을까? 사도행전 6장 7절에는 이렇게 기록되어 있다. "하나님의 말씀이 점점 왕성하여 예루살렘에 있는 제자의 수가 더 심히 많아지고 허다한 제사장의 무리도 이 도에 복종하니라."(행 6:7) 평신도 지도자들을 세우면서 사도들은 자신의 사역에 충실할 수 있었다. 평신도 지도자 역시 맡겨진 사역에 최선을 다하게 되어 초대교회는 날로 부흥하게 되었고 그동안 원망과 불평의 문제가 되었던 구제의 문제도 은혜롭게 진행될 수 있었다.

오늘날은 초대교회와 비교해 볼 때 더 많은 사역으로 나뉘어 있다. 예배, 선교, 봉사, 양육, 교육, 그리고 필요에 따라 사역이 전문화되고 있다. 이렇게 많은 사역이 올바르게 진행되기 위해서는 사역에 대한 진단이 필요하다. 이 진단은 목사나 평신도 지도자 중 장로 몇 사람이 하기는 어렵다. 그래서 교회에 출석하는 평신도들 중에서 사회적으로 활동하고 있는 전문가들, 혹은 교회를 사랑하고 생각하는 사람들이 모여 함께 의논할 때 어려움도 은혜가 되고 함께 해결해 나갈 수 있다.

춘천중앙교회는 컨설팅을 추진하면서 교회 내외의 많은 문헌과 지역사회의 여러 자료를 통해서 외부환경 분석을 진행했다. 그리고 설문지 조사법과 교회의 내부 자료를 통해서 내부환경 분석을 실시했다. 외부-내부 환경 분석은 춘천중앙교회가 현재의 모습을 다시 보게 되는 계기가 되었다. 그동안 잘 진행되고 있었으리라 생각했던 각각의 사역, 지금까지 오랜 기간 해왔기 때문에 성과가 있으리라 생각했던 사역에 대해 다시 평가하게 되었고, 보완해야 할 부분을 바라보게 되었다. 심지어 목사들의 강의에 이르기까지 성도와의 소통의 문제, 신앙의 문제, 성도들이 원하는 것이 무엇인지를 알게 되었으며 직접 듣지 못했던 성도들의 이야기를 들을 수 있었다.

여기에서는 춘천중앙교회가 외부 및 내부 환경 분석을 토대로 교회의 여러 사안을 보완하기 위해서 미래준비위원회 산하에 각 분과위원회를 구성하고 활동한 내용에 대해서 언급

---

23) 개역개정 성경, 사도행전 6장 1~6절, "그 때에 제자가 더 많아졌는데 헬라파 유대인들이 자기의 과부들이 매일의 구제에 빠지므로 히브리파 사람을 원망하니 열두 사도가 모든 제자를 불러 이르되 우리가 하나님의 말씀을 제쳐 놓고 접대를 일삼는 것이 마땅하지 아니하니 형제들아 너희 가운데서 성령과 지혜가 충만하여 칭찬 받는 사람 일곱을 택하라 우리가 이 일을 그들에게 맡기고 우리는 오로지 기도하는 일과 말씀 사역에 힘쓰리라 하니 온 무리가 이 말을 기뻐하여 믿음과 성령이 충만한 사람 스데반과 또 빌립과 브로고로와 니가노르와 디몬과 바메나와 유대교에 입교했던 안디옥 사람 니골라를 택하여 사도들 앞에 세우니 사도들이 기도하고 그들에게 안수하니라."

하고자 한다. 그리고 그 과정에서 도출된 문제를 어떻게 극복해 나갈 것인지에 대해 고민했던 부분을 설명하고자 한다.

1. 인사(人事)가 만사(萬事)

「논어」, "위정편"에 나오는 이야기이다. 공자의 조국 노나라의 마지막 왕인 애공(哀公)은 아버지가 죽고 나서 왕위를 물려받았을 때 겨우 10세 전후의 어린아이에 불과했다. 왕은 허수아비에 지나지 않았고 모든 실권은 맹손씨, 계손씨, 숙손씨의 소위 '삼환' 씨가 잡고 있었다. 장성하면서 비애와 답답함을 느낀 애공이 공자에게 "어떻게 하면 백성이 나를 따르겠습니까?"라고 물었다. 이에 대해 공자는 인사의 중요성을 강조하였다. "거직조저왕 즉민복(擧直措儲枉 則民服), 거왕조저직 즉민불복(擧枉措儲直 則民不服)." 풀이하면 이렇다. "정직한 사람을 등용하고 정직하지 못한 사람을 버리면 백성들이 따르고, 정직하지 못한 사람을 등용하고 정직한 사람을 버리면 백성들이 복종하지 않는다." 삼환씨는 왕을 무시하고 자신들의 사리사욕을 좇아 횡포를 일삼았기 때문에 백성들의 원성이 하늘을 찌를 듯했다. 공자는 이에 통탄하며 정직한 사람을 등용해야 백성의 마음을 사로잡을 수 있다고 역설한 것이다. 당시 권력의 실세였던 삼환씨를 비롯한 지도층이 정직하지 못해 백성이 따르지 않는다고 일깨워 준 것이다.[24]

2013년 우리나라 대통령이 미국을 방문했을 때 수행원 중 한 명인 대변인이 성추행 문제를 일으켜 나라가 떠들썩했다. '인사(人事)가 만사(萬事)'라는 말을 귀가 따갑도록 들어왔다. 그럼에도 불구하고 계속해서 인사가 문제가 되고 있음을 목격하게 된다. 공자가 살았던 시대나 지금이나 '인사가 만사'라는 사실을 올바르게 알면 우스꽝스러운 사건이 벌어지지 않을 것이다. '인사문제' 때문에 어려움을 겪는 것을 보면 인사가 어렵긴 어려운 모양이다. 왜 어려운 것일까? 공자의 진단대로 정직한 사람을 등용하지 않기 때문이다.

그럼 교회에서 하나님 앞에 진실하고 사람 앞에서 정직한 사람은 누구일까? 어떤 사람이 신뢰를 받을 만한 사람인가? 한마디로 말한다면 '투명한 사람'이다. 하나님 앞에서 투명한 사람, 그리고 사람 앞에서 투명한 사람이다. 하나님 앞에서 투명한 사람은 하나님을 사랑하는 사람, 하나님을 생각하는 사람, 그리고 하나님이 이끄시는 대로 순종할 줄 아는 사람이다. 사람 앞에서 투명한 사람은 정직, 성실, 근면, 그리고 타인을 먼저 생각하는 배려 깊은 사람이다.

---

24) 공자, 김원중 역, 「논어 : 세상의 모든 인생을 위한 고전」(서울: 글항아리, 2013), p.78.

2. 미래준비위원회의 구성

컨설팅을 하면서 미래준비위원회의 위원으로 활동하게 될 사람을 뽑되 '어떻게 하면 공정하게 추천을 받고 선임할 수 있을까?'에 대한 기준을 정했다. 먼저 여기에 기록한 내용은 춘천중앙교회의 미래준비위원회의 구성 기준에 따라 기록된 것임을 밝혀둔다.

1) 분과위원회 구성

미래준비위원회 산하의 분과를 6개(선교, 예배, 양육, 봉사, 교육, 행정)로 구성했다. 감리교회의 교리 장정을 보면 '예배부'를 '문화부'로 정하고 있다. 그러나 여기에서는 '문화'라는 호칭을 대신해 '예배'로 하였다. 또한 6개 부서 중 '양육'이라는 부서는 교리와 장정에 없다. 하지만 '양육'부서는 교회학교 교육이 아닌 '장년교육'에 한정해 하나의 부서로 정하고 산하 분과위원회를 구성했다. 또한 교회학교 부서는 '교육' 부서로 정하였다.

2) 미래준비위원회의 위원 구성 기준

미래준비위원회의 위원을 선임하기 위해 몇 가지 천거기준을 정했다. 첫째, 우리 교회에 출석하는 성도여야 한다. 둘째, 교회를 사랑하는 마음을 가진 성도여야 한다. 교회를 사랑하는 마음이 없다면 모든 일을 비판적인 시각으로 보고 평가하게 된다. 그럴 경우 의견을 모으고 수렴해서 문제를 해결해 나가는 방향이 아니라 비판과 평가로 상처와 얼룩만 남게 된다. 셋째, 긍정적인 성품과 시각을 가진 성도여야 한다. 컨설팅은 분석과 평가뿐만 아니라 대안을 제시해야 한다. 대안을 세우고 각 사역을 보완하기 위해서는 긍정적인 성품과 시각을 가져야 한다. 넷째, 교회를 먼저 생각하는 마음을 가진 성도여야 한다. 컨설팅을 하다 보면 여러 가지 문제를 접하게 된다. 문제를 해결하기 위해 해결책을 선택해야 하는 경우 갈등하게 된다. 그때 가장 먼저 고려해야 하는 것이 '교회를 위한 최선의 선택'이다. 교회를 먼저 생각하는 마음이 있을 때 개인의 사사로운 감정이 아니라 올바른 이해를 가지고 문제를 해결할 수 있는 방법을 선택할 수 있다. 다섯째, 직분을 따지지 않고 서로 대화하여 논의할 수 있는 성도여야 한다. 교회 안에서 직분은 중요하다. 그러나 직분 때문에 각 분과위원회에서 대화와 논의가 방해될 수 있다. 장로가 말하니까 집사가 말 못 하는 상황이 벌어질 수 있다. 직분이 믿음의 선한 모습이 되면 좋지만 사실 직분이 기득권이나 권력이 될 수도 있기 때문에 직분으로 인해 오는 피해를 최소화하기로 했다. 여섯째, 분과위원회에 대한 적절한 역할을 감당할 수 있는 성도여야 한다. 각 분과위원회에서는 담당 분야를 점검하게 된다. 지금까지 해

오던 외부환경 분석과 내부환경 분석의 내용을 확인하여 대안을 도출해내야 한다. 각 부서의 활동에 대한 이해가 없는 사람들만 모여서 논의한다면 비판만 난무할 것이다. 왜냐하면 부서에 대한 이해가 없기 때문이다. 반면 부서에서 활동하는 사람들만 모여서 논의한다면 실수나 잘못에 대해서 너그럽게 넘어가게 된다. 평가하여 대안을 제시하기보다 부서의 자기 합리화, 부서에 대한 옹호를 통해 컨설팅을 통한 '변화'라는 궁극적인 취지를 올바르게 살리지 못하게 된다. 그 때문에 미래준비위원회의 구성은 부서에 대해 잘 아는 사역자와 교회를 사랑하며 변화를 이끌어낼 수 있는 성도들로 적절하게 구성되었다. 일곱째, 개인의 직업과 연관된 성도여야 한다. 사회에서 직업을 가지고 있다는 것은 그 분야에서 전문가로 활동하고 있다는 것을 의미한다. 직장에서 하는 일을 교회에 와서 한다고 하면 같은 일의 반복이라고 힘들어하지 않을까 생각할 수 있다. 그러나 교회를 사랑하는 마음을 가진 사람이라면 자신의 전문 분야를 통해 더욱 열심히 기쁜 마음으로 참여하게 된다. 여덟째, 창의적인 사고를 가진 성도여야 한다. 교회에 대해서 구태의연하게 생각하거나 과거의 활동에 대한 반복적인 생각만 한다면 컨설팅을 하는 것에 아무 의미가 없다. 그래서 창의적인 생각을 가진 사람이 필요하다고 판단했다. 시대가 변화되는 만큼 교회 역시 변화되어야 한다. 보완해야 할 내용에 있어서 과거에 했던 일을 반복하는 것은 의미가 없다. 시대의 변화만큼 창의적인 생각을 가지고 문제를 보완해야 한다.

아홉째, 컨설팅을 하는 목적에 맞는 은사를 가진 성도여야 한다. 모든 성도는 각기 다른 달란트를 가지고 있다. 컨설팅을 진행할 수 있는 은사를 가진 성도들이 모여서 생각을 모을 때 시너지 효과가 일어난다.

[표 5-1] 미래준비위원회의 구성

분과위원회의 구성	① 예배 ② 선교 ③ 봉사 ④ 양육(장년교육) ⑤ 교육(교회학교) ⑥ 행정
분과위원 천거 기준	• 우리 교회에 출석 • 교회를 사랑하는 마음 • 긍정적인 성품 • 교회를 먼저 생각하는 마음 • 직분보다 서로 대화하여 논의 • 분과위원회에 대한 적절한 역할을 감당 • 개인의 직업적 연관성 • 창의적인 사고 • 컨설팅을 하는 목적에 맞는 은사

3) 분과위원장과 분과위원의 선출

미래준비위원회는 6개 분과, 즉 선교, 예배, 양육, 봉사, 교육, 그리고 행정의 분과로 구성됐다. 분과 담당 목사는 현재 사역별로 활동하고 있는 목사가 맡아서 했다. 평신도 참여를 위해 담당 목사가 최초 2인을 천거하면 담임목사와 미래준비위원회의 TF팀의 동의 절차를 받은 후 담당 목사와 2명의 분과별 천거된 위원이 4인의 분과위원을 천거하게 했다. 그 후 담임목사, 미래준비위원회 TF팀의 동의를 거쳐 분과위원으로 임명했다. 분과위원회 안에서 협의하여 분과위원장을 선임했으며, 분과위원장은 담당 목사가 임의로 지명하지 않도록 했다.

[그림 5-1] 미래준비위원회의 구성 과정

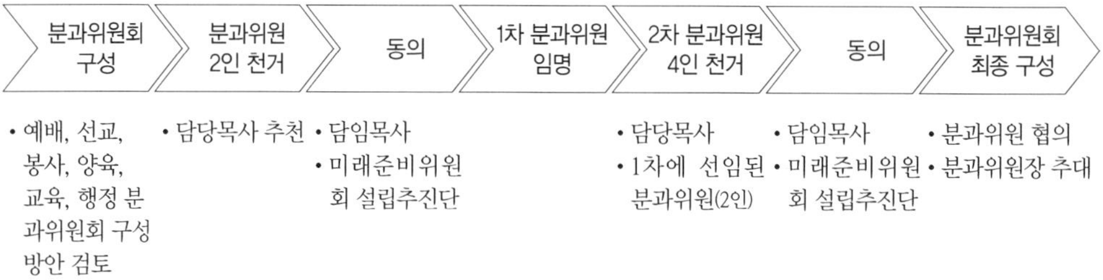

분과위원회 구성	분과위원 2인 천거	동의	1차 분과위원 임명	2차 분과위원 4인 천거	동의	분과위원회 최종 구성
• 예배, 선교, 봉사, 양육, 교육, 행정 분과위원회 구성 방안 검토	• 담당목사 추천	• 담임목사 • 미래준비위원회 설립추진단		• 담당목사 • 1차에 선임된 분과위원(2인)	• 담임목사 • 미래준비위원회 설립추진단	• 분과위원 협의 • 분과위원장 추대

3. 미래준비위원회의 출범식

두 명 이상이 모인 집단이라면 역할을 분담해서 하게 된다. 일을 효율적으로 처리하기 위한 것이다. 이렇게 각각의 일을 효율적으로 처리하고 능률을 나타내기 위해서 만드는 것이 바로 '조직'이다. 조직이 있다는 것은 '맡은 일이 나누어져 있다.'는 것을 뜻한다. 또한 조직은 위로 가면 갈수록 중요한 결정을 해야 한다. 정부 조직이든, 기업 조직이든, 심지어 교회의 조직이든 제일 어렵고 힘든 것이 무엇일까? 그것은 조직의 지도자가 의도하고 계획한 것이 조직의 가장 말단에까지 잘 전달되지 않는다는 것이다. 이것이 가장 힘든 일이다. 신속한 일처리가 안 되고, 업무를 집행하는 부서, 혹은 담당자가 책임 있게 업무를 추진하지 않는 경우, 그리고 무사안일주의나 복지부동과 같은 관료주의적 행태가 나타날 때 그 어떤 변화도 일어날 수 없다.

「초우량기업의 조건」(*In Search of Excellence*)이란 책에서 톰 피터스(Tom Peters)는 우수한

조직이 갖춘 첫 번째 특징이 일을 나눠 하는 '분권화'라고 설명했다. 그는 분권화가 가져오는 가장 큰 장점이 조직의 미래를 생각하는 사람이 많아지는 것이라고 했다. 조직 내부에서 여러 사람들이 책임을 지게 되면 업무처리도 빨라질 뿐 아니라, 여러 사람이 창의성과 자율성을 갖고 일하게 돼 성과가 좋아진다고 한다.

이스라엘 백성의 지도자 모세가 백성들을 재판하느라고 아침부터 저녁까지 하루 종일 시간을 보내고 있을 때, 그의 장인 이드로가 다른 사람들과 일을 나눠 하라고 충고한다. 이드로는 "온 백성 가운데서 능력 있는 사람들 곧 하나님을 두려워하며 진실하며 불의한 이익을 미워하는 자를 살펴서 백성 위에 세워 천부장과 백부장과 오십부장과 십부장을 삼아 그들이 때를 따라 백성을 재판하게 하라 큰 일은 모두 네게 가져갈 것이요 작은 일은 모두 그들이 스스로 재판할 것이니 그리하면 그들이 너와 함께 담당할 것인즉 일이 네게 쉬우리라"(출 18:21~22)고 하면서 일을 지혜 있게 하는 방법을 권했다.

예수님도 혼자 일하신 것이 아니다. 부족하고 모자라긴 하지만 연약한 자들을 제자로 삼으시고 이들과 동역하면서 그의 사역을 감당하셨다.

일을 나눠하는 조직이 건강한 조직이다. 미래준비위원회를 만들고 각 분과위원회를 만드는 것은 담임목사나 일부 성도들에게 주어진 교회에 대한 부담과 책임을 모든 성도가 함께 나누기 위해서다. 그리고 지금까지 해온 사역을 평가하고 앞으로 해야 할 사역에 대한 올바른 방법을 선택해서 주님이 원하시는 교회의 모습으로 만들어가는 과정이었다.

미래준비위원회는 춘천중앙교회의 과거로부터 현재에 이르기까지 모든 사역을 정리, 점검하고 새로운 미래를 준비하기 위해 설립된 기관이다. 미래준비위원회 출범식을 하는 이유는 교회 안의 정식 기관임을 선포하는 동시에 권한을 위임하고 모든 부서와 기관이 협력해야 한다는 의미를 담고 있다. 출범식은 미래준비위원회가 기관으로 세워진 목적과 취지, 그 역할과 앞으로 기대해야 할 내용에 대해서 설명하는 자리일 뿐만 아니라 미래준비위원회의 정체성을 분명히 하기 위해서 필요한 일이다.

미래준비위원회 출범식은 다음과 같이 진행되었다. 진행은 미래준비위원장이 맡고 찬송과 기도, 미래준비위원회의 목적과 취지에 대한 담임목사의 설명과 권면의 말씀이 이어졌다. 미래준비위원회 위원의 인선과 진행상황을 기획목사가 설명하고, 진행일정과 설명은 미래준비위원장이 맡아서 했다. 찬송과 담임목사의 축복의 기도로 출범식의 모든 순서가 진행되었다. 물론 각 분과별 담당 목사, 분과위원장, 분과위원, 그리고 성도들이 참석하여 교회의 미래에 대한 비전과 소망을 함께 나누는 시간이 이어졌다. 미래준비위원회의 출범식을 통해 이루고자 했던 목적은 다음과 같다.

첫째, 미래준비위원회가 교회의 모든 사역을 통제하는 것이 아니라 모든 사역에 대한 실제적인 평가, 보완할 부분과 이에 대한 대책을 준비하는 기구로 확실하게 그 역할을 할 수 있도록 기반을 마련하기 위해서였다.

둘째, 모든 성도들에게 교회가 미래에 대한 준비를 위해 무엇을 하고 있는지 알려줌으로써 서로 소통하는 계기를 마련하기 위해서였다. 교회가 주님이 원하시는 방향으로 나아가기 위해 의견을 수렴하는 창구가 필요하다고 판단했기 때문이다.

셋째, 그동안 교회의 사역에 대해서 개선을 생각하고 있던 성도들에게 교회가 변화되어 간다는 희망과 기대를 주기 위해서였다. 미래준비위원회의 출범식은 형식적인 의식이 아니라 교회와 성도들에게 변화에 대한 희망, 그리고 교회가 더 건강한 교회, 더 좋은 교회가 될 것이라는 비전과 희망을 줌으로써 성도들의 마음을 하나로 뭉치게 하는 핵심적인 역할을 하게 되었다.

4. 미래준비위원회 위원들과의 소통

요즘 사람들은 서로 소통이 잘 안 된다고 이야기한다. 어떻게 보면 인류의 역사는 소통과 불통의 역사라고 할 수 있다. 소통되었던 하나님과의 관계가 아담의 범죄로 말미암아 단절, 불통하게 되었다. 이 단절의 상태가 예수님이 십자가를 지심으로 하나님과 다시 소통하게 되었음을 우리는 알고 있다. 자녀들과 대화의 단절을 경험해 본 적이 있을 것이다. 단절이 참 힘들다는 것을 알게 된다. 반면 소통을 하면 기쁨도 즐거움도 함께 다가온다. 소통이란 사람을 즐겁게 하는 것이다.

'미래준비위원회의 위원들에게 반복해서 미래준비위원회의 설립 목적을 설명하는 자리를 마련해야 할 필요성이 있을까?'라고 생각하는 사람도 있을 것이다. 세상의 모든 사람들은 자신이 원하는 것만 본다는 것을 알아야 한다. 분명히 교회 주보에 광고를 했음에도 '광고를 안 했다, 못 들었다.'고 말하는 사람들이 있게 마련이다. 우리가 어떤 모임이든 실수하는 것 중의 하나는 바로 '소통'을 소홀히 한다는 것이다. 문서나 말로 한두 번 하고 모든 사람들이 다 알아들었을 것이라고 생각한다. 이것이 첫 단추를 잘못 끼는 원인이 된다. 행사를 준비하는 사람은 수십 번도 더 고민하고 머릿속으로 시나리오를 쓰고 준비한다. 반면에 뒤따라오는 사람은 행사 진행자처럼 그렇게 많은 생각을 하지 않는다. 단지 자신에게 주어진 일만 생각한다. 그래서 자신에게 주어진 일을 여러 번 반복해 다른 사람에게 주지시켜야 한다.

미래준비위원회에서 가장 중요하게 여긴 것은 각 분과위원회의 모든 구성원과 소통하는 문제였다. 모든 분과의 위원들은 분과별 사역에 대해 이해하고 있어야 한다. 그런 이해를 토대로 외부환경 분석과 내부환경 분석, 그리고 벤치마킹 교회의 선정까지 각 분과위원회가 활동해야 하기 때문이다. 그래서 미래준비위원회의 모든 분과의 위원들이 모이는 자리를 여러 차례 마련했다. 그리고 미래준비위원회를 구성하는 취지와 목적, 그리고 방향을 반복해 설명했다. 이 과정에서 각 분과위원들에게 설명한 내용은 다음과 같다.

오늘날 사회가 전문화되면서 교회도 전문화되고 있다. 오늘날 교회의 모든 분야를 목사가 다 한다는 것은 불가능한 게 현실이다. 말씀이 있는 교회, 생명력이 있는 교회, 사랑이 넘치는 교회, 선교에 열정을 쏟는 교회가 되기 위해 다시금 새로운 비전과 지평을 열어야 할 시기이다. 그렇기 때문에 컨설팅을 하려고 한다. 우리의 목표는 다음과 같다.

첫째, 우리 교회가 있는 춘천 지역에서 선한 영향력을 끼치는 교회로 발전해야 한다.

우선 춘천 지역의 요구를 확인하여 지역사회에 희망을 줄 수 있는 교회가 되어야 한다. 지역사회에 복음을 전하기 위해서 우리 교회는 어떤 교회가 되어야 하는지 살펴보아야 한다.

둘째, 유능한 성도들을 통해 우리 교회가 활성화되어야 한다.

성도들의 요청과 교회에 대한 바람이 무엇인지 확인하여 유능한 사역자들이 왕성하게 활동할 수 있는 교회, 왕성한 사역과 활동을 하는 교회, 그리고 목사와 평신도의 동역자 관계로 정립된 교회가 되어야 한다.

셋째, 우리 교회가 미래를 준비하면서 부흥하는 교회, 선교하는 교회, 성령의 역사하심이 성도들의 삶 속에 증거되어 간증과 고백이 더해지는 교회가 되어야 한다.

5. 각 분과별 사역 파악하기

미래준비위원회의 각 분과는 담당 목사 1명, 분과위원장 1명, 그리고 분과위원 5명(전체 7명)으로 구성되었다. 교회학교의 경우 춘천중앙교회의 특성상 각 부서의 부장 1명씩(새싹, 푸른, 드림, 비전)과 담당 목사 3명, 전도사 1명을 포함하면 8명이 되어 비효율적으로 운영될 것 같았다. 그래서 교회학교를 대표할 수 있는 교육목사 1명과 각 부장 1명씩 총 4명, 그리고 평신도 4명을 추가하여 전체 9명으로 구성했다. 그리고 각 분과위원회의 위원들에게 각 사역에 대한 소개와 자신이 속해 있는 분과에 대한 사역을 파악한 후에 외부환경 분석, 내부환경 분석에 대한 내용을 이해할 수 있도록 했다. 사전에 자기 분과에 대한 사역에 대한 이해가 없으면 사역에 대해 부정적인 시각이 생기기 때문이다.

[표 5-2] 각 사역의 내용 개관

예배	목적	주일 및 주중 찬양예배모임을 준비, 인도하고 영감 있는 예배를 드린다. 예배를 통해 말씀이 선포되고, 교우들의 삶에 깊은 영향을 끼칠 수 있도록 하나님의 사람이 세워져 세상을 변화시키는 참된 예배자가 되도록 한다.
	주요 사역	1. 예배 및 기도회 : 주일예배, 주일저녁예배, 수요예배, 금요기도회, 새벽기도회 2. 주요 행사 : 성만찬, 세례, 특별기도회 3. 찬양사역 : 찬양대, 찬양단 4. 기타 : 예배안내, 제단관리, 예배영상
선교	목적	예수님의 전도명령과 사랑의 명령에 순종함으로써 "새 역사를 이루는 춘천중앙교회"의 비전을 갖고 선교사를 발굴해 훈련시켜 파송함으로 예수님의 지상명령을 감당한다.
	주요 사역	1. 국내선교 1) 미자립교회 및 기관(선교후원) 2) 남, 여, 청장년 선교회 지원 3) 샘터(소그룹)사역 4) 전도집회(새생명축제) 5) 선교후원사역 : 바자회 등 2. 해외선교 1) 인도네시아, 말레이시아, 중국(선교사 파송) 2) 인도네시아 자카르타 웨슬리 대학교 건축 3) 인도네시아 학생들에 대한 장학금 지원 4) 인도네시아 등의 한인 중심 교회를 '늘푸른교회'로 개척
봉사	목적	예수님의 지상명령을 따라 말씀을 선포하고 사랑의 명령을 따라 말씀을 실천하기 위해 선한 사마리아인으로 다가갈 수 있도록 봉사 프로그램을 기획하고 훈련 및 조직하여 봉사현장으로 파송하는 역할을 감당한다.
	주요 사역	장학, 경로대학, 장례사역, 중보기도, 사랑의 나눔 주간, 사랑의주일
양육	목적	올바른 성서교육과 신앙훈련을 통해 성도들로 하여금 성숙한 그리스도인이 되게 하여 하나님의 몸 된 교회를 세우며 은사에 따라 하나님께서 맡겨 주신 사명을 감당할 수 있도록 양육하며 지도한다.
	주요 사역	1. 새가족 모임, 일대일 양육사역, 제자사역, 베델사역 2. 가정사역, 평생훈련과정, 마더와이즈
교육	목적	춘천중앙교회 교육의 목표는 세상에 영향력을 끼치는 '하나님의 사람'을 양육하는 데 있다.
	주요 사역	꿈터(유아부), 새싹(유치부), 푸른(유초등부), 드림(중고등부), 비전(청년부)
행정	목적	교회의 사무행정 및 시설관리, 각종 사역 지원을 위해 인적·물적 자원을 효율적으로 관리하여 교회의 비전과 사명을 이루는 역할을 감당한다.
	주요 사역	주보 및 출판, 교회시설 관리유지 보수, 재무, 차량운영관리, 문서 행정 및 기타

6. 개선방안 마련

미래준비위원회의 전체 위원을 소집한 뒤 진단 결과를 토대로 각 분과별 모임을 통해 개선방안을 모색하기 시작했다. 그 결과 다음과 같은 결론에 도달했다.

첫째, 소통의 구조를 마련해야 한다. 목사와 성도, 성도와 성도, 학부모와 교사, 교사와 어린이 혹은 청소년, 그리고 청년과 청년에 이르기까지 각종 모임을 강화하고 서로 교제할 수 있는 통로를 개발해야 한다. 교회 차원에서 성도와 소통하기 위해 각종 홍보자료, 문서, 영상, 인터넷, 그리고 교회 차원의 행사 등을 통해서 소통을 위한 적극적인 노력을 기울여야 한다.

둘째, 존중의 구조를 마련해야 한다. 일반 공공 교육기관의 선생님만큼 교회학교 교사가 대우받을 수 있는 분위기를 조성할 필요가 있다. 물론 교회학교는 일반 교육기관과 같지 않다. 그리고 교회학교에서 교사로 봉사하는 교사들은 교사로 대우받지 못한다. 일반성도들이 봉사 정도로 생각할 뿐만 아니라, 봉사의 가치와 귀중함을 잘 모른다. 신앙생활을 하니까 봉사하는 정도로 생각하는 게 전부일지도 모른다. 성도와 성도, 목사와 성도가 서로 존중한다는 것은 그리스도의 몸 된 지체이기 때문에 서로 아끼는 것이다.

셋째, 사랑의 구조가 형성되어야 한다. '사랑의 구조'란 '섬기는 구조'이다. '섬긴다'는 의미 안에는 이유와 자랑이 없다. 섬김은 말없이 섬기는 것이다. 목사는 성도를 생각하고 성도는 다른 성도를 섬기고, 교사는 어린이와 청소년을, 청년은 다른 청년을 생각하고 섬기는 구조가 필요하다. 이런 섬김의 바탕에는 사랑이 있어야 한다. 사랑의 나눔이 곧 섬김이다.

넷째, 영적 성장과 성숙의 돌봄의 구조가 이루어져야 한다. 소그룹과 남 · 여 · 청장년 선교회 등의 활동이 목적 지향적인 모임이긴 하지만 더 중요한 것은 구성원 모두 영적 성장과 신앙의 성숙을 이루어가는 장이 되어야 한다는 점이다. 성도들, 남 · 여 · 청장년 선교회의 회원들, 그리고 소그룹 회원들이 모일 때마다 서로의 신앙을 살필 때 영적으로 성장할 수 있도록 돌봄의 구조가 이루어질 수 있다.

다섯째, 양육과 훈련의 구조화가 필요하다. 모든 사역의 영역에서 평신도 지도자를 세우는 과정, 그리고 세워진 평신도 지도자를 위한 지속적인 양육의 과정, 훈련과정이 있어야 한다. 사역을 통해 개인의 신앙이 성장할 뿐만 아니라, 사역에서 보람을 찾는 사역이 되어야 한다. 결국 보람을 느끼는 사역, 보람을 나누는 사역으로, 교회에 출석하는 성도들이라면 누구나 참여할 수 있는 교회와 사역이 되어야 한다.

소통, 존중, 사랑, 영적 성장의 성숙의 돌봄, 그리고 양육과 훈련은 하나하나 분리되어 있는 것이 아니라 하나로 연결된 고리와 같다. 서로의 의견과 생각이 잘 소통되면 서로 존중하게 되고 사랑하게 된다. 서로가 어려울 때 서로를 돌보면서 함께 사랑과 믿음을 나눌 수 있는 관계가 될 수 있다. 나아가 사역으로 발전해 가며 주님의 나라를 이 땅에 이루어 나갈 수 있는 핵심가치로 이해하게 된다. 미래준비위원회 각 분과위원회에서 수립한 개선방안의 핵심 내용은 아래 [표 5-3]과 같다.

[표 5-3] 미래준비위원회 각 분과위원회 권고사항

구분	개선 권고사항
전반	• 소통의 구조 마련 • 존중의 구조 준비 • 사랑의 구조 형성 • 돌봄의 구조 • 양육과 훈련의 구조 필요
성도와의 소통	• 교회의 목회계획, 조직구조, 사역 활동, 연간 행사에 대한 소개 • 홍보물 마련 - 문서 : 주보, 신문, 전단지 등 - 영상 : 홍보 영상, 행사 영상, 보고 영상, 소개 영상 • 교회 안내 부스 마련
성도 상호간 소통	• 개인의 영적 성장을 위한 사역 강화 - 집회와 훈련을 통한 성도들 상호간의 동질감을 형성 - 방법 : 간증집회, 양육과 훈련(소그룹 강좌, 남·여·청장년 선교회의 사역 홍보 및 참여 권면) 각 선교회, 지회에 대한 문서 홍보 • 소그룹 활동(선교회별, 샘터별 모임 강화) - 각 선교회의 지회대항 체육대회, 바자회, 수련회, 여름 행사
개인 신앙생활	• 은사개발 및 은사발견 세미나를 통한 사역자 발굴 • 개인의 신앙생활이 더 성숙하고 영적으로 성장하기 위한 사역 참여 유도
목사와 성도의 관계	• 성도 중심의 행정체제로 전환-돌봄 중심으로 전환 • 성도를 사역자로 만드는 구조 마련 • 목회는 '찾아가는 서비스'이다. • 성도 양육이 사역으로 이어질 수 있도록 해야 한다.
선교	• 홍보 : 국내외 선교지 소개, 지원하는 기관 소개, 개인 소개 기관, 선교사, 후원교회 및 목사 • 국내사역 : 목적 헌금(사순절, 사랑의주일 등)으로 타교회 지원에 대한 투명성 확보 • 해외선교 - 후원하는 선교지의 소식 및 선교보고 - 선교보고를 통해 해외선교 지원의 필요성 인식 및 동기부여 • 바자회 등을 통해 얻어진 수익금의 사용처에 대해서 소개 • 전도, 선교에 대한 훈련-관계전도 훈련, 중보기도 훈련, 전도폭발 훈련, 새가족 정착 관련 훈련

예배	• 대표기도 인도자의 기도에 대한 준비 및 내용 보완 • 편안한 예배 분위기 조성 • 예배형식의 단순화 - 찬양 : 성도들의 마음을 움직일 수 있는 찬양 선정, 템포 조절, 음량 조절 등 - 기도 : 예배 가운데 은혜받기 위한 말씀을 기도의 제목으로 하여 통성기도 성도들의 아픔, 수고와 마음을 달래주는 기도 - 설교 말씀에 맞는 찬양인도 및 찬양대의 곡 선정 - 자신의 마음을 고백할 수 있는 기도의 시간 마련
봉사	• 봉사의 의미, 각 봉사사역 소개, 사역 내용과 참여 방법에 대한 소개 홍보(영상/문서) • 사역박람회를 통한 봉사사역 소개 및 권면-사역자 모집 후 양육 훈련 과정
양육(훈련)	• 양육과 훈련의 과정에 참여할 수 있도록 동기유발 : 간증, 문서, 영상을 통한 홍보 • 각 양육 사역이 교회의 비전과 연결되어 있으며 목적과 단계별 신앙성장에 맞는지 파악 • 양육과정을 거친 성도들에 대한 영적 성장과정 파악 및 성도관리
교육 (교회학교)	• 교육 기획부서를 마련 - 각 단계별 교육 내용의 연계성을 검토 - 교사 교육을 위한 체계적인 프로그램의 준비와 진행 • 예배와 소그룹(분반시간, 셀모임 등) 모임에 대한 변화와 전환 • 교사들의 영적인 성장을 위한 프로그램 마련 • 학부모와 소통의 시간(기도회, 간담회, 신앙성장 세미나 등)이 필요 • 교사와 학생, 교사와 교사 사이의 교제 확대 • 모임이나 비전교회 내의 클럽 활동 등을 통한 미래 지향적인 가치관과 활동 지향
행정	• 교회가 개인에게 제공하는 서비스에 대한 홍보(문서출판, 각종 증명서, 차량이용 등) • 인터넷을 통한 서비스 강화 및 홍보

1 교회의 각 부서에서 중점적으로 하고 있는 활동을 이야기해 봅시다.

선교

예배

봉사

교회학교(교육)

양육

2 사역 활동에 가장 큰 장애물이 되고 있는 것은 무엇입니까?

옆을 바라보자
벤치마킹

'함 집사'를 주변 사람들은 '전과 18범의 집사'라고 부른다. 그는 조폭이었다. 주먹 하나로 살아온 사람이다. 아내까지 구타해 가출까지 하게 했지만 교도소에서 예수 믿고 사람이 변했다. 새벽 3시부터 "돌아와 돌아와 집을 나간 자여…" 하고, 아내가 돌아오길 기도하며 찬송하길 한 달.

"목사님, 하나님은 왜 제 기도를 안 들어줍니까" 하고 물었다. 나는 할 말이 궁했다.

"아직도 술 먹습니까?"

"예, 해장술 여섯 잔씩 합니다."

"그것부터 당장 끊으세요."

술 끊고 열흘이 지나도 응답이 없었다.

내가 다시 물었다.

"아직 담배 피우십니까?"

"예, 하루 네 갑 피웁니다."

"그것도 끊으세요."

기도한 지 열흘, 가출한 아내가 돌아왔다.

지금 그는 교회 집사, 1,000여 마리 돼지농장 주인, 진돗개 감별사로 일한다. 5명 모이던 시골교회는 함 집사가 전도한 70여 명이 함께 예배드리며 지금은 자립교회가 되었다. 이것이 바로 변화된 조폭 신앙이다.[25] '조폭'이 '집사'로 변화된 것은 무엇 때문인가? 그것은 '복음'이었다. 함 집사는 신앙생활하면서 아내가 돌아오지 않는 이유를 목사에게 묻고, 목사가 시키는 대로 자신을 변화시켰다. 한심한 자신의 인생과 자신의 삶을 변화시킨 한 가지는 목사의 말이었다. 여전히 술을 마시고, 담배를 피우며, 자신의 생각대로 신앙생활을 해왔다면, 변하는 없었을 것이다. 조폭 함 집사는 목사의 말을 듣고 순종했다. 술을 끊고, 담배를 끊는

25) 설교닷컴, "함 집사님의 변화"

일이 쉽지 않았을 것이다. 그러면 집을 나간 아내가 돌아올 것이고, 그것을 위해 기도하라는 것이 쉽지 않았을 것이다. 힘들지만 자신을 변화시키려는 그 모습을 하나님께서 보시고 응답해 주신 것이다. 하나님께서 응답하셔서 지금은 행복한 가정, 변화된 인생을 살고 있다.

'벤치마킹(benchmarking)'이란 말은 일반적으로 기업에서 많이 사용하는 말이다. 그러나 실생활에서도 흔하게 접할 수 있다. 자신이 극복해야 할 일에 대해서 이미 극복했거나 극복을 뛰어넘어 성공한 사람의 이야기를 듣는다. 그리고 이를 자신의 삶에 적용하여 더 좋은 성과를 달성하는 경우도 주변에서 흔히 들을 수 있다. 벤치마킹이란 바로 그런 것이다. 내가 겪는 어려움을 극복하기 위한 방법이다. 다른 사람이 어려움을 극복하려고 했던 방법을 배운 후에 자기 자신의 방식으로 재창조한다는 점에서 단순 모방과는 다르다.

벤치마킹을 하는 목적은 '다른 사람이 어려움을 극복하고 사례를 통해 자신이 처해 있는 문제를, 시행착오를 최소화하면서 풀어나가는 것'이다. 많은 기업이 '성공적인 변화'를 이루기 위하여 이 방법을 사용한다. 벤치마킹이 효과적으로 이루어지기 위해서는 무엇이 문제인지 분명히 알아야 하며, 무엇을 어떻게 변화시킬지에 대해 목적과 대상, 그리고 방법이 명확해야 한다. 그리고 그 진행과정이 체계적으로 진행되어야 원하는 성과를 얻을 수 있다. 여섯 차례에 걸친 미래준비위원회 모임은 이러한 사고에 기반하여 진행되었다.

1차 모임에서는 미래준비위원회가 생기게 된 배경과 미래준비위원회가 구성된 원인과 목적, 그리고 앞으로 어떤 일을 진행해야 할 것인가의 전체적인 윤곽을 설명하였다. 한마디로 서로 상견례를 하며 친목을 다지는 시간이었다. 2차 모임은 각 사역별 업무가 무엇인지 확인하는 시간이었다. 선교, 예배, 양육(훈련), 봉사, 행정, 교회학교의 6개 분과의 업무 구조를 파악하는 일이었다. 3차 모임에서는 설문지의 내용을 수정 보완하여 설문조사를 준비했다. 4차 모임에서는 설문조사 결과에 대한 분석이 이루어졌다. 설문조사 결과가 무엇을 의미하는가에 대해 의견을 공유하는 자리였다. 5차 모임은 대안을 제시하는 데 초점을 맞추었다. 문제에 대한 해결책을 각 분과위원회에서 논의하고 그 결과를 정리하는 작업이 진행되었다. 그리고 6차 모임에서는 지금까지 논의된 결과를 토대로 교회가 극복해야 할 과제를 분과별로 살펴보고, 극복한 교회를 찾아 벤치마킹을 하기로 결정했다.

1. 분과별 모임

앞서 논의한 바와 같이 교회 주변의 여건과 춘천중앙교회가 안고 있는 어려움을 극복하기 위한 방향을 논의하면서 각 분과위원회 주도 하에 세부적 대안이 마련되었다. 소통의 문제를 예로 들어 보자. '교회와 성도, 성도와 성도, 학부모와 교사, 어린이, 청소년과 교사, 그리고 청년과 청년이 서로 소통하기 위한 방법이 무엇인가?' 이 질문에 대해서 각 분과에서는 자체 해결책을 미래준비위원회에 제출했다. 교회학교는 '학부모와 교사, 어린이와 교사, 청소년과 교사, 청년과 청년 사이의 소통의 문제에 대한 해결책'을 제시하고 선교분과위원회의 경우 '국내선교에 대해 성도들이 이해할 수 있도록 무엇을 해야 할 것인가?' 하는 질문과 대안을 마련하면서 각 분과위원회가 구체적인 개선방안을 마련해 갔다.

이렇게 각 분과위원회별 논의를 거쳐 보완된 사항은 미래준비위원회 전체 모임 시간에 발표되었고, 모두 함께 개선방안에 대해 이야기를 나누었다. 이렇게 함으로써 각 분과위원회별 보완사항에 대해서 가감이 진행되고 조정되어야 할 부분, 서로 협력해야 할 부분에 대한 심도 있는 논의가 진행되었다.

각 분과위원회별 보완해야 할 부분에 대한 질문과 그에 대한 대답을 분과별로 준비하게 함으로써 세 가지를 얻을 수 있었다. 첫째, 각 분과위원회가 처리해야 할 내용에 대해서 보다 심도 있는 논의가 진행된 점이다. 사역을 이해하고 분석하며 보완해야 할 사항에 대해서 질문과 해답을 준비함으로써 그동안 막연하게 지켜보던 교회의 각 사역에 대해서 평신도들이 관심을 가지고 참여하는 동기를 부여하게 되었다. 둘째, 주먹구구식의 논의가 아니라 철저하게 잘 짜여진 로드맵과 계획을 수립하면서 각 분과위원회가 회의와 모임을 진행하는 동안 계획적이고 전략적인 시각이 생기게 되었다. 셋째, 벤치마킹을 할 탐방교회를 선정하는 안목이 생겼으며 탐방교회에 가서 질의할 내용을 각 분과위원회별로 준비할 수 있었다.

2. 방문 교회 선정 기준

근래 40년간 한국교회의 수는 5,000교회에서 6만 교회로, 성도 수는 60만 명에서 860만 명으로 늘어 세계에서 가장 성공적인 개신교 성장 사례로 꼽혔다. 하지만 2005년 통계청 조사는 한국 개신교계에 커다란 경각이 되었다. 개신교인 수는 1995년 876만 명에서 2005년 862만 명으로 10년 사이에 14만 명이 줄었고, 전체 인구 대비 비율은 20%에서 18%로 낮아졌다. 반면 같은 기간 가톨릭의 교인수는 220만 명 증가했다. 2004년 통계에 따르면 한국교회의 숫자는 약 5만 교회에 이르며, 전화번호부에 등록된 교회 숫자는 6만 교회 가량이라고 한다. 통계에 잡히지 않거나 전화번호부 같은 곳에 등록되지 않은 교회들까지 합치면 대략

7~8만 교회가 있는 것으로 추정된다고 한다. 보통 통계상으로 교회당 2명의 목사가 있다고 치면, 현직 목사의 숫자는 10만 명 정도로 추정할 수 있다.[26] 한국에 수많은 교회가 세워져 있다는 것을 실감하게 된다.

지역에 따라 특성이 다르고 거주하는 사람들의 성향에 따라 교회의 역할과 모습이 제각기 다르다. 수많은 교회 중에서 벤치마킹을 통해 춘천중앙교회가 변화의 모델로 삼을 교회를 선정하기는 쉽지 않았다. 그래서 다음과 같은 기준을 정하여 교회를 선정하기로 했다.

첫째, 시대의 흐름을 이해하며 대안을 제시하는 교회여야 한다. 시대의 변화에 민감하게 반응하는 교회, 성도들이 무엇을 원하며 그들에게 복음을 전하기 위해서 본질의 변화가 아닌 수단과 전략의 변화를 성공적으로 이룬 교회여야 한다. 지난 2010년 3월 20일 서해 백령도 근처에서 천안함이 피격된 사건이 있었다. 온 나라가 분노와 슬픔에 잠겨 있었다. 대중매체는 천안함과 관련하여 안보 관련 내용과 대북 관련 내용을 쏟아내었다. 그리고 그해 6월 6일이 주일이었다. S교회에 방문했을 때 6월 6일 주일예배를 '나라와 민족을 위한 기도주일'로 지켰으며 예배 중 탈북자의 간증을 통해 나라를 더욱더 생각하는 시간을 가지게 되었다. 세상과 동떨어진 예배, 설교가 된다면 중세 수도원과 같은 모습을 지니게 된다. 세상을 살아가는 사람들의 아픔과 필요를 이해하고 세상의 변화에 대해 교회가 앞서서 문제에 대한 대답을 주님을 통해 찾을 수 있도록 제시한다면, 교회는 세상에서 뒤떨어진 고리타분한 교회가 아니라 세상보다 앞서갈 뿐만 아니라 세상을 변화시키는 교회가 된다. 1900년대 초 초대 한국교회의 모습처럼 세상의 중심에 서는 교회로 새롭게 거듭나게 될 것이다.

둘째, 교회의 본질과 존재가치, 그리고 비전을 실천하는 교회여야 한다. 세상은 변화무쌍하다. 사실 우리는 가치관 혼란의 시대를 살고 있다. 시대의 변화에 따라 개인의 가치관, 기업의 윤리, 그리고 사람의 존재가치 또한 변하고 있다. 그런 세상에서 교회는 교회로서의 본질에 충실해야 한다. 다시 말하면 세상이 변화한다 할지라도 교회는 성서적이어야 한다. 이것은 보수적이라는 의미가 아니다. 세상을 바라볼 때 성서적 가치기준에 따라 바라보고 이해하며 결정을 내릴 수 있어야 한다는 것이다. 그리고 성도들을 주님이 원하시는 길로 인도할 수 있어야 한다. 교회는 세상과 구별되어야 한다. 교회는 거룩성을 유지하고, 그 기준으로 세상의 가치관을 변화시키는 역할을 해야 한다. 세상을 변화시키는 교회이지 세상에 동화되는 교회가 되어서는 안 된다.

셋째, 양적·질적으로 또 지속적으로 부흥하는 교회여야 한다. 교회는 그리스도의 피 값으로 세워진 곳이며, 그 피 값으로 영혼을 구원하는 곳이다. 하나님의 백성들이 모이는 곳이

26) 이원규, 「종교사회학적 관점에서 본 한국교회의 위기와 희망」(서울: kmc, 2010), p.34.

며, 하나님의 백성답게 살아야 할 가치와 삶을 전하는 곳이다. 교회가 정체되어 있다는 것은 교회가 병을 앓고 있다는 것이다. 교회 안의 성도들끼리 잘 모이는 것이 좋지만, 다른 성도나 처음 교회에 온 사람들을 받아들이지 못한다면, 교회의 문턱이 높고 텃세가 세다는 의미도 된다. 예배에 감격이 있고, 말씀 듣는 것이 즐거우며, 말씀을 실천하는 것에 보람과 긍지를 느낀다면, 그 교회는 양적으로뿐 아니라 질적으로도 성장하는 교회이다. 새가족이 교회에 잘 정착하고, 성도들의 믿음이 성장하고, 신앙이 성숙되어 가는 교회는 시대가 아무리 어렵고, 복음이 전파되기 어렵다고 이야기할지라도 부흥하는 교회이다. 부흥은 교회의 소망이고 바람이지만 하나님이 교회를 세우신 가장 근본적인 이유이다.

넷째, 지역사회에 선한 영향력을 나타내는 교회여야 한다. '선한 영향력'이란 단순히 지역을 돕는다는 것을 의미하지 않는다. 봉사를 많이 하고 금전적으로 후원을 많이 하는 교회라고 해서 반드시 지역사회에 선한 영향을 끼치지는 않는다. 교회의 가치는 물질이나 성도들을 통해서 인정받는 것이 아니다. '선한 영향력'은 교회를 통해서 예수님이 드러나야 한다. 그리스도인들을 통해서 예수 그리스도의 모습이 증거되고 나타나야 한다. 선한 영향력은 그리스도의 능력이다. 다시 말하면 교회를 통해서 지역사회에 그리스도의 치유와 회복의 역사가 나타나야 한다. 세상에서 아무도 바라보지 않고 인정하지 않는 소외된 사람들을 위해 이름 없이 빛도 없이 수고하며 섬기는 것이 바로 '선한 영향력'이다. 선한 일을 했다고 신문이나 대중매체에 대서특필되는 것을 즐겨하지 않고 오히려 부끄럽고 쑥스럽게 여겨야 한다. 예를 들면 결식아동을 돕기 위한 후원, 자매결연을 통해 이름 없이 돕는 후원, 호스피스 등 소유가 풍부해서 돕는 것이 아니라 비록 소유가 부족해도, 가진 것이 없어도 희생하고 헌신하는 모습에서 눈물이 나고 감격할 때 세상에 감동을 줄 뿐만 아니라 세상을 변화시키는 능력이 나타나게 된다. 지역사회에 반드시 교회가 있어야 한다는 필요성을 세상 사람들이 먼저 인정하고 지역사회 사람들의 마음속에 교회를 통해 예수님이 증거되고 인정될 때 진정한 선한 영향력을 가진 교회가 될 것이다.

다섯째, 보완해야 할 문제를 극복한 교회여야 한다. 설문조사를 비롯해서 교회의 내부환경 분석과 외부환경 분석을 통해 도출된 문제점, 춘천중앙교회가 극복해야 할 과제에 대한 해답을 가진 교회를 찾아야 한다. 막연히 부흥하는 교회, 사람들에게 인기 있는 교회, 목회를 잘하는 목사가 있는 교회는 춘천중앙교회와 관계가 없다. 춘천중앙교회가 가지고 있는 어려움을 극복한 교회라고 단정할 수 없기 때문이다. 교회마다 드러나 있지는 않지만 여러 가지 어려움이 있다. 그것을 서로 이야기하지 않을 뿐이다. 교회를 방문해 보면 교회가 가지고 있는 사역에 대해 소개한다. 그 사역이 잘 이루어지기까지 어떤 어려움이 있었고 어느 정도의 시간과 열정을 쏟았는지에 대해 언급하지 않는다. 결과에 대해서만 이야기할 뿐이다. 춘천중앙교회에서 필요한 것은 과정의 이야기, 아픔의 이야기, 그리고 목회를 하면서 시행착오를 겪었던 이야기였다. 그런 이야기가 춘천중앙교회에 보약이 되는 것이다. 그리고 우리가 가지고 있던 문제를 이야기하면서 함께 고민하고 위로하며 기뻐하고 울어 줄 수 있는 교회, 하나님의 나라를 이루어가는 동역자인 교회가 필요했다.

[표 6-1] 벤치마킹 교회 선정 기준

- 시대의 흐름을 이해하며 대안을 제시하는 교회
- 교회의 본질과 존재가치, 그리고 비전을 실천하는 교회
- 양적, 질적 측면에서 지속적으로 부흥하는 교회
- 지역사회에 선한 영향력을 나타내는 교회
- 보완해야 할 문제를 극복한 교회

3. 방문교회 선정 과정

1) 비슷한 교회

교회를 선정한다는 것은 쉽지 않다. 교회의 수가 많기 때문이기도 하지만 하나님이 각 교회에 주신 사명이 다르기 때문이다. '좋다! 나쁘다!'의 기준이 명확하지 않을 뿐만 아니라 사실 교회가 하나님이 주신 사명을 잘 감당하고 있는지 모르는 게 현실이다.

탐방교회 선정에 있어서 앞서 말한 다섯 가지 기준 이외에 춘천중앙교회와 비슷한 지역 분위기, 성도들의 직업과 학력, 삶의 유형이 비슷한 경우를 찾고자 했다. 춘천중앙교회가 겪는 어려움을 겪었던 교회, 그리고 이것을 극복한 교회를 선정하고자 했다.

2) 3단계의 선정 과정

(1) 1단계 : TF팀, 3배수 교회 선정

TF팀이 각 분과위원회별, 그리고 미래준비위원회 모든 분과위원들이 탐방할 수 있는 교회를 선정했다. 보완해야 할 부분, 극복해야 할 과제, 그리고 춘천중앙교회가 겪었던 문제를 비슷하게 겪은 교회들을 찾아서 3배수로 교회를 선정했다.

(2) 2단계 : 분과 담당 목사, 분과위원장이 2배수 내에서 재선정

전체 교회를 선정하는 데에는 필터 역할이 필요하다. 많은 사람들이 모이는 회의는 다른 방향으로 진행될 수도 있고 목적하는 바를 이루는 데에 어려움을 겪을 수 있다. 그래서 미래준비위원회의 소위원회를 구성하여 탐방할 교회를 2배수로 선정했다. 소위원회는 TF팀과 분과별 담당 목사와 위원장으로 구성하였다.

(3) 3단계 : 미래준비위원회 각 분과별 위원들의 교회 선정

각 분과별 위원들이 모두 참석하여 탐방교회를 선정하는 회의가 소집되었다. 각 분과별 방문교회를 2개씩 선정하고 중복이 가능하게 했다. 한 개의 분과위원들이 한 개 교회를 방문해도 되지만, 두 개 이상의 분과가 한 개 교회에 방문할 수 있도록 했다. 결국 각 분과별 방문교회와 미래준비위원회의 전체 위원들이 모여 회의한 결과를 토대로 방문할 교회를 선정했다. 3차 회의 소집 후 기획위원회 보고 자리에서 첨부된 사항이 있었다. 그것은 장로회, 남 · 여 · 청장년 선교회, 그리고 찬양대와 찬양단의 대표들이 미래준비위원회가 탐방하는 교회에 동행하는 것이며, 아울러 질의서를 사전에 준비하여 미래준비위원회뿐 아니라, 전 교회 차원에서의 탐방을 통해 춘천중앙교회에 필요한 사항을 함께 확인하고자 했다.

[표 6-2] 선정된 탐방교회

구분	방문교회	방문하는 분과위원회	동행하는 교회부서
분과별 방문	K 교회	선교분과, 예배분과	
	M 교회	예배분과, 행정분과 교육분과, 봉사분과	장로회, 남선교회, 여선교회, 청장년선교회, 찬양단, 교구장
	W 교회	양육분과, 봉사분과	교구장
	O 교회	예배분과	
전체 분과별 방문	S 교회	선교분과, 예배분과, 양육분과, 교육분과, 행정분과, 봉사분과	장로회, 남선교회, 여선교회, 청장년선교회, 찬양단, 교구장

3) 분과별 교회 방문을 위한 질의서 준비

교회를 방문할 때 실수하는 것이 있다. 교회의 외관, 규모, 교회의 시설, 성도 수를 물어보는 것이 교회를 탐방하는 내용이라고 생각하는 것이다. 그리고 교회의 외관을 보고 감탄

하는 것으로 자신이 출석하는 교회 역시 이렇게 되어야 한다고 말한다. 이것이 잘못된 것은 아니다. 지금까지 목회적인 수고와 정성, 기도와 하나님의 도우심이 교회에 배어 있다는 것을 부정하지는 않는다. 그러나 교회의 외관이나 성도 수 정도를 물어보는 것이 교회를 탐방하는 적절한 모습은 아니라고 생각한다. 교회를 탐방할 때 교회 건물과 시설도 살펴보겠지만 방문하는 교회가 '어떤 목회철학과 비전을 가지고 사역을 하고 있느냐?'가 더 중요하다. 비전과 사역은 교회에서 펴내는 여러 문서(주보, 신문 등)에서 확인할 수 있다. 시설 역시 교회의 목회철학과 비전을 이루기 위해서 도구로 이용되고 있다는 것을 알아야 한다. 물질적인 넉넉함이 있으면 교회시설은 얼마든지 바꿀 수 있다. 중요한 것은 목회철학과 비전이다. 이것이 교회의 사역에 녹아져 있을 때, 교회가 하나님이 세우신 목적에 올바로 서게 되는 것이다.

방문교회가 선정된 이후 미래준비위원회의 각 분과에서는 방문교회에 질문할 질의서를 미리 준비했다. 질의서를 미리 준비하는 이유는 첫째, 방문 목적을 명확히 하기 위해서다. 이것은 방문을 하려는 각 분과별 위원회뿐만 아니라 방문을 받는 교회에서도 방문 목적을 명확하게 이해할 수 있기 때문이다. 둘째, 방문을 받는 교회가 무엇을 준비해야 할지 사전준비를 할 수 있게 하기 위해서다. 준비 없이 방문해서 질문하고 교회를 살피는 것은 서로의 시간과 수고를 무의미하게 만든다. 셋째, 시간을 효율적으로 활용하기 위해서다. 방문하는 교회가 질의할 내용에 대해 전체 담당부서가 참여하지 않고 각 부서별 질의와 대답을 진행할 수 있도록 준비했다. 결국 같은 시간에 동시에 여러 부서가 질의 응답할 수 있도록 한다. 방문하는 담당부서나 방문을 받고 준비를 하는 부서가 서로 시간적인 부담이 없도록 하고, 시간을 효율적으로 사용할 수 있도록 하기 위한 것이다. 각 분과별 질의서를 준비하고 방문하려는 교회에 우편이나 팩스로 첨부하여 보냈다. 각 분과별 질의 내용은 다음과 같다.

[표 6-3] 각 분과별/부서별 질의서

1. 저희 교회가 귀 교회를 탐방하는 데에 있어서 불편함을 줄이고자 **각 부서별 담당자를 정해 주셔서 분과별 브리핑을 해주시면 탐방일정을 빨리 마무리 지을 것으로 생각**합니다.
2. 저희 교회에서 귀 교회를 방문할 때 미리 궁금한 내용을 적어드립니다. **미리 준비하셔서 답변해 주시면 부담감이 줄어들 것으로 생각됩니다.**
3. 저희 교회의 각 분과별 질문에 대한 자료가 있을 경우 저희 교회가 방문할 때 **관련 자료를 제공**해 주시면 감사하겠습니다.

사역	부서	질문 내용
선교	선교	• 국내 전도 사역에 대한 방향에 대해 설명을 부탁드립니다. • 속회 등의 소그룹 사역의 체계, 소그룹 지도자 훈련과 그 방향에 대해 설명을 부탁드립니다. • 새가족 정착 관련-새가족 교육, 심방에 대해 설명을 부탁드립니다. • 장기결석자, 예배 출석이 불규칙한 성도 등에 대한 선교적 방향에 대해 설명을 부탁드립니다.
	장로회	• 귀 교회의 비전과 목회철학을 이루기 위해 장로회가 어떤 역할을 감당하고 계신지에 대해 설명을 부탁드립니다. • 담임목사를 비롯한 목사들과 장로회 사이의 관계에 대해 설명을 부탁드립니다. • 교회에 대해서 장로회가 감당하는 역할이 무엇인지 설명을 부탁드립니다. • 교회가 부흥하기 위해서 장로회가 해야 할 역할이 무엇인지 설명을 부탁드립니다.
	남선교회	• 남선교회의 조직과 현황에 대해 설명을 부탁드립니다. • 회원들이 참여하도록 하는 계기, 혹은 동기부여의 방법에 대해 설명을 부탁드립니다. • 남선교회의 활동 계획서를 첨부해 주시기를 부탁드립니다. • 남선교회 활동에 필요한 재원은 어떻게 마련하는지 설명을 부탁드립니다.
	여선교회	• 여선교회의 조직과 현황에 대해 설명을 부탁드립니다. • 여선교회의 운영방법과 역점 사업에 대해 설명을 부탁드립니다. • 모든 회원이 여선교회 활동에 골고루 참여할 수 있도록 하는 방법 등에 대해 설명을 부탁드립니다. • 교회식당 운영, 바자회의 준비 운영에 대해 설명을 부탁드립니다.
	청장년선교회	• 청장년선교회의 조직과 현황에 대해 설명을 부탁드립니다. • 청장년선교회 활동의 참가 상황에 대해 설명을 부탁드립니다. • 청장년선교회의 활동 계획서를 첨부해 주시기를 부탁드립니다. • 청장년선교회의 활동 평가에 대해 설명을 부탁드립니다.
	교구	• 교구 운영의 지침에 대해 설명을 부탁드립니다. • 심방 관련(새가족, 환자, 일반 심방의 기준)에 대해 설명을 부탁드립니다. • 교구 내에서의 소그룹 운영방안 등에 대해 설명을 부탁드립니다. • 주일예배 출석여부 관리, 결석자 관리 등에 대해 설명을 부탁드립니다. • 장기결석자 관리에 대해 설명을 부탁드립니다. • 교구목사와 평신도 지도자 사이의 역할과 관계에 대해 설명을 부탁드립니다. • 새가족의 교구 편입 방법에 대해 설명을 부탁드립니다.
예배	예배	• 성령의 임재를 통해 감격하며 감동, 그리고 은혜로운 예배가 되기 위해서 준비하고 노력하는 부분에 대해 설명을 부탁드립니다. • 예배형식에서 전통적인 요소와 현대적인 요소를 어떻게 접목하는지 그 시도에 대해 설명을 부탁드립니다. • 예배에서 귀 교회만의 특별한 요소가 있다면 어떤 것인지 설명을 부탁드립니다. • 예배에서 영상이나 음악을 어떻게 활용하고 그에 대한 준비 절차는 어떠한지 설명을 부탁드립니다. • 매끄러운 헌금 진행을 위해 어떤 방법을 취하고 있는지 설명을 부탁드립니다.

사역	부서	질문 내용
예배	찬양팀	• 찬양팀 조직구성 및 운영방법에 대해 설명을 부탁드립니다. • 연간 활동계획서를 첨부해 주시기를 부탁드립니다. • 찬양연습 시간대를 알려주시기 바랍니다. • 장비(마이크, 악기 현황 등) 지원 및 예산 지원 현황에 대해 설명을 부탁드립니다. • 신규 찬양단원 수급 및 기준, 훈련 방법 등에 대해 설명을 부탁드립니다.
	성가대 찬양대	• 성가대의 조직과 운영에 대해 설명을 부탁드립니다. • 성가대의 활동계획서를 첨부해 주시기를 부탁드립니다. • 귀 교회 성가대의 특징에 대해 설명을 부탁드립니다. • 성가대 사역의 체계, 훈련(연습, 영성훈련)과 그 방향, 신입회원 수급의 기준에 대해 설명을 부탁드립니다.
봉사		• 봉사자 운영 시스템 – 봉사자들의 배치와 수급조절에 대해 설명을 부탁드립니다. • 교회에서 운영하는 복지사업에 헌신하는 이들의 질적 향상을 위한 교육과정에 대해 설명을 부탁드립니다. • 복지재단의 운영상의 노하우에 대해 설명을 부탁드립니다. • 복음 + 복지 모델에 대한 구체적인 설명을 부탁드립니다. • 양육을 위한 특별한 공간, 데코레이션 등의 준비에 대해 설명을 부탁드립니다.
양육		• 새신자 양육 시스템의 전반적인 체계, 양육교재, 양육자 조직과 교육에 대해 설명을 부탁드립니다. • 직분(집사, 권사, 장로)별 교육에 대한 시스템이 있다면 소개해 주시기 바랍니다. • 현재 활동하는 헌신자들에 대한 재교육으로서 은사 배치를 통해서 사역자를 배치하고 있다면 이들에 대한 사역별 훈련과정에 대해 설명을 부탁드립니다. • 가정사역의 방향과 시스템 운영에 대해 설명을 부탁드립니다.
행정		• 행정 부문 - 행정사무장 제도를 통한 교회 운영의 효율성 및 장단점이 무엇인지 설명을 부탁드립니다. - 사무장의 역할 및 업무의 범위에 대해 설명을 부탁드립니다. - 목사와 성도들의 소통의 방법으로 어떤 방법을 사용하고 있는지 설명을 부탁드립니다. - 교회 홈페이지의 운영 방법 및 활용도가 어느 정도인지 설명을 부탁드립니다. - 교회 일반 직원 인원수와 담당 업무에 대해서 설명을 드립니다. 아울러 성도 수가 증가됨에 따라 직원의 수가 어떻게 증가되었는지 설명을 부탁드립니다. - 교회의 공원묘지가 있으면 현재 어떻게 운영하고 있는지 설명을 부탁드립니다. • 재정 부문 - 성도들의 헌금수납 방법에 대해 설명을 부탁드립니다. - 재정 운영 흐름에 대한 설명을 부탁드립니다. 예를 들면, 헌금수납, 기록, 분류, 지출 과정 및 지출증빙서류의 관리까지 흐름에 대한 설명을 부탁드립니다. - 재정 및 행정 감사는 어떻게 진행하고 있는지 설명을 부탁드립니다.

사역	부서	질문 내용
교회 학교	유치부	• 유치부의 신앙성장에 대한 목표치를 어디에 두고 있는지 설명을 부탁드립니다. • 부모와의 관계성(부모와 함께 신앙교육하는 프로그램)을 어떻게 유지하고 있는지 설명을 부탁드립니다. • 교사의 영성훈련과 프로그램은 어떻게 준비하며 운영하는지 설명을 부탁드립니다. • 분반활동 프로그램과 특별 프로그램은 어떻게 준비·운영하는지 설명을 부탁드립니다.
	유초등부	• 교사교육 : 정기적 교사훈련 및 교사 영성을 위한 활동에 대해 설명을 부탁드립니다. • 예배 : 어린이 눈높이에 맞는 예배를 위해 어떻게 접근하는지 설명을 부탁드립니다. • 재미있고 즐거운 예배가 되기 위해 어떻게 준비·기획하고 있는지 설명을 부탁드립니다. • 어린이 새가족 정착(새가족 교육, 분반 배치, 교회출석 관리, 새가족을 위한 프로그램 등)을 위한 사역에 대해 설명을 부탁드립니다. • 어린이의 영적 훈련의 목적, 비전, 그리고 프로그램(교재, 및 기타 내용)에 대해 설명을 부탁드립니다.
	중고등부	• 중고등부의 전반적인 운영에 대해 설명을 부탁드립니다. - 예배 및 예배시간 - 예배에서 집중적으로 강조하는 부분 - 교회에서 바라보는 학생들에 대한 이해와 학생들을 통해 이루어지기를 기대하는 구체적 목표가 무엇인지 설명을 부탁드립니다. - 교회 다니는 학생들이 처한 상황(신앙·학교생활)에 대해 어떻게 이해하고 있습니까? 교회가 위치하고 있는 지역의 중고등부 학생들의 상황에 대한 이해, 교회 차원에서 돕고 있는 방법이 있다면 설명해 주십시오. 예를 들면 주중 사역에 대한 부분, 학생들의 학업과 어떻게 보조를 맞추고 있는지에 대해 설명을 부탁드립니다. • 교제가 풍성한 것으로 알고 있습니다. 어떤 방식으로 학생들이 교제하고 있는지 설명을 부탁드립니다. • 청소년들을 위한 전반적인 지원은 어떻게 이루어지고 있나요? (장학금, 비전트립, 공간 사용 문제, 예산 등) • 청소년들의 비전트립이나 수련회 장소, 기간, 횟수 등에 대해 설명을 부탁드립니다. • 지역사회의 청소년들이 교회 내 건물을 이용하려고 할 때 어떤 방침을 가지고 허용해 주십니까? 예를 들면, 지역사회 청소년들과 교회가 직간접으로 연계되어 있는 프로그램이나 행사에 대해 설명을 부탁드립니다. • 청소년들의 리더십을 키워줄 수 있는 프로그램에 대해 설명을 부탁드립니다.
	청년부	• 소그룹 리더 체계와 훈련, 소그룹의 실제 운영과 관리 시스템에 대해 설명을 부탁드립니다. • 전도와 관련한 프로그램이나 훈련 방식, 새가족 양육과 관리 시스템에 대해 설명을 부탁드립니다. • 교회 내 청년들의 사역과 활동에 대해 설명을 부탁드립니다. • 사회봉사, 국내외 단기선교 프로그램의 진행에 대해 설명을 부탁드립니다. • 청년부의 목사와 사역자의 조직과 구성, 예산 편성에 대해 설명을 부탁드립니다. • 외지에서 학교와 직장 때문에 한시적으로 출석하는 청년들을 위한 별도의 프로그램에 대해 설명을 부탁드립니다.

4. 방문 계획 수립

탐방교회 선정이 완료되었다. 그러나 선정된 교회에서 흔쾌히 탐방을 허락해 줄지는 미지수였다. 첫째, 방문하려는 교회가 자기 교회의 사역에 대해서 다른 교회에 공개해 줄 수 있느냐 하는 것이 문제였다. 방문하려는 교회가 자기 사역을 다른 교회와 나누려는 의지가 있다면 충분히 방문이 가능하겠지만, 그렇지 않은 경우 선정된 교회를 방문할 수 없기 때문이다. 둘째, 방문하려는 교회의 일정과 맞추어야 했다. 방문하려는 교회에서 행사가 있다든가 사역을 진행하는 데 있어서 방해가 되면 안 되기 때문이다. 이하에서는 방문계획을 수립하는 과정에서 이루어진 사항을 순서대로 설명하고자 한다.

1) 방문 계획

'삼고초려(三顧草廬)'라는 말이 있다. 이 말은 제갈량의 '출사표(出師表)'에 나오는 말이다. 삼국시절(三國時節)에 유현덕(劉玄德)이 와룡강(臥龍江)에 숨어 사는 제갈공명을 불러내기 위해 세 번이나 오두막을 찾아가 있는 정성을 다해 보였다. 마침내 공명의 마음을 감동시켜 군사(軍師: 군대의 우두머리)로 맞아들인 일에 대한 이야기에서 비롯된 말이다.

다른 교회를 방문해서 현재 하고 있는 사역에 대한 내용 전부를 알려 달라고 할 때 쉽게 허락하는 교회는 그리 많지 않다. 그래서 무엇보다 묻고 방문하려는 교회에 대해 정중하게 부탁해야 한다. 전화 한 통 걸어서 부탁한다거나 공문 하나 보내서 방문하겠다는 뜻을 전하는 것은 다소 무례하게 보일 수 있다. 방문 일정과 방문 내용, 방문하려는 목적을 분명히 하고 방문하려는 교회에 이를 설득하고 이해시켜야 한다. 춘천중앙교회는 세 가지 방법을 사용했다.

첫째, 정중하게 형식을 갖추어 문서를 보냈다. 교회의 CI, 주소, 전화번호, 홈페이지 주소, 소속 교단과 교회 이름, 담임목사 이름, 문서를 보내는 일시를 정확하게 기입했다. 문서번호, 수신, 발신, 수신에 참고해야 할 부서명, 그리고 공문(우편발송, 팩스)을 보내는 목적과 이유, 내용, 협조사항을 기록했다.

둘째, 별첨자료로 사역에 대해서 묻고자 하는 질문을 적어서 미리 답변을 준비할 수 있도록 했다. 미리 질문서를 준비하여 보내면 방문을 받는 교회에서 교회방문에 따른 부담감을 줄일 수 있기 때문이다.

셋째, 충분한 시간적 여유를 두었다. 문서를 받고 바로 전화하는 것은 어리석은 일이다. 왜냐하면 방문을 받는 교회에서 사전에 심사숙고할 수 있는 시간을 주어야 한다. 문서를 우편발송하고 팩스로 보냈다고 교회 방문이 허락되는 것은 아니다. 방문하려는 교회에서도 각 사역이 존재하고 사역 일정, 그리고 방문 일정에 대해서 담당자가 정해져야 하기 때문이다. 그렇기 때문에 조급함은 금물이다. 처음부터 내 편은 없다. 차근차근 단계를 밟으면서 심사숙고하여 준비해야 한다.

2) 방문 일정과 방문 계획 논의

공문을 우편이나 팩스로 발송한 후 1~2주의 시간을 방문하려는 교회에 주어야 한다. 앞서 말한 대로 조급함은 금물이다. 내가 급한 것이지 상대편이 급한 것은 아니다. 1~2주의 시간이 지난 후에 오후시간이나 교회사역이 없는 날 한가한 시간을 골라 전화를 한다. 전화를 하면 이미 우편이나 팩스로 접수된 공문에 대해 상대편 교회에서 업무 담당자가 정해진 상태가 된다. 왜냐하면 1~2주의 시간을 주어 충분히 생각할 수 있도록 했기 때문이다. 우편 발송된 문서나 팩스로 공문을 받았는지의 여부와 담당자를 확인한다. 그리고 다시 한 번 방문하려는 목적과 내용에 대해 설명하고 이해를 구한다. 질문서를 첨부한 이유를 설명하고 방문 가능 여부를 확인한다. 방문이 가능하다고 허락된 교회의 경우 방문을 받는 교회의 담당 사역자와 일정을 의논한다. 반드시 염두에 두어야 할 것은 방문하려는 교회의 입장이 아니라 방문을 받는 교회의 입장을 충분히 생각하여 시간을 정해야 한다. 그리고 방문자의 숫자를 정확히 알려주어 방문을 받는 교회에서 충분히 준비할 수 있도록 해야 한다.

3) 교회 방문

사전에 공문(우편발송, 팩스)을 통해 교회 방문에 대해 이해와 협조를 구한 덕분에 선정된 교회 중 한 곳에서만 방문이 불가능하다고 했다. 그래서 아래의 5개 교회를 방문하게 되었다. 일정도 오전방문과 오후방문으로 연결되어 미래준비위원회에서도 시간을 절약할 수 있었고, 방문을 받는 교회 역시 시간적으로 여유 있게 진행되었다.

교회 방문 계획을 수립하면서 두 가지 사항을 고려했다. 첫째, 방문을 받는 교회나 방문하는 각 분과위원이 사역에 투입되는 시간이었다. 미리 사역에 대한 질문서를 보내 준비할 수 있게 한 것은 방문하는 목적과 내용에 대해서만 간략하게 설명하면 된다는 판단에서 비롯되었다. 그 이외 이야기로 시간을 낭비하지 않도록 했다. 둘째, 전체적인 이야기를 듣고 각 분과별 사역에 대해서 논의할 공간을 미리 마련해 담당 사역자의 안내에 따라 설명을 듣고 질문을 할 수 있도록 했다. 같은 시간이지만 분과별로 나누어 동시에 진행하면 업무를 효율적으로 추진할 수 있다고 판단했다.

[표 6-4] 교회 방문 일정 계획

일시	방문교회	방문하는 분과와 부서	참여분과
2011. 6. 18.	K 교회	선교분과, 예배분과	2개
	W 교회	양육분과, 예배분과, 교구장	3개
2011. 6. 24.	M 교회	예배분과, 행정분과, 교육분과, 봉사분과, 장로회, 남선교회, 여선교회, 청장년선교회, 교구장, 찬양단(대)	10개
	O 교회	예배분과	1개
2011. 6. 25.	S 교회	선교분과, 예배분과, 양육분과, 봉사분과, 교육분과, 행정분과, 장로회, 남선교회, 여선교회, 청장년선교회, 찬양단(대), 교구장	12개

5. 교회 탐방 결과

양육분과와 예배분과가 선정한 W 교회를 방문했다. 담당 목사와 미리 연락을 취해서 도착시간에 맞추어 교회를 방문했다. 함께 의논할 수 있는 방으로 안내를 받았고 서로간의 간단한 소개와 인사로 회의를 시작하였다. 사전에 질문서를 전달했기 때문에 질문에 대한 답을 바로 들을 수 있었다. 여러 가지 이야기가 오고 가던 중 방문한 교회의 담임목사가 양육에 대해 얼마나 열정이 가득한지를 알 수 있는 이야기를 하였다.

미국에서 약 1,000명의 성도들이 모이는 교회에서 담임목사에게 집회 요청을 하였다. 미국에서 1,000명이 모이는 교회라면 작은 교회가 아니다. 그것도 미국에 있는 한인교회에 모이는 수가 그 정도라면 정말 큰 교회이다. 집회 제의를 받은 담임목사 교회의 성도 수가 250여 명 될 때였다. 큰 교회에서 심사숙고를 해서 강사를 섭외했는데 담임목사는 일언지하에 거절했다고 한다. 그 이유는 교회 소그룹 사역자들을 양육시켜야 한다는 것이다. 소그룹 지도자들 '양육시간'이 매주 화요일 오전 시간이었다. 물론 교회를 개척한 지 얼마 안 되었기 때문에 소그룹 지도자의 수도 얼마 되지 않았다. 우리 생각에는 매주 하는 건데 한 번 빠진다고 무슨 일이 있을까 생각할 수도 있다. 강사로 섭외했던 미국의 한인교회 담임목사가 '성도가 얼마나 된다고 그러느냐, 여기 천 명이 당신이 오기를 기다리고 있다.'고 화를 내면서 전화를 끊었다고 한다. 지금은 그 교회 이름만 대도 모두가 아는 교회가 되었다. 이 이야기를 들으면서 성도 한 사람, 한 사람에 대한 담임목사의 열정이 있었기 때문에 지금 그토록 하나님께서 수많은 양을 맡기신 것을 알게 되었다.

3회에 걸친 교회 탐방을 마치고 두 가지 핵심 내용을 보고서로 작성하기로 했다. 첫째, 방문한 각 교회가 변화하는 한국 사회와 지역사회에 대해서 취하고 있는 대응방안은 무엇이고, 교회의 사역 중에서 선택과 집중을 실시하는 영역이 무엇인지를 파악하여 전체적인 트렌드(trend)를 분석하고자 했다. 둘째, 각 분과위원회별로 탐방보고서를 작성하도록 했다. 이 보고서에는 각 분과별로 향후 극복해야 할 과제를 담았다. 이 과정에서 벤치마킹을 통해 얻은 시사점은 춘천중앙교회의 상황에 맞는 적용방안을 마련하는 데 큰 도움이 되었다.

1) 핵심 트렌드와 시사점

다섯 교회를 선정하고 방문하는 과정에서 다음의 핵심 트렌드를 발견했다. 물론 이것이 한국교회의 핵심 트렌드라고 말할 수는 없다. 또한 다섯 교회가 한국교회 전체를 대표한다고 할 수도 없다. 단지 다섯 교회를 방문하고 얻은 결과에 대해서 설명하고자 한다. 이 과정에서 춘천중앙교회가 처해 있는 어려움을 진지하게 고민해 볼 수 있었기 때문이다.

[그림 6-1] 탐방교회의 핵심 트렌드

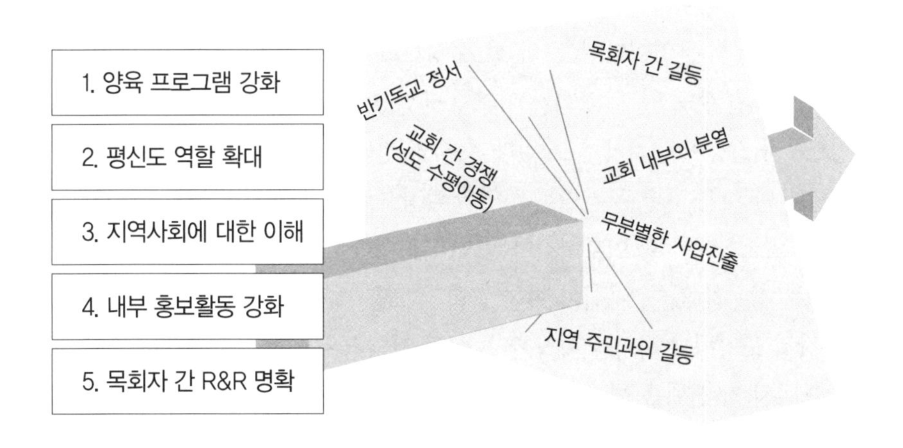

교회는 외적인 요인에 의해 갈등을 겪게 된다. 먼저, 다양한 형태로 나타난 반기독교 정서에 의한 갈등이다. 둘째, 교회와 지역주민 간의 갈등이 있다. 소음 문제일 수도 있고, 주차 문제일 수도 있고, 다양한 형태로 지역사회와 관계를 맺어가는 과정에서 생겨난 갈등이다. 셋째, 같은 지역 안에 위치한 교회 간의 갈등이다. 교인들 때문에 생겨나는 경쟁이기도 하다. 교회가 비교의 대상이 되고, 이 때문에 교인들의 수평이동이 이루어져 교단과 교파를 초

월해서 교회 간의 경쟁이 야기하는 갈등이다.

[표 6-5] 교회가 처한 어려움

갈등 유형	주요 내용
외적 갈등	• 반기독교 정서 • 교회와 지역주민의 갈등 • 같은 지역 안에서의 교회 간의 경쟁
내적 갈등	• 목사들 사이에서 일어나는 갈등 • 교회 내부의 갈등 • 무분별한 사역의 확장

반면에 교회는 내적인 요인에 의해서도 갈등을 겪게 된다. 첫째, 목사들 사이에서 일어나는 갈등이다. 사역과 관련되기도 하지만 성도와의 관계에서 갈등이 생긴다. 쇠가 쇠를 날카롭게 한다는 말이 있다. 선한 경쟁이 될 수 있다. 하지만 이로 인해 교회 내 갈등이 심각한 상황에 이르기도 한다. 부목사 사이에서 갈등이 일어날 수도 있지만, 담임목사와 부목사 간 갈등이 일어나는 경우가 많다. 목사 간의 갈등은 교회를 어렵게 만드는 이유가 되기도 한다. 둘째, 교회 내부의 분열이다. 목사와 성도, 성도와 성도 사이에서 일어나는 갈등이다. 목사와 장로의 갈등일 수도 있고, 교회가 어디에 세워졌느냐에 따라 건축 이전 성도들과 건축 이후의 성도들과 갈등이 생겨날 수도 있다. 목사와 성도, 그리고 성도와 성도 사이의 갈등이 교회를 어렵게 만든다. 셋째, 무분별한 사역의 확장으로 교회가 어려움에 처하기도 한다. 한국에 있는 어느 교회에서 잘 이루어진다는 사역에 대한 이야기를 듣고 무작정 자신의 교회에 접목시키는 경우가 있다. 자신이 속한 교회의 모습, 특성, 그리고 성도들의 삶을 생각하지 않고 무작정 도입해서 사역을 확장한다. 이런 사역의 무리한 도입과 확장으로 생겨나는 일은 성도와 목사 간 신뢰를 깨뜨릴 뿐만 아니라 성도들에게는 상처로 남게 된다. 목회철학과 비전을 생각하고 사역을 도입할 뿐만 아니라 어떤 사역이 교회에 유익한지를 생각하며, 장기간에 걸친 심사숙고와 사역의 진행시간을 고려해야 한다. 이런 어려움을 극복할 수 있는 방법은 무엇일까? 다섯 교회를 탐방한 후에 확인할 수 있었던 공통적인 극복 방법은 다음과 같다.

(1) 양육 프로그램의 강화

방문했던 교회마다 '성도'를 '사역자'로 세우는 양육 프로그램을 가지고 있었다. 우리는 보통 양육을 이야기할 때 '과정(Course-Work)'을 생각한다. 한 과정을 마친 다음에는 그 다음 과정을 거쳐야 하고, 마지막 과정을 마치면 성도가 사역자가 된다고 생각한다. 그러나 이는 자칫 속이 없는 껍데기에 치중하는 양육과정이 되기 쉽다. 교회의 양육과정에 교회의 비전과 담임목사의 목회철학이 포함되어 있는지 생각해야 한다. 교회의 존재이유와 비전, 담임목사의 목회철학이 양육과정 속에 없다면 양육과정을 모두 마쳤다 할지라도 교회에서 필요로 하는 사역자가 존재하지 않게 된다.

방문한 교회마다 교회의 존재이유와 목적, 비전과 담임목사의 목회철학이 담긴 교육과정이 있었다. 겉은 비슷해 보였다. 3단계 혹은 4단계로 양육과정을 준비하고 이것을 실천에 옮기고 있었다. 양육을 담당한 목사, 전도사를 만날 때마다 느꼈던 것은 각기 하나님께서 주신 교회의 비전과 담임목사의 목회철학이 각 단계별로 녹아 있었고, 이론 교육이 아닌 실천적인 내용이었다. 그리고 각 단계별 양육의 목표와 최종적인 과정을 마쳤을 때 사역자로 세워질 수 있도록 구성되어 있었다. '양육'이 '사역'으로 연결되어 있었다.

가끔 대중매체를 통해 양육 세미나와 많은 책들이 소개된다. 양육과정을 통해 평신도 지도자들이 세워져 교회가 부흥한 사례를 설명하는 내용이다. 그 많은 세미나와 교재들 중에서 어느 것이 좋은 세미나이며 양육에 적합한 책이라고 소개하려는 것이 아니다. 어느 세미나에 참석하건, 어떤 교재를 선정해서 양육을 하건 중요하지 않다. 가장 중요한 것은 내가 속해 있는 교회의 비전과 담임목사의 목회철학이 녹아 있는 양육과정을 만들기 위해 노력해야 한다는 것이다.

다섯 교회에는 각기 비슷하거나 유사한 양육의 과정이 있었다. 그러나 교회마다 서로 다르게 보였던 것은 바로 교회의 비전과 담임목사의 목회철학이 양육과정 속에 있었기 때문이다. 다섯 교회는 같은 시대, 같은 나라 안에 있는 교회였지만, 각기 하나님께서 세우신 목적과 존재의 이유에 따라 주님의 나라를 이루기 위해 노력하고 있었다.

(2) 성도(평신도)의 역할 확대

W 교회를 방문했을 때의 일이다. '선(先) 교회 방문 후(後) 새가족 등록' 방법을 사용하는 교회이다. 새가족이 등록한 이후 교회에 대한 안내와 새가족 모임 소개 등을 맡아서 하는 분이 계셨다. 별도의 양육과정을 거치신 집사님이었다. 새가족의 정착을 돕는 사역자들을 통해 교회가 질적으로, 양적으로 성장하고 있다는 이야기를 담당 목사로부터 들을 수 있었다.

보통 양적 성장에 대해 우리는 귀를 기울인다. 그리고 새가족 등록과 새가족의 정착을 돕는 성도가 있어야 한다는 것을 당연하게 생각한다. 새가족의 정착을 돕는 성도 한 사람에 대해서는 깊이 생각하지 않는다. 그 때문에 새가족 정착에 실패한다.

새가족을 정착시키기 위해서 돕는 과정을 살펴보면 양육의 중요성, 평신도 지도자의 중요성에 대해 쉽게 이해할 수 있다. 여기서 몇 가지 관심을 가져야 할 것이 있다. 첫째, 새가족의 정착을 돕는 성도는 훈련받은 성도여야 한다는 점이다. 둘째, 평신도 지도자의 역할과 위치가 분명해야 한다. 새가족 등록과 정착을 위해서 수고하는 집사님의 위치와 역할에 대해 담당 목사는 목회 파트너로 생각하고 함께 사역을 감당하고 있었다. 담당 목사는 전적으로 평신도를 신뢰하고 있었고, 함께 새가족의 정착과 신앙생활에 대해 의논하며 가장 좋은 방법을 위해 함께 기도하고 고민하고 있었다. 셋째, 담당 목사가 가지고 있는 권한을 평신도에게 위임하는 것이다. 어떤 사역이든 책임이 따르게 마련이다. 또 책임 있게 맡겨진 사역을 감당해야 한다. 사역을 책임 있게 감당하기 위해서는 책임뿐만 아니라 권한도 부여해야 한다. 권한이 부여되었을 때 책임을 이야기할 수 있다. 권한은 없고 책임만을 이야기한다면 평신도가 사역에 대한 보람을 느낄 수 없다. 모든 영광은 담당 목사가 차지하고 모든 책임은 평신도가 져야 한다면 이것은 불공평할 뿐만 아니라 원망과 불평을 야기하는 요소가 된다. 평신도의 역할을 확대하기 위해서는 사역을 감당하라고 요구하기보다 사역을 감당할 수 있는 권한을 주고 목사가 동반 관계를 가지고 평신도를 대해야 한다. 이렇게 할 때 비로소 교회에서 평신도가 적극적으로 활동하게 되는 것이다.

(3) 지역사회와의 연계 강화

교회는 세상과 떨어져 있지 않다. 세상 속에 교회가 있다. 교회는 주님으로부터 세상을 변화시켜야 할 의무를 부여받았다. 교회는 빛이 되어야 하고 소금이 되어야 한다. 물론 교회뿐만 아니라 예수를 영접한 모든 그리스도인이 빛과 소금의 역할을 감당해야 한다.

W 교회와 O 교회의 경우 교육관을 신축하면서 공부방을 개설·개방하고 지역 내 빈부의 격차를 해소하기 위해 교회가 기여하는 방안을 마련하여 시행하고 있었다. 또한 각기 내용은 다르지만 사회복지법인을 만들어 지역사회에서 소외된 가정과 개인에 대해 돌봄의 목회를 실천하고 있었다.

각 교회가 지역사회와 연계를 잘할 수 있었던 이유가 무엇인지 살펴보았다. 첫째, 지역사회의 필요가 무엇인지 교회가 사회보다 먼저 알고 실천에 옮겼기 때문이다. 둘째, 가장 소외된 지역과 개인에 대해 사랑을 실천하기 위해 끊임없이 노력했기 때문이다. 사람들이 잘못된 편견을 가지고 있는 곳이나 개인을 적극적으로 찾아가기 위해 이들 교회는 노력을 기울이고 있었다. 셋째, 모든 성도가 참여할 수 있도록 동기를 부여하고 있었다. 교회가 지역사회와 연계하여 선한 일을 하지만 사실 모든 사역이 성도 개개인의 헌신을 통해 이루어진다. 결국 성도 개개인의 참여가 교회의 사역을 이룬다고 할 수 있다. 지역사회에 대해서는 교회보다 성도들이 더 많은 사실을 알고 있다. 그것은 성도들이 지역사회에서 실제 삶을 살고 있기 때문이다. 지역사회의 필요와 요청이 무엇인지, 어느 지역에 무엇이 필요하고 무엇을 해야 하는지에 대해서 성도들은 교회보다 더 많은 것을 알고 있다. 그래서 지역사회와 관련된 모든 일은 공식적으로는 교회가 앞장서서 하지만 사실은 성도들의 협력과 도움이 없이 이루어지지 않는다. 넷째, 전문가를 영입하여 지역사회를 위한 활동을 전문적으로 추진했기 때문이다. 오늘날 정부 예산의 많은 부분이 사회복지 예산으로 편성되어 있다. 사회복지 예산을 증액시키는 이유는 한마디로 말하면 필요에 의해서다. 지역사회에 대한 사회복지 예산의 집행은 주먹구구식 집행이 아니라 지역사회를 위한 사회 전문가에 의해 전문적이고 계획적인 집행을 통해 실천될 수 있다. 마찬가지로 오늘날 교회가 지역사회에 대해서 주먹구구식으로 기존의 하던 일만을 반복해서 한다면 지역사회의 필요가 무엇인지 이해하지 못할 뿐만 아니라 성도들이 지역사회를 위한 활동에 적극적으로 참여하지 못한다. 교회가 지역사회와 깊은 연계를 가지기 위해서는 지역사회의 삶을 돌볼 수 있는 전문가를 영입해서 계획적으로 활동해야 한다.

(4) 내부 홍보활동 강화

내부 홍보활동은 교회와 성도 사이의 소통을 위한 도구이다. 교회의 비전과 존재이유, 담임목사의 목회철학에 대한 설명과 이해, 그리고 설득의 모든 과정이다. 탐방교회에서 찾을 수 있었던 시사점은 다음과 같다. 첫째, 문서를 통한 홍보에 힘써야 한다는 점이다. 다섯 교회는 주보, 각종 신문(분기별 혹은 격월로 발간되거나 교회의 주요 행사 이후에 발간), 그리고 사역에 대한 브로슈어(brochure)[27] 등을 통해 소통을 이루고자 노력하고 있었다. 둘째, 영상 및 설교 전 광고를 적극적으로 활용할 필요가 있다는 점이다. 셋째, 인터넷, 홈페이지 등을 통한 홍보를 강화해야 한다는 점이다. 특히 트위터(Twitter)[28]와 교회가 미리 준비한 어플

---

27) 브로슈어(brochure)란 '설명이나 광고 등을 위하여 만든 얇은 책자'를 말한다.

28) 트위터(Twitter)는 '마이크로 블로그'이며, 대한민국을 비롯한 전 세계적으로 많이 사용하는 SNS 중의 하나이다. 보통 140자 이내의 단문으로 개인의 의견이나 생각을 공유하고 소통하는 사이트이므로 경쟁자인 페이스북이나 다음 요즘, 미투데이, 딜리셔스 등에 비하면 상대적으로 많은 이용자를 보유하고 있다.

(APL)[29]을 다운받아 어디서나 교회 홈페이지나 성도가 필요한 웹(Web)[30]과 연결하여 대화와 소통의 공간을 만들어야 한다. 이들 교회는 성도들이 적극적으로 참여할 수 있도록 교회사역에 대한 홍보에 많은 노력을 기울이고 있었다.

(5) 목사 간의 R&R[31] 명확화

현대 사회의 특징을 한마디로 표현한다면 전문화, 다양화, 급격한 변화라고 말할 수 있다. 교회의 사역 역시 전문화, 다양화되고 있으며 급변하는 시대에 대처하기 위해서 많은 사역자들이 교회로 영입되어 함께 동역하고 있다. 과거에는 담임목사 혼자서 모든 일을 할 수 있었지만 사역이 세분화, 전문화, 다양해짐에 따라 목사, 전도사 등의 전문 사역자를 더 많이 필요로 하게 되었다.

탐방교회들은 목사의 업무와 역할에 대한 기준을 설정하여 이러한 변화에 체계적으로 대응하고 있었다. 먼저, 목사 간의 사역과 역할이 명확했다. 사역과 역할이 명확하다는 것은 사역에 대한 정확한 이해가 있어야 가능하다. 다시 말하면 담당 사역자가 자신의 업무에 대해서 구두로 전달받는 것이 아니라 문서로 전달받아서 업무에 대해 정확하고 분명하게 알고 있다는 의미이다. 둘째, 목사 간의 사역과 역할이 세분화되어야 한다. 예를 들면 심방업무는 병원심방, 새가족심방, 낙심자심방, 대심방, 일반심방 등 심방의 종류가 다양하고 목적이 각기 다르다. 같은 심방이라도 목적과 내용이 상이하기 때문에 사역의 내용이 세부적으로 기술되어야 한다. 셋째, 목사의 사역과 역할에 있어서 협력해야 할 부분에 대해 융통성 있게 그 내용이 기술되어야 한다. 각기 목사 개인에게 주어진 업무만을 잘한다고 교회가 전체적으로 잘된다고 평가할 수 없다. 교회의 사역은 유기체처럼 서로 연결되어 있기 때문이다. 때로는 서로 상충되는 부분도 생기게 마련이다. 그렇기 때문에 내가 맡은 사역이라서 내 것만 한다는 식의 발상은 잘못된 것이다. 서로 사역을 체크해 주며 보완해 줄 때 사역의 사각지대를 최소화할 수 있게 된다.

---

29) '어플(APL)'이란 '휴대폰이나 스마트폰 등에 다운받아 사용할 수 있는 응용 프로그램'을 말한다. 원래 어플리케이션(application)을 줄인 말이다. 이 응용 프로그램은 사용자 또는 어떤 경우에는 다른 응용 프로그램에 특정한 기능을 직접 수행하도록 설계된 프로그램이다. 응용 프로그램의 예로는 워드프로세서, 데이터베이스 프로그램, 웹브라우저, 개발 도구, 페인트 브러시, 이미지 편집 프로그램, 통신 프로그램 등이 포함된다. 응용 프로그램은 컴퓨터의 운영체계와 기타 다른 지원 프로그램의 서비스를 사용한다.

30) 웹(Web)이란 '하이퍼텍스트를 이용하여 인터넷의 정보를 검색할 수 있도록 해주는 프로그램'을 말한다.

31) R&R은 'Role and Responsibility'의 약자로서 책임과 권한을 의미한다.

[표 6-6] 탐방교회에서 얻은 시사점 종합

핵심 트렌드	내용
양육 프로그램의 강화	• 각 양육 단계별로 교회의 비전과 목회철학 포함 • 이론적인 내용과 함께 실천적 내용 포함
평신도 역할 확대	• 훈련받은 평신도 지도자 필요 • 평신도 지도자의 역할과 위치가 중요 • 담당 목사가 가지고 있는 권한을 평신도에게 위임
지역사회 연계강화	• 지역사회의 필요를 교회가 실천함 • 소외된 지역과 개인에 대한 사랑의 실천 • 모든 성도들이 참여할 수 있도록 동기 부여 • 성도 개개인이 참여하는 사역 • 전문가 영입으로 지역사회를 위한 전문적 활동
내부 홍보활동 강화	• 문서를 통한 홍보 강화 • 영상 및 담임목사의 광고를 통한 홍보 강화 • 인터넷, 홈페이지 등을 통한 홍보 강화
목사 간의 R&R의 명확화	• 목사 간의 사역과 역할 규명 • 목사 간의 사역과 역할 세분화 • 목사의 사역과 역할 및 협력과 활동에 대한 기술서 필요

2) 사역별 시사점 도출

(1) 선교사역

선교사역은 크게 해외선교와 국내선교로 나누어 이해하는 것이 보통이다. 일반적으로 선교사역에서 가장 중요하게 생각하는 것은 네 가지이다.

첫째, 선교는 교회의 존재목적과 비전을 실천하는 장이다. 교회의 존재목적을 한마디로 말한다면 영혼 구원이다. 교회는 영혼을 구원하기 위해서 다양한 방법을 사용한다. N 교회의 비전은 교육이다. 교육목회를 통해서 교회의 비전과 존재목적을 실천하고 있었다. 해외선교를 할 때 제일 먼저 생각하는 것은 교육시설의 유무이다. 선교사를 파송하고 현지에 교육시설을 세워 현지인들에게 복음을 전할 뿐만 아니라 교육기관으로서의 역할을 할 수 있도록 하고 있다.

둘째, 성도라면 누구나 참여할 수 있는 소통의 구조를 가져야 한다. 일반적으로 선교하는 대상을 선정하고 후원하는 경우도 있지만, 후원하는 교회의 성도들이 직접 방문하여 선교지의 현황을 파악하고 도울 수 있는 방법을 찾기도 한다. 이런 방법을 단기선교라고 말한다. 일반적으로 특정 부서나 소수의 개인들이 모여 선교지를 방문하고 단기선교를 펼친다. 그러나 벤치마킹을 위해서 방문했던 교회들은 특정 부서가 주도하기보다는 교회의 전체 부서가 서로 협력하여 선교사역을 추진하는 경우가 있었다. 예를 들면, 어떤 가정은 여름휴가를 선교지에서 보내기로 작정하고 자비량으로 참여하는가 하면, 자신에게 주신 달란트를 통해 선교에 참여하기도 한다. 의료봉사와 집을 수리 보수해 주는(도배, 조적, 지붕수리 등) 방법으로 섬김을 통한 선교가 활성화되어 있었다. 이렇게 많은 성도들의 참여는 선교에 대한 충분한 이해가 있을 때에만 가능하다.

셋째, 후원에 대한 투명성이 보장되어 있었다. W 교회에서 선교바자회를 진행할 때 제일 앞에 위치한 것은 바자회에 나온 물품이 아니었다. 수익금액을 가장 앞자리에 비치해 두고 있었다. 그리고 사용처를 분명하게 기록하고 있었다. 선교사를 파송하든, 국내 교회에 후원을 하든 바자회 등의 특별행사를 준비하는 이유를 기록했고, 후원되는 금액에 대해서 투명하게 사용처와 금액을 기록하고 있었다.

넷째, 선교지가 위치한 지역사회를 고려한 선교를 한다. 미자립교회를 돕거나 개인, 기관을 후원하는 경우가 있다. 선교지를 후원할 때 현지 교회에서 현지 사정을 잘 알기 때문에 잘 하리라 믿고 위임하는 경우가 있다. 반면 지원받는 개별 교회가 할 수 없는 일이 있다. 그것은 지원받는 교회가 있는 지역사회와 연결된 사역이다. 탐방 교회들은 지역사회와 긴밀하게 연결된 사역을 도외시하지 않고 선교사역에서 우선순위로 하고 있었다.

(2) 예배사역

어느 지역에 교회가 세워졌든 모든 교회는 하나님께 예배를 드린다. 어떤 마음과 자세로 예배를 드리느냐에 따라 정성스러운 예배가 되는 반면, 형식적으로 드려지는 예배도 있다. 방문했던 교회에서는 공통적으로 모든 예배를 두 가지 주제로 구성하고 있었다. 말씀과 기도이다. 다시 말하면 말씀이 중심이 되는 예배와 기도가 중심이 되는 예배를 드리고 있었다. 일반적으로 예배는 주일낮예배, 주일저녁예배 혹은 주일오후예배, 수요예배, 금요예배, 새벽기도회(예배)로 나뉜다. 방문했던 교회들은 주일낮예배, 오후 혹은 저녁 예배, 그리고 수요예배를 말씀 중심 예배로, 그리고 새벽기도회(예배)와 금요기도회(예배)는 기도 중심의 예배로 구성하고 있었다. 기도는 하나님 앞에 간구하는 것이고, 말씀은 하나님께서 우리에게 하시는 말씀이다. 하나님과의 소통의 구조가 바로 말씀과 기도이다. 탐방 교회들은 이 두 가지를 바탕으로 하여 예배를 준비하고 있었다. 특히 예배의 기초가 되는 부분에 과감하게 투자

하는 교회가 많았다. 예배의 기본이라고 한다면 예배반주와 찬양이다. 찬양단과 반주자들을 외부에서 영입하여 예배를 준비하는 교회도 있었고, 교회에서 선발된 청년들을 외부기관에서 교육을 받게 한 후 사역하도록 하는 교회도 있었다. ○ 교회는 외부의 팀을 초청해서 1년 이상을 본교회 청년부 예배 시 인도와 찬양을 맡기기도 했다. 그러면서 교회의 예배를 인도하는 찬양과 반주를 스스로 깨닫도록 훈련시켰다. 이처럼 각 교회마다 예배에서 가장 기본이 되는 찬양과 예배반주를 중요하게 생각하고 있었다. 각기 예배를 준비하는 방식에는 차이가 있었지만 벤치마킹을 통해 세 가지 시사점을 도출할 수 있었다.

첫째, 예배의 중심은 설교이다. 그렇기 때문에 모든 목사들이 정성스럽게 설교를 준비한다. 설교는 내용에 따라서 강해설교, 주제설교로 나뉜다. 설교를 할 때는 영상, 판토마임(pantomime), 드라마 등 다양한 방법을 통해 성도들이 말씀 앞에 자신의 삶을 되돌아볼 수 있도록 노력한다. 우리가 방문했던 교회에서 찾을 수 있는 설교의 특징은 강해설교이며 큰 주제를 정하고 그에 따라 시리즈로 설교를 준비하고 있었다. 둘째는 성도들의 삶을 설교자가 정확하게 이해하고 있었다. 그들이 신앙적으로 무엇이 부족한지를 이해하고, 성도들이 그리스도인으로서 다시금 올바른 인생을 살아야 할 것을 다짐하며 결단하도록 말씀을 준비하여 선포했다. 셋째, 예배를 위해 사전에 기도회 등 철저한 준비를 하고 있었다. ○ 교회의 경우 금요일 저녁기도회를 위해서 예배준비기도회를 세 차례나 갖고 있었다. 반주자와 찬양단의 기도회, 예배 담당 목사를 비롯한 전체 기도회, 그리고 담임목사가 참여하는 전체 기도회이다. 단지 기도회로 끝나는 것이 아니라 찬양이 말씀을 뒷받침해 주고 말씀의 선포와 선포 이후의 기도회로 이어지는 과정을 세밀하게 준비하는 것이다. 우리는 보통 사전에 기도회로 준비하는 것이 일반적이라 할 수 있다. 그 외의 나머지는 성령께서 하신다고 생각한다. 우리는 기도회이든 예배이든 하나님께 올려드리기 위해 최선의 것을 준비해야 한다. 그리고 성령께서 임재하시고 역사하시고 감화 감동케 하시는 일을 기다려야 한다. 이렇게 예배를 준비하는 사람들의 자세가 남달랐던 것이 탐방교회들의 특징이었다.

(3) 봉사사역

봉사는 교회가 위치한 지역과 연결된다. 세상 사람들과 만남의 관계를 가질 수 있는 기회이며 교회의 존재목적을 드러내는 일이기도 하다. 한마디로 비유하여 예수께서 말씀하신 '선한 사마리아 사람'이 오늘날 교회의 모습이다. 교회를 배척하는 사람이건, 무관심하게 생각하는 사람이건, 혹은 교회에 다니는 사람이건, 그 누구를 막론하고 교회는 세상에서 선한 이웃이 되어야 한다. 방문했던 교회마다 각기 모습은 다르지만, 세상과 연결되는 통로로써 봉사사역을 소중하게 다루고 있었다. 사마리아 사람이 강도 만난 사람을 대하듯 사회 속에서 소외된 사람들을 대상으로 그리스도의 사랑을 드러내고 있었다.

이들 교회의 특징은 다음과 같이 다섯 가지로 집약될 수 있다. 첫째, 지역사회를 이해하고 지역사회를 도와야 할 부분이 무엇인지 정확하게 파악하여 정책을 세우고 있었다. 둘째, 성도들에게 교회의 사회봉사 방향을 자세히 설명하고 참여할 방법을 제시하고 있었다. 셋째, 성도들이 후원할 대상에 대해서 명확하게 알고 있었고 직접 전달까지 하며 성도들이 활발히 참여하고 있었다. 넷째, 현재의 상황에 만족하지 않고 봉사사역에 대한 성도들의 동참, 새로운 사역을 위해 꾸준히 준비하며 계획을 세우고 있었다. 즉, 현재에 안주하지 않고 지속적인 변화를 시도하고 있었다. 다섯째, 사회봉사법인을 통해 전문적인 지역사회와의 연계와 봉사사역의 전문화를 시도하고 있었다. 성도 개인이 참여할 수 있도록 교회가 봉사 분야의 안내자 역할을 하고 있었으며, 사역박람회와 같은 행사를 만들어 성도들의 참여를 유도하고 있었다.

결론적으로 방문했던 교회의 봉사사역은 지역사회와 연계된 섬김, 지역사회가 무엇을 필요로 하는지에 대한 정확한 이해, 성도들의 참여와 봉사, 그리고 섬김을 통한 신앙의 성숙과 영적 성장을 함께 이루고 있었다. 봉사나 섬김이 단순한 일로 끝나는 것이 아니라, 섬김을 통해 하나님의 은혜를 체험하고 보람과 긍지를 느끼며 다시금 사명의 자리로 안내하는 섬김의 사역이었다.

(4) 양육사역

방문한 교회마다 각기 교회에 맞는 양육 시스템을 가지고 있었다. 이런 양육 시스템이 있기까지 각 교회가 준비하고 진행하는 사역의 바탕에는 양육된 사역자들이 있었다. 방문한 교회들의 양육 시스템에는 다음과 같은 공통된 특징이 있었다.

첫째, 양육하는 목적이 분명했다. 양육의 목적이 예수님을 온전히 섬기며 주님께서 맡겨주신 사역을 이루어가는 사람에 있었다. 교회의 존재목적과 비전을 이루어가는 것은 사람이다. 결국 주님의 말씀으로 훈련되고 양육된 사람이 교회의 비전을 통해 주님의 사역을 이루어간다.

둘째, 직분보다 사역을 중요하게 여겼다. 새로 온 성도가 교회에 정착하여 사역자로 세워진 후 사역이 활발하게 진행되지 못하는 이유 중 하나는 직분 때문이다. 직분제를 무시하거나 직분제가 없어져야 한다는 것이 아니다. 직분이 높아질수록 사역을 더 많이 하고 있을까? 대개의 경우는 그렇지 않을 것이다. 교회마다 차이는 있겠지만 열심 있는 성도 한 사람이 두 개 이상의 사역을 맡는 교회가 많으리라 생각한다. '1성도 1사역'이라는 말은 좋은 말이지만 '1성도 1사역'이 이루어지는 교회는 거의 없다. 교회의 전체적인 분위기가 '직분 중심인가?' 아니면 '사역 중심인가?' 이 부분을 명확히 해야 한다. '직분 중심'이라는 말은 직분 때문에 사역에 참여해야 하는 구조를 말한다. 반면, '사역 중심'이라는 말은 사역자로 헌신을 하다 보니까 직분자로 세워지는 것을 말한다. 교회에서 어떤 사역도 하지 않았는데, 예배 출석과 헌금생활만을 보고 직분자로 세운다면 사역 중심이 아니라 직분 중심의 교회이다. 직분이 높다고, 예수 믿은 지 오래되었다고 모든 성도가 다 열정을 가지고 사역을 하는 것은 아니기 때문이다. 성도로 살아온 신앙의 연수가 중요한 것이 아니라 사역에 대한 열정을 가지고 있는지, 그래서 성도 스스로 양육받을 자세가 되어 있는지의 여부가 더 중요하다.

셋째, 양육 시스템을 운영하기 위해 많은 준비를 하였으며 양육구조가 만들어진 이후에도 이를 보완하기 위해서 노력하고 있었다. '교육은 백년대계'라는 말이 있다. 단순히 사회에서의 교육 체계만을 두고 하는 말은 아니다. 교회에서 어린이, 청소년, 청년 들을 말씀으로 양육하는 것도 동일한 의미로 볼 수 있다. 한 사람을 통해 나라가 변화될 수 있을 뿐만 아니라 한 사람을 통해 복음이 널리 퍼져 더 많은 열매와 결실을 거둘 수 있기 때문이다. W 교회를 방문했을 때 새가족 위원으로 '바나바'사역에 대해 소개받은 적이 있다. 많은 교회에서 바나바 교육을 시행하고 있다. 그런데 W 교회가 좀 남다르게 보였던 것은 바나바사역을 하는 성도는 반드시 전도폭발훈련을 받아야 한다는 것이다. 복음의 열정을 가진 사람, 영혼 구원에 열정을 가진 사람이 새가족을 돕는 사역에 동참하게 된다는 것이다. 본인이 하고 싶다거나 담당 목사나 다른 직분자의 권유로 사역을 하는 것이 아니라 양육되고 훈련된 성도만이 새가족을 도울 수 있다는 것이다. 사역을 바라볼 때 '잘하고 있느냐? 잘 못하고 있느냐?'의 관점보다는 '어떻게 하면 사역의 완성도를 높이고 성도가 기쁨으로 사역을 잘 감당할 수 있을까?' 하는 관점의 차이가 사역이 더 잘 준비되는 원동력이 되었다.

넷째, 양육받은 사역자에 대한 재훈련과정이 있었다. 물이 고이면 썩는다. 사람은 본래 도전적이기보다는 안정적이기를 원한다. 성경에 기록된 초대교회 역시 그랬다. 사도 야고보와 스데반 집사가 순교하기 전까지 그리스도인들은 모두 예루살렘에 모여 있었다. 순교의 사건 이후 그리스도인들이 뿔뿔이 흩어지게 되었고, 그 이후 복음의 능력이 불같이 나타나 수많은 지역에서 교회가 세워지기 시작했다. 양육받은 사역자들이 주의해야 할 점은 매너리즘(mannerism)[32]이다. 항상 같은 시간, 같은 사람들, 너무 익숙한 생활을 하려고 안주하다 보면 타성에 젖게 되고 새로움을 잃게 된다. 이런 현상을 피하기 위해 담임목사가 직접 사역자

---

32) 항상 틀에 박힌 일정한 방식이나 태도를 취함으로써 신선미와 독창성을 잃는 일.

들을 만나고 훈련시키는 일을 하고 있었다. 또한 신앙적인 교육 프로그램을 개설하여 성서 교육과 각 사역에 알맞은 훈련과정을 통해 사역을 이해시키고, 사역을 통해 신앙의 성숙과 영적 성장을 이룰 수 있도록 하고 있었다. W 교회의 경우 인사위원회를 두고 사역자들에 대한 평가와 새롭게 자원하는 사역자들을 선발하고 있었다. 본인이 사역을 하고 싶다고 해서 다 사역자가 되는 것이 아니었다. 훈련과 양육의 필수과정을 거치며, 사역 후보자에 대한 성품과 사역을 감당할 수 있는 생활 여건이 되는가를 면밀하게 검토했다. 예를 들면 6살과 3살 된 자녀를 둔 여자 성도가 본인이 원한다고 사역을 맡기게 되면 자원했던 당시에는 감당하리라 생각했으나 사역 때문에 자녀 돌보는 일이 소홀해지고, 결국 갈등에 빠지게 된다. 사역에 열심을 다하여 참여하지 못할 뿐만 아니라, 가정생활 역시 어려움을 겪게 된다. 이런 세심한 부분까지도 인사위원회에서 점검하고 자녀들이 성장한 후에 사역에 동참해 줄 것을 권고했다고 한다.

다섯째, 담임목사의 비전을 함께 나누며 사역하는 동역자라는 개념을 가지고 있었다. 사역자는 주님의 일을 감당하는 사람이다. 담임목사는 교회의 존재목적과 비전을 가장 앞에 서서 실천하는 사람이다. 군대로 말하면 야전 사령관과 같은 역할이다. 야전 사령관의 수하에는 각기 자신의 역할이 무엇인지 알고 있는 장교들이 있고, 그것을 함께 이루어가는 병사들이 있다. 병사 한 사람 한 사람이 이번 작전에서 무엇을 해야 할지를 모른다면, 전쟁터에서 우왕좌왕 하게 된다. 담임목사의 목회철학과 교회의 존재목적과 비전에 대해서 함께 공유해야 할 사람이 누구일까? 바로 사역자들이다. 사역자들은 예수께서 지니신 긍휼의 마음을 가지고 비전과 사역에 대한 담임목사의 마음을 잘 알고 있어야 한다. 그럴 때 사역이 아름답게 성취되는 것이다. S 교회를 방문했을 때의 일이다. 교회 건축과 관련해서 은행으로부터 대출을 받았다고 했다. 주일 예배 시간에 한 번도 건축헌금과 관련해서 이야기한 적이 없다고 했다. 그런데 한 번은 교회 건축과 관련하여 관심 있는 성도들이 주보에 광고를 내고 함께 모여 기도하는 계기가 있었다고 한다. 특정 날짜에 성도들이 모여 교회건축과 관련해서 대출받은 금액을 말하고 기도회를 하면서 함께 은혜를 나누었다고 이야기했다. 그 이유는 한 가지였다. 담임목사의 마음을 이해하며 들어줄 성도가 있었기 때문이다. 이런 사람들이 동역자이다. 사역이라는 단순한 개념을 뛰어넘어 담임목사와 비전을 함께 나누고 이해하며 함께 사역에 동참하는 사람을 각 교회마다 세우기 위해서 노력하고 있었다.

(5) 교육사역

양육은 크게 장년 양육과 다음 세대인 교회학교 교육 차원의 양육으로 구분할 수 있다.

장년 양육과 달리 교회교육, 특히 교회학교는 지속적인 예산의 투입과 양육의 과정이 진행되어야 한다. 그만큼 시간과 예산이 많이 소요될 뿐만 아니라 준비와 정성, 그리고 기도와 사랑이 지속적으로 투입되어야 한다. 방문했던 교회들에서 다음과 같은 네 가지 특징을 확인할 수 있었다.

첫째, 다음 세대의 신앙인으로 살아갈 어린이, 청소년에 대해 교회의 존재목적과 비전과 연계된 명확하고 분명한 양육이 이루어지고 있었다. 어린이, 청소년이 이 땅에 왜 태어났는지, 자신이 세상에서 존재하는 목적과 하나님께서 주신 사명이 무엇인지 비전을 명확하게 보여주는 교육을 실시하고 있었다. 이것이 바로 성서적인 가치관을 마련해 주는 일이다.

둘째, 모든 성도와 함께 관심을 가지고 함께 양육할 수 있도록 시스템을 구성하고 있었다. 한마디로 자신이 출석하는 교회의 교육목회철학과 비전에 대해서 모든 성도가 알고 있다는 것이다. 그래서 교회학교와 장년이 분리된 것이 아니다. 비록 예배드리는 장소는 분리되어 있지만 교회학교 교육의 목적과 내용에 대해서 모든 성도가 알고 있었다.

셋째, 교회교육의 대상에 대한 명확한 성서교육과 학부모와 함께 하는 신앙교육이 동시에 추진되고 있었다. 교회학교 교육의 어려운 점은 교육의 대상이 다양하다는 것이다. 유치부 어린이로부터 고등학교 3학년, 청년에 이르기까지 연령과 대상이 다양하다. 그 때문에 세 가지 부분에서 서로 연관성이 있어야 한다. 연령에 따라 신앙교육의 단계별 신앙성장 프로그램과 학부모를 위한 프로그램, 그리고 신앙교육을 기도로 지탱해 줄 학부모 서포터즈(Supporters)의 구성이 이루어져 있었다.

넷째, 신앙교육을 할 수 있는 교육환경과 전문화된 교사훈련이 진행되고 있었다. 교육환경은 공간의 문제이며 교육시설에 대한 문제라고 할 수 있다. 교육환경이 좋을수록 더 효과적인 교육을 받고 쉽게 이해하게 된다. 교사 훈련 역시 단순히 기도회로만 훈련이 이루어지지 않는다. 무엇을 가르쳐야 할지, 이것을 가르칠 연령대는 어디이며, 유년시기, 청소년시기 등을 어떻게 이해하며 그들에게 맞는 신앙교육을 실시할지에 대해서 알아야 한다. 또한 성서에 대한 전문적인 교육도 필요하고, 이것을 올바르게 전달하며, 가르치는 대상의 가치관도 올바르게 세울 수 있어야 한다. 한마디로 성서교육, 신앙교육, 가치관교육을 위한 코칭이 필요하다. 탐방 교회들은 이러한 교육을 올바르게 수행하기 위한 기초지식에 많은 관심을 기울였다.

(6) 행정사역

'행정'은 교회에서는 주요 살림살이를 맡아서 하는 부서와 관련된 사역이다. 그렇기 때문에 교회마다 조금씩 다르지만 보편적으로 행정 분야 예산이 가장 많았다. 이런 행정 분야에 대한 이해가 방문한 교회마다 약간은 달랐지만 전반적인 모습은 일치했다.

첫째, '행정'의 개념이 '통제와 관리'에서 '지원'의 개념으로 전환되었다. 행정 부서 하면 교회의 모든 부서를 통제, 관리, 그리고 지시하는 부서로 생각했다. 그러나 방문한 교회들마다 이런 통제, 관리의 개념이 아니라 돕는 차원으로 개념이 전환되어 있었다. 다시 말하면 주무부서가 사역을 진행하고, 행정부서는 사역이 원활하게 이루어지게 뒤에서 돕는 부서가 되었다. 예를 들면 교회에서 '사역자 모임'을 한다고 하자. '사역자 모임을 위해서 무엇을 어떻게 하고 우리는 이렇게 한다.'는 구조가 아니라 '사역자 모임을 위해서 우리 부서에서 무엇을 도와주어야 하는가?'라는 태도로 전환된 사고를 가지고 있었다.

둘째, 행정 부서가 성도들을 돕는 기관으로 전환되었다. 행정 편의주의적 관점에서 벗어나 성도 중심의 행정 시스템으로 전환되었다. 각종 증명서, 결혼 혹은 장례와 같은 예식, 그리고 교회 비품의 사용 등 전반적인 부분에서 행정 편의주의적이고 관리적인 구조가 아니라 성도들의 사역과 신앙생활을 돕기 위한 구조로 전환되어 있었다. 특히 인터넷 홈페이지를 이용하여 성도들이 자유롭게 교회와 관련된 사역과 업무를 진행할 수 있도록 돕고 있었다.

토론 06

1 내가 출석하고 있는 교회의 자랑 다섯 가지를 말해 보세요.

2 내가 출석하고 있는 교회의 부족한 것 다섯 가지를 말해 보세요.

3 앞서 말한 다섯 가지의 부족한 점을 어떻게 보완하면 좋을까요? 대안을 말해 보세요.

더 좋은 교회 만들기 07

다시 시작하기

무엇을 보완할 것인가

러시아에는 숫자 '5'를 의미하는 '피초르카'라는 말이 있다. 이 말에는 숫자에 대한 의미 말고 또 다른 의미가 있는데 '뛰어남' 혹은 '완벽'이라는 뜻이다. 러시아 5대 대통령으로 당선된 드미트리 메드베레프가 대통령에 당선된 뒤 '러시아를 세계 5대 경제대국으로 만들겠다.' 라고 자신의 포부를 밝힌 적이 있다. 그러자 러시아 언론들은 '피초르카'라는 단어를 '5대 경제대국'을 의미하는 말로 쓰기 시작했다. 아마도 러시아 사람들은 '피초르카의 선택'이 러시아의 미래를 변화시킬 것이라는 기대를 하였던 모양이다.

'무엇을 선택하느냐?' 그리고 '무엇에 집중하느냐?'가 개인의 인생뿐만 아니라 나라의 미래도 바꾼다. 결국 선택과 미래는 서로 연결되어 있다. 무엇을 선택하고 무엇에 집중하느냐에 따라 변화되기도 하고 변화되지 않은 채 살아가기도 한다. 변화를 바라는 사람에게는 선택하는 판단력과 선택한 것을 좋은 결과로 이끌기 위한 지혜가 있어야 한다. 그렇게 될 때 개인도, 사회도 변화하게 된다. 교회도, 나도 예외는 아니다.

춘천중앙교회는 컨설팅을 통해 지역과 교회의 모습, 그리고 성도들의 생각을 읽을 수 있었다. 그 결과 교회가 보완해야 할 부분에 대해서 알게 되었다. 보완하기 위한 방법은 벤치마킹을 통해 구체화했다. '남의 떡이 커 보인다.'는 말이 있다. 그러나 더 중요한 것은 남의 떡이 좋아 보여도 내 입맛에 맞아야 먹을 수 있다는 점이다. 다시 말해 다른 교회의 사역이 좋아 보이고 잘 이루어진다는 것을 알고 있다 할지라도 내가 속해 있는 교회의 정서와 역량에 맞아야 실천에 옮길 수 있다. 남의 것이라고 다 좋은 것이 아니며 또 다 나쁘다고 평가할 수도 없다. 내 것으로 만드는 과정, 내 것으로 소화시키는 과정을 잘 해야 한다.

이하에서는 미래준비위원회의 각 분과위원회를 중심으로 춘천중앙교회에 맞게 대안을 개발했던 과정과 경험을 살펴보고자 한다.

1. 기본방향 도출

1) 사랑으로 소통하자

'소통의 문제'가 크게 대두되었다. '소통'은 교회의 사역을 이루도록 만드는 바탕이 된다. 또한 교회가 존재하는 목적과 비전을 실천할 수 있는 근거가 된다. 이와 같은 소통이 이루어지기 위해 선행되어야 하는 것이 있다. 바로 '사랑'이다. 성도 개개인이 하나님의 은혜와 사랑을 체험하는 구조가 될 때 가능해진다. 사랑하기 때문에 덮어 주고 용서해 주며 감싸 안아 줄 수 있어야 한다. 이러한 사랑이 바탕이 될 때 서로를 존중하며 이해하게 된다.

설문조사를 통해 '개인의 신앙생활의 만족도'가 높게 평가되었다. 반면 '다른 성도와의 소통'은 낮게 평가되었다. 자칫 개인의 신앙생활만을 강조하다 보면 신앙이기주의에 빠질 수 있다. 개인을 강조하면 신앙공동체성이 파괴된다. 신앙공동체성을 회복하기 위해서 크게 세 가지 측면에서 사역 방향을 설정했다.

(1) 개인의 영적 성장과 더불어 공동체성을 강화한다

집회와 공동체 모임을 활성화하여 성도 상호 간의 동질감과 유대감을 강화하는 것이다. 예를 들면 간증집회, 전교인 체육대회, 전교인 수련회, 바자회 등을 통해서 유대감과 동질감을 가질 수 있도록 유도하는 것이다.

(2) 현재 소속되어 있는 소그룹 모임을 더욱 활성화한다

남선교회, 여선교회, 청장년선교회, 교회학교교사, 각 교구 내의 소그룹 모임이 서로 유대감을 갖기 위해 목적에 맞는 활동을 강화하고, 여름행사, 수련회 등의 각종 모임을 통해 같은 그룹 내에서의 유대감과 동질성을 강화하는 것이다.

(3) 문서, 영상 등을 통해 교회 내의 각종 사역과 모임에 대해 소개하고 담당자를 정한다

교회 내의 소그룹이나 각 모임에 속해 있지 않은 성도들에게 참여할 수 있도록 동기를 부여하는 것이다.

2) 평신도와 함께하는 목회

일반적으로 '목회'는 목사가 하는 일이라고 생각한다. 목사가 목회에 대해서 전문가인 것은 사실이다. 목사들은 목숨을 걸고 목회를 한다. 그렇기 때문에 교회를 가장 먼저 생각하는 사람이 목사이다. 목사를 '목자'로 비유한다면 성도는 '양'이다. 목자가 '양'을 낳을 수는 없다. 목자는 '양'이 '양'을 낳을 수 있도록 돕는 역할을 한다. 양이 양을 낳는다. 다시 말하면 목사의 역할과 책임이 있고, 성도의 역할과 책임이 있다.

수레바퀴에 비유하여 말한다면 바퀴 하나로는 앞으로 얼마 나아가지 못한다. 그러나 성도라는 수레바퀴와 연결이 되면 쓰러지지 않고 계속해서 앞으로 나아갈 수 있다. 이렇게 목회는 목사와 성도가 서로 동반자가 되어야 한다. 파트너가 되어야 한다. 목사는 성도의 삶을 살피며 말씀과 기도로, 그리고 함께 사역을 감당할 수 있는 파트너십(partnership)을 형성해야 한다. 성도 역시 목사와 올바른 관계 속에서 교회의 비전과 존재목적을 이해하고 사역을 감당할 수 있도록 자신의 역할을 다해야 한다.

목사와 성도가 서로 파트너가 되려면 성도는 목사로부터 양육을 받아야 한다. '양육'은 목사와 성도에게 상호 영향을 미친다. 목사는 성도에게 말씀을 통해 교회의 존재목적과 비전, 담임목사의 목회철학, 그리고 교회의 사역을 이해하는 삶의 원리와 그리스도인으로서의 삶을 가르친다. 더욱이 성도의 삶을 이해하고 성도들이 영적으로 성장할 수 있도록 양육해야 한다. 목사는 성도를 양육할 때 성도를 목사 편으로 만드는 것이 아니라 예수님의 사역을 감당할 수 있는 일꾼, 헌신자로 만들어야 한다. 이것을 간과하면 양육과 훈련이 목사 개인의 유익을 위한 도구로 전락하게 된다. 양육과 훈련을 받는 성도는 교회의 존재목적과 비전, 그리스도인으로서의 가치관을 이해하고 받아들이며, 자신의 삶 속에서 어떻게 그리스도인답게 살아야 할지를 결정해야 한다. 그리고 예수께서 맡겨 주신 사명을 깨달아야 한다. 양육을 통한 평신도 지도자를 세우기 위해서 세 가지 사역 방향을 설정했다.

(1) 양육을 전문화한다

오늘날 성도들의 학력은 과거 어느 때보다 높다. 춘천중앙교회 성도들의 학력수준을 점검한 적이 있다. 2010년 교회 내부 자료에서 20세 이상 남녀의 학력을 살펴보았다. 전체 재적 성도의 82%가 대학 재학 중이거나 대졸 이상의 학력을 가지고 있었다. 학력 수준이 높다는 것은 지적 수준이 높다는 것이다. 오늘날 이단들이 성도들에게 성경공부를 하자고 접근한다. 그 이유는 지적 수준이 높다는 것을 반영한다. 교회에서 단순히 성경을 읽고 해석하는 정도로는 성도들의 지적 수준을 채워줄 수 없다. 성경을 바로 알아야 신앙생활도 바르게 할 수 있다. 성도들을 주님의 일을 감당할 수 있는 사역자로 양육하기 위해서는 전문적인 과정과 전문적인 강의가 필요하다. 이를 위해 커리큘럼을 교회의 상황에 맞추어야 하고, 양육과정을 거친 성도들에 대한 바른 이해와 관리가 필요하며, 성도들이 성숙한 사역자가 되기까지 전문화 과정을 두어 양육시켜야 한다.

(2) 개인의 은사를 계발하여 사역자를 발굴한다

교회에는 많은 사역이 있다. 목사 혼자서 할 수 없기 때문에 성도들의 도움이 절대적으로 필요하다. 사역을 위해 성도들에게 도움을 청할 때 어떤 성도에게 부탁을 할까? 목사가 부탁하면 잘 들어주고 순종하는 성도, 사역이 잘 안 되어도 불평하지 않는 성도, 그리고 목사와 평소에 잘 알고 지낸 성도일 것이다. 하지만 개인의 은사를 알지 못하고 그 은사와 다른 사역을 맡길 때 어려움이 발생한다.

첫째, 사역이 온전하게 이루어지지 않는다. 개인의 은사는 가르치는 은사인데 맡겨진 사역은 구제하고 대접하는 사역을 맡긴다고 가정하자. 다른 사람을 지도하고 이끄는 은사를 가진 사람이 다른 사람을 섬기며 대접하고 구제하려고 하니까 맡겨진 사역을 감당하기가 어려워진다. 목사의 말에 순종하기는 해야겠는데 자신의 성격과 사역이 맞지 않기 때문이다. 이런 상황에서 성도는 갈등하다가 결국 사역을 그만두게 된다. 맡겨진 사역은 중단되고 개인은 사역으로 인해 실족하는 일이 벌어진다.

둘째, 기존의 좋은 신앙생활이 무너질 수 있다. 개인에게 맡겨진 사역을 감당하지 못할 때, 개인에게 찾아오는 열등감과 수치심, 그리고 신앙적인 갈등이 생긴다. 지금까지 열심히 한 자신의 신앙생활에 대해서 허무함을 느낄 뿐만 아니라 다른 성도와의 관계도 이전처럼 원만한 관계가 되지 못할 때가 있다. 자칫 신앙생활마저 고립될 수 있다. 결국 지금까지 열심히 해온 신앙생활의 근거가 흔들릴 수 있는 위험성이 있다.

셋째, 목사와 성도의 관계가 깨질 수 있다. 목사는 성도에게 친분을 기반으로 사역을 부탁했다. 그만큼 목사는 사역을 부탁한 성도에게 기대를 가지고 있을 것이다. 그런데 성도가 목사가 부탁한 사역을 중도에 그만두게 된다거나, 맡겨진 사역의 결과가 생각보다 잘 이루어지지 않을 때 목사와 성도의 관계는 서먹해지고 소홀해지기 쉽다. 심한 경우에는 성도가 교회를 떠나 다른 교회로 교적을 옮길 수도 있다.

(3) 사역의 자리는 영적 성장과 성숙의 자리가 되어야 한다

사역에는 헌신이 따르며 결단이 요구된다. 개인 생활의 일부를 포기해야 한다. 그런데 개인 생활의 일부를 포기할 수 있는 이유는 한 가지이다. 하나님의 은혜 때문이다. 그 은혜의 표현이 헌신이며 사역에 동참하는 것이다. 만일 사역을 하는 동기가 하나님께서 주신 은혜에 감사해서 하는 것이 아니라 개인적인 친분, 체면, 자기 과시 등에 의한 것이라면 그 사역은 오래 지속되지 못할 것이고, 사역의 목적 또한 이루지 못하게 된다. 성도들이 참여한 사역을 지속하게 하고 맡은 사역에 있어서 전문화하는 과정을 이루기 위해서는 사역을 통한 신앙생활의 성숙과 영적 성장이 이루어져야 한다. 사역은 하나님께서 주신 사명을 다시 생각할 수 있는 계기가 되어야 한다. 사역은 일이 아니라 사명을 깨닫는 자리, 하나님의 구원의 은혜와 감격이 있는 자리가 되어야 한다. 그래서 개인의 은사가 무엇인지 알아야 하고, 교회 차원에서 개인의 은사를 알 수 있도록 세미나 등 각종 시스템이 준비되어야 한다.

2. 분야별 사역 방향 도출

1) 예배사역

춘천중앙교회는 예배사역에 가장 많은 관심과 정성을 기울이고 있다. 그 단편적인 예가 '주일 예배 준비기도회'이다. 주일이 되기 전, 토요일 오전에 목사, 기도와 예배안내 등을 맡은 사역자들이 모여 기도회로 주일예배 준비를 시작한다. 주일 저녁, 모든 예배가 마친 후 목회자 미팅의 첫 번째 화두가 예배에 대한 분석과 평가이다. 예배에 대한 정성이 남다른 교회이다. 설문조사에서 담임목사의 설교 평가항목까지 넣어 설문을 할 정도로 예배를 통해 하나님이 임재하시는 시간이 되기 위해 노력한다. 예배사역을 보완하기 위해 도출한 사역 방향은 다음과 같다.

(1) 예배 전체를 총괄하는 기획팀을 구성한다

'예배를 기획한다.'는 말이 이상하게 들릴 것이다. 예배는 '성령의 능력이 임해야 한다.'고 말한다. 사실이다. 예배기획팀을 구성하는 이유는 우리가 하나님께 드릴 예배가 올바르게 하나님만 생각하며 드리게 되도록 준비하는 것이다. 사람이 하나님 앞에 해야 할 준비를 한 후에 하나님의 임재와 능력을 기다리는 것이 올바른 예배자의 자세이기 때문이다.

예배 관련 담당자들이 모여 예배에 대한 준비를 진행한다. 예배 담당 목사, 찬양대 담당자, 찬양단 리더, 음향, 조명, 영상, 방송 담당자, 제단장식, 예배안내, 설교 통역위원 등 예배와 관계된 모든 사역자들이 참여하여 회의를 진행한다. 말씀의 제목과 주제를 함께 나누고 기도회로 시작한다. 그리고 이번 주에 드리는 예배에서 가장 중요하게 여겨야 할 부분을 함께 나누며 준비한다. 찬양단의 찬양은 어떻게 시작되며, 어느 부분에서 강조하고 어떻게 예배로 자연스럽게 들어가야 할지를 구성한다. 그리고 예배사회, 예배기도, 찬양대(성가대) 찬양의 구성과 내용, 말씀 선포와 성도들이 기도하는 시간과 축도로 이어진다. 이 모든 과정을 기획하며 준비한다. 주일예배는 말씀 중심의 예배로 구성하여 찬양, 영상, 음향, 조명 등 모든 사역자들이 참여하는 종합적인 기획을 한다. 수요예배의 경우 매월 주제가 있는 예배, 영화예배, 그리고 성도들과 함께 간증을 나누는 예배로 특성화한다. 금요기도회는 찬양을 통해 기도로 나아갈 수 있는 분위기를 마련하여 기도에 집중하며 말씀을 통해 자신의 삶에 변화를 주며 성령의 임재가 강하게 나타나는 영성에 집중하는 예배로 구성한다.

(2) 예배를 준비하는 사역자들을 전문화한다

'나는 가수다'라는 프로그램이 방송된 적이 있다. 인기가 있었던 이유가 무엇일까? 첫째는 라이브 공연이었다. 둘째, 한 사람의 가수가 아닌 여러 가수가 참여하기 때문에 다양한 사람의 노래를 들을 수 있었다. 셋째, 기존의 곡을 편곡하여 라이브로 부르기 때문에 가수의 실력을 시청자와 방청객이 가늠할 수 있었다. 넷째, 수동적인 자세로 보고 듣는 관객이 아니라 참여하는 관객, 평가하는 관객으로 전환되었다. 다섯째, 생활수준이 높아지면서 음악을 듣고 즐기는 수준도 높아졌다. 음향과 관련된 기자재들이 다양하게 보급되면서 듣는 수준이 높아진 것이다.

트럭에 과일을 싣고 판매하는 분들을 종종 보게 된다. 그날따라 미리 녹음한 테이프를 틀면서 과일을 판매하는 트럭이 있었다. "참외 사세요. 수박 사세요. 참외 한 바구니에 오천 원입니다. 수박도 오천 원부터 있습니다. 맛있습니다. 어서 나오세요." 이렇게 과일을 사라고 하는 아저씨의 목소리가 정확하고 명확하게 들렸다. 참외가 얼마인지, 수박이 얼마인지 정확하게 의사전달이 되었다. 너무나 정확하게 들린 목소리에 궁금해서 그 트럭 주변으로 갔다. 그리고 나도 모르게 스피커를 보게 되었다. 'JBL 스피커'였다. 그 순간 이런 생각이 들었다. 과일을 팔려고 하는 과일장사 아저씨의 숨은 노력, 과일을 팔기 위해서도 좋은 음향기기를 쓰는데 하나님의 말씀을 전하는 교회에서 너무 소홀히 하는 것은 아닌가? 그렇다고 꼭 좋은 것을 쓰기 위해 빚까지 내면서 교회 형편을 무시하라는 말은 아니다. 마음의 문제이다.

하나님께 드리는 예배는 최상의 예배로 드려야 한다. 피아노로 반주하는 예배와 오케스트라가 있는 예배 반주는 다르다. 모두 다 예배 반주에 오케스트라가 있어야 한다는 것은 아니다. 예배를 위해서 전문인력이 필요하다는 것을 말하고 싶은 것이다. 예를 들면 빔 프로젝트가 설치되어 있는 교회가 많다. 어느 교회는 찬양과 성경구절만 올리는 데 사용하는가 하면, 설교를 할 때 편집된 영상을 동시에 사용하는 교회도 있다. 설교할 때 잘 정리된 영상을 사용하면 성도들이 말씀을 이해하고 수용하는 데에 유용하다. 같은 기자재라 할지라도 사용하는 사람이 누구냐에 따라서 달라진다. 사람이 문제이다. 같은 기재라도 누가 사용하느냐에 따라 50% 혹은 100%의 활용도를 가지고 사용할 수 있다.

오늘날 예배도 전문가가 필요한 시대에 접어들었다는 것을 인식해야 한다. 예배에 필요한 조명, 음향, 그리고 인터넷에 이르기까지 예배를 돕는 전문가가 필요한 시대이다. 특히 찬양 인도자를 통해 예배 전 찬양 인도를 맡기는 교회가 늘어나고 있다. 예배를 돕기 위해서 전문 사역자가 필요하다는 것을 단적으로 말해 준다.

(3) 예배를 준비하는 사람들의 영적 성장을 위한 훈련을 마련한다

예배는 영과 진리로 드려야 한다. 아무리 노래를 잘하고 반주를 잘한다 할지라도 기도로 준비되어 있지 않은 예배자는 올바른 예배자가 아니다. 단지 자기 자신을 과시하는 사람일 뿐이다. 예배를 드리기 위해서 찬양으로 준비하는 찬양단과 반주자, 말씀 선포 전 찬양을 하는 찬양대(성가대), 말씀을 전하는 설교자, 대표기도를 준비하는 평신도 지도자, 그리고 예배를 부드럽게 인도하는 사회자 모두 예배를 위해서 영적 훈련의 과정을 거쳐야 한다. 말씀으로 양육되고 기도로 준비되어야 한다. 그때 성령께서 임재하시고 기름을 부으시는 거룩한 예배가 된다.

(4) 예전적인 요소를 예배 안에 담는다

'예전적인 요소'는 예배의 '전통성'의 문제와 연결된다. 특히 예배의 순서와 절기가 어떤 의미가 있고 우리에게 베푸신 하나님의 명령과 은혜가 무엇인지 알려주어야 한다. 오늘날 예배가 현대예배,[33] 열린 예배, 구도자 중심의 예배[34] 등 다양한 용어로 분류되면서 예배의 순서와 절기의 가치가 상대적으로 낮게 평가되고 있다. 영혼을 구원하기 위해 교회가 존재하는 것은 사실이다. 하지만 예배의 대상은 하나님이며 예배드리는 사람을 편하게 하자고 예배의 가치를 낮게 평가하는 일은 없어야 할 것이다.

---

33) 현대라는 시기에 현대 문화를 수단으로 하여, 오늘날 예배에서 하나님을 향한 마음과 응답을 더 자유롭게 표현함으로 복음과 진리를 효과적으로 전달하고자 시도한 열린 예배, 찬양예배, 사이버 예배 등 다양한 예배 형태를 총칭하여 '현대 예배'라고 한다. 현대 예배에서는 전통적 예배와 달리 다양한 장르의 노래와 무용, 극적 표현, 여러 가지 악기 사용, 상징물 활용 등이 이루어진다. 현대 예배는 목사에 의하여 주도되는 것이 아니라, 하나님 앞에 모든 참여자가 자발적, 능동적으로 표현하는 예배이다. 그래서 계획과정에서부터 실행 및 평가에 이르기까지 모든 성도가 참여하는 특징을 지닌다.

34) 매주일 상당수의 불신자들이 예수님을 주님으로 영접하지 않은 채 예배에 참석한다. 어떤 이유이든 그들은 예배 드림보다는 예배를 보려는 마음으로 나온다. 그들 때문에 우리 예배 인도자들은 도전을 받는다. 빌 하이벨스(Bill Hybels) 목사는 1975년에 비그리스도인과 교회에 처음 적응단계에 있거나, 적응하지 못하는 청소년과 청년을 '구도자'라 칭하고, 이들을 위한 예배를 '구도자 예배'라고 부르게 되었다. '구도자 예배'는 복음을 받아야 할 대상자들을 면밀히 파악하여 그들이 거부감을 갖지 않는 여건에서 현대 문화를 활용함으로써 복음을 명료하게 전달하는 데 그 목적을 두고 있다. 우리나라에서는 구도자 예배를 '열린 예배'라는 용어로 바꾸어 부르게 되었다. 현재는 만나교회, 온누리교회, 오륜교회 등 여러 교회에서 추진하고 있다.

⑸ 다음 세대에 대한 예배의 회복을 추구한다

현대 예배, 열린 예배, 그리고 구도자 예배가 필요했던 이유는 복음의 변질이 아니라 예배자 때문이다. 시대가 변하면서 우리의 현실에 다가오는 사고의 전환이 예배 안에도 스며들기 때문이다. 그러나 중요한 사실은 우리는 예배자이며 예배를 받으실 분은 하나님이라는 것이다. 현대 예배, 열린 예배, 구도자 예배는 수단일 뿐이다. 이 수단적인 요소를 잘 준비할 때 다음 세대에 대한 예배의 갱신과 회복이 이루어지게 된다. 특히 젊은 20~30대는 교회 이탈이 심각한 상황에 와 있다. 젊은 세대를 수용할 수 있는 특성화된 예배를 준비하며 춘천중앙교회가 처한 상황 속에서 예배를 기획, 구성해야 한다.

2) 선교사역

춘천중앙교회의 선교사역은 크게 국내선교사역과 해외선교사역으로 구분된다. 우선 해외선교 사역의 경우 1990년 인도네시아에 선교사를 파송하면서 본격적으로 시작되었다. 초기에는 한인을 대상으로 시작했다. 그러나 현지인, 특히 현지의 청년들에게 신학교육을 시키게 되면서 학교를 설립하고 협력교회를 설립했다. 그리고 최근 자카르타 웨슬리 대학을 건축할 예정이다. 이 모든 과정에서 파송된 해외 선교사가 왕래하고 해외에 신학교를 세우기 위해 건축헌금을 했을 뿐만 아니라 매년 1월에 해외선교 작정주일을 통해 해외선교에 모든 성도가 참여할 것을 촉구하고 있다.

반면, 국내선교는 성도들에게 소개와 홍보가 잘 이루어지지 않았다. 교회 차원에서 국내선교를 하지 않은 것은 아니다. 사랑의주일이나 사순절 특별새벽기도회, 그리고 1004주일 등을 통해 국내선교를 후원하고 지속적으로 활동하고 있지만, 성도들의 국내선교에 대한 이해가 부족했다. 그 이유는 국내선교에 대한 비전을 명확하게 제시하지 못한 탓이다. 그래서 다음과 같이 사역 방향을 설정했다.

⑴ 선교에 대한 분명한 비전을 설명하고 적극적인 홍보를 한다

춘천중앙교회의 비전의 핵심은 '하나님의 사람'을 통해 '하나님 사랑'과 '이웃 사랑'을 실천하는 것이다. 하나님을 사랑하기 때문에 예수님의 마음을 품고 이 땅에 복음을 전하는 것, 이것이 바로 이웃 사랑이며 이웃 사랑의 실천이 '선교'이다. '하나님의 사람'이라는 사역의 핵심가치를 가진 성도, 그리고 세상을 향해 '하나님의 사랑'과 '이웃 사랑'을 실천하는 분명한 선교의 핵심가치와 비전을 성도들이 쉽게 볼 수 있도록 한다.

설문조사에 나타난 춘천중앙교회의 주요 이미지 중 하나가 '해외선교를 하는 교회'이다.

해외선교에 대한 홍보가 잘 되었지만 '국내선교'에 대해서는 홍보가 부족하다는 의미이다. 국내선교의 경우 문서, 영상을 통해 교회가 지원하는 개인과 교회, 기관을 소개하고 어떤 사역을 하고 있는지, 그리고 우리 교회가 무엇을 어떻게 돕고 있는지에 대해 성도들이 알 수 있도록 한다. 문서, 홍보영상, 지원을 받고 있는 목사, 기관장을 초청해서 사역에 대해, 그리고 진행되는 상황에 대해 서로 소통할 수 있는 자리를 만든다.

'해외선교'는 후원하는 선교지의 소식을 비롯해서 과거에 진행되었던 선교에 대한 사역보고와 현재 진행하고 있으며 앞으로 해야 할 사역에 대해 소통한다. 그리고 앞으로 어떤 부분을 교회가 후원하며 중보기도를 해야 할지에 대해서 의견을 교환한다. 국내와 해외 각각의 선교보고를 통해 국내선교와 해외선교 지원의 필요성을 성도들에게 알리며 동기를 부여하여 선교사역이 지속되도록 한다.

(2) 선교 후원을 투명하게 진행한다

현재 교회에서는 목적헌금, '사순절 특별새벽기도회'(3주간), '사랑의주일'(다섯째 주일), 그리고 특정일을 정해 '1004주일'에 드려지는 헌금을 국내 미자립교회나 기관을 돕는 데 사용하고 있다. 이렇게 지원되는 금액과 내용을 주보에 싣거나 교역자를 주일저녁예배 강사로 섭외하여 설교 후에 전달한다. 이를 통해 투명성을 확보하며 미자립교회 특히 국내선교의 필요성을 다시 한 번 되새기는 시간을 갖는다. '가을 선교바자회' 등을 통해 얻어진 수익금의 사용처를 주보에 기재하며 '투명성'을 확보한다. 지금까지 진행되었던 부분 중 보완해야 할 필요성이 제기된 부분은 다음과 같다.

첫째, 지원한 이후의 상황에 대한 소개가 미흡했다. 선교헌금이 교회대지를 구입한다든지, 교회건축에 쓰였다든지, 혹은 교회 개축 등의 분명한 목적으로 전달되었지만 후원한 이후 어떻게 변화되었는지에 대한 소개가 없다. 성도들에게 후원한 이후의 변화된 모습도 소개해야 한다. 둘째, 후원할 때만 홍보하는 것과 후원 이후 변화된 모습에 대해서 소개하는 것은 성도들에게 국내선교에 대한 동기를 부여함과 동시에 국내선교에 참여하도록 유도할 수 있다. 셋째, 후원한 개인이나 교회에 대한 관심을 지속시키는 것은 국내선교뿐만 아니라 국내선교에 대한 지속적인 관심과 후원을 유도하게 한다.

(3) 전도와 선교에 대한 훈련강좌를 개설한다

춘천중앙교회의 전체적인 분위기는 '전도, 선교하는 교회'이다. 한 사람이 한 사람을 꼭 전도하도록 권면하고 있으며 '밀알전도대'와 각 '교구전도대', 그리고 특정 지역을 대상으로 하는 '목적 전도' 등 다양한 전도 프로그램과 활동을 진행해 왔다. 그동안 해오던 '전도활동에 대한 체계화'와 '전도와 선교에 대한 전략화'가 필요해졌다. 성도들에게 막연하게 전도만을 강요하지 않고 '관계전도훈련', '전도폭발훈련' 등의 전도훈련 프로그램을 개설해서 누구나 참여할 수 있도록 권면하고 각 교구에서 전도에 관심이 있거나 다른 성도들보다 전도에 대해 열매가 많은 성도를 파악하여 전도훈련을 받을 수 있도록 한다. 그러나 결국은 모든 성도가 다 전도에 참여하도록 하는 것이 중요하다.

3) 봉사사역

봉사는 또 하나의 선교이며 이 땅에 예수님의 모습을 보여주는 것이다. 요한복음 14장 8~10절의 말씀[35]을 보면 빌립이 예수님께 하나님을 보여 달라고 한다. 그때 예수님이 자신의 사역과 삶을 통해서 하나님을 보여주고 있다고 설명하신다. 이 말씀을 자세히 살펴보면 성도의 봉사와 헌신은 예수님의 모습을 이 세상에 보이는 것이다. 예수님이 하신 일을 통해 하나님이 보이듯이 성도들의 자발적인 사랑과 헌신, 섬김을 통해 세상 사람들은 예수님을 만나게 된다. 이것이 바로 봉사이며 또 하나의 선교인 것이다.

(1) 봉사, 섬김에 자발적으로 참여하도록 한다

'봉사사역'은 성도들의 자발적인 참여가 중요하다. 자발적인 성도들의 참여를 유도하기 위해서는 첫째, 은혜를 통한 섬김의 구조를 만들어야 한다. '은혜를 통한 섬김'이란 참여하는 성도들 스스로가 자신의 삶의 고백으로부터 시작되는 봉사이다. 둘째, 봉사의 대상과 봉사의 동기, 명분이 명확해야 한다. 목적이 명확하지 않으면 참여할 수 있도록 권면하기 어렵다. 셋째, 봉사와 섬김 이후의 변화된 모습에 대한 피드백이 성도들에게 전달되어야 한다. 섬기고 봉사하는 일로 그쳐서는 안 된다. 반드시 봉사와 섬김의 사역 뒤에 어떤 결과가 있었는지가 확인되어야 다음 봉사사역에 대한 보완이 있고 봉사에 참여한 보람도 생기게 된다.

(2) 사회봉사 분야를 전문화한다

국가적 차원에서 증가되는 예산이 있다면 '사회복지예산'이다. 우리가 국민건강보험료로 내는 세금 일부분에는 요양과 관련된 세금 일부분이 포함되어 있다. 이처럼 사회복지는 앞

---

35) 개역개정 성경, 요한복음 14장 8~10절, "빌립이 이르되 주여 아버지를 우리에게 보여 주옵소서 그리하면 족하겠나이다 예수께서 이르시되 빌립아 내가 이렇게 오래 너희와 함께 있으되 네가 나를 알지 못하느냐 나를 본 자는 아버지를 보았거늘 어찌하여 아버지를 보이라 하느냐 내가 아버지 안에 거하고 아버지는 내 안에 계신 것을 네가 믿지 아니하느냐 내가 너희에게 이르는 말은 스스로 하는 것이 아니라 아버지께서 내 안에 계셔서 그의 일을 하시는 것이라."

으로 국가적 차원에서의 전략적 정책이 되어가고 있다.

오늘날 교회에서 사회봉사와 관련된 부분을 주먹구구식으로 한다든지, 필요에 따라 하던 시대는 지났다. 다시 말하면 교회에서도 사회봉사를 선교적 차원에서 진행하고 전략적 차원에서 진행해야 한다. 사회복지시설이나 정부기관에서도 사회복지예산을 통해 지원하고 있다. 지역사회에서 지원받지 못하는 부분을 찾아내고, 장기적인 부분에서 필요를 느끼는 사회복지 분야를 준비해야 한다. 이를 위해서 사회복지 관련 전문가를 영입한다든지, 사회봉사 분야를 법인화하여 전문화하는 것이 필요하다.

(3) 사회봉사 분야를 체계화한다

기존 사회복지기관에서 하는 사역에 동일하게 참여하기보다는 사각지대를 발굴하고 교회 내외의 봉사활동을 체계적으로 구성하는 것이 필요하다. 체계화한다는 것은 봉사사역을 전개할 봉사사역팀(목사, 장로, 간사, 봉사위원)의 구성, 물질적 후원, 그리고 각 분야별 봉사사역팀과 사역의 체계화를 통해 장기적인 안목에서 사회봉사가 이루어져야 한다는 의미이다. S 교회의 경우 모든 사역팀에 간사를 채용하여 팀을 구성하고 인적 구조의 체계화를 추진하고 있었다.

4) 양육사역

교회는 '성도'를 하나님의 일을 하는 '사역자'로, 하나님 앞에 헌신하는 '헌신자'로 세워야 한다. 성경에는 하나님의 일을 하는 사역자들의 호칭이 '하나님의 사람'이라고 기록되어 있다. '하나님의 사람'이라는 말을 풀이하면 '하나님이 사용하시는 사람'이다. '하나님의 도구'라는 말이다. 하나님의 사역을 감당할 만큼 훈련받고 양육받은 사람들이다. 성경을 통해서 하나님께서 다양한 방법으로 훈련시키는 모습을 볼 수 있다. 교회에는 성도가 있어야 한다. 그러나 하나님의 나라를 이루어가는 사역자가 더 많아야 한다. 그럴 때 주님의 사명을 감당할 수 있다.

(1) 양육의 핵심은 사람이다

우리는 '양육과정'을 먼저 언급할 때가 많다. '시스템이 어떤가?' 혹은 '어떤 과정이 사역자를 세우는 데 시간이 짧게 소요되며 효과적인가?'에 대해서 이야기할 때가 있다. 양육과정에서 제일 중요한 것은 무엇인가? 그것은 '사람'이다. 교회에서 제일 중요하게 여겨야 할 것이 있다면, 그것 역시 '사람'이다. 예수님이 이 땅에 오신 이유는 '사람을 구원하시기 위해서'

라는 것을 알아야 한다. 사람에 대해서 생각하지 않고 양육과정만 먼저 생각한다. 어떤 지역에 거주하며 직업과 학력수준, 그리고 살아가는 삶의 자리가 어떤가에 따라서 양육의 과정과 내용이 달라져야 한다. 양육과정은 현재 위치해 있는 지역에서의 교회의 비전과 목회철학, 그리고 교회가 앞으로 지향해야 모습을 위해 일꾼을 선택하고 양육, 훈련하는 것이다.

춘천중앙교회 사역의 기본방향 중 하나가 바로 '평신도 지도자와 함께 목회'하는 것이다. 그 때문에 양육의 모든 과정도 구성해야 하지만 춘천중앙교회에서 양육받아야 할 사람, 주님의 일꾼으로 세워져야 할 사람을 구별하는 것이 가장 어렵고 힘든 일이며 가장 최우선으로 해야 할 일이다.

⑵ 전체 양육과정의 목적과 비전을 이루기 위해 단계별 양육체계를 구성한다

양육과정에서 중요한 것은 '목표'를 정하는 것이다. '호랑이를 그리려다 고양이를 그린다.'는 말이 있다. 목표는 호랑이였지만 그림을 그리고 보니까 고양이가 되었다는 것이다. 목표가 확고하게 정해지지 않으면 도중에 지치기 쉽고 용두사미(龍頭蛇尾)의 결과가 되기 쉽다. '성도'를 '사역자'로, '하나님이 원하시는 헌신자'로 세운다는 것은 그만큼 어려운 일이다. 하지만 반드시 이루어야 할 사역이다.

춘천중앙교회의 양육의 목적은 '하나님의 사람을 세우는 것'이다. 하나님의 사람을 통해 '하나님 사랑, 이웃 사랑'을 실천해 나가는 것이다. '하나님의 사람'이라는 궁극적인 목표를 이루기 위해서 양육과정을 단계별로 구성하고 누구나 참여할 수 있도록 오픈과정을 준비해서 신앙생활에 도움을 받을 수 있도록 구성한다.

⑶ 각 양육의 단계별 목표와 비전을 분명히 한다

양육의 분명한 목표를 이루기 위해서는 각 양육단계마다 신앙과 믿음의 성장 목표를 정해야 한다. 그동안 각각의 단계마다 성도의 신앙이 어느 정도 성장했는지, 영적으로 얼마나 성장했는지에 대해서 파악하지 않고 단계를 밟아 나가는 것에만 관심을 가지고 있었다. 양육의 목표를 이루기 위해서는 '단계별 과정 이수자의 신앙성장을 파악'할 수 있도록 양육 시스템을 보완해야 한다.

현재 춘천중앙교회에서 진행하는 양육과정의 단계는 '새가족 모임', '일대일 양육', '제자반', '핵심 사역자반', '베델'과 같은 단계별 사역자 양육과정과 특별 사역에 대해 훈련을 받는 소그룹 리더(샘터장)나 교회학교 교사가 되기 위한 '구약개론과정', '신약개론과정' 등의 특별과정, 그리고 모든 성도들에게 열려 있는 평생훈련과정으로 세분화된다.

사역자 양육과정은 다음의 목표를 가지고 있다.

'새가족 모임'은 '새가족 등록을 한 성도'가 대상이다. 새가족 모임의 주요 교육내용은 '춘천중앙교회의 비전과 목회철학, 정체성, 사역 목표와 사역'이다. 이렇게 구성한 이유는 처음 신앙을 가진 사람과 다른 교회에서 수평이동한 성도에 대해 차별을 두지 않고, 처음 신앙생활을 하기 시작한 사람이건 오랜 기간 신앙생활을 한 사람이건 누구를 막론하고 춘천중앙교회에서 새롭게 신앙생활을 할 수 있도록 하기 위한 것이다. 따라서 새가족 모임은 교육적 차원이 아니라 정착을 목표로 하고 있다.

'일대일 양육과정'은 '그리스도의 참된 제자를 세우는 것'이다. 일반 성도들을 양육 훈련시킴으로써 평신도의 사역자화를 이룰 수 있다.

'제자반'은 가치변화에 초점을 두고 있다. 일대일 양육의 과정을 마친 후 자신에게 주신 하나님의 은사가 무엇인지 발견하고 주님의 사역을 감당하기 위한 사역의 시작 단계로 구성한다.

'핵심 사역자반'은 춘천중앙교회의 핵심 사역자로서 현재 사역하고 있는 사역을 재점검하고 영적 성장을 꾀하는 훈련과정이다.

이와 같이 각 양육의 분명한 목표를 이루기 위해서 단계별 양육과정의 목표와 시스템을 분명히 해야 한다.

(4) 양육과정의 연계성을 확보한다

각 양육과정의 단계를 밟은 성도들이 다음 단계로 이어질 수 있도록 안내하는 것이 필요하다. 성도들이 한 단계에서 어느 정도 신앙이 성장했다고 해서 다음 양육과정을 자발적으로 하겠다고 하지는 않는다. 양육이나 영적 성장은 쉼이 없다. 아이가 자라기를 쉬면 안 된다. 지속적인 성장이 필요하다. 그렇기 때문에 영적으로 지속적으로 성장할 수 있도록 안내하고 권면해야 한다. 그리고 성도들의 신앙과 영적 성장이 지속되고 있는지도 관심을 가지고 살펴보아야 한다. 나무를 심어 놓고 잘 자라기만을 기다리는 것은 어리석은 일이다. 그래서 두 가지 방법을 사용하기로 했다. 첫째, 전체 양육과 훈련과정을 조정·연계할 수 있는 총괄 담당자를 지정하는 것이다. 양육과정의 연계성을 확실하게 하기 위해 훈련된 전문 사역자 팀을 구성하고 실천에 옮길 수 있도록 한다. 둘째, 홍보를 통해 성도들이 참여할 수 있도록 돕는 것이다. 양육과정을 브로슈어로 만들거나 영상을 통해 홍보하고 양육을 받는 성도들에게 다음 단계가 어떤 단계이며 신앙적인 성장과 영적 성장을 위해 반드시 이수해야 할 과정임을 주지시킨다.

(5) 양육 전문화 과정을 마련한다

'강장(强將) 밑에 강병(强兵) 나고 약장(弱將) 밑에 졸병(卒兵) 난다.'는 말이 있다. '강한 장수 밑에서 훈련받은 병사는 강한 병사가 되고, 약한 장수 밑에서 훈련받은 병사는 졸병이 된다.'는 말이다. 어떤 사람에게서 훈련받느냐에 따라서 그의 인생이 달라진다. 최근 신천지를 비롯한 이단이 접근하는 방식은 성경공부이다. 성경을 이해할 수 있도록 잘 가르쳐 주겠다는 것이다. 이단에서 가르치는 내용은 전문화된 성경지식을 기초로 한 것이 아니다. 성도들의 삶을 파탄으로 몰고 가며, 성도들의 물질에 관심을 두고 하는 행동이다. 마치 어린아이의 주머니에 있는 것을 빼앗으려고 속이는 행동이라는 것을 진실한 성도라면 다 알고 있다. 그런데 많은 성도들이 신천지와 같은 이단에 가서 성경공부를 하는 이유가 무엇인가? 그것은 기존의 교회에서 진행하던 성경공부가 만족스럽지 못했다는 것이다.

춘천중앙교회는 양육과정을 지속적으로 진행해 왔다. 지난 양육과정에 대한 설문 결과 평생훈련과정의 '강의 충실도'가 문제로 지적되었다. 이 문제를 해결하기 위해서는 '양육과정'을 '전문화'해야 한다. 양육과정을 전문화하기 위해서 첫째, 양육하는 사람이 전문가가 되어야 한다. 양육의 전문성이 필요하기에 전문가의 참여와 다양한 커리큘럼, 그리고 춘천중앙교회의 비전과 목회철학을 함께 나누고 이루어갈 수 있도록 해야 한다. 둘째, 양육받는 사람이 전문가가 되도록 해야 한다. 무엇을 배웠는가도 중요하지만 사역자로 세워지기 위해 훈련과정을 운영하는 것이 중요하다. 셋째, 전문화 양육과정을 다양하게 진행하고 필요에 따라 반복 과정을 개설하여 지속적으로 강화된 양육의 모습을 가져야 한다.

앞서 말한 바와 같이 양육은 하나님의 사역을 감당할 일꾼을 세우는 것이다. 말씀에 대해서는 전문가가 되어야 하고, 복음을 전하는 것에서는 뜨거운 열정이 있어야 하며, 삶 속에서는 예수 그리스도의 모습을 보이도록 훈련시켜야 한다. 성도를 양육해서 사역자로 만들기 위해 양육자가 전문가가 되어야 한다.

(6) 직분 대상자의 영적 성장을 도와야 한다

신앙의 연수가 오래되고 예배생활, 헌금생활 잘하는 사람을 다 직분자로 세우면 직분자를 세우는 기준이 모호해지거나 직분자를 세울 때마다 오해가 생길 수 있다. 춘천중앙교회는 직분을 세우는 기준이 있다. 첫째, 최소 1인 이상 전도를 해야 한다. 둘째, 예배생활, 소그룹 예배생활, 헌금생활(온전한 십일조)을 해야 한다. 셋째, 어느 부서에서 봉사하고 있는지 파악되어야 한다. 다른 교회에서 이명해 왔다고 바로 직분자로 세우지 않는다. 1년이라는 기간을 두어 열심을 다해 신앙생활을 할 때에만 직분자로 세운다.

집사나 권사로 직분자를 세울 때, 양육과정을 거친 성도를 직분자로 세우는 것을 소홀히 해 왔다. 직분자가 세워지는 이유는 교회에 필요한 일꾼을 세우는 것이다. 직분자는 담임목사와 함께 목회의 짐을 나누고 함께 하나님의 나라를 이루어가는 사람이다. 그래서 교회가 기준으로 제시한 양육과정을 거친 성도가 직분자로 임명되어야 한다. 양육받은 성도가 직분자가 되고 사역자가 되어야 한다. 영적으로 성장하지 못한 성도를 직분자로 세우면 자칫 영적으로 어린아이에게 주님의 일을 맡기는 잘못을 범할 수 있다.

(7) 사역으로 이어질 수 있는 양육과정을 구성한다

양육과정이 진행될 때 잃어버리거나 잊어버리는 것 중 하나가 사역이다. 사역자로 세우기 위해서 양육을 하는데 양육만을 하다 보면 마치 머리가 크고 몸집이 작은 사람으로 만들기 쉽다. 양육을 하다 보면 '사역'으로 나아가지 못하고 양육받는 것에만 만족하는 경우를 보게 된다. 양육과정의 끝은 양육의 반복이 아니라 사역이다. 이러한 오류를 범하지 않기 위해 고려해야 할 것이 있다. 첫째, 양육과 실제 사역이 함께 진행되어야 한다. 사역이 전제되어 있지 않은 양육은 아무 소용이 없다. 어떤 사역을 하기 위해서 준비하는 것이 양육이며 훈련이다. 둘째, 양육받는 사람이 본인의 은사를 정확하게 알고 있어야 한다. 본인의 은사를 알지 못하고 배우기만 한다고 가정하자. 순종을 배우고 믿음을 배우고 인내를 배운다. 그런데 막상 사역의 자리에 가서는 자신의 은사를 무시한 채 사역에 매달리다가 포기하고, 신앙도 믿음도 제자리로 돌아가게 된다. 왜 이런 일이 생겨날까? 이유는 한 가지이다. 본인의 은사를 모른 채 사역에 매달리기 때문이고, 배운 것에 매달리기 때문이다. 양육의 과정은 사역과 연결되어야 한다. 사역을 무시한 양육은 양육의 의미를 잊어버리는 과정에 불과하다.

5) 교육사역(교회학교)

교회교육은 최소 3년의 기본적인 시간이 필요하다. 예수님도 열두 제자들과 3년을 생활하셨다. 3년간 동고동락(同苦同樂)하면서 직접 제자들에게 본을 보이셨다. 지식적인 가르침뿐 아니라 예수님의 성품과 마음, 그리고 삶 자체를 제자들에게 가르치셨다. 제자들은 오순절 마가의 다락방에서 성령의 체험을 통해 삶의 가치와 인생의 길이 달라졌다.

오늘날 교회학교의 교육이 약해지고 있는 것이 현실이다. 과거보다 교육시설이나 교육기자재는 더욱 많아졌고 편리해졌다. 그러나 어린이와 청소년, 그리고 청년들이 교회를 떠나고 있다. 시설이 좋아야 하고 좋은 프로그램이 있어야 하고 교육을 위한 제반 여건을 해결하면 교회학교가 부흥할 것이라고 말한다. 그러나 가장 시급한 문제는 제자들에게 예수님이 있었듯이 오늘날 교회학교의 어린이들, 청소년들에게 예수님과 같은 선생님이 없다는 점이다. 닮아갈 모델이 없다. 과거에는 '나도 저렇게 예수 믿어야지!'라고 생각할 만한 분들이 많이 계셨다. 그분들의 사랑과 헌신, 기도로 그 복음이 전해졌고, 복음의 열매가 바로 예수를 구주로 고백하는 우리들이다. 무엇을 가르칠 것인가의 문제가 아니라 복음이 능력을 발휘할 수 있도록 준비하는 성도들의 헌신과 사랑이 필요한 시대이다. 이를 감안해 춘천중앙교회에서는 아래와 같은 세 가지 사역 방향을 설정했다.

(1) 교육기획부서를 마련한다

교육기획부서는 교회교육의 비전과 목표를 이룰 수 있도록 교회학교가 지향하는 핵심가치 및 교육체계를 마련한다. 교사모집, 교사들의 영적 성장과 훈련, 교회학교 교육 프로그램 간의 전체적 연계성과 각 단계별 성장목표를 정하고 전문화·체계화한다.

(2) 소통으로 교회학교 교육을 시작한다

교육은 학부모나 교사 중 어느 일부분이 맡아서 하는 것이 아니다. 학교에서 인성교육을 담당하는 것은 지나친 욕심인 것 같다. 교사는 지식교육과 체험을 중심으로 인성교육의 일부를 맡고 학부모는 자녀의 인성교육 전반을 맡는 것이 올바른 것 같다. 그래서 교육에 있어 지식과 인성 교육은 어느 한 부분이 맡아서 할 수 없다. 그래서 필요한 것이 소통이다. 이 소통의 문제는 공교육기관뿐 아니라 교회에서도 필요하다. 신앙교육 역시 교회에서 일주일에 한두 시간 교육한다고 되는 것이 아니다. 부모와 함께 신앙으로 자랄 수 있도록 인도해야 한다. 학부모와 교사, 학생과 교사, 청년과 청년, 학부모와 자녀들 사이에 소통의 관계를 만들어야 한다. 이를 위해 다양한 기도회, 간담회, 신앙성장 세미나, 가정사역 세미나 등을 통한 전반적인 소통의 구조를 만들어야 한다.

(3) 비전트립과 해외단기선교를 교회의 선교정책과 연계된 프로그램으로 정착시킨다

'비전트립'[36]이나 '단기선교'[37]를 선교지 방문 정도로 이해할 수 있다. 그러나 선교의 목표와 내용은 무엇이며 선교를 위해 어떤 준비를 해야 하는지를 이해하고, 영혼 구원에 대해 훈련하는 것이 필요하다. 특히 교회의 선교정책과 연결된 단기선교, 비전트립이 이루어지기

36) 비전트립이란 선교여행의 정의를 포함하는 동시에, 단순하게 선교지만 보고 오는 것이 아니라 구체적인 선교현장의 가능성과 필요를 보고 자신의 선교비전을 구체화하는 징검다리로 사용되는 선교사역 유형이다.(『크리스천투데이』, 2008. 5. 7.)

37) 단기선교는 장기 선교사의 휴식 등으로 인한 공백을 메워 주거나 현장 선교사가 감당하기 힘든 특수한 전문사역을 담당하는 것이다.(『크리스천투데이』, 2008. 5. 7.)

위해서는 선교의 열매를 맺을 수 있는 구체적인 계획과 프로그램을 준비해야 한다.

6) 행정사역

행정사역은 교회 전체의 사역을 지배하고 규정하는 사역이 아니라 지원하는 사역이 되어야 한다. 다른 사역을 지원함으로써 사역 활동을 보다 원활하게 만들어 주는 윤활유와 같은 역할을 해야 한다.

(1) 체계적이고 효율적인 인적 자원 관리를 추진한다

교회에서 근무하는 직원들을 부하직원 정도로 생각하는 목사들이 있다. 교회 직원들도 성도이다. 목사와 직원들의 관계는 서로 협력하는 관계여야 한다. 명령을 하고 명령을 받는 위치가 되면 서로 불편한 관계가 된다. 책임의 문제 역시 전하는 관계가 아닌 함께 책임을 느끼며 활동하는 관계가 되어야 한다. 그럴 때 효율적인 체계로 발전할 수 있다. 무엇이 옳은가의 규정도 있어야 하지만, 무엇이 효율적인가 하는 유연성도 필요하다.

(2) 효율적 업무 분담을 통해 인적 자원의 활용도를 높인다

효율적인 업무를 분담하기 위해서는 각 개인에게 필요한 업무가 무엇인지 규정할 수 있는 근거가 있어야 한다. 말로 규정하는 것이 아니라 문서로 규정하고 이 업무 규정이 개인의 업무 능력에 부합하게 분담해야 한다.

(3) 필수 인적 자원 확보를 위해 과감히 투자한다

헌신과 봉사를 강조하는 것이 교회의 모습이다. 하지만 교회의 비전과 목표를 이루기 위해서 인적 자원을 확보하는 것도 고려해야 한다. 여기에는 두 가지 목적이 있다. 첫째, 성도들에게 주변적인 일에 대해서 교회 차원에서 정리해 줌으로써 교회의 비전과 목적을 이루기 위해 전력투구하게 만들 수 있다. 둘째, 개인의 능력과 역량에 맞도록 업무를 정리해 줌으로써 정확하고 효율적으로 처리할 수 있게 하는 것이다.

(4) 업무 지원 시스템을 구성한다

업무 지원의 프로그램은 두 가지로 진행된다. 첫째, 목회와 관련된 업무를 지원한다. 교적지원 프로그램, 제자훈련과 같은 개인별 양육과정 프로그램, 신앙생활을 점검하기 위해 헌금생활, 개인의 은사 프로그램 등 성도들의 신앙생활과 관련된 프로그램 지원을 통해 목회적인 효율성과 투명성, 그리고 객관성을 보장할 수 있다. 둘째, 성도들에 대한 행정 서비스를 지원한다. 기부금 납입증명서, 세례증명서, 결혼, 장례 관련 업무, 온라인 헌금제도 등의 도입으로 개인의 신앙생활과 관련된 행정적 지원을 하게 한다.

교회의 외부-내부 환경 분석을 통해 나타난 시급한 문제를 보완할 수 있도록 분과별 회의를 거쳐 1차적 개선방안을 만들었다. 그리고 각 분과위원회의 토론을 거쳐 선정된 교회를 방문하고 그 결과를 각 분과회의를 통해 제출했다. 이렇게 보완해야 할 문제와 교회탐방을 통해서 제시된 해결방안을 토대로 춘천중앙교회에 맞는 사역 방향을 교회 전체, 그리고 각 분과 사역별로 살펴보았다.

'문제를 해결한다.'는 것은 '이것이 문제이다.'라는 관심, 그리고 해결하려는 '사랑'과 '노력'이 있어야 가능하다. 지금까지 교회를 알아갈수록 기대했던 것과 다른 교회의 모습을 보면서 실망할 수도 있었다. 하지만 주님의 피 값으로 세우신 교회를 더욱 건강한 교회, 좋은 교회로 만들려는 사랑과 기도가 있다면 실망하지 않고 하나님의 뜻을 이루기 위한 도구로서 교회를 더 굳건히 세우는 일에 매진할 수 있을 것이다. 이것이 춘천중앙교회, 그리고 미래준비위원회의 생각이었다.

1 현재 자신이 수행하고 있는 사역 활동을 소개해 보세요.

2 자신이 수행하는 사역에서 기대하는 바람직한 모습과 방향에 대해 설명해 보세요.

3 사역을 할 때 극복해야 할 과제는 무엇이며 그 대안은 무엇인가요?

제3부

‘좋은 교회’에서 ‘더 좋은 교회’로

비전 만들기

비전을 이룰 수 있는 그릇 만들기

무엇을? 어떻게?

은사로 사역하라

잘 돼야 될 텐데…

더 좋은 교회 만들기 08

비전 만들기

비전 워크숍

커피의 프리미엄이라 자부하던 '스타벅스(Starbucks)'가 최근 실적 부진으로 어려움을 겪고 있다. 한때 한국에서 100호점을 열면서 문화를 오감의 커피로 전한다는 커피의 전설이 위기를 맞고 있는 것이다. 스타벅스는 지난 4년간 커피 이외에 영화와 음반 등 엔터테인먼트 사업에 주력했다. 그 결과는 눈에 보이는 실적 악화로 나타났다. 그리고 이제 영화와 음반 사업을 정리하면서 다시 핵심 사업으로 돌아오고 있다.

핵심을 놓치면 근본이 흔들린다. 핵심을 소홀히 하면 위기를 만난다. 신앙의 핵심은 무엇인가? 예수 그리스도이다. 교회도, 세상도 핵심을 놓치면 흔들리게 된다. 신앙에도 변화가 필요하다. 그것은 핵심과 상관없는 것들을 정리하고 예수 그리스도에게로 돌아가는 변화이다.

춘천중앙교회가 컨설팅을 통해 이루고자 하는 것의 핵심은 '변화(change)'이다. 사회가 변화되는 것을 보며 안주하는 교회가 아니라, 사회의 변화 속에서 주께서 주신 사명인 빛과 소금의 역할을 다하기 위해서다. '주님'이라는 핵심을 춘천중앙교회가 잘 잡고 왔는지를 확인하고 새롭게 다시 일어서는 교회가 되고자 하였다.

고린도전서 2장 2절에 기록하였듯이 "내가 너희 중에서 예수 그리스도와 그의 십자가에 못 박히신 것 외에는 아무 것도 알지 아니하기로 작정하였음이라"는 말씀 앞에 우리 스스로 옷깃을 여미는 시간을 가져야 한다.

앞에서 춘천중앙교회에서 추진된 컨설팅의 과정과 결과물을 설명했다. 여기서 논의된 핵심 내용은 다음의 네 가지였다. 첫째, 목사와 평신도 지도자들과 소통의 기회를 가졌다. 둘째, 외부환경 분석과 내부환경 분석을 진행했다. 특히 설문지를 통한 내부환경 분석을 통해 춘천중앙교회의 세부적인 문제까지도 알게 되었다. 셋째, 보완해야 할 부분을 평가하고 극복하기 위해 타교회 방문을 통해서 벤치마킹을 실시했다. 넷째, 탐방교회의 사례를 통해 춘천중앙교회가 극복해야 할 부분과 춘천중앙교회의 각 분과별 사역 방향을 설정했다. 그러나 이 모든 사역을 하나의 목표로 이끌고 갈 교회의 비전과 핵심가치를 아직 정하지 못한 상태였다. 앞서 언급한 '비전'과 '핵심가치'는 각 분과별 사역을 하나로 통일성 있게 엮는 역할을 하며 교회의 존재가치를 확고하게 한다.

이하에서는 춘천중앙교회의 비전과 실천적 핵심가치를 만들어가는 과정에 대해 설명하고자 한다.

1. 비전 워크숍을 추진하다

초대교회는 예수님이 마태복음 28장 18~20절에 하신 말씀[38]을 비전으로 삼아왔다. 초대교회의 성도들은 고난 속에서도 땅 끝까지 복음을 전하는 일에 자신의 생명을 바치며 순교해 왔다. '비전'이란 '교회가 교회로서의 존재가치를 느끼게 하고 교회의 방향을 정하는 것'이다. 비전에는 교회의 존재목적이 드러나 있다. '주님이 주신 사명을 사역을 통해 실천에 옮기는 것'이 '비전'이다. 그래서 교회의 존재가치를 표현하는 존재론적인 비전과 존재가치를 사역으로 이끌어 나가도록 하는 실천적인 비전을 함께 만들어야 한다.

일반적으로 비전을 정한 후에 비전의 실천적 모델이 만들어지는 반면 춘천중앙교회는 각 분과 위원회별로 교회의 미래상을 정한 다음 이를 종합하여 비전을 구성하였다. 과거 춘천중앙교회에 비전이 없었던 것은 아니다. 그러나 비전을 만들어 이것을 교회의 존재가치와 사명으로 연결하는 데 부족한 부분이 많았다. 그래서 비전 워크숍을 통해 춘천중앙교회에 맞는 올바른 비전을 구성하려고 했다. 그리고 비전이 말로 그치는 구호가 아니라 사명과 사역으로 이어져서 주님이 이끄시는 교회로 거듭나기 위한 노력을 기울였다.

[그림 8-1] 비전 워크숍 일정표

구분	시간	내용	비고
환경 변화	09:00~09:10	워크숍 취지 및 경과 보고	함광복 장로
	09:10~09:20	감독님 기도 및 말씀	권오서 감독
	09:20~09:40	현재, 그리고 미래(내·외부 환경분석 및 이슈 검토)	갈렙앤컴퍼니

38) 개역개정 성경, 마태복음 28장 18~20절, "예수께서 나아와 말씀하여 이르시되 하늘과 땅의 모든 권세를 내게 주셨으니 그러므로 너희는 가서 모든 민족을 제자로 삼아 아버지와 아들과 성령의 이름으로 세례를 베풀고 내가 너희에게 분부한 모든 것을 가르쳐 지키게 하라 볼지어다 내가 세상 끝날까지 너희와 항상 함께 있으리라 하시니라."

비전 재정립	09:40~10:00	비전의 개념과 비전 시나리오 작성 방법 안내	갈렙앤컴퍼니
	10:00~12:00	2018 비전 시나리오 작성	분과별 토론
	12:00~13:00	중식	본당 지하식당
	13:00~14:00	2018 비전 시나리오 작성 결과 발표	발표 및 전체 토론
전략목표 및 과제 도출	14:00~14:15	전략목표 및 전략과제 도출 방법 안내	갈렙앤컴퍼니
	14:15~16:30	전략목표 및 전략과제 도출	분과별 토론
	16:30~17:30	전략목표 및 전략과제 도출 결과 발표	발표 및 전체 토론
	17:30~17:45	발표결과 정리 및 종합토론	갈렙앤컴퍼니
헌신 서약	17:45~17:55	헌신 서약서(Commitment Agreement) 작성	전체 참석인원
	17:55~18:00	감독님 기도 및 말씀	권오서 감독
	18:00~	마무리(Wrap Up)	이용석 목사

비전 워크숍은 [그림 8-1]에 제시된 일정표에 맞추어 진행되었다. 먼저 춘천중앙교회의 내부 및 외부 환경 분석 결과를 공유하여 비전을 재정립하게 된 배경과 공감대를 형성하는 과정이 이루어졌다. 그리고 비전의 개념과 작성에 대한 방법론을 점검한 뒤 각 분과별로 이상적인 미래상을 설정하여 비전을 설정하는 과정이 진행되었다. 이어서 설정한 비전을 달성하기 위해 필요한 과제를 도출하는 작업이 이어졌다. 이후 이러한 과제를 성공적으로 이행하기 위해 워크숍에 참석한 모든 사역자들이 헌신할 것을 서약하는 과정이 진행되었다.

춘천중앙교회 비전 워크숍에서 논의되고 도출된 비전과 전략과제는 다음과 같은 네 가지와 밀접한 관련이 있었다.

첫째, 소통이다. 교회 내에서는 목사와 성도, 성도와 성도의 소통이 필요하며 교회와 지역사회의 소통이 필요하다는 점에 착안했다. 무엇보다 소통의 문제는 설문조사 결과 많은 성도들이 목사들에게 기대하는 사항이기도 했다. 워크숍에 참석한 분과위원들 모두가 이러한 소통의 문제를 개선하는 데 우선순위를 두어야 한다고 보았다.

둘째, 전문화되고 체계화된 시스템이다. 전문화 및 체계화는 문서와 기록을 통해 사역을 정리하여 사역자가 바뀌게 되더라도 안정적으로 사역을 유지하는 데 목적이 있다. 탐방교회에서는 특정 사역부서에 전문가를 영입하여 사역의 전문성을 확보하고, 이를 토대로 사역을 안정적으로 운영하고 있었다. 각 분과위원회에서는 춘천중앙교회에서도 전문화되고 체계화된 시스템 개발이 이루어져야 한다는 점에 공감했다. 또한 직분자들을 중심으로 사역을 의무화하는 방안도 검토되어야 한다는 제안이 이루어졌다.

셋째, 서로 협력하고 지원하는 분위기를 조성하는 일이다. '협력과 지원'이란 목사와 목사, 목사와 성도, 그리고 성도와 성도의 협력을 의미한다. 이는 '소통'이라는 주제와도 밀접하게 연관이 있다. 사역자 내지 사역부서 간의 협력과 지원이 원활하게 이루어지면 교회의 비전과 핵심가치를 달성하는 것이 용이해진다. 그래서 안정적으로 사역자를 확보하는 일만큼이나 각 사역부서 간 교류를 위한 프로그램을 강화해야 한다는 데 공감했다.

넷째, 핵심성도 그룹을 양성하는 것이다. 다른 성도를 말씀과 기도, 그리고 영적으로 성장시키는 평신도 지도자를 세우는 일은 춘천중앙교회에서 컨설팅을 시작한 이유이기도 했다. 영적 지도자가 세워질 때 교회가 양적인 성장뿐만 아니라 질적으로 성장할 수 있기 때문이다.

[그림 8-2] 비전 워크숍에서 도출된 전략주제

전략 주제 (사역 추진방향)	주요 논의 내용	추가 논의해야 할 과제
마음을 열고 (소통하는)	• 지역사회에 공헌하는 프로그램 • 세대와 세대가 함께하는 예배 • 목회자와 성도가 함께하는 봉사	• 제안된 다양한 세부 추진과제에 대한 적정성 검토(내부 수요조사 등 요구) • 관련 시설의 강화(카페, 기도실 등)
전문화되고 체계화된	• 전문성을 지닌 유급 사역자 확충 • 업무 매뉴얼화 • 목회자 장기사역 구조 확립	• 목회자의 참여와 헌신을 유도하기 위한 동기부여 메커니즘 개발 • 평신도 사역 의무화 방안 도입 검토
협력하고 지원하는	• 양육과정을 내실화하여 봉사/선교/교회학교 사역자를 안정적으로 확보 • 부서 간 정례적인 교류 프로그램 개발	• 전문위원회 등 신규 조직 마련 • 부서 차원의 비전/핵심가치 개발
핵심성도(리더) 그룹 양성	• 다른 성도를 리드할 양육자 발굴 • 말씀, 양육, 기도 등 지원 프로그램 연계	• 교회 비전 실현을 위해 헌신할 초기 사역자 그룹 형성

2. 비전 워크숍 토론 내용

1) 예배분과위원회

예배분과위원회는 예배 기획과 준비를 강화해야 한다는 점에 공감했다. 이를 통해 예배의 일관성과 공감대를 확보해야 성도들이 느끼는 감격이 확대될 수 있다고 보았다. 또한 예배 특성화를 통해 각 세대의 예배 참여도를 강화해야 한다고 보았다.

예배의 일관성과 공감대를 확보하기 위해 논의된 활동과 방법은 다음과 같다. 첫째, 예배 기획팀을 구성해서 운영한다. 예배 기획은 예배 담당자들이 미리 모여 기도로 준비하고 예배에서 진행되는 모든 절차를 확인 점검한다. 둘째, 예배 시 드려지는 내용에 대한 세부 콘티를 준비해서 예배를 드리는 모든 담당자가 준비된 마음으로 예배드릴 수 있도록 하며, 예배를 드리는 성도들이 편안한 마음으로 예배를 드릴 수 있도록 한다. 셋째, 예배순서 중에 예배 사회자의 멘트로 진행되는 부분을 영상 등으로 대체할 수 있도록 한다. 예를 들면 사회자의 광고 대신 영상 광고로 대신하며 선교지 현황, 교회가 돕는 지역에 대한 상황 등에 대해 말보다 영상을 통해 투명성과 입체감을 더할 수 있도록 준비한다. 넷째, 예배 기획에 있어서 예배 관련 인프라의 확충을 단계적으로 실시한다.

예배를 특성화하여 성도들의 예배 참여도를 높일 수 있는 방법으로는 다음과 같은 방안이 논의되었다. 첫째, 춘천중앙교회의 예배에 대한 보다 전문적인 설문을 실시하여 현재적 예배에 대한 평가를 할 뿐만 아니라 전통적인 예배, 혹은 열린 예배, 구도자적인 예배 등에 대한 사전 조사를 실시한다. 이것을 토대로 예배의 순서와 구성 및 기획을 도모한다. 둘째, 젊은이 예배, 청장년층이 함께 드리는 예배를 구성한다. 현재 3부로 드려지는 예배 중에서 1부와 3부는 현대적인 예배이지만 전통적인 예배의 스타일을 강조한다. 2부 예배는 찬양예배 형식으로 드리게 되는데 60대 이상의 성도 중 다수가 찬양예배를 드리고 있으며, 청장년층 다수가 3부 예배를 드리고 있다. 따라서 예배의 대상에 따라 예배의 모습이 조금씩 변화하듯이 현재 드려지는 예배에 대한 해석이 필요하다고 판단했다.

[그림 8-3] 예배분과 토론내용

핵심이슈	주요 내용	예상 가능한 변화	활동과 방법
예배기획 강화	• 예배 관련 담당자의 회의 활성화 - 예배목사, 영상, 음향, 찬양 등	• 주일 예배를 통해 성도가 느끼는 감격 증가 - 말씀과 일원화된 영상, 음향, 찬양, 조명 등 기획 - 인테리어 등 변화	• 주일 예배 기획 - 매월 1회 예배 기획 회의 - 예배 콘티 준비
각 세대들이 수용할 수 있는 예배	• 각 세대들의 감성에 맞는 예배 구성 - 특히 청년층(30대) 참여율을 높일 수 있도록 함	• 예배 시간대 변화 • 시간대별 예배 단계 및 형식 변화	• 시간대별 연령대 현황 조사 및 설문조사를 통해 예배 시간 조정 • 예배 시간별 주요 참여 연령층을 고려해 예배 기획, 형식, 말씀 등 특성화

미래상	• 예배 기획·방향·준비로 예배의 일관성과 공감대를 확보하고 예배를 통해 성도가 느끼는 감격 확대 • 세대별 예배 특성화를 통해 각 세대의 예배 참여도 제고

2) 선교분과위원회

선교분과위원회는 '국내선교'와 '해외선교'를 통합할 수 있는 '선교 구조'를 제시했는데 '문턱이 낮은 교회', 그리고 '지역사회와 네트워크가 강화된 교회'로 '누구나 찾아가고 싶은 교회', '방문하고 싶은 교회', '지역사회와 더불어 살아가는 교회'를 미래상으로 제시했다. 이런 미래상을 달성하기 위해 국내 미자립교회 지원과 해외선교를 더욱 강화한다는 목표를 제시했다.

(1) 국내선교

지역사회의 네트워크가 강화된 교회가 되기 위해 제시된 대안은 다음과 같다. 첫째, 문화교실 강좌를 기획하고 운영하며 추후 교회 내에 문화센터를 건립하여 지역주민들에게 자기계발의 기회를 제공할 뿐만 아니라 교회 내의 성도들에게도 취미생활과 여가생활의 기회를 제공한다. 둘째, 선교비전을 함께 소통할 수 있도록 교구, 지역, 샘터(소그룹)와의 선교연계를 강화하고 선교에 대한 홍보를 통해 선교의 필요성과 동기를 부여한다는 목표를 설정했다. 특히 장년 중심의 교구, 샘터가 선교지 후원을 주도할 수 있도록 하고 교회학교에서도 선교에 대한 활동과 홍보를 강화하여 모든 성도가 선교에 대한 비전을 공유하고 실천에 옮길 수 있도록 한다. 셋째, 동부연회(강원도) 내의 미자립교회를 선정하여 물질적인 후원, 즉 교회의 신·개축이나 대지 구입에 협력하여 춘천중앙교회가 가지고 있는 사역을 나누어 함께 동반성장(Win-Win 프로젝트)할 수 있도록 돕는다. 넷째, 춘천 지역 내의 유학생, 다문화가정을 도우면서 춘천 거주 유학생들에게 한국에 거주할 수 있는 편의를 제공함과 더불어 복음을 전하여 그들이 자국으로 돌아가서 선교사의 역할을 할 수 있도록 한다.

(2) 해외선교

지난 1990년부터 활발해진 인도네시아를 중심으로 한 해외선교사역을 발전시키려는 노력을 계속한다. 첫째, 인도네시아를 해외선교의 전략기지화한다는 목표를 가지고 인도네시아 현지에 신학교 교육을 강화하고 자카르타에 웨슬리대학교를 건축한다. 둘째, 인도네시아에 한인 중심으로 세워진 자카르타 늘푸른교회와 찔레곤 늘푸른교회, 그리고 파송된 선교사들과 협력을 강화하고 인도네시아 늘푸른교회가 성장하여 자카르타 웨슬리대학 지원과 선교에 자생적으로 참여할 수 있도록 한다. 셋째, 중국, 말레이시아, 필리핀, 일본 등의 해외선교지에 대한 지원을 강화한다. 넷째, 단기선교 등을 통해 성도들의 선교 참여를 독려하며 선교에 대한 홍보와 교회 차원의 지원에 대한 동기부여의 기회로 삼는다.

[그림 8-4] 선교분과 토론내용

핵심이슈	주요 내용	예상 가능한 변화	활동과 방법
인도네시아를 해외 선교 전략기지화	• 신학교 졸업생들이 교회 개척 시 우리교회가 적극 지원 필요	• 인도네시아 현지에 하나님 나라 확장(교회 건립)	• 인도네시아 현지 미자립교회 건축 및 후원
동부 연회 내 미자립교회 건축	• 강원도 모교회로서의 맡겨진 사명 감당	• 동부 연회 지역 내 교회 건립	• 미자립교회 건축 및 후원
지역사회 네트워크 강화	• 정착되도록 내실 있는 프로그램이 필요함 • 일대일 프로그램(특히 남성 성도 대상)	• 정착 성도의 증가 • 남성성도의 교회 내 정착	• 샘터 등과 연계된 신규 프로그램 도입(취미활동 등) • 남성 성도 양육을 위한 파워양육자 양성
선교 비전과 전략 커뮤니케이션 (교회 내 의사소통 활성화)	• 선교부 이 외에도 관련 기관과 협력이 필요함	• 선교 비전과 전략에 대한 공감대 확대	• 여선교회, 남선교회 등과 협력 • 선교를 위한 중보기도회(위원회 설치, 각 지역별 활동)

미래상	• 문턱이 낮은 교회(찾고 싶은 교회, 방문하고 싶은 교회로) • 국내 미자립교회와 해외선교를 두 배로!

3) 봉사분과위원회

봉사분과위원회에서는 모든 성도가 봉사사역에 참여할 수 있도록 홍보를 강화하며 체계화되고 전문화된 봉사활동을 통해 보람과 긍지를 느끼도록 한다는 미래상을 제시했다. 또한 이러한 미래상을 달성하기 위해 추진할 핵심과제로 봉사활동의 체계화와 전문화를 꼽았다.

먼저 봉사활동의 체계화를 위해 가칭 중앙봉사센터를 만들고 봉사활동 전반을 관리하며 봉사에 대한 다양한 의견을 수렴한다. 둘째, 봉사활동에 대한 홍보를 통해 이미지를 개선하고 다양한 참여를 유도할 수 있도록 한다. 셋째, 다양한 봉사활동을 발굴하여 봉사에 대한 거부감을 해소하도록 노력한다. 이러한 활동을 토대로 '1성도 1봉사' 캠페인을 추진하고 사역박람회 등을 통해 봉사활동에 자발적으로 참여할 수 있는 기회를 마련한다.

봉사활동의 전문화를 위해서 사회복지 전공자 등 전문가를 영입한다. 또한 성도들의 은사를 기반으로 한 봉사활동을 통해 동기를 부여하고 참여를 확대한다. 장기적으로는 사회봉사활동을 보다 적극적으로 추진하기 위해 법인을 구성하여 전문적인 활동을 할 수 있는 토대를 마련한다. 끝으로, 사역별 전문화 교육과정을 통해 성도의 사역 전문성을 확보한다.

봉사활동의 체계화와 전문화를 통해 봉사활동에 있어서 그리스도의 영성을 가지고 사회적인 영향력을 나타내는 성도와 교회가 되기 위해서 노력한다.

[그림 8-5] 봉사분과 토론내용

핵심이슈	주요 내용	예상 가능한 변화	활동과 방법
봉사활동의 체계화	• 중앙봉사센터(가칭)가 교회 내·외부 봉사 활동 주도 • 중앙봉사센터를 기준으로 봉사활동 전반 관리 • 봉사에 관한 의견 수렴 창구 통일	• 교회 안에서 1성도 1봉사, 교회 밖에서도 1성도 1봉사를 추진할 수 있는 기반이 마련됨 • 다양한 봉사 분야 발굴 • 봉사에 대한 거부감 해소(한 번 시작하면 2~3개씩 해야 하는 현실 극복) • 체계적 일정 관리를 통해 중복 발생 방지	• 전교인 봉사 의무화 - 목회자 비전 선포 - 직분자 봉사 의무화 • 중앙봉사센터(가칭) 설립 - 자원봉사 교육 실시 - 로비에서 봉사 모집/안내 (매주 전문안내원이 담당) - 연2회 사역박람회 개최 - 사역니즈 조사 실시 - 1성도 1봉사 캠페인 전개
봉사활동 전문화	• 사회복지 전공자를 영입해 전문화된 봉사활동 전개 • 성도에 대한 은사 파악과 체계적인 교육 실시 • 장기적으로 법인화	• 성도들의 전문성을 고려해 사역 배치 • 양육과정과 봉사 연계 • 적은 예산으로 많은 봉사 활동 전개	• 사회복지 전공자 영입 • 봉사 동기부여를 위한 교육과 훈련 마련 • 사회복지 법인화

미래상	• 사역 인원 확대로 의무적으로 하는 봉사가 아니라 기쁘고 보람을 느끼는 봉사 • 모든 성도가 자원봉사자(교회 이미지 변화)

4) 양육분과위원회

양육분과위원회에서는 '성도들의 영적 성장을 위한 비전을 제시'함으로써 개인의 신앙성장 과정을 알 수 있도록 도우며, 새가족이 자발적으로 교회의 사역에 참여하는 미래상을 제시했다. 전문적이고 다양한 양육자를 세울 수 있도록 양육과정을 체계화할 뿐 아니라 양육의 질적 개선에도 주안점을 두었다.

양육분과위원회가 제시하는 '영적 성장'과 양육과정의 '전문화', '다양화'는 '정착'과 '성장', 그리고 '사역'이라는 말로 대변할 수 있다. 첫째, 영적 성장을 위한 비전을 제시하기 위해서는 그 대상을 명확히 해야 한다. 양육의 대상은 둘로 구분할 수 있는데 하나는 새가족이고, 다른 하나는 기존 성도이다. 새가족의 정착과 성장을 위해서는 새가족 프로그램의 강화가 필요하며 새가족 개인의 영적 성장과 관련된 양육단계에 대한 홍보를 통해 지속적으로 양육과정에 참여할 수 있는 기회를 제공해야 한다. 기존 성도의 경우 단계별·맞춤형 양육과정을 통해 자발적인 사역자로 성장할 수 있도록 양육과정에 대한 안내뿐만 아니라, 사역에 대한 안내와 홍보를 통해 양육에서 사역으로 이어질 수 있도록 한다. 둘째, 양육 대상을 선정한 이후 가장 필요한 것은 양육자를 사역자로 세우기 위한 양육자의 전문성과 다양성, 그리고 양육자에 대한 체계적인 관리이다. 우선 양육자를 지도하며 영적으로 성장시킬 수 있는 전문 양육자가 필요하다. 양육의 질적 성장이 있을 때 피양육자도 영적으로 성장하게 된다. 결국 양육의 질적 향상과 개선은 전문성을 기초로 이루어져야 하며, 양육에 대한 단계별 시스템이 구성될 때 가능하다. 다른 하나는 양육자에 대한 체계적인 관리이다. 양육과정을 마친 것으로 양육자가 모두 사역자로 세워질 것이라는 기대는 하지 말아야 한다. 양육과정 속에서 사역자로 세워질 수 있는 성도가 있고 그렇지 않은 성도도 있다는 것을 알아야 한다.

[그림 8-6] 양육분과 토론내용

핵심이슈	주요 내용	예상 가능한 변화	활동과 방법
영적 성장을 위한 비전 제시	• 새신자 양육 프로그램 강화(맞춤형) • 기존 성도들에 대한 단계별·맞춤형 교육과정 강화	• 영적 성장에 대한 명확한 비전을 제시함으로써 새신자 정착률 제고 • 기존 성도들은 교육과정을 통해 자발적인 사역자로 성장	• 다양한 양육 프로그램 개발 및 관리 강화 • 지속적인 홍보 활동 강화 - 안내책자 제공 - 프로그램 안내 현수막 설치 등
양육자 전문화 및 다양화	• 1:1 관리 강화 등 전문화되고 다양화된 양육자 양성 • 체계적인 양육자 관리 시스템을 통해 양육의 질 향상	• 장래 새가족 등록 수 감소가 예상되나 훈련된 양육자 양성으로 새신자 정착률을 높이고 기존 성도들은 성숙된 그리스도인으로 성장	• 멘토링 제도 도입 • 훈련된 사역자 인력 풀 • 평신도 지도자 양육으로 찾아가는 교육시스템 운영 • 양육 프로그램 참여 기회의 다양화

미래상	• 영적 성장을 위한 명확한 비전 제시로 새신자 정착률 제고 및 자발적인 사역 문화 유도 • 전문적이고 다양성에 기초한 양육자 양성으로 양육의 질 제고

5) 교육(교회학교)분과위원회

교육분과위원회에서는 '춘천 지역을 대표할 수 있는 교회학교', 그리고 '아이들이 오고 싶어 하는 교회학교'를 미래상으로 제시했다. 그리고 교회학교가 가장 먼저 준비해야 할 것으로 '비전과 교육목표 설정'을 제시했다.

첫째, 말씀과 기도, 예배를 중심으로 신앙의 기초를 견고하게 한다. 말씀, 기도, 예배는 모든 프로그램보다 가장 앞설 뿐 아니라 기초이다. 이 세 가지는 교육목회의 핵심이다. 프로그램과 시설이 좋다 할지라도 말씀과 기도, 그리고 예배가 없다면 모래 위에 집을 짓는 것과 같다. 교회학교의 교육은 신앙의 기본에 충실해야 한다. 둘째, 신앙의 기초를 중심으로 교회학교의 비전을 수립하고, 그에 따른 핵심가치를 정하여 교회학교 교육의 바람직한 모습으로 교육적 모델을 만들고 동시에 교회학교 교사의 올바른 모습 역시 정립하는 것이 필요하다. 특히 교회학교 비전 수립은 춘천중앙교회 전체의 비전과 공유되어야 한다. 교회학교의 비전은 실제적으로 교회학교에 속한 교사, 어린이, 학생, 청소년, 청년 모두가 공유할 수 있어야 하며, 비전에 따른 교육 프로그램과 과정도 서로 연계되어야 한다. 셋째, 교회학교 기획팀 구성을 통해 기획을 강화한다. 교회학교 전반을 기획하기 위해서는 전문 기획팀을 구성할 수 있는 사역자가 필요하며 교육목회에 대한 마스터플랜을 중심으로 하는 장기적 사역 방향 설정이 필요하다. 특히 교회학교 기획에 가장 필요한 것은 단계별, 과정별, 부서별 짜임새 있고 연계성이 있는 교육 프로그램이다. 교사에 대한 체계적인 지도와 관리, 특히 교사로서의 사명감을 가질 수 있는 훈련과 전문가를 통한 교사양육과정이 있어야 한다. 부서 간에 서로 연결점이 존재하지만 독립성을 보장해 줌으로써 선의의 경쟁을 할 수 있도록 유도하며, 체계적이고 다양한 활동을 할 수 있도록 창의적인 계획과 활동을 준비하는 전문 프로그램 기획팀이 준비되어야 한다.

[그림 8-7] 교육분과 토론내용

핵심이슈	주요 내용	예상 가능한 변화	활동과 방법
비전 및 목표 설정	• 교육비전 수립 • 핵심가치 설정 • 교육상 수립 • 바람직한 교사상 설정	• 아이들의 목표 설정 • 인성 변화 • 비전에 따른 교육 프로그램 변화 • 지역사회 관심도 증가 • 교사, 부모, 목회자 간의 비전 공유와 소통	• 비전 및 목표 수립 TF 구성 • 수립활동 수행

핵심이슈	주요 내용	예상 가능한 변화	활동과 방법
기획 강화	• 전문 기획팀 구성 • 사역자 확보 • 목회자의 장기사역 • 실행력 있는 활동	• 짜임새 있는 교육 프로그램 • 예배 활성화 • 교회학교 공간 확보 • 교사 수급의 어려움 해소 • 교사의 체계적 관리 • 부서 간 원활한 연계(내/외) • 장년층 참여와 지원의 활성화 • 꿈터교육부터 비전교회까지 체계적, 일관성 있는 교육 가능 • 지역사회의 관심 증대 • 오고 싶은 교회학교 • 비전을 지속적으로 계승하고 발전시킬 수 있는 구조 유지	• 기획팀의 조직 구조 인원구성 • 전문사역인 모집 • 교육팀 전담목회자 장기사역 • 1인 1사역 확대로 사역자 확보 • 광고로 헌신할 사람을 모집 • 교사 교육 및 훈련 • 주5일제 대응 프로그램 구성 • 어린이 도서관 개방 • 지역민을 대상으로 한 다양한 교육 프로그램 구성 • 국제 성취 포상제 확대 • 지역품앗이 공동체 • 전문적인 상담 프로그램 구성 • 교회학교 공간 활용방안 수립

미래상	• 춘천 지역의 대표적인 교회학교 • 아이들이 오고 싶어 하는 교회학교

6) 행정분과위원회

행정분과위원회는 '체계적이고 효율적인 인적·물적 관리체계의 도입', '교회와 성도 사이의 원활한 소통', '시대의 변화에 부응하는 선교 지원체계 구성'이라는 세 가지 미래상을 가지고 비전을 구성했다. 이를 자세히 살펴보면 다음과 같다.

첫째, 체계적이고 효율적인 인적·물적 관리체계를 도입하기 위해서 부서별 운영규칙을 제정하고 업무 매뉴얼을 도입해야 한다. 특별히 사역 활동의 중복을 방지하여 업무감소, 예산절감, 유기적인 소통의 역할을 하기 위해서 업무 매뉴얼의 제작이 필요하다. 특히 교인교적 시스템의 경우 목회적 업무에 편의성을 제공하며 성도가 필요로 하는 부분에 목회적 돌봄의 차원에서 업무를 진행할 수 있어야 한다. 행정기반 시스템의 구성을 통해 전반적인 교회의 운영체제를 효율적이며 전문적으로 구성해야 한다.

둘째, 교회와 성도 사이의 원활한 소통을 위해서는 오프라인이 아닌 온라인 상태에서 소통할 수 있는 구조를 만들어야 한다. 인터넷 홈페이지, SNS, 그리고 모바일을 통해서 교회와 성도가 서로 소통할 수 있도록 하며, 특히 평신도 사역자들과 목사 그룹과의 소통을 통해 목회사역의 효율성을 증가시킨다.

셋째, 시대에 부응하는 다양한 선교 지원체계를 제공한다. '선교 지원체계'란 교회의 시설 보완과 유지를 통한 장소 제공과 운영을 통해 선교적 기반을 제공하는 것을 말한다. 이것은 곧 교회 시설의 관리 강화를 통해서 나타날 수 있다. 현재 교회 시설 중 기도실 보완과 보육 시설 운영, 그리고 교회 카페의 운영을 통해 비교인의 접근성을 강화하여 교회가 교회로서의 기능을 다할 수 있도록 제반시설과 설비를 유지 보수하는 것이 선행되어야 한다.

[그림 8-8] 행정분과 토론내용

핵심이슈	주요 내용	예상 가능한 변화	활동과 방법
온라인 운영 강화	• 홈페이지 활용 및 활성화 • 모바일 선교 • SNS 활용 • 온라인 헌금	• 교회 홍보 강화 • 성도 간 소통 원활 • 다양한 계층 확보(젊은층 확보) • 커뮤니케이션 활성화 • 예배와 헌금 편의 제공	• 평신도 사역자 확보 • 교회 직원 활용 • 전담 직원 배치(유급) • Facebook, Twitter • 계좌이체, 이니시스 결제
행정 관리 시스템 체계화	• 부서별 운영규칙 제정 • 사무장 제도 도입 • 평신도 사역 시스템 구축	• 목회자 업무 부담 감소 • 목회자-성도 간 소통 가교 역할 • 예산 절감 효과 • 부서별 유기적 소통 원활	• 수련목회자 활용 • 관리행정-사무장 • 목회행정-수련목회자 • 평신도 인적 자원 DB 구축 - 위원회 구성에 활용
시설 관리 강화	• 24시간 이용 가능 기도실 • 보육시설(유아/유치원) 운영 • 묘지 관리 개선 • 교회 카페 운영	• 성도 기도생활 적극 지원 • 교회부흥에 일조 • 경비 문제 발생 • 젊은층, 맞벌이 부부 유도/전도 • 지역 주민과 함께하는 공간으로 활용(선교차원)	• 유급직원(경비) • 교회 규모, 예산 반영해 추진 • 주중에도 운영 • 정부 지원 등으로 예산 확보 • 납골당 전환

미래상	• 체계적이고 효율적인 인적, 물적 관리 체계를 확립함 • 교회와 성도 간의 원활한 소통이 이루어지는 교회 • 시대 변화에 부응하는 다양한 선교 지원 체계를 확립함

3. 비전 재설정 방향

춘천중앙교회는 1990년에 '새 역사를 열어가는 교회'라는 비전을 설정했다. 당시 새들백 교회를 비롯한 미국교회를 탐방하고 난 이후, 현재의 근간이 되고 있는 교회의 비전과 양육 시스템이 구성됐다. 매년 4박 5일간의 목회계획세미나를 통해서 비전과 비전을 이룰 수 있는 주요 사역을 정하고 당해 연도 목회계획과 새해의 목회계획을 준비해 왔다. 특히 2008년에는 '새 역사를 열어가는 교회'라는 비전에 맞추어 실천적 비전을 구성했다. '첫째, 예배의 감격이 있는 교회, 둘째, 지역사회와 열방을 섬기는 교회, 셋째, 가르침과 배움이 있는 교회'로 정했다. 그리고 2009년부터 2011년까지 '거룩한 성도 변화되는 교회'라는 핵심가치를 정하고 3년간 실천에 옮길 교회의 표어를 정하고 실행했다.

2009년에는 '하나님의 사람아 거룩하라!'는 표어를 중심으로 성도들의 영적 성장에 주력했다. 이것은 좋은 나무가 좋은 열매를 맺듯이 성도들의 영적 성장을 위해서 훈련과 예배를 통해서 거룩함을 이루자는 취지로 진행되었다. 2010년에는 '하나님의 사람아 섬기라!'는 표어로 봉사와 섬김을 통해서 세상을 변화시키자고 했다. 그리고 2011년에는 '하나님의 사람아 전하라!'는 주제로 전도와 선교, 봉사를 통해 영향력을 끼치는 교회가 되기 위해 노력했다. 3년간의 계획은 절반의 성공과 절반의 실패를 경험하게 했다.

먼저 절반의 실패는 교회비전과 매년 목표로 한 표어와의 연관성이 미흡하여 사역에 대한 예산 편성이 뒷받침되지 않았던 점이다. 이것은 예배 출석률의 하락과 상승으로 이어졌다. 원래 취지는 성도들의 영적 성장을 통한 교회의 부흥이었다. 그런데 주일낮예배 평균 출석률이 2009년 39명 감소, 2010년 74명 증가, 2011년 47명이 감소하였다. 주일저녁예배, 수요예배, 금요기도회 역시 감소 추세였다. 반면 절반의 성공이라 할 수 있는 이유는 3년간 진행한 사역을 통해 나타난 성도들의 변화였다. 2009년에 모든 성도들에게 성경필사를 하게 함으로써 강단에 성도들이 기록한 성경을 봉헌하게 되었다. 2010년에는 교회의 봉사에 대한 체질이, 2011년에는 전도에 대한 성도들의 체질이 강화되었다. 비록 전체 성도의 예배 출석률이 증가와 감소를 반복했지만, 체질 면에서는 강화되었다.

비전을 설정하면 실행할 수 있는 세부적인 핵심가치를 정하는 것이 일반적이다. 그리고 춘천중앙교회도 앞서 언급했듯이 '비전'과 '비전을 실천할 수 있는 핵심가치'를 정했다. 그러나 그 핵심가치가 실행되지 않았다. 핵심가치와 사역의 연계성, 그리고 핵심가치를 이루기 위해서 어떤 사역이 병행하여 이루어질지 구체화되지 못한 채 만들어졌기 때문이다. 예를 들면 '예배에 감격이 있는 교회'라는 세부 핵심가치가 이루어지기 위해서 '감격이 있는 예배를 드릴 수 있도록 무엇을 해야 하는가?'라는 구체적인 사역의 내용이 없다. 그 결과 구체적인 계획 없이 이름뿐인 구호가 되어 버렸다. 따라서 실천적 행동이 없이 구호에 그친 핵심가치이며 비전이었다. 컨설팅을 하면서 비전과 그 비전을 실천할 실천적 핵심가치에 대한 많은 성찰과 개선이 있었다. 다음은 춘천중앙교회가 새롭게 비전을 설정하면서 염두에 두었던 몇 가지를 설명하고자 한다. 이것은 춘천중앙교회가 그동안 고려하지 못했던 것이기도 했다.

1) 지역과 교회를 연결한다

모든 교회가 다 좋은 비전을 가지기를 소원하고 그 비전이 실천되기를 원한다. 마치 자녀를 낳고 이름을 지을 때 좋은 의미를 지닌 이름을 짓기 원하듯이 모든 교회는 다 좋은 비전, 멋있는 비전을 꿈꾸고 만든다. 그런데 좋은 언어를 사용하여 비전을 만들지만 그 비전이 실제로 이루어지지 않고 표어로만 남는 경우가 있다. 컨설팅 과정에서 깨달은 것은 다음의 세 가지이다.

첫째, 교회가 자기인식을 통해 지역사회와 연결되어 있다는 것을 알아야 한다. 교회는 지역사회를 주님의 말씀으로 변화시키는 데부터 시작해야 한다. 이것은 지역사회가 무엇을 원하는지에 대한 현실 인식이 없이는 불가능하다. 교회는 지역사회에 어떤 영향력을 가지고 있는가? 교회의 본질은 무엇이고 어떤 모습으로 지역과 연결되어 있는가에 먼저 초점을 맞추어 교회가 자기인식을 먼저 해야 한다.

둘째, 비전의 가치를 이해할 때 실천할 수 있다. 비전을 보통 어떻게 정하는가? 많은 경우 목사 그룹에서, 혹은 담임목사가 정하거나 평신도 지도자들과 목사들이 모여서 정한다. '내년도 목회의 중점 사항은 무엇이고, 어떤 사역을 중심으로 진행할 것이다.'라는 내용을 전달하는 것이 일반적이다. 매년 하는 목회의 계획과 교회의 비전이 서로 연결되어 있지 않을 때도 있다. 다시 말하면 비전의 가치를 잘 이해하지 못하기 때문에 비전과 교회의 표어가 따로 만들어지고 비전에 대한 실천적인 내용이 없어진다.

셋째, 비전을 이룰 수 있는 실제적인 사역이 뒷받침되어야 한다. '비전을 이룬다.'는 것은 비전에 맞는 사역이 구성되고 사역을 이루기 위해서는 예산이 뒷받침되어야 한다. 예산은 고정비용과 변동비용으로 구성된다. 예산에서 고정비용이 많아지고 주요 사역에 대한 예산 편성이 어려워질 때 비전을 이룰 수 있는 사역이 이루어지지 않는다. 결국 비전이 있어도 실천되지 못하는 비전이 되어 버린다. 비전을 이루기 위해서 교회 차원에서 집중해야 할 사역의 방향과 목표가 명확히 설정해 자원을 집중해야 한다.

2) 소통을 통해서 공유한다

비전은 정했다고 바로 이루어지지 않는다. 비전은 목사나 평신도 지도자 일부가 잘 알고 있다고 이루어지지 않는다. 사람들이 착각하는 가장 큰 이유는 '내가 알면 다른 사람도 안다.'고 생각하는 것이다. '비전'은 '공유'될 때 힘을 발휘한다. 이 '공유'라는 말을 '내가 다른 사람에게 알려준다.' 혹은 '내가 어떤 사실을 알고 있다.'는 것으로 이해하기 쉽다. 사실 '공유'라는 것은 '내가 다른 사람에게 알려주고, 개인이 알고 있는 것에서 한걸음 더 나아가 같은 마음이 되고, 같은 마음으로 맡겨진 목표를 향해 같이 뛰어간다.'는 의미이다. 아는 것에서 그치지 않고 '알고 있는 것을 행동'으로 함께 옮겨야 한다. 이것이 바로 '공유'이다.

강단에서 몇 번 이야기하는 것으로는 소통이 되지 않고 공유가 되지 않는다. 소통과 공유가 이루어지기 위해서는 반복적이고 다양한 방법으로 본래의 의도와 내용에 대해 적극적으로 알려야 한다.

3) 균형과 구성성을 높인다

비전을 정할 때 세부적인 내용, 다시 말하면 해마다 무엇을 해야 할지에 대한 사역을 구체화해야 한다. 사역을 구체화하지 않으면 '표어'에 그치기 쉽다. 그리고 사역의 완성도가 떨어지게 된다. 교회 안에는 선교, 예배, 봉사, 양육(훈련), 교회학교에 대한 사역이 다양하게 존재한다. 제일 좋은 사역은 균형 사역이다. 모든 사역이 균형 있게 성장하는 것이 필요하다. 또한 사역의 내용이 성숙되고 성장하는 사역이 되어야 한다. 이처럼 교회의 주요 사역이 발전하고 나아가 성숙한 사역이 되기 위해서는 비전에 맞게 각 사역의 방향이 구체화되고 실천될 때 가능해진다. 따라서 비전은 문구나 표어로 사람들의 입에만 있는 것이 아니라, 성도들의 삶 속에서 나타나고 구체화될 때 실천되는 것이다.

4) 목표를 수치화한다

목표를 수치화한다는 것은 '구체화시키고 실천하는 것'을 의미한다. 구체화하고 실천하기 위해서 어떤 사역을 얼마나, 어떤 모습으로 이룰 것인가 하는 것을 나타내야 한다. 사역을 '했다' 혹은 '안 했다'의 의미가 아니다. '수치화한다'는 것은 '목표가 정해졌다'는 말이다. '수치화'를 통해 목표에 대해 단계별 준비를 할 수 있게 하며, 목표가 성취되었을 때의 기쁨과 보람을 느끼게 한다. 수치화는 목표를 이루기 위해 마음과 생각을 모아 협력하고 사역을 독려하는 힘을 만든다. 또한 목표를 이루지 못했을 때 낙심할 수도 있지만 다시 도전해 보겠다는 의지를 확고히 하는 계기가 되기도 한다. 결국 비전을 수치화하면 비전을 성취하는 데에 도움이 된다.

4. 비전 세우기

'비전'이란 '확고한 미션과 핵심가치로부터 역동적인 전략을 이행하기 위한 전 단계'이다. 궁극적으로 5년, 10년, 15년 뒤 미래에 되고자 하는 그림을 말로 표현하는 것으로, 추상적이어서는 안 되며 실천에 옮길 수 있는 것이어야 한다.[39] 미래에 대한 명확한 윤곽을 통해 모든 성도가 핵심을 공유할 수 있는 정신적인 틀이다. 비전은 미션(사명)과 가치를 따라 진행되는 것이며 미션(사명)이 없는 비전은 생각일 뿐이다.

[그림 8-9]는 비전을 구성하는 요인 사이의 관계를 구성한 것이다. 교회가 반드시 생각해야 할 두 가지 유의점이 있다. 첫째, 비전을 구성하는 요인 사이에는 일관성이 있어야 한다. 교회가 존재하는 이유, 달성할 목표, 핵심가치, 사역과 조직 운영이 제각각 분리되어서는 안 된다. 교회가 존재하는 이유와 관계없이 목표와 사역, 성경적 원리에 근거해서 마련한 행동의 기준을 지키지 않으면 건강한 교회가 될 수 없다. 또 한 가지 유의할 점은 비전을 구성하는 요인 사이에는 순서가 정해져야 한다는 것이다. 가장 먼저 '교회가 존재하는 이유'가 있어야 한다. 그리고 이들을 달성하기 위해 '목표'가 있고, 마지막으로 '사역'이 있어야 한다. 이러한 순서가 거꾸로 되면 교회는 건강성을 잃게 된다. 사람이 교회의 주인이 되거나 세상이 추구하는 목적이 교회에 들어와 교회를 훼손할 위험성이 있다.[40]

[그림 8-9] 비전 구성요인 사이의 상호 관련성

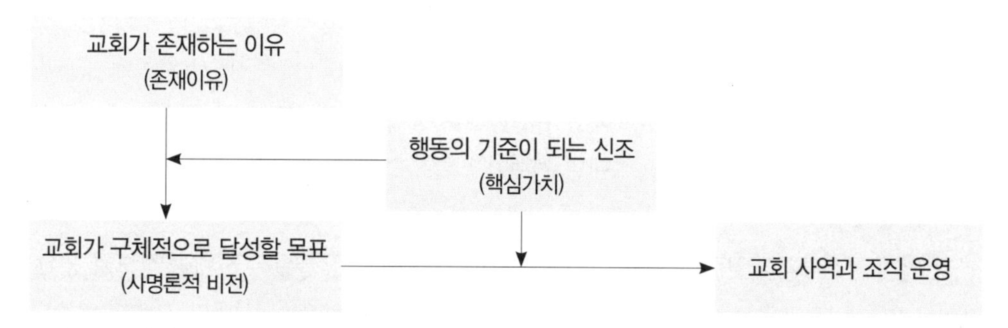

자료원 : 배종석 외(2008), 「건강한 교회 이렇게 세운다」(p.80에서 재인용)

39) 이태호, 「미래 비전과 중장기 경영전략」(서울: 어드북스, 2011), p.31.
40) 배종석, 양혁승, 류지성, 「건강한 교회 이렇게 세운다」(서울: IVP, 2008), p.80.

춘천중앙교회는 과거에 만들어진 비전을 컨설팅을 통해 실제화하는 과정을 거쳤다. 구호만의 비전이 아니라 실제 이루어질 수 있는 비전과 사역, 그리고 조직까지도 변화를 주게 되는 실제적인 비전으로 재탄생시킨 것이다. 춘천중앙교회의 비전은 '새 역사를 열어가는 교회'로 확정됐다. 이 비전은 1990년에 만들어진 비전이다. 과거에 만들어진 비전이라고 구태의연하다거나 낡았다고 볼 수 없다. 춘천중앙교회가 지금까지 해 온 사역의 구조, 그리고 그 열매에 대해서 평가절하를 시킨 뒤 새로운 것을 만든다고 모든 것이 다 새로워질 수는 없다.

춘천중앙교회가 컨설팅을 도입했던 이유는 첫째, 지금까지 춘천중앙교회가 사역해 온 것에 대한 정확한 평가이다. 지금까지 예배, 선교, 봉사, 양육, 교제의 다섯 가지 사역을 균형있게 하기 위해 노력했다. 균형 목회를 중심으로 지금까지 행한 사역에 대해서는 지속적으로 사역할 수 있도록 하기 위해서 무엇이 더 필요한지를 생각하고 보완한다는 취지였다. 둘째, 지금까지 해 온 사역 중에서 그만두었던 사역, 이루어지지 않았던 사역을 평가하여 그와 같은 전철을 밟지 않기 위해서다. 셋째, 사회가 변화되는 것을 교회가 읽으며 이에 대처하기 위해서다. 교회와 지역사회에 필요한 사역은 도입하고, 불필요한 사역은 정리하여 교회가 미래를 준비하는 차원에서 비전과 사역을 준비하는 것이었다. 그래서 비전과 존재이유를 확인하고, 이를 실천하는 방향성을 정립하는 데 많은 비중을 두었다. 그 결과, 다음과 같은 세 가지 핵심가치를 도출해 춘천중앙교회가 지향할 사역의 방향을 명확히 하였다. 이는 향후 교회 내 모든 부서가 공유하고 협력할 행동지침을 담고 있다.

첫 번째 핵심가치는 '예배의 감격이 있는 교회'이다. 하나님께서 세우신 교회는 예배의 감격이 살아 있어야 한다. 춘천중앙교회는 예배를 통해 성도가 무거운 죄악의 짐을 회개하고, 하나님을 만남으로 상한 영혼이 치유되고 회복되며, 하나님의 사람으로 거듭남을 체험하는 예배를 최우선의 가치로 한다. 예배의 목표는 하나님의 사람으로서 세상을 이겨 나가는 것이다. 하나님께 드리는 예배에 교회의 모든 역량을 집중해야 한다. 춘천중앙교회에서 드리는 예배는 하나님을 만나는 눈물의 축제이며 은혜의 자리이다. 이와 같은 비전을 이루기 위해서 예배 기획 역량을 강화하고, 세대별 예배를 드릴 수 있도록 예배의 특성화 사역을 이루어 나갈 것이다.

두 번째 핵심가치는 '지역사회와 열방을 섬기는 교회'이다. 오늘날의 시대는 정보와 통신, 그리고 영상이 집약되는 사회로 너무나 빨리 변하고 있다. 이와 같은 시대가 지속되면 될수록 사람들은 인본주의와 세속화에 물들게 된다. 인본주의와 세속화에 물든 세상을 치유하며 회복하는 길은 선교를 통한 복음의 전파와 그리스도의 사랑이다. 춘천중앙교회는 지역사회와 열방을 향한 복음전파와 함께 섬김과 봉사로 세상을 치유하며 회복하는 교회로 앞장서

나갈 것이다. 이와 같은 비전을 이루기 위해 지역사회와의 유대를 강화하고 이를 통해 선교협력 기반을 강화하며 선교에서 맞춤전도 전략을 시행한다. 국내선교에 대한 홍보를 강화하고 성도들에게 동기부여를 통해 참여를 확대해 나간다. 해외선교에 있어서 인도네시아를 선교전략 기지화함으로써 협력교회의 참여 확대, 인도네시아 자카르타 웨슬리 대학 건축을 통해 자생력 있는 선교전략을 이루어 나간다. 봉사사역에 있어서 봉사활동의 체계화, 봉사활동의 전문화를 위한 인프라를 강화하며 은사 관리를 체계화하여 봉사활동에 참여할 수 있는 동기를 부여하고, 성도들이 적극적으로 참여할 수 있도록 홍보를 강화한다.

세 번째 핵심가치는 '가르침과 배움이 있는 교회'이다. 현대 사회 속에 만연된 죄악에 대해 우리 세대의 영적 부흥뿐만 아니라 다음 세대의 영적 성장과 부흥을 위해 하나님의 말씀을 가르치며 배우는 교회로 거룩함을 유지해야 한다. 교회는 세상의 빛과 소금이 되어야 한다. 디모데전서 4장 5절 말씀에는 성도와 교회의 거룩함을 유지하기 위해서 "하나님의 말씀과 기도로 거룩하여짐이니라"라고 기록되어 있다. 오늘날 우리 세대에서 필요한 것은 성도로서의 거룩함, 교회로서의 거룩함이다. 춘천중앙교회는 가르침과 배움을 통해 하나님이 세우신 교회의 참된 모습을 지켜 나갈 것이다. 비전을 이루기 위해 장년 양육에 있어 내실 있는 양육구조를 갖춘다. 전문적인 양육기반을 조성하여 양육의 과정과 함께 핵심사역자를 세워 나가는 구조를 만들어가며, 교회학교 양육에 있어서 교회의 전체 비전을 설정해 교육목회 철학과 비전을 구성하고 교육기획팀을 구성하여 교회교육의 체계를 재설정하고, 조직역량을 강화하여 교사들에 대한 교육과 훈련의 전문화, 부서별 교육의 단계적 성장 구조를 구성하여 춘천중앙교회의 교육적 기틀을 만들어간다. 또한 성도들과의 교제의 장으로 소그룹 활동과 모든 성도가 함께하는 수련회, 체육대회, 그리고 찬양제와 같은 행사와 기도회, 간증집회를 통해 춘천중앙교회의 성도들의 공동체성을 만들어갈 계획이다.

교회의 비전을 만들어갈 때, 보통 담임목사나 일부 소수에 의해서 만들어지는 경우가 있다. 그리고 만들어진 비전과 핵심가치에 대해서 설명하면 성도들은 순종하며 신앙생활을 하게 된다. 그래서 그 비전이 지역사회에 대한 이해와 교회 내부의 현실적인 상황과 연결된 비전이 아닌 경우가 많다. 멋있는 비전이 필요한 것이 아니라 내가 출석하는 교회가 이룰 수 있는 비전이 필요하다. 교회의 규모는 작은데 비전을 크고 원대하게 정했다면 그 비전은 이루지 못하는 비전이 된다. 각각의 교회가 위치한 지역과 규모가 다르다. 원대한 비전이 아니라 실천 가능한 비전이 필요하다. 비전은 바뀔 수 있다. 한 번 비전과 핵심가치를 정했다고 그대로 수십 년 동안 그 비전을 가지고 목회해야 한다는 것은 잘못된 생각이다. 비전은 이루어져야 한다. 실천되어야 한다. 비전은 바라보는 것으로 끝나는 것이 아니라 우리의 삶 속에서 만져지는, 이루어지는 비전이 될 때 살아 있는 비전이 된다. 현재까지 논의된 춘천중앙교회의 비전 및 전략은 아래 [그림 8-10]과 같다.

[그림 8-10] 춘천중앙교회의 비전 및 전략체계도

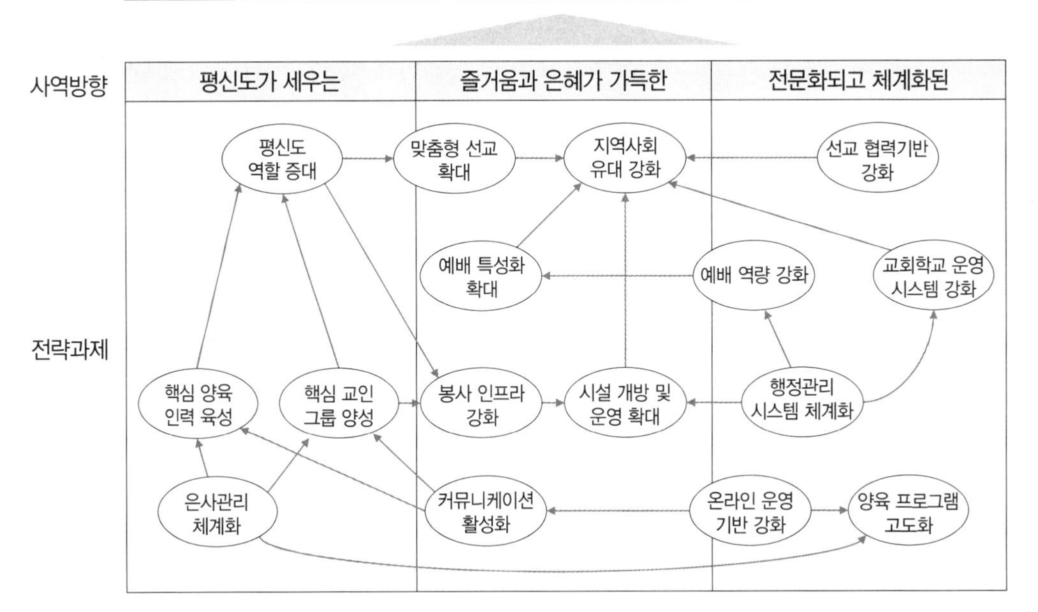

5. 롤링플랜(Rolling Plan) 수립

춘천중앙교회에서는 워크숍 이후 계속해 수정 작업이 이루어졌다. 그야말로 비전이 살아 움직이기 시작한 것이다. 특히 비전 워크숍에서 논의된 미래상과 전략과제를 보다 구체화하고, 실행에 필요한 세부계획을 수립하는 과정이 이어져 왔다.

일반적으로 비전과 전략에는 기업이나 기관이 지향하는 중장기적인 조직과 사업의 방향이 제시되어 있다. 또한 비전이 달성되었다고 판단할 수 있는 구체적인 변화상과 목표치가 제시되는 경우가 많다. 그러나 비전을 달성하기 위한 전략은 경영 여건에 따라 변화될 수 있다. 그것이 외부환경에 의한 것이든 내부역량에 의한 것이든 차이가 없다. 비전을 달성하는데 필요한 전략이 실행되기 위해서는 상황에 맞는 방법과 과제의 변경이 필요하다.

춘천중앙교회에서는 비전 워크숍을 통해 도출된 비전과 전략에 대해 수차례의 논의를 거쳐 수정하는 작업이 이루어졌다. 그리고 1년이 경과된 시점에서 재평가를 한 뒤, 이른바 롤링플랜을 수립하는 과정을 거쳤다. 롤링플랜은 비전을 달성하기 위해 수립된 중장기전략과 사업계획을 매년 달성해야 할 목표와 과제들로 세분화한 뒤, 경영 여건에 맞게 해마다 수정 및 보완한 결과가 담겨 있다. 즉, 처음 수립된 비전과 전략을 항상 현재 상황에서 최적화될 수 있도록 재정비하는 것이다. 춘천중앙교회는 롤링플랜을 수립하기 위해 각 사역부서의 사역자들이 참여하는 별도의 워크숍을 추진했다. 그리고 롤링플랜을 통해 당해연도에 전략적으로 집중할 사역과 과제들을 정비하고, 여기에 맞추어 예산과 사역자들을 확보하기 위한 계획을 수립했다. 각 사역부서 단위로 수립한 롤링플랜(핵심사업계획과 성과지표 등)을 종합한 결과는 [표 8-1]과 같다. 또한 이렇게 수립된 롤링플랜 역시 주기적인 점검(monitoring)을 통해 지속적인 보완과 관리가 이루어지고 있다. 이에 대해서는 12장(BSC 사역점검)에서 살펴보고자 한다.

[표 8-1] 연차별 롤링플랜(2013~2018)

구분	2013	2014	2015
기획실	2018 전략계획 수립 2018 성과관리체계 정립 - 성과관리체계 도입 여부	건축헌금 사업 기획 목회 성과관리체계 운영 - 신규사업 발굴/추진 건수	건축헌금 모금 착수 - 신규사업 발굴/추진 건수
선교국	남/녀/청장년 선교회 네트워킹 강화 - 연합 모임 횟수 - 선교회 모임 횟수	선교조직 정비 (교구/밀알전도단 등) - 현장전도 횟수 - 사역지 확대 수 - 전도대 인원 수	핵심성도 대상 양육 (지회장/샘장 등) - 지회장 제자교육 이수율 - 샘장 제자교육 이수율
예배국	예배 방향 정립 예배협의체 구성 - 예배협의체 운영 횟수 - 예배협의체 참석률	예배 세부과정 정비 - 예배협의체 운영 횟수 - 예배협의체 참석률	예배 세부과정 정비 예배 환경 개선 - 예배협의체 운영 횟수 - 예배협의체 참석률
양육국	조직/양육 시스템 정비 (양육국 내부 팀) - 양육체계 개선 모임 횟수 - 양육체계 개선 여부	양육 커리큘럼 정비 - 양육체계 홍보 횟수 - 전교인 양육체계 이해도 (설문조사 결과)	양육 커리큘럼 정비 - 제자반 수료인원 수 - 1:1 양육 수료인원 수
봉사국	현행 사역현황 진단 내부 팀 정비 - 팀별 모임 횟수 - 각 국별 봉사인원 조사 여부	사역팀 교육 (목표의식 부여) - 봉사자 교육 참여도	사역의 질·양적 확대 직분자 봉사참여 확대 - 사역박람회 참여부서 수 - 직분자 봉사 참여 비율 - 총 봉사자 수
교육국	교육국 진단(교육환경 점검) 교육기획팀 활동 정상화 교육과정 정비 교사수급계획 마련 - 교육기획팀 주관 회의 실적(수) - 교육과정 개선 여부 - 교사 헌신자 수 - 교사 헌신자 만족도	교육환경 개선계획 수립 교육과정 홍보 강화 목회철학/커리큘럼 정착 교사수급/관리 - 교육환경 개선계획 수립 여부 - 교사교육 참여비율 - 교사 헌신자 수 - 교사 헌신자 만족도	교육환경 개선사업 실행/ 점검 교육과정 홍보 강화 목회철학/커리큘럼 정착 교사 지원체계 마련 - 교육환경 개선사업 실행률 - 교사교육 참여비율 - 교사 헌신자 수 - 교사 헌신자 만족도
지원국	시설개선수요 파악/개선 - 미보수시설 개선 공정률 - 고객만족도(국장/팀장/샘장)	시설개선사업 추진 정보화전략계획(ISP) 수립 - 미보수시설 개선 공정률 - 고객만족도(국장/팀장/샘장)	시설개선사업 추진 1차 정보화사업 추진 (온라인 교적/온라인 헌금) - 미보수시설 개선 공정률 - 고객만족도(국장/팀장/샘장)
전체	성장과 기반 마련 (사업/조직 재정비)	성장 엔신의 가동 (핵심 이니셔티브 추진)	변화의 동력 확보 (핵심성도 선별/지원)

2016	2017	2018
목회자 지원 프로그램 발굴 (재직/전보/퇴임자 대상) - 지원 프로그램 도입 건수	신임목회자 선정 목회연구소 건립 추진 - 청빙위원회 만족도	New 비전 및 전략 수립 목회연구소 출범 - 비전위원회(가칭) 수립 여부
각 샘터/지회 전체 선교지 연계(자매결연) - 선교지 연계 샘터 수 - 선교지 연계 지회 수	국내/해외 선교지 대상 결연 확대(재정자립↑) - 국내 결연 선교지 수 - 해외 결연 선교지 수 - 결연교회 재정자립도	교회 내 상설 재정 확충 기구 마련 - 선교재정 자립률 - 선교재정 증가율
예배 세부과정 정비 예배 환경 개선 - 예배 만족도(환경개선)	예배변경사항 점검 예배선호도 조사 - 예배 만족도(예배 전반)	예배 감격이 있는 교회 신임 목회자 예배 도입
양육인원 활용 사역 기반 마련 - 제자반 수료인원 수 - 1:1 양육 수료인원 수 - 제자반 수료 임원 비율	양육인원 대상 사역 기반 확대 - 제자반 수료인원 수 - 1:1 양육 수료인원 수 - 제자반 수료 임원 비율	제자를 세움 평신도 양육자 배출 - 평신도 사역자(양육그룹) 수
사역의 질·양적 확대 직분자 1봉사 의무화 - 사역박람회 참여부서 수 - 직분자 봉사 참여 비율 - 총 봉사자 수	사역의 질·양적 확대 봉사자 만족도 조사 - 총 봉사자 수 - 봉사자 만족도	전교인 1봉사 체계 만족도 조사/개선 정례화 - 총 봉사자 수 - 봉사자 만족도
교육환경 개선사업 실행/점검 교육과정 홍보 강화 목회철학/커리큘럼 정착 교사 지원체계 확충 - 교육환경 개선사업 실행률 - 교사교육 참여비율 - 교사 헌신자 수 - 교사 헌신자 만족도	교육환경 개선사업 실행/점검 교육과정 홍보 강화 목회철학/커리큘럼 정착 교사 지원체계 확충 - 교육환경 개선사업 실행률 - 교사교육 참여비율 - 교사 헌신자 수 - 교사 헌신자 만족도	교육국 활동 전체점검 및 평가 - 교사교육 참여비율 - 교사 헌신자 수 - 교사 헌신자 만족도
시설개선사업 완료 신규시설계획 검토 정보화시스템 통합 - 미보수시설 개선 공정률 - 고객만족도(국장/팀장/샘장)	신규시설 추가 (예배/교회학교 등) - 신규시설 건립 공정률 - 고객만족도(국장/팀장/샘장)	신규시설 추가 (양육/미디어 시설) - 신규시설 건립 공정률 - 고객만족도(국장/팀장/샘장)
참여와 소통의 확대 (사역 강행기반 마련)	사랑과 나눔의 확대 (사역 기반 확대)	아름다운 마무리 (내부 거버넌스 정비)

토론
08

1 출석하는 교회의 비전과 핵심가치를 적어 보세요.

2 비전과 핵심가치가 만들어진 과정을 설명해 보세요.

3 비전과 핵심가치를 실천하기 위해서 가장 중요시해야 할 것은 무엇인가요?

4 비전을 실천하기 위해 각 사역별로 활동하는 내용을 한 가지씩 소개해 보세요.

비전을 이룰 수 있는 그릇 만들기

사역조직 구성

2009년 WBC 야구게임을 본 사람들은 하나같이 한국 선수들의 선전에 기쁨을 누렸다. 게임의 승리 요인에 대해 여러 논의가 있었다. 연봉으로 따지면 비교가 안 되는 한국 팀의 우수한 팀워크와 투지는 외국의 야구팬들의 마음을 사로잡기에 충분했다. '메이저리그에 속한 선수들을 많이 가진 팀도 있었는데 야구경기에서 좋은 결과를 얻지 못한 이유는 무엇일까?'

기업의 경쟁력을 높이는 방법에는 두 가지가 있다. 하나는 '우수한 인재'를 찾아 자기 회사에 채용하는 방식이다. 다른 하나는 평범한 사람들이 모여 있지만 '조직구성'을 통해 기업의 경쟁력을 높이는 경우이다. 스탠퍼드 경영대학원 교수인 찰스 오레일리(Charles O'Reilly)와 제프리 페퍼(Jeffrey Pfeffer) 교수는 그들의 사례집, 「숨겨진 힘–사람」에서 사우스웨스트 항공사, Cisco, SAS 등의 사례들을 소개하면서 평범한 사람들(ordinary people)을 통해 비범한 결과(extraordinary results)를 내는 조직이 바로 '건강한 조직'이라고 했다. 그들은 또한 기업이 개인에 의해 와해될 수 있다고 말한다.

'건강한 조직'은 모든 구성원이 본인이 가진 재능을 발견하고 계발하여 충분히 발휘하는 조직이다. 어떤 조직은 머리와 가슴은 집에 두고 손발만 가지고 와서 시키는 일만 한다. 또 어떤 조직은 머리만 가지고 와서 자신이 가진 지식을 이용하려고만 한다. '건강한 조직'은 사람의 특정 부분이 조직을 위해 일하는 것이 아니라 전 인격체가 일하게 만든다. 평범한 사람들을 통해 비범한 결과를 도출하려면 이들이 가진 재능을 충분히 계발하고 마음껏 발휘할 수 있는 기회가 제공되어야 한다.

어떤 조직이 되어야 이런 결과를 가져올 수 있을까? 첫째, 역량이 가장 뛰어난 사람이 아니라 가치에 적합한 사람을 잘 선발하고 성장할 수 있도록 투자를 해야 한다. 둘째, 중요한 조직의 정보를 공유하고 협력하여 함께 일하도록 해야 한다. 셋째, 업무를 자발적으로 해 나갈 수 있도록 참여 기회를 제공해야 한다. 이 과정에서 최선을 다하는 자들을 인정해 주는 것이 필요하다. 훌륭한 지도자는 사람들이 자기의 재능을 충분히 발현하도록 '사람을 세우는' 역할을 한다. 그리고 이와 같은 사람들이 지속적으로 배출되도록 '조직을 세우는' 역할을 한다.[41]

---

41) 설교닷컴, "경영학 성경에 길을 묻다"; 「국민일보」, "재능이 충분히 발현되는 조직"(2009. 4. 5.)

'비전'은 '사람'이 이루어간다. 비전을 이루는 과정에서 가장 필요한 것은 충분히 훈련된 사람이다. 비전을 '혼자 이루어가는가?' 아니면 '다른 사람들과 같이 이루어가는가?', 그리고 '어떤 방법으로 이루어가는가?' 하는 질문을 하게 된다. 비전은 혼자가 아닌 여럿이 함께, 그리고 조직과 사역의 방법을 통해 이루어진다. 그러나 특히 중요한 것은 개인의 특성, 은사에 따라 사역의 역할과 내용이 조화를 이룰 때 비로소 비전이 이루어진다는 점이다.

앞에서 비전을 세우기까지의 과정을 설명했다. 비전을 세운 뒤에 비전을 이룰 수 있는 사역 모형, 즉 교회 조직체계가 필요하다는 것을 알게 되었다. '비전'이 '내용'이라면 '사역조직'은 '비전을 담을 수 있는 그릇'이다. 뿐만 아니라 '비전'이 '전략'이라면 '사역조직'은 전략을 실천하는 '도구' 역할을 하게 된다. 춘천중앙교회는 비전을 재설정하고 비전을 이루기 위해 교회의 전반적인 사역조직을 재구성하게 되었다. 이하에서는 춘천중앙교회 사역조직의 구성과 내용을 설명하고자 한다.

1. 본질적인 사역 이해 - 교회의 5대 사역

교회사역 조직을 구성할 때 가장 먼저 생각해야 할 것은 '교회사역에 대한 정의와 이해'가 있어야 한다는 점이다. 교회사역의 정의를 통해 사역조직을 구성할 수 있다. 일반적으로 교회의 본질적인 사역은 예수님이 말씀하신 다섯 가지 사역을 기초로 하고 있다. '예배, 선교, 교육, 봉사, 그리고 교제'이다. 이 다섯 가지는 개별적으로 분리되어 있는 것처럼 보이지만 사실은 서로 유기적으로 연결되어 있다. 따라서 교회의 사역조직은 다섯 가지 사역에 초점을 맞추어야 한다. 춘천중앙교회의 비전과 핵심가치 역시 '예배, 선교, 봉사, 양육(교육), 교제', 이렇게 다섯 가지를 기초로 한 이유가 바로 이것이다. 먼저 기초가 되는 다섯 가지 사역에 대해 간략히 살펴보자.

1) 선교

예수님이 이 땅에 오신 이유는 '영혼 구원'이다. 누가복음 19장 10절[42] 말씀을 보면 예수님이 이 땅에 오신 목적을 명확히 알 수 있다. 교회는 예수 그리스도를 전하기 위해 존재한다. 복음을 전하기 위해서 복음을 전하는 대상과 지역, 그리고 문화의 모습에 따라 다양하게 복음이 전해졌다. 또한 복음을 전하는 대상이 무엇을 필요로 하는지를 파악하여 그 필요를 채

42) 개역개정 성경, 누가복음 19장 10절, "인자가 온 것은 잃어버린 자를 찾아 구원하려 함이니라."

워 주면서 복음을 전한다. 복음을 전하기 위해서는 많은 희생과 헌신이 필요하다. 물질적인 후원뿐만 아니라 자신의 시간, 심지어 생명까지도. 영혼을 구원하기 위해 순교의 자리를 마다하지 않는 것이 바로 선교이다. 그래서 '선교'는 '사랑의 결정체'이다. 예수님이 십자가를 지면서 이루신 구원의 감격과 은혜를 사랑과 헌신으로 전하는 것이 바로 복음이며 선교이다.

2) 예배

교회의 모든 사역에서 가장 먼저 생각하는 사역은 '예배사역'이다. 하나님을 예배하는 것, 피조물들이 창조주께 경배하는 것이 '예배의 기초'이며 '시작'이다. 로마서 1장 25절[43]의 말씀은 예배에 대해 정확하게 언급하고 있다.

예배는 창조주이신 하나님을 경배하는 것이다. 그래서 교회의 5대 사역 중 가장 우선되는 것이 예배이다. 하나님 없는 예배가 있을 수 없고, 사람이 주인인 교회 또한 있어서는 안 된다. 성도들이 만족하는 예배가 아니라 하나님께서 기뻐 받으시는 예배가 진정한 예배라는 사실을 반드시 알아야 한다. 예배는 하나님께 예배드리는 형식에 따라 다양하게 구성된다. 또한 어떤 사람들이 예배드리느냐에 따라 예배의 초점이 다르게 구성된다. 따라서 '예배를 드리는 대상이 누구인지?', '예배의 초점을 어디에 두는지?', 그리고 '예배를 드리는 목적'을 명확히 하여 준비하고 구성해야 한다. 예배를 통해서 성령의 역사하심과 치유와 회복의 역사가 일어날 것을 기대해야 한다. 이와 같이 기대하는 마음을 가지고 준비할 때 예배가 바람직한 모습으로 구성된다.

3) 봉사

교회는 하나님을 사랑하며 이웃을 사랑한다. 교회는 하나님과 이웃을 사랑하기 때문에 섬긴다. '봉사(奉事)'라는 말은 '전심으로 받드는 것'이다. '섬긴다'는 말과 같은 말이다. 그리스도인의 봉사, 교회에서 말하는 '봉사'란 '예수님의 이름으로 이웃의 필요를 채워 주고 그리스도의 사랑으로 그들의 아픔을 치유해 줌으로써 하나님의 사랑을 보여주는 것'이다. 봉사의 목적은 '성도를 온전하게 하고 그리스도의 몸, 교회를 세우기 위한 것'이라고 에베소서 4장 12절[44]은 기록하고 있다. 결국 '봉사'란 '그리스도의 희생과 헌신을 생각하며 이웃을 섬기는 것'이다. 그 섬김 속에 기쁨을 누리게 되고 그리스도의 사랑을 알게 되는 것이다. 이것이

---

43) 개역개정 성경, 로마서 1장 25절, "이는 그들이 하나님의 진리를 거짓 것으로 바꾸어 피조물을 조물주보다 더 경배하고 섬김이라 주는 곧 영원히 찬송할 이시로다 아멘."

44) 개역개정 성경, 에베소서 4장 13절, "우리가 다 하나님의 아들을 믿는 것과 아는 일에 하나가 되어 온전한 사람을 이루어 그리스도의 장성한 분량이 충만한 데까지 이르리니."

바로 봉사의 참된 의미이다.

4) 양육(교육)

교회는 하나님의 말씀으로 그리스도인들을 훈련시키는 '도장(道場)'과 같다. 말씀을 통해 성령의 역사가 나타나고 인생의 변화가 나타난다. 하나님의 사역자, 헌신자로 세워 나가며 구원의 확신을 가지고 주님께서 맡겨 주신 사역을 감당하기 위해 훈련받는 곳이 교회이다. 디모데전서 4장 5절을 보면 "하나님의 말씀과 기도로 거룩하여짐이라"고 말씀한다. 또한 에베소서 4장 13절을 보면 "우리가 다 하나님의 아들을 믿는 것과 아는 일에 하나가 되어 온전한 사람을 이루어 그리스도의 장성한 분량이 충만한 데까지 이르리니"라고 말씀한다. 성도는 '말씀'과 '기도'로 거룩해지고 '그리스도의 믿음의 장성한 분량'에 이르기 위해서 양육과 훈련의 과정을 거쳐야 한다. 이렇게 양육되고 훈련된 성도들이 주님의 사명을 감당하는 사역자가 되는 것이다.

5) 교제

'교제'라는 말은 '서로 사귀어 가깝게 지낸다.'는 말이다. 이렇게 서로 가깝게 지내게 될 때 일어나는 현상이 있다. 서로에게 영향을 준다. 개인적인 취미, 특기, 성품, 그리고 삶의 모습이 서로 닮아가게 된다. 신앙생활을 한마디로 하면 '예수를 닮아가는 것'이다. 예수님과의 교제, 그리고 성도들 사이의 교제는 '서로 닮아가는 것'이다. 외적인 모습은 다르다 할지라도 추구하는 목적과 사명에 대해 마음을 같이하며 같은 목표를 향해서 함께 가는 것이다. 사도행전 2장 46~47절[45]의 말씀은 교제의 의미를 말해 주고 있다. 이처럼 '교제'는 마음을 나누고 사랑을 나누고 비전과 사명을 함께 나누어 그리스도의 장성한 믿음의 분량으로 서로를 세워 주는 힘이 있다.

2. 사역조직 구성의 원칙

앞서 다섯 가지 사역에 대해 언급했다. 다음의 내용은 비전과 핵심가치를 이루기 위해 사역조직을 구성할 때 유의해야 할 사항이다.

---

45) 개역개정 성경, 사도행전 2장 46~47절, "날마다 마음을 같이하여 성전에 모이기를 힘쓰고 집에서 떡을 떼며 기쁨과 순전한 마음으로 음식을 먹고 하나님을 찬미하며 또 온 백성에게 칭송을 받으니 주께서 구원 받는 사람을 날마다 더하게 하시니라."

1) 사역의 핵심과 본질을 실천할 수 있는 조직이어야 한다

사역조직의 핵심은 사역을 올바로 이해하며 실천하는 데에 있다. 실효성이 없는 조직은 조직으로서의 가치를 상실한다. 예를 들면 예배사역 조직의 핵심은 성도들이 예배 출석을 많이 하느냐, 적게 하느냐를 기준으로 삼는 것이 아니다. '예배를 은혜롭게 드리기 위해 어떻게 준비했으며 어떤 자세로 예배를 드렸는가?', '예배를 통해 치유와 회복의 기회가 되었는가?' 하는 것을 그 본질적인 목적으로 삼아야 한다.

선교의 경우도 마찬가지다. '얼마나 많은 나라에 많은 사람을 선교사로 파송했는가?', '선교사를 위해 선교비 책정은 어떻게 했는가?' 하는 것이 선교사역의 본질이 아니다. 비록 한 곳에 선교사를 파송했다 할지라도 '얼마나 많은 영혼을 구원의 길로 인도했는가?', '영혼 구원에 대한 열정과 열매를 맺는 사역이 되기 위해 무엇을 준비하고 계획해야 할 것인가?'와 같이 미래지향적인 계획과 열정이 사역 안에 있어야 한다. 선교사역의 본질적인 목적이 '영혼 구원'이라면 영혼 구원을 위한 사역을 실천하기 위해 필요한 사역이 뒷받침될 수 있도록 해야 한다. 결국 사역의 핵심과 본질을 실천할 수 있는 조직이 되어야 한다.

2) 교회를 세워 나가는 것에 초점을 맞추어야 한다

앞에서 교회의 사역을 크게 다섯 가지로 구분했다. 이러한 다섯 가지 사역의 궁극적인 목적은 바로 교회가 올바르게 세워지는 것이다. 사역은 건강한 교회가 세워지는 도구이다. 선교사역을 통해서 그리스도의 복음이 전해지게 되고 예배사역을 통해 성도들이 하나님의 임재를 경험하게 된다. 봉사사역을 통해 그리스도의 섬김의 모습을 체험하고 나누는 삶을 살게 되고 양육사역을 통해 하나님의 사람으로서 사역자의 모습을 가지고 삶의 의미와 목적을 부여하게 된다. 그리고 교제를 통해서 성도들이 서로 그리스도를 닮아가는 신앙공동체로 거듭나게 된다. 따라서 다섯 가지의 사역은 바로 교회를 세워 나가는 귀한 도구이며 사역임을 알아야 한다.

3) 서로 유기적으로 연결되어 있어야 한다

교회의 사역조직은 각각 분리되어 독립적인 성격을 가진 것으로 여겨진다. 하지만 이들 사역은 서로 유기적으로 연결되어 있다. 각각의 사역은 나름의 목적을 가지고 있고 사역의 독특성을 가지고 있다. 그런 면에서 독립적이라고 할 수 있다. 그러나 한 가지 사역이 다른 사역에 영향을 주고 영향을 받는다는 점에서 유기적인 성격을 가진다. 예를 들면 선교사역은 나름 특징을 가지고 있다. 하지만 선교사역을 담당하는 사역자는 선교에 대한 이해와 훈련의 과정을 통해 올바른 이해를 가지고 선교사역에 임할 수 있다. 그런 면에서 보면 양육사역과 선교사역은 독립적이지만 서로 유기적인 연결성을 가지고 있다. 따라서 사역조직을 구성할 때는 각 사역이 효과적으로 연결되고, 원활하게 협력할 수 있는 구조를 염두에 두어야 한다.

4) 모든 성도가 참여할 수 있도록 구성되어야 한다

교회 사역조직의 중심은 '사람'이다. 주님의 말씀으로 훈련되고 양육된 성도들이 참여할 때 비로소 사역이 원활하게 이루어진다. 교회사역은 사람이 도구가 아니라 사람이 목적이 되어야 한다. 그것이 예수님이 원하시는 것이다. 사역을 통해 영혼이 구원받고 예배의 자리에서 은혜를 경험하며 봉사의 자리에서 주님의 사랑을 나눌 수 있어야 한다. 이렇게 되기 위해서는 모든 성도가 참여할 수 있도록 사역이 개방되어야 한다. 투명하게 진행되고 어떤 사역에 참여할 것인지에 대해 홍보해야 한다. 몇몇 사람이 교회의 사역을 독점한다면 올바른 사역으로 발전할 수 없다. 모든 성도가 참여할 수 있도록 동기를 부여하고 사역을 통해 그리스도의 사랑을 경험해야 한다.

5) 영적 성장의 도구로 조직되어야 한다

교회의 사역을 일로 이해하는 성도들이 있다. 교회의 사역은 일이 아니다. 일 잘하는 사람이 사역자가 아니다. 은혜로 채워진 사람, 그리스도의 사랑을 나눌 수 있는 사람, 그리고 주님의 말씀에 순종하며 헌신할 수 있는 성도가 사역자이다. 사역자로서 사역에 임하는 성도라면 사역에서 자신의 신앙이 성숙해져야 한다. 그리고 영적으로 성장해야 한다. 신앙이 성숙해지고 영적으로 성장한 성도는 사역이 아무리 힘들어도 감사함으로 사역을 감당한다. 희생과 헌신의 의미를 되새기고 사역을 통해 주님의 십자가의 사랑을 경험한다. 그러나 사역을 통해 신앙과 영적 성장을 이루지 못한 사람은 자신의 의를 드러내려고 하고 다른 사역자들의 사역을 비판한다. 그래서 사역을 통해 성도들이 영적으로 성숙하고 성장하도록 돕기 위해서는 사역의 목적과 의미를 분명히 가르쳐야 한다.

3. 사역조직의 유형

교회의 사역조직은 크게 '목사 중심형', '사역기반 위원회형', '사역-소그룹 혼합형', 그리고 '소그룹 기반 셀형'으로 구분할 수 있다.[46] 춘천중앙교회의 사역조직은 이러한 네 가지 사역조직을 교회에 맞게 조정한 형태이다. 먼저 네 가지 사역조직에 대해 설명하고자 한다.

1) '목사 중심형' 사역조직

'목사 중심형' 사역조직은 담임목사가 전반적으로 의사결정을 하며, 목사 위주의 교회 운영을 성도들이 지원하는 형태이다. 교회의 규모가 작을 때는 한 명의 목사가 단독으로 대부분의 사역을 감당하게 되고 교회의 규모가 커지면 목사 그룹이 중심이 되어 사역을 감당하게 된다. 이러한 조직 구성의 배경에는 목사들이 전문적인 교육을 받았고 상대적으로 성도들은 주말, 주일에 교회에 출석하여 봉사하기 때문에 목사가 사역을 주도하는 것이 효과적이라는 판단이 전제되어 있다.[47] 이와 같은 조직구조는 목사 그룹에 의해 권위주의적인 구조로 발전할 수 있으며, 일반 성도들이 상대적으로 수동적인 신앙생활을 하는 결과를 초래한다. 또한 신앙공동체의 공동체성을 상실하게 만드는 원인이 되기도 한다.

[그림 9-1] 목사 중심형 사역조직

담임목사

전문지원그룹 / 기획위원회 / 행정지원그룹

기본사역
예배·봉사·전도·훈련·교제

교구모임
소그룹

교회학교
영아부·유치부·아동부·
중고등부·청년부

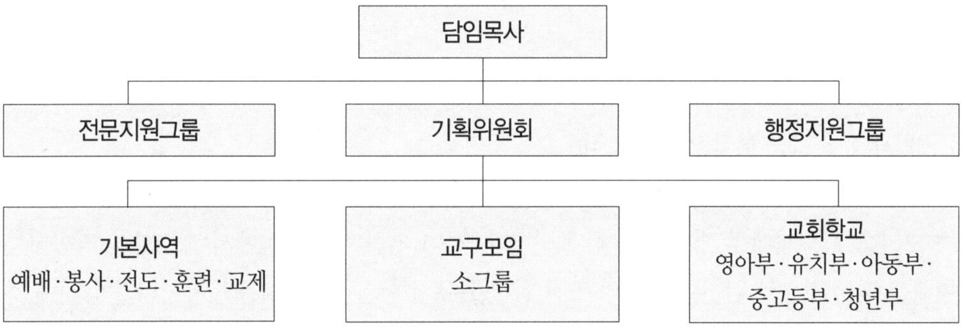

자료원 : 배종석 외(2008), 「건강한 교회 이렇게 세운다」

2) '사역기반 위원회형' 사역조직

'사역기반 위원회형' 사역조직은 교회의 5대 사역을 중심으로 각각 부서화하는 형태이다. 의사결정 권한이 각 위원회에 집중되어 있다. 특히 소그룹과 비공식집단의 활동이 적은 구조를 가진다.[48] 각 위원회 중심의 사역조직은 독립성이 강조된 결과, 사역에 있어서 유기적

46) 배종석 외(2008), 「건강한 교회 이렇게 세운다」, pp.159~165.
47) 위의 책, pp.159~160.
48) 위의 책, p161.

인 협력을 어렵게 하는 구조이다. 따라서 교회 안에서 유기적 사역이 되도록 목회 사역을 조정할 수 있는 부서가 있어야 한다. 안산동산교회, 선한목자교회, 제자교회가 '사역기반 위원회형' 중심의 사역조직을 통해 사역하고 있다.

[그림 9-2] 사역기반 위원회형 사역조직

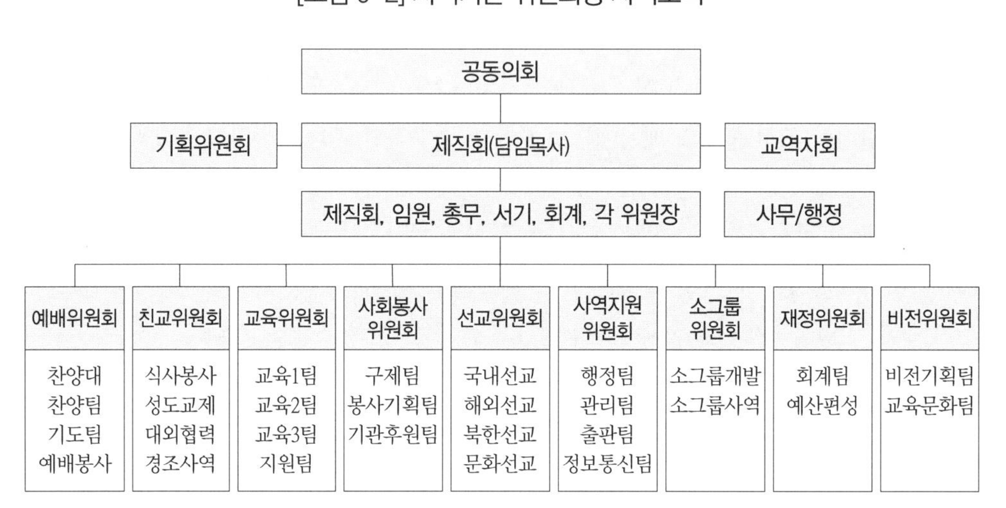

자료원 : 배종석 외(2008),「건강한 교회 이렇게 세운다」

3) '사역-소그룹 혼합형' 사역조직

'사역-소그룹 혼합형' 사역조직은 교회의 5대 사역 중심의 부서와 소그룹 형태가 매트릭스 모양으로 동시에 존재하는 형태를 말한다. 사역 기반 위원회형에서 소그룹을 강화하는 형태를 띠는 것으로 위원회 중심의 조직 형태를 유지하면서도 소그룹의 활성화를 동시에 추구하는 형태이다. 소그룹이 중심이 되어 활동하면서 위원회의 지원을 받는 형태도 여기에 해당된다. 소그룹 중심으로 사역하면 행정적 지원과 전문적인 사역 지원이 필요하기 때문에 이런 혼합된 형태를 띠는 것이다.[49] 이때 사역부서와 소그룹 활동 간의 균형을 맞추는 일이 중요하다. 소그룹이 중심이 되어 사역을 진행할 때는 모든 성도가 참여할 수 있도록 동기부여와 홍보를 추진해야 한다. 소그룹 중심으로 사역이 진행되면 사역의 열매가 부진해질 수 있다. 지구촌교회와 샘물교회가 사역-소그룹 사역조직으로 사역하고 있다.

---

49) 위의 책, pp.162~163.
50) 책, p.165.
51) 위의 책, p.167.

[그림 9-3] 사역-소그룹 혼합형 사역조직

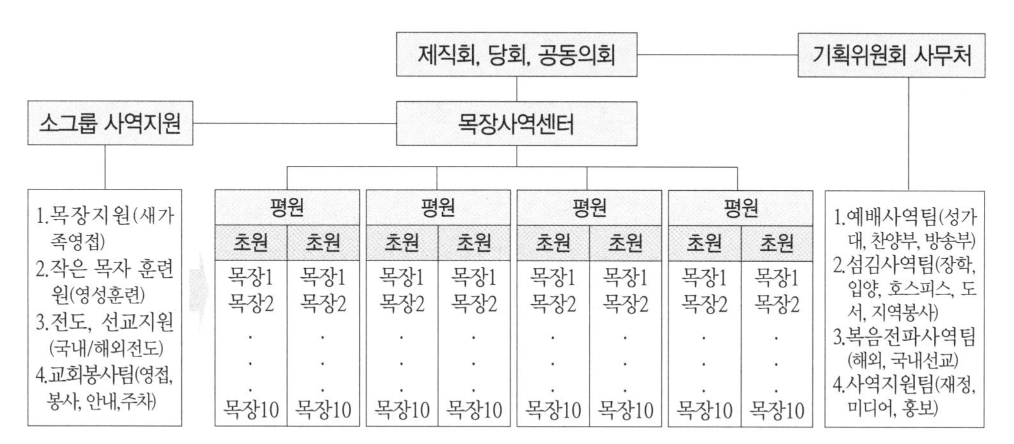

자료원 : 배종석 외(2008), 「건강한 교회 이렇게 세운다」

4) '소그룹 기반 셀형' 사역조직

'소그룹 기반 셀형' 사역조직은 비교적 의사결정이 분권화되어 있으며, 소그룹이 활성화되어 있다. 소그룹이 작은 교회의 역할을 감당하며 소그룹을 기초로 교회 전체가 형성되는 구조이다.[50] 소그룹 중심의 셀 형태 교회는 성도들의 자발적인 참여로 이루어진다. 신앙생활의 자율성이 극대화되어 신앙생활에 있어 적극적으로 교회사역에 참여할 수 있다는 장점이 있다. 하지만 소그룹 중심으로 진행되기 때문에 '교회'라는 거시적인 입장에서 보면 공동체성이 상실될 수 있다. 또한 전체 사역의 목적이 희석될 수 있다. 사역의 전문성이 떨어질 수 있고 소그룹 리더에 대한 준비성이 문제가 될 수 있다.[51]

[그림 9-4] 소그룹 기반 셀형 사역조직

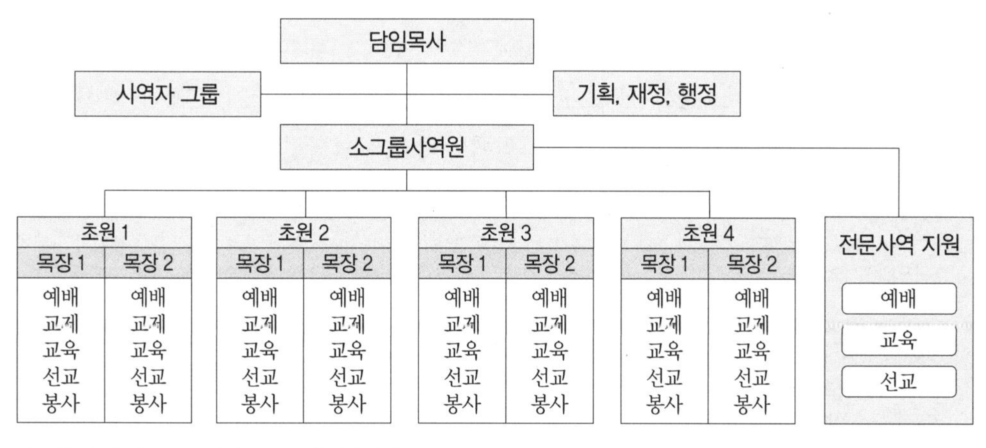

자료원 : 배종석 외(2008), 「건강한 교회 이렇게 세운다」

4. 춘천중앙교회의 경험

1) 사역조직 전환의 원리

교회 조직 개편의 기본 철학은 초대교회를 모델로 구성하였다. 사도행전 6장 1~7절의 말씀[52]을 기준으로 사역구조를 개편하였다. 사도행전 6장 2절의 말씀처럼 열두 사도가 하나님의 말씀을 제쳐두고 당시 성도들을 구제하는 일에 중점을 두고 사역했다. 구제받는 일에서 제외된 성도들이 원망했다. 그래서 초대교회의 사역구조가 바뀌게 된다. 사도들은 4절 말씀처럼 '기도하는 일과 말씀 사역'에만 전념하고 성령이 충만한 일곱 집사를 세워서 '구제하는 일과 기타 사무'를 맡겼다. 그러자 하나님의 말씀이 왕성하여졌고 예루살렘에 성도들이 증가하였다.

초대교회 사역구조의 전환을 중심으로 사역조직의 원리를 정하게 되었다. 인위적인 사역조직의 개편이 아니라 '성서에 기초를 두고 하나님의 뜻을 이룰 수 있도록 사역구조를 개편'하였다. 각기 흩어져 있던 사역을 정리하고 목사와 성도의 사역 기준을 정했다. 목사는 말씀사역과 기도사역, 즉 목회적 돌봄을 중심으로 사역을 구성했으며 성도들을 사역자로 양육, 훈련하여 사역의 중심에 서게 했다. 그동안 목사들이 가지고 있던 사역의 기득권을 성도들에게 위임했다.

2) 사역을 정리하다

2010년 당시 춘천중앙교회 내에 전체 목사가 11명(목사 9명, 수련목사 2명)이었다. 기획목사 1명, 교구 담당 목사 4명, 교회학교 각 부서별 담당 목사 3명과 유치부 담당 수련전도사 1명, 그리고 부속실 수련전도사 1명이었다. 컨설팅을 하면서 기획목사 1명, 교구 담당 목사 6명, 교회학교 담당 목사 1명, 그리고 교육 담당 전도사 4명으로 사역조직이 바뀌었다.

사역의 전문성과 효율성, 그리고 체계적인 사역구조가 미흡하다고 판단되었다. 사역에 있어서 예배, 선교, 봉사, 교육, 행정으로 구분되어 있었지만 서로 얽혀 있었다. 예를 들면 사회봉사 담당 목사임에도 불구하고 선교사역에 속해 있는 남녀선교회 사역, 밀알전도대 사

---

52) 개역개정 성경, 사도행전 6장 1~7절, "그 때에 제자가 더 많아졌는데 헬라파 유대인들이 자기의 과부들이 매일의 구제에 빠지므로 히브리파 사람을 원망하니 열두 사도가 모든 제자를 불러 이르되 우리가 하나님의 말씀을 제쳐 놓고 접대를 일삼는 것이 마땅하지 아니하니 형제들아 너희 가운데서 성령과 지혜가 충만하여 칭찬 받는 사람 일곱을 택하라 우리가 이 일을 그들에게 맡기고 우리는 오로지 기도하는 일과 말씀 사역에 힘쓰리라 하니 온 무리가 이 말을 기뻐하여 믿음과 성령이 충만한 사람 스데반과 또 빌립과 브로고로와 니가노르와 디몬과 바메나와 유대교에 입교했던 안디옥 사람 니골라를 택하여 사도들 앞에 세우니 사도들이 기도하고 그들에게 안수하니라 하나님의 말씀이 점점 왕성하여 예루살렘에 있는 제자의 수가 더 심히 많아지고 허다한 제사장의 무리도 이 도에 복종하니라."

역을 담당하고 있었다. 그리고 양육사역 중에서 소그룹 지도자 양육, 일대일 양육 등 선교사역과 양육사역까지 구분 없이 목사 한 사람이 다양한 사역을 맡아 하고 있었다. 그 결과 사역의 체계적인 진행이 어려웠다. 전문성이 결여되어 사역의 효율성은 떨어지고 서로 유기적인 관계가 이루어지지 않았다. 사역에 참여하는 성도들 역시 사역 담당자가 누구인지에 대해서 혼선을 빚어 사역의 정리가 필요했다.

특히 교회학교에는 교육목사 3명, 수련목사 1명이 구성되어 있었다. 설문조사를 통해서 나타난 부분이지만 교육목회철학과 비전에 있어서 통일성을 가지지 못한 이유가 목사들이 교회학교에 너무 많이 배치된 결과이기도 했다. [그림 9-5]는 춘천중앙교회 컨설팅 이전의 교회사역을 정리한 것이다.

[그림 9-5] 춘천중앙교회의 컨설팅 이전 사역조직도

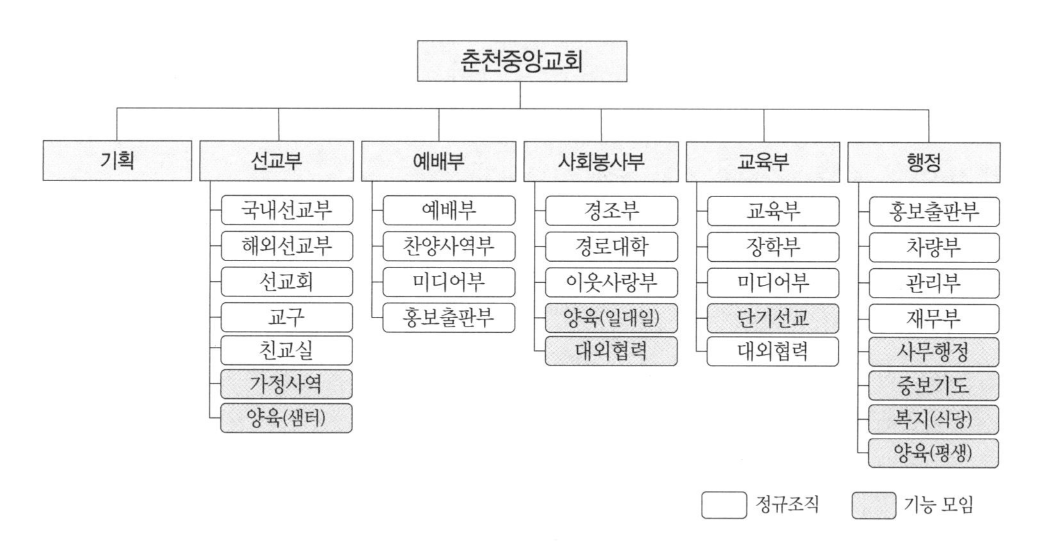

3) 비전을 이루기 위한 사역조직 구성

컨설팅 이후 교회사역 조직은 '사역기반 위원회형'을 기본으로 개편되었다. 첫째, 1실 5부(예배, 선교, 봉사, 교육, 행정) 체제를 1실 6국(예배, 선교, 양육, 봉사, 교육, 행정) 체제로 개편했다. 둘째, 기획실과 양육국이 신설되었고 부장 체제를 국장 체제로 전환하였다. 특히 양육국은 목사 2명이 배치되어 양육을 강화했다. 셋째, 각 국별 사역팀을 구성하여 실제적인 사역이 이루어지게 하였으며, 평신도 지도자를 팀장으로 배치하여 사역을 전문적으로 할 수 있도록 했다.

[그림 9-6] 춘천중앙교회 컨설팅 이후 사역조직도

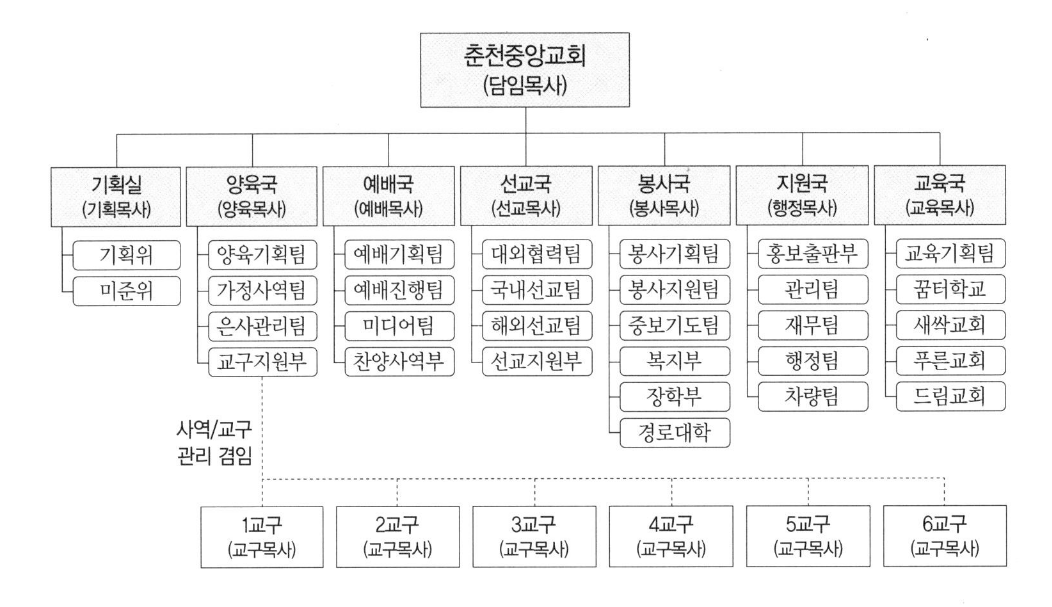

4) 'R&R' 개념을 도입하여 책임사역을 실시하다

'R&R'이란 'Role & Responsibility'의 약자로 특정 부서가 사역을 진행할 때 기대되는 성과를 말한다. R&R이 필요한 이유는 각 사역이 분화되고 사역을 실천에 옮길 때 사역조직의 책임을 강화하여 사역이 잘 이루어지도록 하기 위한 것이다. 타의에 의한 것이 아니라 자발적으로 사역 활동을 개선하기 위한 것이며, 이루어야 할 사역을 명확하게 하여 결과 중심으로 사역체제를 확고히 하기 위한 것이다. 특히 각 부서에 사역에 관한 책임과 권한을 부여하여 사역에 참여하는 사역자들이 열정을 가지고 임할 수 있도록 하기 위한 것이다. R&R을 도출하는 과정은 [그림 9-7]과 같다.

[그림 9-7] R&R 도출 프로세스

전략과제 및 세부 추진과제 확인	부서별 사역 리스트 확인	R&R 매트릭스 작성	사역 리스트 최종(안) 도출
• 중장기 발전전략 수립 과정에서 도출된 전략 과제 및 세부 추진과제 리스트 확인 • 소관 국에서 담당해야 할 전략과제 및 세부 추진과제 확인	• 부서(국/팀) 단위 사역 리스트 점검 • 부서별 책임과 역할 토의 • 연간 주요 사역 리스트 확정	• 부서별 R&R 작성 • 목회자, 국장, 팀장 및 사역자 R&R 설정	• 매뉴얼 도출을 위한 사역 리스트 정리 • 부서(국/팀) 단위 업무 매뉴얼 작성 일정 협의

앞서 언급한 R&R 작성 프로세스를 통해 각 국별 사역에 대한 세부 담당 사역이 더욱 명확해지게 되었고 후에 사역 설명서를 구성하는 계기가 되었다. 다음 아래의 [표 9-1]은 R&R 도출 과정을 통해 세분화된 사역의 내용이다.

[표 9-1] R&R 도출을 통해 세분화된 사역 내용

담당부서(국)	팀	사역 내용
기획실		• 미래준비위원회 운영 및 지원 • 각종 세미나 운영
선교국	국내선교팀	• 새생명축제 기획 및 운영 • 강사 초빙 및 선정 • 밀알전도대 구성 및 운영 • 문화선교회 구성 및 운영 • 미자립교회 지원 프로그램 개발 및 지원 • 단기선교 프로그램 개발 및 지원
	해외선교팀	• 해외선교 작정주일 행사 기획 및 운영 • 선교바자회 기획 및 운영 • 선교지 개척 및 후원 방안 마련 • 단기선교 훈련과정 개발 및 파송 • 푸른교회 비전트립 기획 및 운영 • 드림교회 비전트립 기획 및 운영
	선교지원팀	• 남선교회 구성 및 조직운영 지원 • 남선교회 주관행사 지원 • 여선교회 구성 및 조직운영 지원 • 여선교회 주관행사 지원 • 청장년선교회 구성 및 조직운영 지원 • 청장년선교회 주관행사 지원
	대외협력 지원팀	• 실업인선교회 구성 및 조직운영 지원 • 유학생 및 다문화 선교 기획 및 운영 • 기타 주제별 선교 개발 및 운영 • 월드비전/어린이재단/효자복지관 협력사업 발굴 및 지원
예배국	예배기획팀	• 말씀 내용 확인 • 예배 관련 부서 구성 및 운영방안 협의 • 주보 및 예배 큐시트 제작 • 예배 안내위원 발굴
	예배팀	• 예배안내(1~3부/저녁예배) • 제단 장식 및 관리 • 새벽기도(일반/특별) • 초청행사(간증 포함) • 세례교육 및 문답 • 부흥회 • 세례식 진행 지원 • 성만찬 예배
	찬양사역팀	• 찬양대/찬양단/관현악단 모집 • 찬양/연주 연습 및 훈련 • 찬양/연주 • 문화교실 구성 및 운영
	예배영상팀	• 주일예배 영상 제작(광고/홍보 영상 등) • 부정기 예배 행사 시 영상 지원 • 영상장비 유지 보수 • 방송, 음향 및 조명 세팅 • 방송, 음향 및 조명 유지 보수
양육국	교구지원팀	• 교구 및 샘터 조직 • 교구장, 부교구장 및 전도대장 사역 지원 • 샘터지도자 양육 및 훈련 • 심방(새가족, 일반, 대심방) 지원 • 경조사 지원(출산, 돌, 결혼, 이사, 개업, 전시회, 입원 등)
	양육기획팀	• 새가족 영접/등록관리/교육훈련/교구 연결 • 양육자 일대일 훈련 • 일대일 양육 훈련 인원 정기모임 • 제자반 훈련과정 개발 • 사역자반 모집 및 운영 • 샘터지도자 모집 및 훈련 • 평생훈련과정 개설 및 운영

담당부서(국)	팀	사역 내용
양육국	가정사역팀	• 아버지학교 기획 및 운영 • 어머니학교 기획 및 운영 • 사춘기 청소년 자녀교실 기획 및 운영 • 결혼예비학교 기획 및 운영
	은사관리팀	• 은사발견세미나 기획 및 운영 • 은사사역 연구 개발 • 은사 관련 상담실 운영 • 은사관리지침 마련 • 은사정보 데이터화
봉사국	봉사기획팀	• 봉사자 모집 • 봉사활동 기획
	봉사지원팀	• 주일 출/주차사역 • 주요행사 시 출/주차사역 • 주차 캠페인 • 행사지원 및 데코
	장학팀	• 장학생 선발 기준 마련 및 선발 • 장학기금 마련 • 장학위원 구성 및 모임
	중보기도팀	• 중보기도 접수 • 봉사자 모집 • 중보기도
	이웃사랑팀	• 사랑의주일 행사 기획 및 운영 • 1004운동 기획 및 운영 • 사랑의나눔 행사 기획 및 운영
	경조팀	• 결혼/예식 신청 접수 및 문답 • 결혼 리허설 및 결혼식 • 교회식당 사용 및 선교회 지원 • 장례 및 교회묘지 사용 신청 접수 • 장례 및 교회묘지 사용 지원
	복지사역팀	• 친교실 운영(물품구매 및 판매) • 교회식당 운영(물품구매 및 판매) • 봉사자 모집 및 운영
교육국	교육기획팀	• 교육국 비전 및 목회철학 정립 • 연령별 교육 커리큘럼 설계 • 교사 훈련 프로그램 설계 • 교육국 내 부서별 행사 기획 조정
	꿈터교회	• 예배 • 제자훈련 • 분반공부 • 새가족모임 • 교사훈련 및 모임
	새싹교회	• 예배 • 제자훈련 • 분반공부 • 새가족모임 • 교사훈련 및 모임 • 여름/겨울 성경학교
	푸른교회	• 예배 • 제자훈련 • 분반공부 • 새가족모임 • 교사훈련 및 모임 • 여름/겨울 성경학교
	드림교회	• 예배 • 제자훈련 • 분반공부 • 새가족모임 • 교사훈련 및 모임 • 여름/겨울 수련회 • 비전트립(해외) • 봉사동아리 구성 및 활동 • 아름다운 청소년 활동 및 지원 • 국제청소년 포상제 활동 및 지원
	비전교회	• 예배 • 제자훈련 • 셀모임 • 단기선교(국내, 해외) • 새가족교육 • 비전교회 일대일 양육 • 봉사 동아리 구성 및 활동 • 특별 새벽기도회 • 수련회 • 새생명전도축제 • 선교바자회 • 캠퍼스 전도

담당부서(국)	팀	사역 내용
지원국	홍보출판팀	• 주보 및 교회신문 발행 • 담임목사 설교집 등 출간 • 주요 행사 사진 촬영 • 교회 역사자료 발간 및 관리 • 인터넷 홈페이지 유지관리
	차량팀	• 교회차량 운행 및 관리 • 교회차량 및 기사 배치 • 교회차량 관련 경비 정산(보험, 사고처리, 연료비 등)
	관리팀	• 승강기 안전검사/보일러 세관 및 검사 • 가스정기 안전검사 • 소화전, 스프링쿨러 점검 및 소방시설 점검 • 전류 및 절연 저항 점검 • 각 기기별 정비 및 도색 관련 업무 • 실내환경 측정 및 물탱크 관리 • 고저압 관련 발전기 점검 및 수리 • 냉각탑 청소 및 건축물 안전검사 • 제연설비 점검/비상방송장비 점검 • 냉온수 난방기 점검/동파대책 수립 • 교회자산 매매 및 관리 • 네트워크 장비 및 방송시설 관리 • 교회주변 환경 개선 및 유지보수 • 교회묘지 유지보수 및 개선
	재무팀	• 수입 및 지출 관리 • 예산수립 및 관리 • 재정보고 및 결산 • 자금 및 급여관리 • 헌금관리 • 세무관리
	행정팀	• 당회준비 소위원회 문서자료 작성 • 당회 문서자료 작성 • 구역회 문서자료 작성 • 디모데 교적 프로그램 관리 • 제 증명서 발급 • 시설사용 예약 및 전화안내 • 목회 및 교회행사 지원 • 사무물품 구매 • 기타 문서관리

교회는 구원의 은혜에 기초한 공동체이다. 그래서 교회에서 조직을 말하면 어색하게 느껴진다. 예배 잘 드리고 헌금생활과 봉사생활 잘하면 된다고 생각하기 쉽다. 그러나 예배를 드리는 것, 선교하는 것, 그리고 봉사하는 것도 조직에 의해서 움직여진다. 교회사역 조직은 성도들을 지배하는 것이 아니라 돕는 역할을 한다. 예배를 잘 드릴 수 있도록 준비하게 하고 하나님이 원하시는 곳에 선교할 수 있도록 선교사역을 돕는다. 그리고 사랑의 손길이 필요한 곳에 올바르게 사역이 이루어지도록 하는 것이 조직이다. 그래서 교회의 사역조직은 사역이 더욱 잘 이루어질 수 있도록 만드는 도구이다.

교회사역 조직은 교회가 위치한 지역과 깊은 관계를 가진다. '목사 중심형', '사역기반 위원회형', '사역-소그룹 혼합형', 그리고 '소그룹 기반 셀형'의 다양한 사역조직이 있지만 교회의 규모, 성도의 구성 스타일, 지역적 성향 등을 파악하여 교회의 비전과 핵심가치를 이룰 수 있는 방향으로 사역조직을 선택하고 적용시켜야 한다.

1 당신이 출석하고 있는 교회는 다음의 네 가지 사역조직 중 어떤 조직에 속하나요?

1) 목사 중심형
2) 사역기반 위원회형
3) 사역-소그룹 혼합형
4) 소그룹 기반 셀형

2 각 사역조직의 특징은 무엇입니까?

1) 목사 중심형

2) 사역기반 위원회형

3) 사역-소그룹 혼합형

4) 소그룹 기반 셀형

3 자신이 출석하는 교회의 바람직한 사역조직은 어떤 형태라고 생각하십니까? 그 이유는 무엇인가요?

무엇을? 어떻게?
사역 설명서

링컨 대통령에게 어떤 사람이 질문을 했다.

"당신의 놀라운 성공의 비결은 무엇입니까? 그 많은 사람들로부터 높은 존경을 받는 삶의 비결이 도대체 무엇이죠?"

그는 껄껄 웃으면서 특유의 기지를 발휘하여 이렇게 대답했다.

"그것은 간단합니다. 나는 다른 사람들보다 더 많은 실패를 했기 때문입니다."

사실 그는 많은 실패를 했다. 그러나 그 많은 실패 속에서 믿음을 지켰다. 그래서 존경받았던 것이다.

요한 웨슬리(John Wesley) 목사가 87세 때, 알렉산더 메즈어(Alexander Merzer)에게 보낸 편지에 이런 말이 있었다.

"죄가 아니면 두려워할 것이 전혀 없는, 하나님이 아니면 원하는 것이 전혀 없는, 그런 전도자를 내게 백 명만 주십시오. 그 사람이 성직자이든, 평신도이든 개의치 않겠습니다. 그런 사람이라야 지옥의 문을 부술 수 있고, 지상에 하나님의 나라를 건설할 수 있기 때문입니다."

정말로 하나님을 사랑하는 사람 100명만 있으면 이 나라를 구원하겠다는 것이다.

빌리 그레이엄(Billy Graham) 목사도 이렇게 말했다.

"전적으로 하나님께 헌신할 사람 칠백 명만 주십시오."

700명만 있으면 그 넓은 미국은 산다고 했다. 사실이다. 하나님께 헌신하는 사람, 그 몇 사람에 의해서 나라도, 민족도 사는 것이다. 하나님의 눈, 하나님의 마음은 오늘도 하나님께서 원하시는 그 한 사람을 찾고 계신다.[53]

하나님이 원하시는 그 사람이 누구일까? 바로 '우리'이다. 하나님 앞에 헌신하는 사람, 순종함으로 어떤 일이든 감당하겠다고 자원하는 사람이다.

---

53) 설교닷컴, "당신의 놀라운 성공의 비결은 무엇입니까?"

'주님은 무엇을 하시기 원하실까?' 혹은 '어떤 일을 하시기 원하실까?' 너무 막연하다. 그렇기 때문에 사역에는 '무엇을 어떻게, 그 목적이 무엇인지' 분명히 기록해야 한다. 교회의 모든 사역은 주님이 원하시는 사역이 되어야 한다. 그렇게 되기 위해서 각 사역마다 사역의 목적과 비전, 그리고 사역의 세부내용이 기록되어야 한다.

교회가 작으면 목사 한 사람이 모든 사역을 다 하지만, 성도가 100명 이상이 되면 목사 혼자 교회의 모든 사역을 감당하기가 힘들어진다. 또한 사역에 대한 목적과 내용을 규정해 놓지 않으면 아무리 반복되는 일이라 하더라도 사역의 순서뿐 아니라 목적까지도 변해 버리는 일이 생긴다. 그렇기 때문에 사역 설명서를 준비하는 것이 중요하다. 사역 설명서는 우리의 사역을 명확하게 규정하는 것이다. 춘천중앙교회의 사역 매뉴얼은 지구촌교회의 사역 매뉴얼[54]을 참조하여 춘천중앙교회의 틀에 맞게 재구성한 것이다.

1. 사역 설명서가 필요한 이유

기업에서는 '직무관리'라는 말을 쓴다. 그러나 이 책에서는 직무관리 대신 '사역점검'이라는 용어로 바꿔 사용하고자 한다. '사역점검'이란 교회 전체의 업무수행의 효율성을 높이기 위해 효과적인 업무처리 과정과 부서 간 업무 연계 구조를 만들고, 개별 부서 안에서 수행해야 할 사역의 내용과 범위, 사역담당자의 업무 내용과 역할 등을 정리한 것이다.[55] 사역 설명서(사역 매뉴얼)가 필요한 이유는 다음과 같다.

첫째, 각 사역의 비전과 목적, 그리고 사역의 내용을 규정하게 되면 사역의 목적이 명확해진다. 전반적인 사역의 목적과 내용을 이해하게 되어 사역과 관계없는 일에 몰두하지 않게 된다. 둘째, 사역의 투명성이 보장된다. 일부 사역하는 사람만 알고 있는 것이 아니라, 사역에 참여하기 원하거나 관심이 있는 성도 모두가 사역에 대해 알게 된다. 따라서 보다 많은 성도들에게 사역 참여에 대한 동기를 유발할 수 있다. 셋째, 사역의 지속성을 유지할 수 있다. 사역을 담당하는 목사나 성도가 타 지역으로 이동하거나 이사하게 되면 사역이 중단된다. 그 이유는 사역을 진행하던 사람이 사역의 전반적인 내용을 독점했기 때문이다. 사역 설명서는 사역의 중단을 막아 준다. 한두 사람에게 집중된 사역의 내용과 진행과정을 함께 사역하는 다른 사역자가 알게 하여 사역이 지속되고 발전할 수 있도록 도와준다. 넷째, 사역을

54) 지구촌교회(2011), "지구촌교회 사역 매뉴얼"
55) 배종석 외(2008), 「건강한 교회 이렇게 세운다」, p.180.

정확하게 알 수 있도록 돕는다. 사역 설명서는 사역의 비전과 목적, 각 사역 안에 있는 팀들, 그리고 사역자가 무엇을 해야 할지를 제시해 준다. 말 그대로 해야 할 역할을 기록해 두고 있기 때문에 사역을 담당하는 사역자가 초보자일 경우라도 충분히 이해하고 사역에 임할 수 있다. 다섯째, 사역자 간의 갈등을 최소화하게 한다. 사역을 할 때 가장 어려운 점은 '책임'과 '의무'를 규정하는 일이다. 자신이 어떤 사역을 해야 하는지, 맡아야 할 책임과 의무는 무엇이며 행사할 수 있는 재량권의 범위는 어디까지인지, 누구에게 보고를 받고 누구에게 보고해야 하는지 등 사역의 내용과 역할이 명확해야 한다. 그래야 혼선을 빚거나 모호한 역할로부터 비롯되는 정신적 스트레스에서 벗어날 수 있다. 사역 설명서는 목사가 해야 할 일과 성도가 해야 할 일을 규정해 준다. 따라서 목사와 사역을 담당하는 성도 사이의 갈등을 최소화할 수 있다. 여섯째, 사역 간의 협력체계를 명확하게 할 수 있다. 교회사역은 한 개 사역부서만의 사역으로 완성되지 않는다. 다른 사역부서와 함께 영향을 주고 영향을 받는다. 따라서 사역을 할 때는 주관부서와 협력부서 사이에 조화로운 동반사역이 이루어져야 한다. 예를 들어 양육 사역은 교구 사역자들의 도움을 받아야 원활하게 진행할 수 있다. 사역 설명서는 부서 사이에 협력관계가 유지될 수 있도록 도우며 사역부서 사이에 원활하게 소통하는 도구가 된다.

2. 춘천중앙교회의 경험

1) 사역 설명서의 구성

(1) 사역 설명서의 기초

사역 설명서를 만드는 기초 작업의 틀은 '교회의 비전'이다. 교회의 비전이 무엇인가에 따라 사역의 내용과 순서가 바뀔 수 있다. 사역 설명서는 단순 명료하게 기술되어 사역을 담당하는 성도들이 이해하기 쉬워야 한다. 자발적으로 참여하거나 다른 사람의 권유에 못 이겨 참여하였거나 간에 사역에 참여하는 모든 성도들이 이해하기 쉽도록 기술되어야 한다. 특히 사역을 맡은 이가 자신의 역할과 의무에 대해서 이해할 수 있어야 하며 사역을 맡는 자에게 주어지는 권위가 인정되어야 한다. 그리고 개인의 영적 성장과 신앙의 성숙을 도모할 수 있도록 적절한 안내가 사역 설명서에 포함되어 있어야 한다.

(2) 사역 설명서의 구성

사역 설명서의 기초는 앞서 말한 바와 같이 교회의 비전이다. 교회의 비전을 실천에 옮기기 위해서는 사역조직이 필요하다. 춘천중앙교회의 경우 '부장체제'를 '국장체제'로, '위원회'를 '팀체제'로 전환하였다. 이러한 변화는 사역 전체의 전환을 의미하였다. 목사는 목회적 돌봄 사역에 집중하도록 하고 성도 중에서 지도자로 선발된 성도들이 개별 사역을 담당하게 한 것이다. 즉, 성도인 각 국장과 팀장이 사역에 대한 권한을 위임받아 모든 사역을 이루어 간다. 사역 설명서에는 각 국의 교회 내 역할, 비전과 사명, 조직도 및 각 국 소관 팀의 역할, 그리고 담당 사역자의 역할이 담겨 있다. 그 다음에는 각 팀별 사역 내용이 같은 순서로 제시되어 있다. 자세한 내용은 부록을 참고하기 바란다.

[표 10-1] 사역 설명서의 구성

<table>
<tr><th>구분</th><th>항목</th><th colspan="3">내용</th></tr>
<tr><td rowspan="9">○○국</td><td>교회 내의 역할</td><td colspan="3">○○국이 교회 내에서 어떤 역할을 하고 있으며 현재 어떤 사역을 감당하고 있는지 설명한다.</td></tr>
<tr><td>비전과 사명</td><td colspan="3">○○국이 가지고 있는 비전과 성취하려는 목표에 대해 설명한다.</td></tr>
<tr><td>조직 및 조직 내 역할</td><td colspan="3">1. 조직도 : ○○국의 전반적인 구성과 체계를 한눈에 볼 수 있도록 한다.
2. 조직 내의 역할 : ○○국 내의 팀들에 대한 목적과 비전, 역할에 대해 설명한다.</td></tr>
<tr><td rowspan="6"></td><th>구분</th><th>항목</th><th>내용</th></tr>
<tr><td rowspan="5">○○팀</td><td>교회 내의 역할</td><td>○○국 안에서 ○○팀이 맡고 있는 역할에 대해 설명한다.</td></tr>
<tr><td>비전과 사명, 주요 전략</td><td>1. 비전 : ○○팀의 비전에 대해 설명한다.
2. 사명 : ○○팀의 사명에 대해 설명한다.
3. 주요 전략 : ○○팀의 사역 내용에 대해 설명한다.</td></tr>
<tr><td>조직 및 조직 내 역할</td><td>1. 조직도 : ○○팀의 구성과 체계를 한눈에 볼 수 있도록 한다.
2. 담당 사역자의 역할과 업무에 대해 설명한다.</td></tr>
<tr><td>연간 주요 사역</td><td>연간 사역에 대해 설명한다.</td></tr>
<tr><td>세부 사역 소개</td><td>연간 사역에 대한 세부적인 항목에 대해 설명한다.</td></tr>
</table>

2) 사역조직 운영 프로세스

교회가 사역조직을 새롭게 구성하고 준비했다 할지라도 잘 운영하지 못하면 조직을 개편한 의미가 퇴색된다. 사역이 이루어지지 않을 뿐만 아니라 사역자들에게 동기를 부여하거나 적극적으로 참여할 수 있는 길을 막아버리게 된다. 작은 조직, 소규모의 조직이라 할지라도 잘 운영되면 큰 사역조직보다 더 큰 사역을 할 수 있게 된다. [그림 10-1]은 춘천중앙교회의 사역조직의 기본 운영 방향을 나타낸 것이다.

[그림 10-1] 사역조직 운영

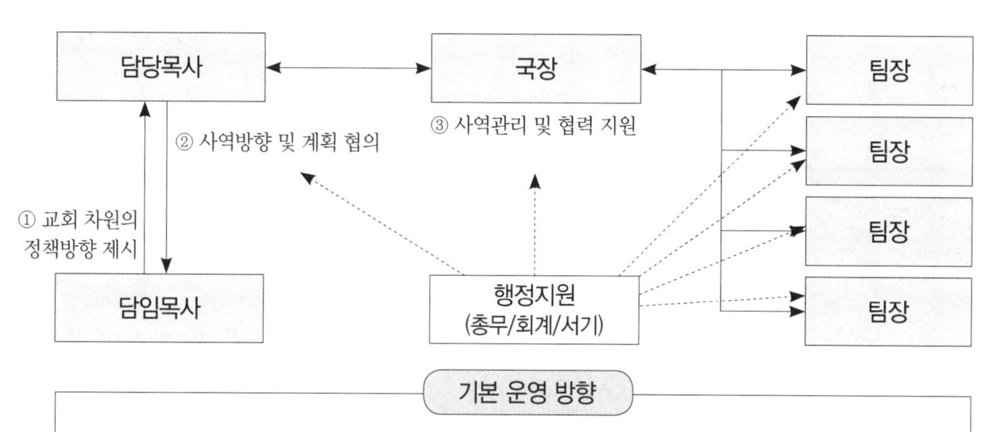

기본 운영 방향

- 담임목사는 교회의 비전과 목회철학에 따라 교회 차원의 정책 방향을 제시한다.
- 담임목사는 부목사들과 협의하여 사역 방향을 정하고 각 국별로 사역의 내용을 설정한다.
- 각 국의 담당목사와 담당국장은 담임목사의 비전과 목회철학에 따라 사역해야 할 내용을 논의한 후 각 팀장들과 협의하여 각 팀의 세부적인 사역 방향을 결정한다.

이때 행정적 지원은 각 국의 총무, 서기, 회계가 담당한다. 여기서 국장의 역할이 제일 중요하다. 마치 가정의 어머니와 같은 역할을 해야 한다. 국장은 교회의 비전을 실행하기 위해서 책임감을 가지고 사역을 진행한다. 이렇게 사역의 방향을 진행할 때, 다소 반대하거나 불평을 이야기하는 팀장이 있게 마련이다. 그럴 때 국장은 팀장을 설득하고 권면해서 사역이 진행될 수 있도록 한다.

'백지장도 맞들면 낫다.'는 말이 있다. 작은 일도 서로 협력하면 일이 훨씬 쉬워진다는 말이다. 그래서 서로 한마음이 되어 협력할 수 있도록 만드는 도구가 필요하고, 그것이 바로 사역 설명서이다. 같은 사역이라도 어떻게 해야 할지 모른다면 사역이 기쁨이 아니라 부담이 되고 근심이 된다. 교회의 사역은 특별한 사람만이 하는 것이 아니다. 모든 성도가 할 수 있다. 그렇게 되기 위해서는 성도들의 동참을 유도할 수 있도록 사역 설명서가 만들어져야 한다. 사역 설명서는 내비게이션(navigation)과 같이 우리가 해야 할 사역의 비전을 이룰 수 있도록 돕는 역할을 한다. 교회의 모든 사역을 하나하나 점검하면서 그 내용을 기록해 보면 사역의 의미와 목적이 성도들의 가슴에 와 닿게 될 것이다.

1 자신이 가장 잘 알고 있는 사역을 소개해 보세요.

2 잘 알고 있는 사역을 다음의 내용에 따라 기록해 보세요.

1) 사역명 :

2) 사역의 목적 :

3) 사역 속에서 자신의 역할 :

4) 다른 지역으로 이주하여 사역을 지속하지 못하게 될 때 자신의 역할을 대신 하게 될 사역자를 위해서 남겨줄 수 있는 것은 무엇인가요?

더 좋은 교회 만들기 11

은사로 사역하라

은사 프로그램

사람들은 자신이 좋아하는 요리에 관심을 가진다. 요리를 좋아하는 사람이라면 한 가지 주된 식재료를 가지고도 다양하게 음식의 맛을 낼 수 있다는 것을 잘 안다. 예를 들면 소고기 요리가 단 한 가지만 있는 것은 아니다. 소고기 요리 하면 한 가지 식재료만 생각하게 되나 소고기 요리에도 사용되는 부위에 따라 다른 맛을 낼 수 있다. 미역국에는 양지머리나 사태가 적합하고, 불고기감으로는 부드러운 육질의 우둔살이나 목살이 좋다. 잡채에는 씹히는 맛이 좋은 다용도의 홍두깨살이 그만이다. 물론 등심, 안심, 갈비살 등 상급 고기를 사용하는 것도 좋지만 역시 제대로 된 맛을 원한다면 음식에 적합한 고기를 사용해야 한다.

은사 역시 마찬가지다. 내가 모든 은사를 다 받았다면 좋겠지만 하나님께서는 각 사람에게 다양한 은사를 주셨다. 소고기에도 부위별 용도가 다르듯 교회를 세워가는 우리에게도 다양한 모습의 은사가 있다. 하나님이 우리에게 다양한 은사를 주신 것은 교회를 세워가기 위한 것이다. 그러므로 나에게 주신 은사로 하나님의 영광을 드러내야 한다. 이것이 바로 하나님께서 우리에게 은사를 주신 이유이다.

은사에 대해서 말은 많이 들었는데 자신의 은사가 무엇인지 알고도 그 은사를 활용할 수 없다면 참으로 안타까운 일이 아닐 수 없다. 컨설팅을 하기 전에도 이미 주일저녁예배를 통해 은사발견세미나를 4주에 걸쳐 3회를 해 오고 있었다. 그러나 성도들의 은사를 데이터화하는 과정을 이루지 못해서 행사로 그친 경우가 많았다. 춘천중앙교회는 컨설팅을 통해서 은사를 데이터화하는 작업을 병행할 수 있었다. 그래서 성도들이 은사를 토대로 자신의 은사에 맞는 사역을 할 수 있도록 지원하는 토대가 마련되었다.

춘천중앙교회에서 은사 설문을 하고 이것을 데이터화한 과정은 다음과 같다. 첫째, 설문지 조사를 통해 성도들의 은사를 확인하고, 둘째, 설문지를 통해 작성된 은사를 데이터화하면서 개인의 은사에 대한 결과를 우편이나 이메일로 발송했다. 셋째, 이미 작성했던 설문지를 토대로 은사 프로그램을 만들었다. 넷째, 성도들이 은사 프로그램을 통해 개인의 은사를 파악하고 성도의 은사는 데이터로 남을 수 있도록 은사에 대한 홍보를 지속하고 있다. 은사 설문지와 프로그램을 구성하면서 다양한 자료[56]를 참고하였다.

1. 은사의 정의

'은사'는 '하나님께서 사역을 위해 성령을 통해 성도들에게 주신 능력'이다. 구체적으로 정의하면 '그리스도의 몸인 교회의 유익과 성장을 위해 하나님의 은혜를 따라 성령께서 교회의 성도들에게 허락하신 특별한 영적 능력(a special attitude)'이라고 할 수 있다. 구약성경에서는 '토(טוֹב)'라는 히브리어를 사용하는데 '선한, 아름다운, 즐거움, 좋은, 긍휼'이라는 뜻이다. 구약에 사용된 은사의 의미는 선한 일을 통해 조화를 이룸으로써 다른 사람들에게 유익을 주는 하나님이 주신 선물이다. 신약성경에서는 '카리스마(χαρισμα)'라는 그리스어로 '은혜의 선물, 거룩한 선물, 비상한 능력' 등의 의미를 가지고 있다.[57] 결국 '은사'는 하나님께서 '은혜의 선물'로 다른 사람에게 유익을 주기 위해 각 사람에게 주신 것이다. 하나님은 우리에게 은사를 통해 하나님께 영광을 돌리는 삶을 살라고 하셨다. 그래서 은사를 통한 소명과 사명의 발견이 중요하다.

은사를 개인의 능력으로 이해하는 것은 잘못된 것이다. 은사에는 세 가지 중요한 의미가 담겨 있다. 첫째, 은사를 주신 '목적'이다. 은사는 교회의 유익과 성장을 위해서 성도들에게 주셨다. 각 개인에게 주신 은사를 활용하여 그리스도의 몸인 교회에 유익을 주고 복음이 전해짐으로써 교회가 질적으로나 영적으로 성장하기 위한 것이다. 그래서 은사를 잘 사용하는 교회가 건강한 교회가 되고 성장하게 된다. 둘째, 우리에게 은사를 주시는 '주체'이다. 은사를 주시는 분은 하나님이며 우리에게 은혜로 주시는 것이다. 은사는 인간의 노력이나 의지로 주어지는 것이 아니며, 소유되는 것도 아니다. 하나님의 은혜를 따라 성도에게 주어진다. 은사의 주인은 하나님이시지 인간이 아니다. 아무리 갖고 싶은 은사라도 하나님께서 은혜의 분량에 따라 주시지 않으면 그 은사는 자기 것이 될 수 없다. 은사를 말할 때 성령을 언급

---

56) 브루스 벅비, 배응준 역, 「은사 종합검진」(서울: 규장, 2009); 빌 하이벨스, 백순 역, 「네트워크 은사발견 사역, 개정판. 주교재」(서울: 프리셉트, 2008); 피터 와그너, 배응준 역, 「은사를 발견하라」(서울: 규장, 2002); 피터 와그너, 배응준 역, 「은사발견검사: 설문지」(서울: 규장, 2002); 조직 맥갈렙, 배윤호 역, 「은사로 교회를 세운다」(서울: 미션월드라이브러리, 2000).
57) http://onyang.tistory.com/3048 요약.

하는 이유는 바로 이 때문이다. 셋째, 은사를 받는 '대상'이다. 은사를 받는 대상은 예수님을 구주로 고백하며 주의 몸 된 교회를 세워 나가는 성도들이다. 교회의 몸을 이루는 각 성도의 필요에 따라 은사를 주시기 때문에 하나님의 백성이며 자녀라는 의식이 있어야 은사를 올바로 이해하고 사용할 수 있다. 각자의 능력이 모아져서 유기적인 관계를 이룰 때 그리스도의 몸 전체가 성장하고 발전하게 된다.

2. 은사의 성격

은사의 성격은 고린도전서 12장 1~7절의 말씀[58]을 보면 잘 나타나 있다. 첫째, 1절의 '신령한'이라는 말의 그리스어는 '프뉴마티카(πνεύματικων)'이다. 이 말은 속성을 나타내는 말로 '영적인, 성령의'라는 의미를 가지고 있다. 은사는 영적인 속성으로서 성령의 역사하심으로 나타난다. 다시 말하면, 은사는 성령께서 주시는 영적인 속성을 지닌 신령한 선물이다. 둘째, 4절의 '하나님의 선물'이라는 말의 그리스어는 '카리스마타(χαρισματα)'이다. 이 말은 은혜를 뜻하는 '카리스'에서 유래된 것으로 은사가 하나님의 선물로서 주어지는 '은혜'임을 보여준다. 인간의 죄와 허물을 용서하여 주시듯이 우리에게 은혜로 주신 것이 은사라는 것을 다시 한 번 확인해 주는 말이다. 셋째, 5절의 '사역'이라는 말의 그리스어는 '디아코니아(διακονιων)'이다. 이 말의 의미는 '직임, 직분, 사역, 봉사'라는 뜻이다. '은사'는 '주님께서 주시는 거룩한 직분이요, 사역'이라는 말이다. 그러므로 은사를 통해 직분을 감당할 때 남을 섬기는 겸손한 자세가 필요하다. 넷째, 6절의 '하나님의 능력'이라는 말의 그리스어는 '에네르게마타(ενεργηματα)'이다. 이 말은 무엇을 움직이게 하는 '하나님의 능력', 즉 '에너지'를 의미한다. 은사는 개인의 자연적 능력에서 나오는 것이 아니라 하나님의 능력이며, 은사의 능력의 원천은 인간이 아니라 하나님이라는 사실을 말해 주고 있다. 다섯째, 7절의 '나타난다'라는 말의 그리스어는 '화네로시스(φανερωσις)'이다. 이 말은 '보이게 하다', '명백하게 되다'란 뜻을 가지고 있다. 하나님께서 인간에게 주신 은사를 통해 섬김을 실천하면 할수록 하나님의 역사와 성령의 은혜가 나타나게 된다는 의미이다.[59]

---

58) 개역개정 성경, 고린도전서 12장 1~7절, "형제들아 신령한 것에 대하여 나는 너희가 알지 못하기를 원하지 아니하노니 너희도 알거니와 너희가 이방인으로 있을 때에 말 못하는 우상에게로 끄는 그대로 끌려 갔느니라 그러므로 내가 너희에게 알리노니 하나님의 영으로 말하는 자는 누구든지 예수를 저주할 자라 하지 아니하고 또 성령으로 아니하고는 누구든지 예수를 주시라 할 수 없느니라 은사는 여러 가지나 성령은 같고 직분은 여러 가지나 주는 같으며 또 사역은 여러 가지나 모든 것을 모든 사람 가운데서 이루시는 하나님은 같으니 각 사람에게 성령을 나타내심은 유익하게 하려 하심이라."

59) 프랜시스 M. 코스그로부, 「제자의 삶」(서울: 네비게이토, 2002), p.59.

결국 '은사'는 다섯 가지 성격을 가진다. 속성에 있어서는 영적인 속성(프뉴마티카, πνεύμ ατικων)을 가지고 있고, 하나님께서 우리에게 값없이 은혜로 주신 선물(카리스미타, χαρισμα των)이며, 거룩한 직임, 사역(디아코니아, διακονιων)을 감당할 수 있도록 하나님께서 우리에게 주신 능력(에네르게마타, ενεργημα των)이다. 그래서 이 은사를 통해 섬김을 실천하면 할수록 하나님의 역사와 성령의 은혜가 분명하게(화네로시스, φανερωσις) 나타난다. 결국 은사는 성령께서 우리에게 각각 믿음의 분량대로[60] 주시는 것이다.[61] 은사는 하나님의 영광을 위해 겸손과 성실함으로 사용하는 것이다.

3. 은사의 특징

'하나님께서는 왜 각 개인에게 같거나 다른 은사를 주셨을까?' 혹은 '어떤 사람에게 은사를 주실까?' 이러한 질문 속에는 은사의 목적도 있지만 나름 은사의 특징이 다르게 나타난다는 의미가 내포되어 있다. 은사는 선물꾸러미를 모든 사람에게 주듯이 받는 것이 아니다. 은사에는 다음과 같은 특징이 있다.

첫째, 은사는 각 사람이 교회의 유익을 위해 섬길 수 있도록 하나님께서 주신 특별한 선물이다. 고린도전서 12장 7절의 말씀을 보면 '유익하게 하려는 목적'이 있다. 둘째, 은사는 각 사람이 자신의 인생에서 의미 있는 봉사를 하도록 성령께서 나누어 주신 것이다. 성령께서 주시고 성령께서 역사하시는, 사역을 위한 능력이다. 셋째, 모든 사람은 적어도 한 가지 이상의 은사를 가지고 있다. 성도는 이것을 말씀을 통해 발견하고 은사발견세미나를 통해 확실히 알게 된다. 그래서 성도는 누구나 섬기는 사역자이다. 베드로전서 4장 10절[62]에는 '선한 청지기와 같이 봉사하라'는 말씀이 기록되어 있다. 넷째, 은사는 각기 다르지만 서로 분리되지 않고 섬기는 것이 하나님의 계획이다. 고린도전서 12장 17~20절의 말씀[63]처럼 각

---

60) 개역개정 성경, 로마서 12장 3절, "내게 주신 은혜로 말미암아 너희 각 사람에게 말하노니 마땅히 생각할 그 이상의 생각을 품지 말고 오직 하나님께서 각 사람에게 나누어 주신 믿음의 분량대로 지혜롭게 생각하라."

61) 개역개정 성경, 고린도전서 12장 8~11절, "어떤 사람에게는 성령으로 말미암아 지혜의 말씀을, 어떤 사람에게는 같은 성령을 따라 지식의 말씀을, 다른 사람에게는 같은 성령으로 믿음을, 어떤 사람에게는 한 성령으로 병 고치는 은사를, 어떤 사람에게는 능력 행함을, 어떤 사람에게는 예언함을, 어떤 사람에게는 영들 분별함을, 다른 사람에게는 각종 방언 말함을, 어떤 사람에게는 방언들 통역함을 주시나니 이 모든 일은 같은 한 성령이 행하사 그의 뜻대로 각 사람에게 나누어 주시는 것이니라."

62) 개역개정 성경, 베드로전서 4장 10절, "각각 은사를 받은 대로 하나님의 여러 가지 은혜를 맡은 선한 청지기 같이 서로 봉사하라."

63) 개역개정 성경, 고린도전서 12장 17~20절, "만일 온 몸이 눈이면 듣는 곳은 어디며 온 몸이 듣는 곳이면 냄새 맡는 곳은 어디냐 그러나 이제 하나님이 그 원하시는 대로 지체를 각각 몸에 두셨으니 만일 다 한 지체뿐이면 몸은 어디냐 이제 지체는 많으나 몸은 하나라."

각 은사는 다르지만 하나님의 뜻을 이 땅에 실현하는 것이다. 결국 그리스도의 몸 된 교회를 세워 나가며 그리스도의 사랑을 전하는 것이다. 다섯째, 은사에는 옳고 그름이나 크고 작음이 없다. 성도들이 착각하는 것이 바로 이것이다. 병 고침의 은사와 예언의 은사를 가장 큰 은사로 여긴다. 혹은 방언의 은사가 성도로서의 표시로 필수적으로 받아야 되는 은사라고 생각한다. 이것은 잘못된 것이다. 은사는 서열이 없다. 은사에는 잘된 은사나 잘못된 은사가 없다. 성도들이 은사를 서열화하면 하나님의 영광을 나타낼 수 없다. 은사는 모두 귀한 것이며 선한 것이다. 성령께서 우리에게 주신 것이기 때문이다. 여섯째, 은사는 영적으로 성장한 성도들에게 사명을 이루기 위해 성령이 주시는 선물이다. 은혜는 자신의 유익을 위하여 주는 선물이며, 은사는 자신은 물론이고 사명 봉사를 위한 선물이다. 그래서 은사를 받은 성도는 먼저 성령의 은혜 속에서 자신의 심령이 영적으로 성장한 것을 확신한 이후에 은사를 통해 사역을 수행해야 한다. 영적 성장이 이루어지지 못해 결국 교만함으로 어려움을 겪는 성도들을 보게 된다. 은사는 은혜의 기간을 거치고 나서 사명의 자리에 서게 한다.

4. 성경에 기록된 은사의 종류

고린도전서와 로마서에 각각 은사에 대해서 기록되어 있다. 물론 중복되는 부분도 있지만 사도 바울이 이렇게 다양하게 은사를 표현한 것은 이 복음의 대상이 각각 다르기 때문에 그 상황에 따라 설명한 것이다. 첫째, 고린도전서 12장 8~10절의 말씀[64]에는 아홉 가지 은사가 언급된다. '지혜의 은사, 지식의 은사, 믿음의 은사, 병 고치는 은사, 능력 행함의 은사, 예언의 은사, 영 분별의 은사, 방언의 은사, 그리고 방언 통역의 은사'이다. 둘째, 고린도전서 12장 28절의 말씀[65]에는 여덟 가지 은사가 언급된다. '사도의 은사, 선지자의 은사, 교사의 은사, 능력의 은사, 병 고침의 은사, 서로 돕는 은사, 다스리는 은사, 그리고 각종 방언의 은사'이다. 셋째, 로마서 12장 6~8절 말씀[66]에는 일곱 가지 은사가 언급된다. '예언의 은사, 섬

64) 개역개정 성경, 고린도전서 12장 8~10절, "어떤 사람에게는 성령으로 말미암아 지혜의 말씀을, 어떤 사람에게는 같은 성령을 따라 지식의 말씀을, 다른 사람에게는 같은 성령으로 믿음을, 어떤 사람에게는 한 성령으로 병 고치는 은사를, 어떤 사람에게는 능력 행함을, 어떤 사람에게는 예언함을, 어떤 사람에게는 영들 분별함을, 다른 사람에게는 각종 방언 말함을, 어떤 사람에게는 방언들 통역함을 주시나니."

65) 개역개정 성경, 고린도전서 12장 28절, "하나님이 교회 중에 몇을 세우셨으니 첫째는 사도요 둘째는 선지자요 셋째는 교사요 그 다음은 능력을 행하는 자요 그 다음은 병 고치는 은사와 서로 돕는 것과 다스리는 것과 각종 방언을 말하는 것이라."

66) 개역개정 성경, 로마서 12장 6~8절, "우리에게 주신 은혜대로 받은 은사가 각각 다르니 혹 예언이면 믿음의 분수대로, 혹 섬기는 일이면 섬기는 일로, 혹 가르치는 자면 가르치는 일로, 혹 위로하는 자면 위로하는 일로, 구제하는 자는 성실함으로, 다스리는 자는 부지런함으로, 긍휼을 베푸는 자는 즐거움으로 할 것이니라."

기는 은사, 가르치는 은사, 권면하고 위로하는 은사, 구제의 은사, 다스리는 은사, 그리고 긍휼을 베푸는 은사'이다. 넷째, 에베소서 4장 11~12절의 말씀[67]에는 다섯 가지 은사가 언급된다. '사도의 은사, 선지자의 은사, 복음 전하는 자의 은사, 목사의 은사, 그리고 교사의 은사'이다.

5. 은사발견 및 배치 사역의 목표

각 개인의 은사를 발견하고 은사에 맞게 교회사역에 배치하려는 이유는 다음과 같다. 첫째, 은사는 개인의 정체성을 확고하게 해준다. '나는 어떤 존재인가?', '하나님은 나에게 무엇을 원하시는가?', '내가 지금 서 있는 신앙의 자리는 올바른 자리인가?' 성도들로 하여금 그리스도인의 정체성을 확인시켜 준다. 둘째, 자신이 알지 못했던 하나님의 은혜와 섭리를 알게 된다. 은사는 자신의 재능이 아니다. 은사 속에는 하나님의 섭리가 있다. 지금 여기까지 인도하신 하나님의 섭리가 있고 손길이 있다. 그것을 알게 하는 것이다. 자신이 가야 할 길을 알게 되는 것이다. 셋째, 은사를 통해 사명을 알게 되고 사명의 길로 가게 된다. 은사를 통해 알 수 있는 것은 사명이다. 내게 주신 은사를 통해 교회를 섬기고 이웃을 섬기게 된다. 그 섬김이 사명의 자리가 되고 사명을 통해서 주님을 만나게 된다. 넷째, 은사를 통해 사역에서 보람과 기쁨을 누리게 된다. 은사를 통한 섬김으로 보람을 느낀다. 나에게 주시는 하나님의 은혜로, 선물로 봉사와 섬김의 자리에 서게 되는 것이다. 그렇기 때문에 억지로 하는 것이 아니라 기쁨과 즐거움으로 하게 된다. 다섯째, 영적 성장의 자리로 인도함을 받게 된다. 영적 성장은 세상과 분리된 곳에서 이루어지는 것이 아니다. 하나님은 세상을 만드셨고 예수님은 세상 속에서 빛이 되고 소금이 되라고 말씀하셨다. 빛이 되고 소금이 되려면 빛이 될 만한 자격, 소금이 될 만한 자격이 있어야 한다. 영적으로 성숙한 사람이라야 빛이 될 수 있고, 소금이 될 수 있다. 빛이 되려면 자신을 태워야 하고, 소금이 되려면 자신을 녹여야 하기 때문이다. 여섯째, 하나님께 영광을 돌리는 온전한 삶을 살게 한다. 마태복음 22장 37~40절의 말씀[68]처럼 하나님을 사랑하고 이웃을 자신처럼 사랑하는 목표를 이루기 위한 것이다.

---

67) 개역개정 성경, 에베소서 4장 11~12절, "그가 어떤 사람은 사도로, 어떤 사람은 선지자로, 어떤 사람은 복음 전하는 자로, 어떤 사람은 목사와 교사로 삼으셨으니 이는 성도를 온전하게 하여 봉사의 일을 하게하며 그리스도의 몸을 세우려 하심이라."

68)개역개정 성경, 마태복음 22장 37~40절, "예수께서 이르시되 네 마음을 다하고 목숨을 다하고 뜻을 다하여 주 너의 하나님을 사랑하라 하셨으니 이것이 크고 첫째 되는 계명이요 둘째도 그와 같으니 네 이웃을 네 자신 같이 사랑하라 하셨으니 이 두 계명이 온 율법과 선지자의 강령이니라."

일곱째, 주님의 몸 된 교회를 건강하고 유익하게 한다. 에베소서 4장 11~12절 말씀에 기록된 것처럼 '그리스도의 몸을 세우기' 위한 것이다. 결국 은사 배치 사역의 목표는 교회를 세우며 개인의 영적 성장과 신앙생활의 성숙, 그리고 섬김을 통한 그리스도의 사랑을 전하는 것이다.

이러한 목표에 부합하게 은사 배치가 이루어지기 위해서는 세 단계를 거쳐야 한다. 첫째, 자신의 은사를 발견하는 과정이다. 하나님께서 자신에게 주신 현재의 모습을 배우는 단계이다. 설문지를 통하거나 나름 준비된 프로그램을 통해서 자신에게 주신 은사가 무엇인지 알고 솔직히 인정하는 과정이 필요하다. 그래야 자신을 볼 수 있다. 둘째, 사역을 위한 상담 단계이다. 상담과정은 하나님께서 주신 은사를 통해 자신이 어떤 사역에 참여하는 것이 은혜와 보람을 느끼게 될지를 알게 되며, 사역을 하게 되어 실증이 난다거나 보람을 못 느끼게 될 때 은사와 새로운 사역을 연결해 줄 연결점을 찾게 된다. 그래서 은사를 통한 사역을 하기 전에 자신의 은사와 사역이 올바르게 연결될 수 있도록 상담의 과정을 반드시 거쳐야 한다. 셋째, 적극적으로 사역에 참여하는 단계이다. 은사발견의 궁극적인 목표는 사역 참여에 있다. 사역에서 보람을 찾고 은혜를 통해 영적으로 성장해야 한다. 이것이 궁극적으로 은사 발견과 은사 배치 사역을 하는 목적이다.

[그림 11-1] 은사발견 및 은사 배치 사역 과정

자신의 은사 발견 (설문)	상담 (은사와 사역의 연결점)	사역 참여

6. 춘천중앙교회의 경험

1) 은사 배치 준비

은사 배치를 해야 하는 가장 큰 이유는 성도들이 자신의 은사가 무엇인지 알고 자신의 은사를 통해 주님의 사역과 사명을 감당하기 위해서다. 은사 프로그램이나 시스템이 잘 되어 있어도 성도가 사역할 수 있는 여건이 잘 갖추어져 있지 않으면 은사 프로그램과 시스템은 아무 소용이 없다. 반면 은사 프로그램이나 시스템이 갖추어져 있지 않다 할지라도 성도가 자신의 은사를 통해 주님의 사역을 감당해 나간다면 이보다 좋은 경우는 없을 것이다. 프로그램이 '있다, 없다'의 문제가 아니라 은사를 통해 사역을 감당하고 '있느냐, 아니냐'의 여부가 중요하다. 춘천중앙교회에서 은사 배치를 위해 준비했던 내용을 살펴보자.

(1) 은사 설문지를 만들다

춘천중앙교회는 성도들의 은사진단을 위해 은사 설문지를 만들었다. 이 은사 설문지는 「네트워크 은사발견 사역」(빌 하이벨스, 프리셉트, 2008), 「은사 종합검진」(브루스 벅비, 배응준 역, 규장, 2009), 그리고 「은사발견검사」(피터 와그너, 배응준 역, 규장, 2002)를 기초로 하여 작성되었다. 이중 '독신의 은사'는 우리나라의 상황과 맞지 않아 제외했으며 춘천중앙교회의 상황과 성도들의 삶의 여건 등을 참고하여 설문지를 제작했다.

설문지를 구성한 후에 미래준비위원회를 통해 은사 설문지의 내용을 검토했다. 그리고 1차 설문을 7월 첫 주일 저녁예배 후에 실시했다. 약 500명의 성도들이 설문에 참여했으며 설문 결과를 프로그램에 인코딩하는 작업을 거쳐 데이터베이스가 만들어졌다. 이렇게 데이터베이스로 구축된 결과물을 토대로 은사 프로그램이 만들어졌다. 은사 프로그램은 설문 내용에 응답하면 자신의 은사를 바로 볼 수 있고 성도의 설문자료는 데이터베이스에 남도록 구성했다. 설문지의 내용은 다음과 같은 세 가지로 구성되었다.

첫째, 인구통계이다. 성별, 소속된 교구, 성명, 직분, 연락처, 그리고 은사 결과 내용을 받을 주소나 이메일 주소, 그리고 현재 봉사하고 있는 부서명 등을 기록하게 했다. 이것은 은사 설문 이후에 교회 데이터베이스에 자료로 남기기 위한 것이며, 나중에 성도 개인이 은사와 관련해서 상담을 받을 때 참고자료로 사용하기 위해서였다.

[그림 11-2] 개인 스타일 유형

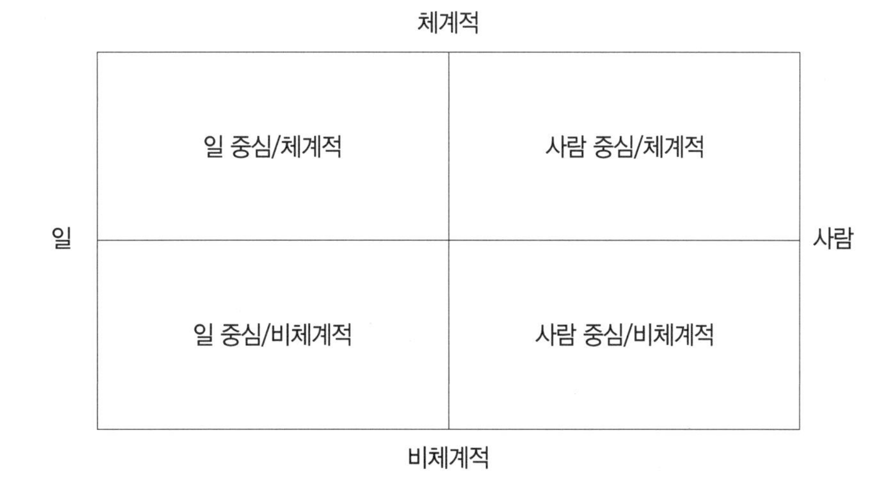

둘째, 개인 스타일의 유형이다. 개인 스타일의 유형은 업무를 처리할 때 '일 중심'이냐 '사람 중심'이냐, '체계적'인가 혹은 '비체계적'인가를 구별하는 것이다. [그림 11-2]에서 보듯이 가로축을 일 중심과 사람 중심으로 나누고, 세로축을 체계적과 비체계적으로 구분하여 본인의 스타일을 명확하게 이해하도록 했다. 사역을 할 때 은사만 가지고 사역을 선정하고 활동하면 사역이 짐이 되거나 관계가 어려워지는 경우가 있다. 같은 사역이라도 사역 안에서의 역할이 다르다는 것을 인정해야 한다. 어떤 성도는 일 중심이며 비체계적인 사람도 있고, 어떤 성도는 체계적이지만 사람 중심인 경우도 있다. 따라서 부서 단위로 이루어지는 특정 사역 중 참여하는 사역자들 간의 협력이 중요한 사역이라면 사역자들의 스타일을 사전에 파악하여 사역을 원활하게 추진하게 만들 수 있다.

[표 11-1] 개인 스타일 설문 1

일 중심 일을 함으로써 힘이 난다.	일 중심 / 사람 중심 어떻게 힘을 얻는가? 일 중심 ⇔ 사람 중심		사람 중심 사람들과 교제함으로써 힘이 난다.
	일 중심	선호도	사람 중심
1. 좀 더 편안하게 느껴지는 경우는	다른 사람들을 위해 일하는 경우	1 2 3 4 5	다른 사람들과 함께 있는 경우
2. 일을 할 때의 경향은	목표에 초점을 둔다	1 2 3 4 5	인간관계에 초점을 둔다
3. 열심이 생기는 경우는	명분을 이행할 때	1 2 3 4 5	조직체를 형성할 때
4. 성취감을 느끼는 때는	일이 끝났을 때	1 2 3 4 5	인간관계가 수립되었을 때
5. 회의의 시작	제시간에 시작한다	1 2 3 4 5	모든 사람들이 모였을 때 시작한다
6. 업무 진행 시 염려되는 것은	업무를 제때 끝내는 것	1 2 3 4 5	업무팀을 잘 유지하는 것
7. 업무 수행 시 특히 중요시 하는 것은	일하는 것	1 2 3 4 5	대화

[표 11-2] 개인 스타일 설문 2

체계적 계획과 생활의 질서를 가져오는 것을 좋아한다.	체계적 / 비체계적 어떤 방식으로 일을 수행하는가? 체계적 ⇔ 비체계적	비체계적 선택의 여지가 많고 융통성이 있는 것을 좋아한다.

	체계적	선호도	비체계적
1. 휴가 보내기	계획에 따르는 것을 좋아함	1 2 3 4 5	즉흥적인 것을 좋아함
2. 지침을 세울 때	정확하고 분명한 것을 좋아함	1 2 3 4 5	일반적으로 하는 것을 좋아함
3. 나는	당장 결말을 보는 것을 좋아함	1 2 3 4 5	선택의 여지를 남겨두는 것을 좋아함
4. 좋아하는 업무는	일상적인 업무를 좋아함	1 2 3 4 5	다양한 종류의 업무를 좋아함
5. 나는	계획에 따라 일하는 것을 좋아함	1 2 3 4 5	임기응변적으로 일하는 것을 좋아함
6. 일상적인 일에	편안하게 느낌	1 2 3 4 5	싫증을 느낌
7. 일을 할 때	계획에 따라 일하는 것이 가장 효과적임	1 2 3 4 5	형편에 따라 하는 것이 가장 효과적임

〈개인 스타일 1〉의 내용을 더한 수를 가로축으로 잡고 〈개인 스타일 2〉의 내용을 더한 수를 세로축으로 하여 각각 가로축, 세로축의 숫자를 나타내는 선과 만나는 지점을 표시하여 개인 스타일이 어떠한가를 알 수 있다. 〈개인 스타일 1〉과 〈개인 스타일 2〉를 분석하면 네 가지 스타일이 나타난다. 첫째, 일 중심/비체계적 스타일이다. 이런 스타일은 융통성이 많아 갑작스러운 상황과 여건에서도 업무를 잘 처리하며 눈에 보이는 명확한 결과를 추구한다. 가장 폭넓은 형태의 사역을 감당할 수 있는 특징을 가지고 있다. 둘째, 일 중심/체계적 스타일이다. 맡겨진 사역을 철저하게 처리하는 유형으로 결과에 초점을 두고 사역을 추진한다. 분명한 지시와 분명한 의사결정을 통해 사역하는 것을 좋아한다. 목적과 과정, 그리고 분명한 결과를 원하는 사역에서 봉사하는 것이 적절하다. 셋째, 사람 중심/비체계적 스타일이다. 이 스타일은 다른 사람과 어울리는 것을 좋아하며 일보다는 사람과의 관계를 중요하게 여긴다. 원만한 대인관계를 통해 사역을 진행하며 융통성 있는 사역을 하길 원한다. 다른 사람들과 자연스럽게 수행하는 사역이 적절하다. 넷째, 사람 중심/체계적 스타일이다. 다른 사람과의 관계에서 원만한 관계를 이루며 사역을 무리 없이 추진하는 스타일이다. 다른 사람과의 관계가 필요한 사역, 그리고 안정적인 사역을 이끌어 나갈 수 있는 사역에 적합하다.

셋째, 23가지의 은사를 중심으로 구성된 133 항목의 은사 설문이다. '매우 그렇다-3, 대체로 그렇다-2, 조금 그렇다-1, 그렇지 않다-0'로 동의하는 수준을 네 단계로 구성했다. 여기서 중요한 점은 자신이 현재 어떠한 생각을 가지고 있는지에 따라서 충실하게 응답하는 것이다. 어떤 사람이 되었으면 한다거나, 어떤 사람이 되어야겠다는 감정에 의하여 기록하지 않도록 해야 한다. 소망이나 바람을 기록하는 것이 아니다. 각 문항에 대해 사실대로 응답하는 것이 중요하다. 그럴 때 진정한 자신의 모습을 발견할 수 있다. 아래의 표는 23가지 은사에 대한 일반적인 정의이다. 아울러 각 은사에 따라 활동할 수 있는 춘천중앙교회의 사역조직을 기록해 둔 것이다.

[표 11-3] 23가지 은사의 유형과 사역

은사	구분	내용
다스림(행정관리)의 은사	정의	무엇이 조직을 움직이게 하는가를 통찰할 수 있는 하나님이 주신 능력. 사역의 목표를 성취하기 위한 과정을 계획하고 수행하는 특별한 능력
	사역	선교국 각 팀과 사역위원회, 예배국 각 팀과 사역위원회, 양육국 각 팀과 사역위원회, 교육국 교사, 샘터지도자
사도의 은사	정의	새로운 교회의 개척이나 사역조직 체계의 개발을 시작하며 감독하는 하나님이 주신 능력
	사역	선교국 국내선교팀, 해외선교팀, 선교지원팀, 대외협력지원팀
재주(기술, 기능)의 은사	정의	사역에 사용될 물건들을 창조적으로 디자인하고 만드는 하나님이 주신 능력
	사역	봉사국 봉사지원팀, 교육국 교사
예능(창의적 의사 전달)의 은사	정의	다양한 예술 형태로 하나님의 진리를 전달하는 하나님이 주신 능력
	사역	봉사국 봉사지원팀, 교육국 교사, 양육국 양육기획팀, 가정사역팀
영 분별의 은사	정의	진리와 잘못된 것을 구별하는 하나님이 주신 능력
	사역	봉사국 중보기도팀
권위(격려)의 은사	정의	신앙을 버렸거나 용기를 잃은 사람을 강하게 하고, 위로하고 행동을 촉진시키기 위해 진리를 제시하는 하나님의 능력
	사역	봉사국 이웃사랑팀, 봉사지원팀, 경조팀, 샘터 지도자, 교육국 교사
전도의 은사	정의	불신자들에게 효과적으로 복음을 전하고 그들을 믿음으로 응답하게 하며 제자화시키는 데까지 나아가게 하는 하나님이 주신 능력
	사역	선교국 국내선교팀, 해외선교팀
믿음의 은사	정의	하나님의 목적을 이루어 나가시는 하나님의 능력에 대한 확신과 철저한 신앙으로 하나님의 약속을 따라 행하는 하나님이 주신 능력
	사역	양육국 양육기획팀, 가정사역팀, 예배국 예배팀, 봉사국 중보기도팀

구제의 은사	정의	하나님의 일을 위해 돈과 물자를 기쁨으로 인색하지 않게 내어놓는 하나님이 주신 능력
	사역	봉사국 이웃사랑팀, 봉사지원팀, 장학팀, 경조팀, 선교국 대외협력지원팀
돕는 은사	정의	다른 사람의 필요를 덜어 주거나 자원하거나 채워 줌으로써 실질적으로 필요한 일을 수행하는 하나님이 주신 능력
	사역	봉사국 이웃사랑팀, 봉사지원팀, 경조팀, 선교국 대외협력지원팀(유학생, 다문화)
대접하는 은사	정의	사람들에게 친교와 음식, 잠자리를 제공하여 보살피는 하나님이 주신 능력
	사역	봉사국 이웃사랑팀, 봉사지원팀, 경조팀, 선교국 대외협력지원팀(유학생, 다문화)
중보기도(도고)의 은사	정의	기도의 결과를 보면서 다른 사람들을 대신하거나 위해서 끊임없이 기도하는 하나님이 주신 능력
	사역	봉사국 중보기도팀
지식의 은사	정의	계시나 성경적인 통찰을 통해 교회에 진리를 전하는 하나님이 주신 능력
	사역	양육국 양육기획팀, 가정사역팀, 선교국 국내선교팀, 해외선교팀, 대외협력지원팀
지도력의 은사	정의	하나님의 목적을 조화롭게 수행하기 위해서 사람들에게 비전을 제시하고 동기를 부여하며 지도하는 하나님이 주신 능력
	사역	양육국 양육기획팀, 가정사역팀, 예배국 예배팀, 봉사국 경로대학팀, 이웃사랑팀
긍휼의 은사	정의	동정이 행동으로 옮겨져서 고통받거나 도움이 필요한 사람을 실제적으로 기쁘게 돕는 하나님이 주신 능력
	사역	봉사국 이웃사랑팀, 봉사지원팀, 선교국 대외협력지원팀(유학생, 다문화)
예언의 은사	정의	바르게 함, 회개 혹은 덕을 세우기 위해서 진리를 드러내고 적절한 방법으로 진리를 선언하는 하나님이 주신 능력
	사역	봉사국 중보기도팀
목사(목자)의 은사	정의	지속적인 영적 성장과 예수님을 닮아가는 삶을 위해서 사람들을 양육하고 보살피며 지도하는 하나님이 주신 능력
	사역	양육국 양육기획팀, 선교국 국내선교팀, 해외선교팀, 교육국 교사
가르침(교사)의 은사	정의	듣는 사람들의 삶이 더욱더 예수님을 닮아가게 하기 위해서 사람들을 양육하고 보살피며 지도하는 하나님이 주신 능력
	사역	교육국 교사, 샘터지도자 봉사국 경로대학, 양육국 가정사역팀, 양육기획팀
지혜의 은사	정의	영적 진리를 특별한 상황에 맞도록 효과적으로 적용시키는 하나님이 주신 능력
	사역	양육국 양육기획팀, 가정사역팀, 교육국 교사, 봉사국 경로대학팀

방언의 은사	정의	다른 사람이 알지 못하는 언어로 예배하고 기도하며 하나님과 교제하는 하나님이 주신 능력
	사역	봉사국 중보기도팀
통역의 은사	정의	방언하는 사람들의 메시지를 교회에 알리는 하나님이 주신 능력
	사역	봉사국 중보기도팀
병 고침의 은사	정의	여러 가지 치유(감정적, 관계적, 영적, 육체적 치유 등)를 할 수 있는 하나님이 주신 능력
	사역	봉사국 중보기도팀, 샘터지도자, 양육국 가정사역팀
능력의 은사	정의	하나님을 영화롭게 하는 초자연적인 방법을 통하여 하나님의 사역과 메시지를 확실하게 증거하는 하나님이 주신 능력
	사역	선교국 국내선교팀, 해외선교팀, 샘터지도자, 교육국 교사

(2) 은사 프로그램을 만들다

은사 프로그램의 기초는 '은사 설문지'이다. 은사 설문은 앞서 설명한 세 가지 내용, 즉 인구통계자료, 개인의 스타일, 은사 설문으로 구성된다. 이 내용을 근거로 하여 은사 프로그램을 구축했다. 은사 프로그램은 성도들이 참여한 설문지의 내용과 사역안내 사항을 출력할 수 있도록 설계되었다. 또한 은사 서버를 준비하여 언제든지 은사발견 프로그램에 접속해 자신의 은사가 무엇인지 확인할 수 있도록 했다. 또한 설문내용을 데이터화하여 은사별 조회, 개인별 조회, 이름, 직분, 교구별 조회 등 다양한 방법으로 은사를 가진 성도들을 발굴해 사역에 참여하도록 유도할 수 있게 했다.

[그림 11-3] 은사 프로그램 구축 및 운영

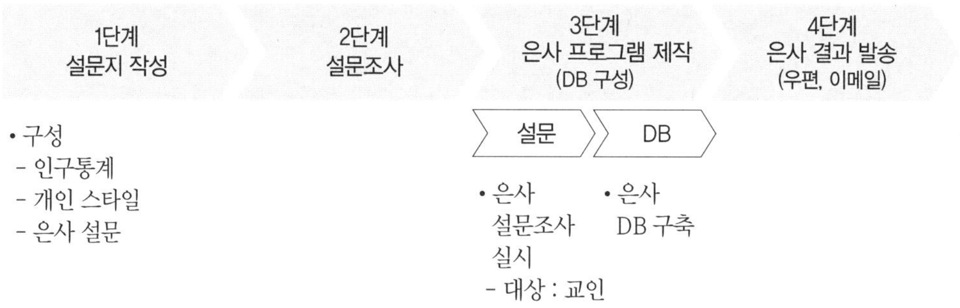

1단계
설문지 작성

2단계
설문조사

3단계
은사 프로그램 제작
(DB 구성)

4단계
은사 결과 발송
(우편, 이메일)

• 구성
- 인구통계
- 개인 스타일
- 은사 설문

설문 → DB

• 은사 설문조사 실시
- 대상 : 교인

• 은사 DB 구축

⑶ 은사 프로그램의 운영

은사 프로그램을 구성하고 약 500여 명에 이르는 성도의 은사를 데이터베이스로 만드는 작업이 추진되었다. 프로그램의 운영과 지속적으로 성도들의 참여를 유도하기 위해서 각 국별 운영지침을 만들었다. 첫째, 양육국은 은사 프로그램 전반을 운영한다. 은사 프로그램의 운영은 성도들이 은사발견 프로그램에 참여하여 자신의 은사를 발견하고 그 자료를 데이터베이스로 남기는 작업이다. 그리고 성도들이 은사발견 프로그램에 참여하도록 홍보한다. 둘째, 선교국, 봉사국, 예배국, 교육국은 은사 데이터베이스에 있는 자료를 적극 활용하여 사역자를 발굴해 헌신할 수 있도록 권면한다. 셋째, 지원국은 은사 프로그램과 관련하여 서버 등의 기타 기재에 대한 유지, 보수를 지원한다. 결국 은사 프로그램도 어느 한 부서의 책임이나 사용이 아니라 모든 부서가 서로 협력할 때 잘 운영될 수 있다.

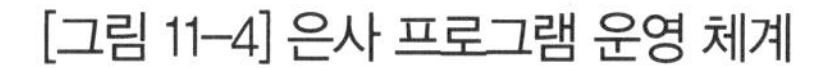
[그림 11-4] 은사 프로그램 운영 체계

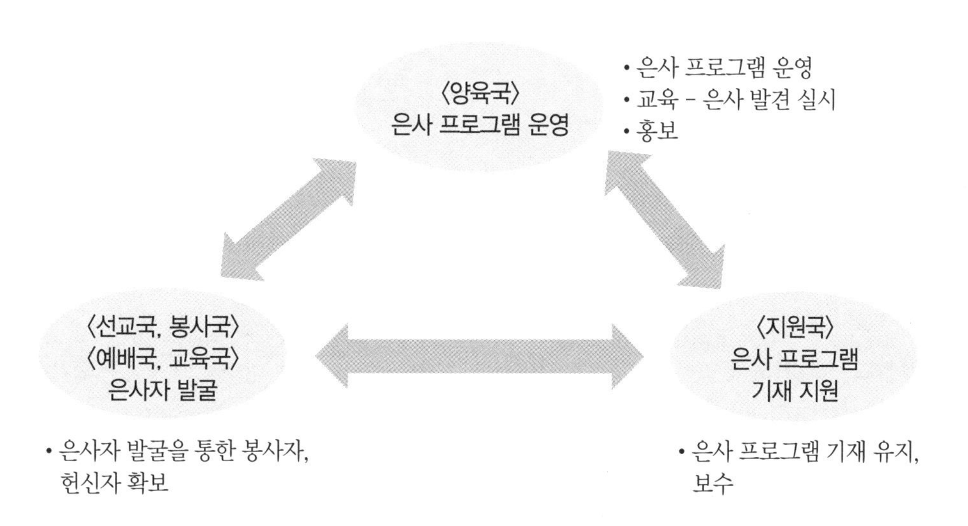

건물은 철근, 콘크리트, 시멘트, 모래, 자갈, 페인트, 창문, 유리 등 다양한 재료로 이뤄져 있다. 이렇게 다양한 재료가 한데 어우러져 건물이 된다. 내벽 안에 있는 철근은 보이지 않지만 콘크리트에 싸여 기둥을 더욱 견고하게 한다. 외벽에 칠해진 페인트는 콘크리트로 만들어졌거나 다른 자재로 만든 외벽을 위에 칠할 때 그 아름다움을 나타낼 수 있다.

은사란 이처럼 다양하지만 한데 어우러질 때 아름답게 이루어진다. 개인의 은사가 중요하다. 하지만 개인의 은사가 큰 사역이 될 수 있도록 서로 협력하는 것이 중요하다. 은사는 자신과 다른 사람, 그리고 하나님께 영광을 돌리기 위해서 하나님께서 우리에게 주신 선물이다. 자신의 영적 성장과 은사를 통해 자신의 삶의 의미와 정체성을 발견한다. 은사는 섬김으로 이웃을 유익하게 하며 하나님께 영광 돌리는 거룩한 도구이다.

2) 은사 배치 실행

은사 배치 사역에서 가장 중요한 것은 실제로 운영해 나가는 것이다. 물질적인 후원과 노력으로 만들어진 은사 설문 프로그램이 실제적으로 운영될 때 수고와 후원의 빛을 발하게 된다. 여기에서는 춘천중앙교회가 은사 관련 시스템을 구성하고 이것을 실제적으로 활용하고 있는 방법을 소개하고자 한다.

(1) 현재 활동하는 사역자 먼저

많은 사람들이 은사 관련 시스템을 만들고 처음부터 모든 것을 다시 시작하려 한다. 그렇게 되면 지금까지 해온 사역에 혼란이 생긴다. 교회의 모든 사역을 더욱 활성화하고 전문화하고 성도들의 사역 참여를 유도한다는 명목으로 잘 진행되고 있는 사역의 기초를 흔들어 버리는 일이 벌어져서는 안 된다. 따라서 현재 사역하고 있는 봉사부서의 사역자들의 은사를 파악해 구체적인 활용계획을 수립하는 일이 선행되어야 한다. 이를 위해 선교, 예배, 봉사, 양육, 교육(교회학교), 그리고 지원(행정)의 각 사역에서 활동하는 사역자들의 은사를 파악하고자 했다. 현재 사역자들의 은사를 파악하면서 교회 전체 봉사부서의 현황을 파악할 수 있었다.

그 결과 자신의 은사에 맞게 사역하는 성도도 있지만 그렇지 않은 성도도 있었다. 자신의 은사에 맞게 사역하고 있는 성도들은 사역에 대한 만족도가 높게 나타났다. 반면, 만족도가 낮은 사역자들은 사역부서에 대한 부담감을 가지고 있었다. 따라서 자신의 은사에 맞는 사역부서를 선택할 수 있도록 기회를 제공해 주어야 했다. 사역부서를 이동하는 데는 수개월에서 1년의 시간이 필요하다. 은사에 맞지 않다고 한두 주 만에 사역부서를 바꿔 버리면 기존 사역이 흔들릴 수 있다. 때문에 각 사역부서의 팀장, 국장은 이에 대한 완급조절을 해야 했다.

자신의 은사에 맞는 사역으로 부서 이동을 한 후에 각 사역부서는 사역에 대한 안내를 제공해야 한다. 사역을 이동하거나 처음 시작하는 성도들은 사역에 대한 이해가 없기 때문이다. 그래서 사역의 목적과 활동, 그리고 사역자들에 대한 소개와 팀워크를 유지할 수 있는 프로그램을 준비해야 했다.

⑵ 은사 프로그램의 지속적인 안내와 소개

은사 배치 사역을 위해서는 은사가 무엇이며 은사를 발휘할 수 있는 사역부서에 대한 소개와 안내가 필요하다. 일반적으로 자신에게 주신 하나님의 은사가 무엇인지 모르고 예배만 드리는 성도가 있다. 또한 사역부서에서 봉사하고 싶은데 어떤 부서에서 봉사해야 할지 몰라 망설이는 성도들도 있다. 그렇기 때문에 은사가 무엇이며 은사를 발휘할 수 있는 사역이 무엇인지 교회의 각 주보, 신문, 전단지, 영상광고 등의 매체를 통해서 안내해야 한다.

⑶ 교회 차원의 행사로 사역 참여 유도

사역하고 싶은 성도가 있다 할지라도 사역부서에 대해 자세히 알고 있는 성도는 많지 않다. 일반적으로 사역부서라고 하면 교육국(교회학교) 교사, 찬양대(성가대), 찬양단, 예배안내위원 정도로 생각하기 쉽다. 사실 교회 안에는 많은 사역부서가 있다. 예를 들면 앞서 말한 부서가 아니더라도 주차봉사, 경로대학, 차량봉사(운전), 새가족 안내, 전도대, 예배 통역 등 수많은 부서가 있다. 반면에 자기 발로 찾아가서 봉사하고 싶다고 말하는 성도는 거의 없다. 누군가 권면하고 함께 봉사할 때 사역에 참여하게 된다.

교회의 사역에 대한 안내와 권면이 이루어지기 위해서는 교회 차원의 사역소개 행사가 있어야 한다. 또한 은사 설문에 참여해서 자신의 은사가 무엇인지 알 수 있도록 은사배치센터를 구성하면 사역을 선택하고 참여하는 데 도움을 줄 수 있다. 일반적으로 사역박람회라고 해서 각 사역에 대해 소개하는 행사를 교회마다 규모에 맞게 하고 있다. 교회 차원의 행사로 사역을 소개할 때 준비를 소홀히 하게 되면 안 한 것보다 못한 결과를 가져온다. 따라서 각 사역부서마다 사역의 비전, 특성, 그리고 사역에 참여하는 성도들에게 보람과 긍지를 심어 줄 수 있도록 철저한 준비를 해야 한다. 그럴 때 봉사하기를 망설이던 성도들이 각 사역부서에 참여하는 동기를 얻게 될 뿐만 아니라 자신의 은사에 맞는 사역부서에 참여할 수 있게 된다.

1 '은사'가 무엇인지 정의해 보세요.

2 은사가 왜 우리에게 소중할까요?

3 은사에도 서열이 있다고 생각하는 성도가 있는 것 같습니다. 왜 그런 생각을 하게 되는 것일까요?

4 은사를 통해서 사역할 때 기쁨과 보람을 느낀 경험이 있다면 소개해 주세요.

더 좋은 교회 만들기 12

잘 돼야 될 텐데…

BSC 사역점검

전국시대 위(魏)나라 문왕이 명의로 소문난 편작을 만나 "당신 집안의 삼형제가 모두 의술이 뛰어난데 누구의 의술이 가장 뛰어난가?"하고 물었다. 편작은 자신의 의술이 가장 뒤진다고 하면서, 그 이유를 설명했다. 큰형은 발병하기 전에 그 원인을 제거하여 병을 치료하니 명성을 얻지 못했고, 작은형은 병이 발작하는 초기에 완치시켜 고향 마을에서만 소문이 나 있으나, 자신은 병세가 위중한 환자에 시료를 하여 명성을 얻게 되었으니 그 명성과 달리 자신의 의술이 가장 뒤떨어진다는 것이다.

미국에서 BSC가 처음 등장했던 1990년대 초반에는 1980년대부터 이어져 온 불황의 여파로 많은 기업들이 어려움에 처해 있었다. 이러한 상황을 타개하기 위해 기업들은 성과 중심의 인센티브 도입을 추진했다. 그러나 이로 인해 경영자들이 단기적 재무성과를 극대화하기 위해 매출액을 부풀리고, 분식회계를 서슴지 않게 되어 오히려 기업의 생명을 단축시키는 결과를 초래하였다. BSC는 이러한 문제에 대응하여 기업의 장기적 성과에 영향을 미치는 요인을 규명하고, 이를 체계적으로 관리하기 위한 목적에서 개발되었다. 바야흐로 경영에 있어 편작보다는 그의 형들이 취한 치료법이 주목받기 시작한 것이다.

지금까지는 분석하고 계획을 세웠다. 사역조직과 은사 프로그램을 만들어 사역을 추진하기 위한 기반을 형성했다. 이후에 필요한 것은 지금까지의 모든 과정에서 도출된 결과들이 실제 원활하게 이루어지고 있는지를 점검하는 것이다. 춘천중앙교회는 'BSC(Balanced Score Card : 균형성과표)'라는 성과관리 도구를 도입하여 교회의 사역이 본래 계획한 대로 진행되고 있는지를 점검하는 체계를 구축했다. 교회 내에서 막힌 곳은 어디인지 혹은 어느 곳이 중점적인 개선과 보완이 필요한지를 점검하는 체계를 갖춘 것이다. 이하에서는 이러한 BSC 체계를 갖추게 된 과정을 설명하고자 한다.

1. BSC의 정의

지금까지 더 좋은 교회로 변화되기 위한 다양한 활동을 준비해 왔다. 다음 단계는 교회의 사역조직을 통해 교회의 비전과 핵심가치가 잘 이루어질 수 있도록 '전략을 수립하고 실행 여부를 확인'하는 일이다. 이것을 'BSC(Balanced Score Card : 균형성과표)'[69]라고 한다. 일반적으로 기업에서는 장기적인 경쟁력 향상을 위해 학습(직원 역량, 정보 시스템 능력), 내부 프로세스(혁신, 운영), 고객(고객만족도, 신규고객 창출), 핵심성과(매출액, 순익) 등 4개의 관점을 균형 있게 반영해 성과를 모니터링한다. 학습(교육과 훈련)을 통해 직원의 핵심역량을 계발하고, 업무 프로세스 개선을 통해 기업의 효율성을 제고하면 고객이 만족해 결국 기업의 이익 증가로 이어진다는 것이 BSC의 논리구조이다.

기업에서 사용하는 BSC라는 용어를 이 책에서는 '사역점검'이라는 용어로 대치하고자 한다. 그 이유는 이 책을 대하는 많은 사람들이 심리적으로 부담을 느낄 수 있기 때문이다. 또한 컨설팅 도구(tool)는 현실에 맞게 변경하는 게 일반적이다. 춘천중앙교회에서는 BSC가 사역을 점검하기 위한 도구로 활용되고 있다. 그래서 '사역점검'이라는 용어가 본래 목표한 바에 가장 가까운 개념이기도 하다.

2. 사역점검의 원리

앞에서 언급한 바와 같이 기업에서 BSC를 도입하는 목적은 안정적으로 이윤을 확보해 기업을 성장시키는 데 있다. 반면 교회에서 사역점검을 하는 목적은 교회의 비전이 잘 이루어지고 있는지 교회의 비전을 위해서 각각의 사역이 잘 진행되고 있는지를 점검하기 위해서다. 양적이거나 외적인 부분도 있지만 질적이고 내적인 부분이 더 강조된다. 각 사역을 점검하기 전에 교회가 가지고 있는 특성을 이해하고 교회의 특성에 맞는 사역점검의 원리가 정해져야 한다.

첫째, 모든 사역의 전략 구성과 비전 성취의 궁극적인 목표는 하나님의 나라를 이루는 데에 있다. 교회 또한 하나님의 나라를 이루기 위한 도구이며 교회의 주인은 주님이라는 사실

---

69) 'Balanced Scorecard'는 전략을 수행하기 위해 구체적인 계획을 설정하여 통제하기 위한 경영관리시스템이다. BSC는 1992년에 캐플란 교수와 컨설턴트인 노튼에 의해 소개되었다. BSC는 혁신적인 업적 평가 시스템의 구축을 목표로 제안되었다. 그 후 많은 혁신적 경영자들이 BSC를 '전략을 명확히 하는 도구'로 더 많이 활용하고 있다. 즉 BSC는 단순히 업적을 평가하는 제도가 아니라 전략을 관리하는 도구이다.

을 알아야 한다. 그럴 때 하나님의 통치하심과 인도하심을 경험하게 되는 것이다.

둘째, 모든 사역이 교회의 비전에 맞추어져 있는지를 확인해야 한다. 각 사역에 따른 비전이 있다. 사역의 비전이 교회의 존재목적과 비전에 서로 연결되어 있어야 한다. 교회의 비전을 위해 존재하지 않는 사역 비전은 교회의 비전을 이루는 데에 방해가 되기 때문이다.

셋째, 목사와 평신도 사역자 사이의 동반관계가 이루어져 있는지 확인해야 한다. 전략을 세우고 세부 실행지침에 따라 사역을 하게 될 때 관계의 문제로 인해서 어려움을 겪게 된다. 사역과 교회의 비전은 목사와 평신도 지도자가 함께 이루어가는 것이다.

넷째, 하나님의 섭리와 은혜의 바탕 위에 신앙공동체가 회복되고 이루어져야 한다. 사역점검이라는 방법론에 집중하다 보면 성과에 지나치게 매달리는 문제가 발생할 우려가 있다. '무엇을 얼마나 했느냐?'는 사실보다 더 중요한 것은 신앙공동체의 회복이다. 신앙공동체를 통해서 교회가 사역을 감당할 뿐만 아니라 교회의 비전 또한 이루어지게 된다.

다섯째, 사역부서와의 유기적 연결 관계가 이루어져야 한다. 자기가 맡은 사역만 잘 이루어진다고 해서 교회의 비전이 달성되지 않는다. 각 사역마다 유기적으로 연결되어 있기 때문이다. 각 사역이 교회라는 큰 틀 속에서 유기적 관계를 가지고 이루어질 때 비전을 이루게 되는 것이다.

여섯째, 사역점검을 통해 성도들이 영적으로 성장해야 한다. 사역점검을 다른 말로 표현하면 '사역관리'이다. 교회의 각 사역이 잘 이루어지고 있는지 점검하며 보완하는 일이기 때문이다. 사역에 대한 평가를 통해 단점을 파헤치는 것은 본래 의도한 목표가 아니다. 부족한 부분을 보완하고 각 사역별 이해와 협조를 구해서 사역의 완성도를 높이는 것이 중요하다. 각 사역의 완성은 일을 잘해서 이루어지는 것이 아니라 사역을 담당하고 있는 성도의 영적 성장의 여부에 따라 높아진다는 것을 알아야 한다. 사역은 성도의 영적 성장에도 영향을 줄 뿐 아니라 어떤 성도가 사역을 담당하느냐에 따라 완성도가 달라지기 때문이다.

3. 사역점검 시 유의할 점

교회에서 사역을 점검하는 이유는 사역을 통해 교회의 비전이 실현되고 하나님의 뜻과 섭리를 나타내기 위해서다. 또한 사역의 완성도를 높이기 위해서다. 그래서 사역을 보완하고 좀 더 사역이 잘 이루어질 수 있도록 점검하는 것이다. 사역을 점검할 때 다음 몇 가지 사항에 유의해야 한다.

첫째, 하나님께서 사역을 통해 역사하시기를 기대하는 마음으로 임해야 한다. 앞서 말한 바와 같이 교회의 모든 사역은 내가 중심이 아니라 하나님이 중심이 되어야 한다. 그리고 다른 사람이 중심이 되어야 한다. 사역을 통해 상처받은 영혼이 치유되고 회복되는 것이 중요하다. 선교사역을 말한다면 영혼 구원의 사역이다. 봉사사역은 섬김의 사역이다. 예수님이 제자들의 발을 씻기셨듯이 섬김으로 그리스도의 사랑을 전하는 사역이다. 양육사역은 그리스도의 장성한 분량에 이르게 하기 위해서 영적인 훈련과 성장을 지원하는 사역이다. 그리스도의 장성한 분량만큼 영혼을 영적으로 성장시키는 사역이다. 결국 교회의 모든 사역은 하나님께서 역사하셔야 하는 사역이며 하나님의 인도하심 속에 사역이 이루어져야 한다. 그래서 기도와 말씀으로 사역이 준비되어야 한다.

둘째, 은혜를 통해 기쁨과 감사함으로 임해야 한다. 많은 성도들이 사역을 은혜의 바탕 위에 감사함으로 맡겨진 사명으로 생각하지 않고 일로 여길 때가 많다. 직장을 다니거나 사업을 하는 가장 큰 목적은 이윤추구이다. 다시 말하면 세상에서 하는 일들의 대부분은 눈에 보이는 보상이 있다. 그러나 사역은 눈에 보이는 보상이 아니라 하나님께서 주시는 축복이다. 자원해서 사역에 임하기 때문에 세상에서 주는 보상과는 차이가 있다. 사역은 은혜가 바탕이 되고 은혜로 사역하기 때문에 기쁨과 감사가 사역에서 나타나야 한다. 사역점검을 받을 때 더 잘하기 위해서, 더 은혜를 끼치기 위해서 점검을 하고자 한다면 사역점검 역시 은혜의 자리가 될 것이다.

셋째, 영적 성장의 도구라는 인식을 가져야 한다. 사역점검이 무엇이 잘 되었고 보완해야 하는가를 확인하는 데 그쳐서는 안 된다. 사역에 사랑이 있고 섬김이 있어야 한다. 사역에 하나님의 은혜뿐 아니라 감사를 깨달을 수 있어야 한다. 은혜를 깨닫고 감사를 알게 되는 것은 사역자가 사역을 하면서 자신의 신앙과 믿음이 성장해 나가고 있다는 것을 나타내 준다. 결국 사역점검을 통해 사역자 자신의 영적 성장 역시 점검하는 계기가 되어야 한다.

넷째, 하나님 앞에 헌신의 고백으로 날마다 새로워지는 계기가 되어야 한다. 사역을 한다는 것은 하나님 앞에서 결단함으로 시작할 수 있다. 다른 사람을 가르치는 교사로 섬기든, 성도를 예배실이나 새가족실로 안내하는 안내위원이든, 다른 사람 앞에 선다는 것은 부담스러운 일이다. 결심을 하지 않고는 좀처럼 힘든 일이다. 사역을 하는 사역자에게는 하나님과의 만남이 전제되어 있으며 하나님 앞에서의 고백과 결단을 통해 사역에 임하게 된다. 그래서 사역은 항상 자신의 믿음과 신앙이 고백되는 자리이다. 자신이 감당해 온 사역을 되짚어 보면서 신앙을 고백하고 사역자로 참여했던 자신의 고백, 삶의 모습이 새로워지는 계기가 되어야 한다. 그럴 때 더욱 완성도 높은 사역이 될 것이다.

다섯째, 긴 시간이 소요된다는 것을 알고, 인내하며 성실하게 참여해야 한다. 한순간에 모든 사역이 일사천리로 진행되지 않는다. 사역의 진행과정과 사역을 점검하는 내용을 사역자들에게 잘 설명해 주어도 그 과정이 원활하게 진행되지 않는다. 그 이유는 익숙하지 않기 때문일 수도 있고, 부정적인 생각 때문에 협조하지 않는 사역자들이 있기 때문이기도 하다. 그러나 사역의 중간점검이 사역의 완성도를 높이는 일이며 교회의 비전을 성취하는 일이라는 사실을 주지시키고, 사역자들을 설득하면서 사역을 추진한다면, 비록 시간은 오래 걸리겠지만 결국에는 모든 사역자가 함께 동참하게 될 것이다.

여섯째, 집중도가 낮아지지 않도록 변화를 주어야 한다. '작심삼일(作心三日)'이라는 말이 있다. 처음에는 사역을 점검하거나 사역의 완성도를 높이려는 열정이 높다가도 시간이 조금 흐르면 흐지부지 되는 경우를 보게 된다. 매주 변화가 없고, 같은 문제에 대해서 반복적으로 언급하게 될 때, 사역자들의 집중도는 낮아지게 된다. 그래서 사역에서 변화를 주어야 한다. 한꺼번에 변화를 주는 것이 아니라 조금씩, 혹은 한두 가지씩 변화를 주고 그 변화에 대해서 결과를 얻어낼 수 있도록 해야 한다. 사역의 변화는 사역의 열정으로 이어지기 때문에 사역에 변화를 주는 것은 매우 중요한 일이다.

4. 춘천중앙교회의 경험

1) 사역점검 도입의 필요성

사역점검은 사역점검을 통해서 교회가 이루려고 하는 이유가 있을 때 의미가 있는 것이다. 사역점검을 도입해야 하는 필요를 느끼지 못한다면 본래 의도한 목표를 달성하거나 사역점검의 취지를 살리기 어렵다. 춘천중앙교회에서 사역점검을 추진하게 된 이유는 다음과 같은 세 가지 이유였다.

첫째, 사역점검을 도입한 가장 큰 이유는 '변화'이다. 컨설팅을 하고 난 이후의 변화를 확인할 방법으로 사역점검을 선택한 것이다. 사역점검을 통해 교회 전체가 비전을 향하여 변화되고 있는지를 확인할 필요가 있었다. 둘째, 사역점검을 통해 사역이 올바른 방향으로 가고 있는지를 '점검'할 필요가 있었다. 사역점검은 새로운 비전을 이루기 위해 전략을 짜고 전략을 실행하는 부서, 팀, 그리고 개인의 사역 성과를 측정한다. 사역을 평가한다면 서로 불편하게 생각한다. 그것은 사회와 달리 교회에서는 은혜라는 구조로 사역을 이해하기 때문이다. '서로 다 부족한데!' 혹은 '이해하고 넘어가야지!' 하며 사역에 대해 평가하는 것과 평가

되는 것을 서로 부담스럽게 생각하기 때문이다. 사역을 평가하고 단점을 파헤치는 것이 사역점검의 목적이 아니다. 올바른 평가를 통해 사역의 완성도를 높이며 비전을 이루는 것이 목적이다. 셋째, 사역점검은 사역을 보완하기 위한 것이다. 사역의 성과를 측정함으로써 보완해야 할 부분, 그리고 사역의 방향이 비전을 향하고 있는지 자기 위치를 조정할 수 있게 한다. 결국 사역과 조직 전체가 전략에 맞게 행동할 수 있도록 유도하며 나아가 비전을 이룰 수 있도록 한다. 이처럼 사역점검은 교회의 사역을 보완하고 개선하여 올바르게 비전을 향하여 실천할 수 있게 하는 도구이다.

2) 사역점검의 대상과 주기

춘천중앙교회의 사역점검 대상은 예배, 선교, 봉사, 양육(장년), 교육(교회학교) 다섯 가지 사역분야이다. 또한 다섯 가지 사역을 지원하는 재정, 미디어, 기타 전반을 지원하는 행정(지원)사역에 대해서도 전반적인 사역점검을 실시하고 있다.

사역점검은 전년 12월과 7월, 그리고 10월로 정하여 1년에 세 번 이루어진다. 춘천중앙교회의 회기연도는 전년 12월부터 다음해 11월까지로 정해져 있다. 그래서 12월 첫 주간에 목회계획세미나를 통해서 사역 전반이 재검토되고 사역별 계획안이 확정된다. 목회계획세미나 이후 1년 동안의 사역에 대해서 각 국별로 브리핑을 하고 사역 전반에 대한 사역자들의 워크숍이 진행된다. 7월 첫 주간에 2차 사역점검이 실시된다. 2차 사역점검은 당해연도 상반기 사역에 대한 평가이며 당해연도 사역이 올바르게 진행되고 있는지 확인하여 하반기 사역계획을 보완하는 과정으로 이루어진다. 10월 마지막 주간에 열리는 3차 사역점검은 1년 동안의 사역 전반에 대해 점검 및 보완을 하며 각 사역별 예산에 대한 결산과 새해의 예산안을 심의, 확정하는 과정으로 진행된다.

3) 사역점검의 내용

점검하는 사역의 내용은 일반적으로 '역량평가'와 '성과평가'로 나눌 수 있다. '역량평가'는 '비전과 사역의 목적을 이루기 위해 가장 적합한 사역자를 선발하는 것'으로 주로 '개인의 능력에 대한 평가'이다. 반면 '성과평가'는 '사역의 목적과 결과가 잘 이루어졌는지에 대한 평가'이다. 비전을 이루기 위한 사역의 구조와 과정이 잘 이루어질 수 있도록 정비하고 보완하는 과정이 중요하다. 특별히 교회는 스스로 자원해서 사역을 이루어가는 구조이기 때문에 사회 조직과는 다르다. 사회의 여러 조직은 역량평가에 따라 금전적 보상이 뒤따르지만 교회사역은 자원하여 참여하는 사역자들에게 역량평가를 실시하기가 어렵다. 그래서 교회사역에 대한 평가는 성과평가로 사역을 점검하고 보완하는 것이 일반적이다. 다음과 같은 몇 가지 사항은 반드시 점검해야 할 대상이다.

첫째, (사역목표와 사역을 통해 이루어진 내용) 사역부서의 사역 목표를 이해하고 있어야 하며 사역을 수행하면서 이루어진 결과이다. 둘째, (사역과 비전과의 연결성) 사역부서의 목표와 교회 비전과의 연결성이다. '사역을 통해 교회비전의 어떤 부분을 성취했는가?', '사역을 수행하는 원칙을 지켰는가?', 그리고 '다른 사역부서와 목표를 이루기 위해 협력한 혹은 협력해야 할 부분은 어디인가?'와 같은 질문을 지속적으로 던지고 확인해야 한다. 셋째, (사역을 통해 변화된 부분) 사역을 통해 개선, 변화, 그리고 긍정적으로 평가되는 부분은 무엇인가 하는 점이다. 넷째, (사역의 체계적, 효율적인 운영) 사역을 수행하는 과정이 체계적이며 효율적으로 운영되었는가의 여부이다. 다섯째, (사역자들의 영적 성장과 만족도) 사역을 통해 사역자들이 영적으로 성장했는지, 사역자들이 사역을 하면서 익숙하게 사역이 이루어지고 있는지, 사역을 통해 사역자들이 보람과 긍지를 느끼고 있는가 하는 점이다.

4) 사역점검 체계의 구축

춘천중앙교회의 비전은 '새 역사를 열어가는 교회'이다. 이 비전과 연계된 핵심가치는 '예배의 감격이 있는 교회, 지역과 열방을 섬기는 교회, 그리고 가르침과 배움이 있는 교회'이다. 사역점검은 각 사역을 점검하고 비전을 성취하는 것에 목적을 두고 있다. 개별 사역은 '평신도가 세우는', '즐거움과 은혜가 가득한', 그리고 '전문화되고 체계화된'이라는 세 가지 사역 비전과 연계되어 있다. 이러한 사역 비전은 개별 사역이 추진해야 할 방향을 제시하여 궁극적으로 비전과 핵심가치를 구현하게 한다. 미래준비위원회와 각국은 이러한 내용을 담은 전략체계도를 완성했다.[70] 그리고 이러한 전략체계도를 기반으로 교회의 비전과 각국에서 추진하는 사역의 연결성을 확인하고, 최종적으로 달성하고자 하는 교회의 비전에 대한 공감대를 강화했다.

---

70) [그림 12-1]에서 '헌신', '역량', '자원', '기반'은 BSC 상의 네 가지 관점을 교회에 맞게 발전시킨 것이다. 이러한 관점은 해당 전략목표 및 전략목표 달성을 통해 얻게 되는 성과의 특성을 반영한 것이다. 일반적으로 하위관점은 상위관점의 전략목표를 성공으로 이끄는 동인(driver)의 역할을 한다. 예를 들어, 평신도의 역할이 증대되기 위해서는 일단 핵심 인력의 양성이 필요하고, 핵심 인력의 양성을 위해서는 체계적인 은사 관리가 필요하다. 이러한 방식으로 비전을 달성하기 위해 요구되는 전략들을 나열해 하나의 스토리로 연결하는 작업의 결과물이 전략체계도이다.

[그림 12-1] 춘천중앙교회 전략체계도

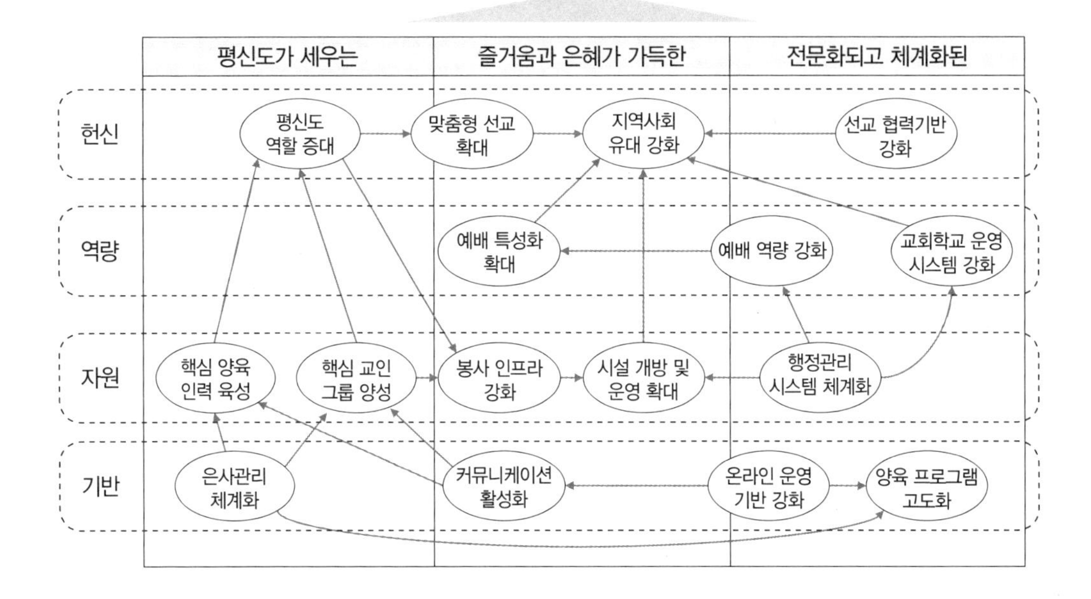

춘천중앙교회는 사역점검 체계를 구축하면서 현재 진행하는 사역뿐 아니라 비전의 달성 수준을 점검할 수 있도록 개별 사역을 계량화하는 데 많은 노력을 기울였다. 그리고 긍정적인 부분과 보완해야 할 부분, 그리고 타 부서와의 연계해야 할 부분을 중심으로 점검을 진행했다. 또한 사역을 추진하는 데 필요한 예산을 포함시켜 교회의 전반적인 사역에 대해서 종합적인 점검과 자원관리를 유기적으로 연계할 수 있도록 했다. 이 과정에서 다음과 같은 세 가지 조치를 취했다. 첫째, 교회의 전체 비전을 이루기 위해서 2013년부터 2018년까지 각 사역별 연차적 비전과 전략목표를 작성하고 이를 통해 교회의 비전을 실제적으로 이룰 수 있도록 했다. 둘째, 매년 각 사역별 비전과 목표, 그리고 2018년까지 사역의 목표와 비전을 구성할 담당자를 담당 목사나 담당 국장으로 한정하지 않고 실무 사역을 담당하는 각 사역 담당 팀장들과 함께 협의하여 구성하였다. 셋째, 현재 이루어지는 사역점검과 사역의 보완을 위해 각 사역국 안에 모니터링을 담당할 사역자를 선정하여 자체적인 분석과 평가가 가능하게 했다. 아울러 사역에 필요한 예산의 경우도 사역점검을 통해서 검토할 수 있도록 했다.

또한 전체 사역자 간의 소통과 공감대 형성을 위해 사역별 성과계획서의 양식을 다음과 같이 표준화했다. 그리고 사역별 비전과 교회의 전체 비전을 이해한 다음 전략목표를 정하도록 했다. 전략목표를 이루기 위해 주요 사역을 언제까지 이룰 것인지 정했다. 그리고 전략목표가 달성될 때 예상 가능한 내용을 기록했다. [그림 12-2]는 사역별 성과계획 수립 시 실제 활용했던 결과물의 일부이다.

[그림 12-2] 부서별 사역 점검표 작성 예시

전략 목표	새가족 환영 및 정착						
주요활동	일정	이상적 상황	핵심성과지표	목표치	실적치	보완사항	협조 요청사항
새가족 4주 교육	매주	등록한 새가족이 모두 새가족 교육을 이수	등록 새가족 교육 이수율	70%	37%	일회성 방문자 선별	교구별 새가족 현황관리 공유
새가족 환영회	매월	교육 이수자 중 90% 이상이 환영회 참석	교육 이수자 환영회 참석률	90%	78%		
새가족 교재 수정	매년	교회 여건에 맞추어 새가족 교재 적시 변경	교재 개정 여부	개정			
새가족 위원 확충	수시	새가족 위원을 15명 이상 확보	새가족 위원 수	15명	11명	추가 홍보 및 사역자 발굴	유관 은사인력 추천
새가족 선교회 연결	매월	새가족이 각 선교회에 연결되어 정착	새가족 정착비율	50%	75%		

사역점검은 변화를 지속적으로 할 수 있도록 도와주는 도구이다. 변화는 '시스템'과 '기술적인 도구'로 가능하다. 그러나 변화를 지속적으로 하게 하는 힘은 '하나님을 향한 기도와 은혜'이다. 변화와 개혁에 대해 반대하는 사람이나 조직을 포용하고 설득해 나가는 방식의 핵심은 '은혜'와 '사랑'이다. 성도나 교회의 문제에 대해 비판할 것이 아니라 하나님 앞에서 사역에 대해 애통함을 가지고 자신의 모습과 사역을 재발견하며 변화를 위해 하나님의 도우심을 구하는 겸손함이 필요하다.

1 사역을 점검할 때 가장 중요하게 생각하는 것은 무엇인가요?

2 각 사역에서 가장 핵심이라고 생각하는 것은 무엇인가요?

3 각 사역이 교회의 비전을 이루기 위해 긴밀하게 연결되어야 할 것은 무엇인가요?

제4부

풋대를 향하여

풋대를 향하여

푯대를 향하여

끝나지 않은 항해

2003년 홍의숙 인코칭 대표의 이야기이다.[71]

"나는 지식산업으로 해외에 진출하겠다는 꿈을 갖고 사업을 시작했다. '지식을 해외에 수출하겠다.'는 나의 꿈에 대해 당시 많은 사람들은 그 중요성과 우선순위를 전혀 이해하지 못했다. 그래서 조금은 외로운 길을 걸어온 것이 사실이다. 지식을 판다는 것 자체를 의아해하고 이해하지 못했다. 그런데 그 꿈을 꾼 지 10년이 지난 지금, 불가능할 것 같았던 이 일이 현실로 내 앞에 성큼 일어났다. 10일, 세계에서 네 번째 높은 빌딩인 쿠알라룸푸르의 메나라 KL 타워에서 말레이시아 첨단기술진흥원(MIGHT)과 '인코칭'이 파트너십을 맺은 것이다. 한국의 지식을 말레이시아에 수출하는 쾌거를 이룬 것이 무엇보다 감격스러웠다.

말레이시아 중소기업청장이 한국적 업무 방법의 중요성을 강조하며 동반성장계획을 발표하는 것이 주요 텔레비전방송과 뉴스에 소개되는 모습을 보면서 바로 10년 전 내 모습이 생각났다. 무엇보다 이 모든 상황이 가족과 사랑하는 주변인들의 기도로 이루어졌다는 생각에 가슴이 뭉클해지며 하나님 앞에 감사기도가 나왔다.

나는 이렇게 외치고 싶다. '꿈을 믿는 사람에게는 반드시 이루어진다.'고. 여러분은 지금 무슨 꿈을 꾸고 있는가? 당장은 실현 가능하지 않아도 끊임없이 생각하고 추구하고 기도하길 바란다. 꿈은 반드시 이루어진다."

자신이 출석하는 교회가 '좋은 교회'에서 '더 좋은 교회'로 발전해 나가기를 소망한다. 성도는 교회에 출석하는 순간부터 삶의 방식이 바뀐다. 예배와 말씀, 그리고 기도와 찬양을 통해 신앙생활을 잘하고 있는 성도라면 세상에서 살아가는 삶이 힘들어도 신앙으로 잘 극복하며 살아간다. 반면 자신의 삶이 아무리 부유하고 세상에서 다른 사람들이 인정하는 자리에 있다 할지라도 신앙생활에 기쁨과 감격이 없다면 불평과 원망스러운 삶을 살아가게 된다.

---

71) 설교닷컴, "지식산업으로 10년 만에 이룬 꿈"(홍의숙, 인코칭 대표).

결국 성도는 세상 속에서 살아가지만 교회와 더 밀접한 관계 속에서 살아간다.

춘천중앙교회의 컨설팅을 진행하면서 많은 사람들이 물었다. '컨설팅을 하고 나서 무엇이 변화되었는가?' 한마디로 효과가 있는지 없는지를 물었다. 특히 목사가 '효과가 있느냐?'에 대해서 묻는다면 '교회가 더 좋아졌는지? 좋아졌다면 어떤 면에서 더 좋아졌는지?'를 묻는 것이다. 춘천중앙교회가 컨설팅을 하면서 변화된 부분을 설명하고자 한다. 아울러 컨설팅을 할 때 미리 알아두어야 할 일에 대해서도 언급하고자 한다.

1. 춘천중앙교회는 이렇게 변화되어 가고 있다

1) '감소'에서 '증가', 부흥의 분위기로 전환

컨설팅을 하고 나서 제일 먼저 떠올리는 것이 '교회의 부흥'이다. '교회가 부흥되었는가?'라는 질문에 '그렇다'라고 대답할 수 있다. 춘천지역의 특징 중 하나는 서울을 비롯한 수도권에서 춘천으로 전출, 전입하는 인구의 숫자가 상당수가 된다는 점이다. 공무원이 타 지역보다 다수를 차지하는 지역이며 춘천중앙교회의 성도 중 공무원이 많다. 그 결과 춘천중앙교회의 경우 매년 최소 200명 이상의 성도가 전출하고 있다.

2011년 주일예배 출석 인원이 평균 47명 감소한 일은 충격이었다. 춘천중앙교회가 옥천동에서 이사 온 이래 지난 10여 년 동안 예배 출석 인원이 늘 증가하고 있었기 때문이다. 더욱이 '47명 감소'는 숫자의 의미를 뛰어넘어 교회가 뒷걸음질치고 있다는 위기감 자체로 다가왔다. 컨설팅이 추진되고 난 이후 주일예배 출석 인원이 2012년 다시 50명 증가했다. 이것은 매년 전출한 성도 200명을 포함하면 250명의 증가를 의미한다. 그리고 2013년 1월부터 6월 둘째 주일까지 23명이 증가했다. 전출인원 200명을 생각하면 다시 223명이 증가한 셈이다. 결국 2011년에서 2012년까지 사실상 외형상의 증가는 50명(250명)이지만 마이너스에서 플러스로 전환된 것을 보면 97명(297명)이 증가한 것이다. 이는 명절, 휴가기간 등 교회 예배 출석의 모든 인원을 52주 혹은 53주로 나누어 평가한 주일예배 출석 평균 인원의 증가이다.

2) 새가족 정착, 예배 출석 인원 증가

2011년 약 300명의 새가족이 등록했지만 예배 출석 평균 인원은 47명 감소, 2012년 453명 새가족 등록 및 예배 출석 평균 인원 50명 증가, 2013년 현재 502명 등록 및 예배 출석 평균 인원 11명 증가. 2014 년 5월까지 132명 등록, 예배출석 평균인원 87명 증가한다는 것은 등록한 새가족의 수가 2011년에 비해 차츰 증가할 뿐만 아니라 새가족의 정착도 점차 증가하고 있다는 것을 보여준다.

앞서 말한 바와 같이 춘천중앙교회의 경우 당회, 구역회를 위해서 성도 전체를 파악할 때 한 해 평균 교회 전체 전출한 인원수가 약 200명에서 250명 정도가 된다. 그 이유는 춘천 지역이 도청, 도교육청, 도경찰청과 같이 강원도의 행정도시 역할을 하기 때문에 같은 강원도 지역에서의 전입, 전출뿐 아니라 서울이나 수도권을 비롯한 타 지역에서 춘천으로 전입, 전출하는 사람이 많다. 특히 전입, 전출의 경우 주로 상반기에 집중된다.

춘천중앙교회에서 최소 200명 전출을 기준으로 생각할 때 2011년 47명 감소는 새가족 등록 300명 중 147명만 교회에 정착했다는 것을 의미한다. 2012년 50명 증가는 250명 증가와 같은 수치이다. 2013년 11명의 증가로 약간 상승세가 저조했지만 2014년 5월까지의 상황을 보면 87명 증가로 전출 평균인구 200명, 새가족 등록인원 264명을 264명과 장기결석자 등 13명이 더 증가한 것이다. 결국 새가족 등록과 정착을 연도별로 살펴보면 2011년 등록한 새가족 300명 중 147명 정착(정착율 49%), 2012년 등록한 새가족 453명 중 250명 정착(정착율 55.2%), 그리고 2013년 새가족 502명 중 211명 정착(정착율 42%) 2014년 5월말 현재 새가족 264명 중 287명 정착(정착율 100%) 으로 새가족의 정착율이 현저히 증가하고 있다. 결국 컨설팅 이전과 비교하여 볼 때, 새가족의 교회 정착이 더 잘 이루어진다고 볼 수 있다. 교회 체질이 변화되기 시작한 것이다.

3) 의식의 전환(목사와 성도의 동반관계)

사역구조 변화 이전에는 목사가 지출결의서를 기록하고 재무부에 넘겨주면 그만이었다. 담당 부장은 후에 지출결의서를 보고 서명하는 정도로 목사 중심적으로 이루어졌기 때문에 일방적인 요소가 있었다. 그러나 컨설팅 이후에는 목사와 평신도 사역자 사이의 동반관계(partnership)가 형성되었다. 목사는 '말씀과 기도 사역'에 전념하게 되어 교구 운영에 더 관심을 가지고 목회돌봄사역에 전념하게 되었다. 평신도 사역자들은 각 사역팀의 지출과 운영에 더 관심을 가지게 되었다. 각 팀장이 지출결의서를 기록하여 담당 국장(장로), 담당 목사가 서명하는 순서로 전환되었다. 따라서 담당 팀장이 사역의 중심이 되고 담당 목사와 국장은 사역의 방향을 의논하며 사역이 잘 진행될 수 있도록 지원하는 역할로 변화되었다.

4) 권한 위임을 통한 책임 사역

컨설팅 이전에는 담당 목사가 모든 계획, 예산을 준비하고 담당 사역자에게 통보하는 식이었다. 그러나 컨설팅 이후에는 교회의 전체적 목회의 방향을 설명하고 비전을 이루기 위해 사역의 전반에 대해 각 담당 목사와 국장, 그리고 팀장이 논의하고 당해연도 계획은 팀장이 수립하게 되었다. 각 팀장은 목회방향과 비전에 맞는 계획을 준비하고 소요되는 예산에 관한 사항을 준비한다. 컨설팅 이후에 담당 목사가 가지고 있던 권한과 책임을 평신도 사역자에게 위임하게 되었다. 이를 통해 평신도 사역자는 책임의식을 가지게 되었으며, '내 교회'라는 공동체의식이 더 강화되었다.

5) 함께 만들어가는 '교회 미래'

컨설팅 이전에는 담임목사가 매년 목회계획과 표어를 교회의 현실에 맞게 구성하여 발표하고 그에 따라 각 사역별 목회계획이 구성되었다. 그러나 컨설팅 이후 교회의 목회계획과 표어도 부목사와 평신도 지도자(담당 국장)의 논의를 거쳐 준비하게 되었다. 춘천중앙교회가 2018 비전과 연도별 목회계획을 구성하게 되면서 교회의 미래를 평신도 지도자들과 함께 만들어가는 방식으로 전환되었다.

6) '혼자 뛰는 사역'에서 '함께 뛰는 사역'으로 전환

일반적으로 교회의 연간 표어나 사역의 목표가 정해지면 한두 가지 사역에 치중하고 다른 사역은 교회의 표어나 비전과 관계없이 운영된다. 예를 들면 양육사역에 교회의 모든 사역에 초점을 맞추겠다고 하면 보통 양육국에 많은 자원이 집중된다. 그러나 컨설팅이 이루어진 후 양육국에서 무엇을 해야 할지가 아니라 각 사역별 '양육해야 할 사역'에 대한 계획을 준비하는 구조로 바뀌었다. '선교국-소그룹 지도자 양육', '예배국-찬양사역자 양육', '양육국-각 양육사역자 양육', '봉사국-각 봉사 담당자들에 대한 양육과 봉사자 발굴 계획', 그리고 '지원국-각국의 양육을 위한 지원' 등 '양육국'만의 '사역계획'이 아니라 '양육'에 대해 모든 사역조직이 동일한 목표에 전념하는 형태로 바뀌었다.

교회 표어를 의논하고 결정하는 방식이 담임목사 단독에서 목사와 평신도 지도자의 협의 체제로 전환되었다. '양육'을 중심으로 담당 목사들과 담당 국장(장로)들이 두 개 정도의 교회 표어를 만들어 담임목사에게 건의한 후 담임목사는 이중에 선택 혹은 수정하여 교회 표어를 정했다. 과거에는 교회의 미래에 대해서 담임목사 혼자 책임을 져야 하는 구조였다면 이제는 평신도 지도자들과 함께 교회의 미래를 준비해 나가는 구조로 전환되었다.

2. 변화를 위해 꼭 알아두어야 할 일

1) 영성(Spirit)에서 시작되어야 한다

헨리 나우웬(Henri Jozef Machiel Nouwen)은 「삶의 영성」[72]이란 책에서 고독, 공동체, 그리고 사역의 순서를 강조한다. 하나님과의 만남을 통해 신앙공동체와 사역에 주님의 은혜와 뜻이 이루어져야 한다고 말한다. 그러나 일반적으로 사역, 공동체, 그리고 하나님과의 만남이라는 순서로 바뀌었다. 사역을 해야 할 필요성 때문에 사역을 하고 있지만 예수님이 원하지 않는 사역을 하고, 예수님이 없는 신앙공동체를 만들고, 주님과의 진지한 만남이 없는 일을 하고 있지 않은지 생각해야 한다.

교회를 컨설팅하면서 비전을 수립하고 조직을 바꾸고 사역을 정리했다. 보다 건강한 교회가 되기 위해 노력했다. 한마디로 주를 위한 사역이다. 그러나 이 모든 과정이 '누구를 위한 것인가?' 하는 물음 앞에 모든 것을 내려놓아야 했다. '담임목사가 원하거나 성도들이 요구하는 것인가?' 아니면 '하나님이 원하시는 것인가?' 하는 물음 앞에 겸손해져야 했다.

교회 컨설팅의 시작은 영성에서 시작되어야 한다. 하나님과의 만남, 기도에서 시작되어야 한다. 개인, 신앙공동체, 그리고 사역에서 기도와 말씀으로부터 시작되어야 한다. 충분한 기도를 통해 영성을 회복하고 하나님의 임재와 능력을 체험할 때 비로소 주님이 원하시는 사역을 할 수 있게 된다. 교회를 컨설팅하는 것 역시 기도와 말씀으로 준비된 영성을 통해 이루어져야 한다. 모든 사역이 그렇지만 특히 컨설팅은 교회 안팎으로 반대와 비판의 목소리가 높아질 수 있기 때문이다. 더욱이 교회의 체질을 변화시키며 미래를 준비하기 위해서는 반드시 개인의 영성뿐 아니라 신앙공동체의 영성이 절실히 필요하다. 이 영성을 통해서 교회가 주님이 원하시는 길로 나아갈 수 있게 된다. 지식과 경험에 의해 이루어지는 사역이 아니라 하나님이 이루시고 계획하시며 도우심을 믿고 기도하는 영성을 통해 교회의 컨설팅이 시작될 때 형식만 변화되는 것이 아닌 진정한 변화, 진정한 컨설팅을 할 수 있게 된다.

2) 소통하려는 노력이 필요하다

목사들이 실수하는 행동이 하나가 있다. 그것은 목사가 아는 만큼 성도들도 다 알고 있을 것이라고 착각하는 것이다. 그래서 목사는 성도들을 향해 목사의 마음을 알아주지 않는다고, 따라주지 않는다고 불평한다. 성도들은 목사가 하는 말이 무슨 의미인지 잘 이해하지 못하기 때문에 지켜보고만 있게 된다. 결국 계획했던 일이 안 되고, 목사는 성도 때문이라고

---

72) 헨리 나우웬, 윤종석 역, 「삶의 영성」(서울: 두란노서원, 2013).

하고, 성도는 목사 때문이라고 한다. 이런 일로 인해 목사나 성도 모두가 상처를 받는다. '돌다리도 두들겨 보고 건너라.'는 말이 있다. '잘 아는 일이라도 세심하게 주의를 하라.'는 말이다. 성도들이 알고 있다 할지라도 다시 확인하고 한 걸음씩 전진해야 한다. '늦을 수 있다,' '속도가 안 난다,' '언제 이 일을 다 하느냐?'고 반문할 수 있다. 그러나 천천히 가야 한다.

컨설팅은 교회의 미래를 준비하는 일이다. 춘천중앙교회에서 컨설팅을 하는 동안 끊임없이 고민했던 것은 '소통'이다. 목사와의 소통, 평신도 지도자와의 소통, 그리고 성도들과의 소통, 이것을 쉬지 않고 했다. 기획위원회를 열어 진행상황을 설명했고 설문조사가 나온 것을 성도들에게 신문을 만들어 배포했다. 성도들과 소통하기 위해 노력했다. 컨설팅을 하면서 성도를 설득해야 할 때가 많았다. 교회 평신도 지도자들과 함께 기도하면서 동의의 과정을 구하고 명확한 미래에 대한 비전을 제시해야 했다. 그래서 성도들이 따라올 수 있었다. 질문이 나올 만한 것에 대해서 미리 답을 준비하고 사례를 제시하는 철저한 준비의 과정이 있어야 했다.

3) 조급은 금물, 인내와 성실이 필요하다

컨설팅을 시작할 때 불평과 불만을 이야기하는 성도들이 있었다. 어떤 성도는 '왜 자신을 미래준비위원회 위원으로 뽑지 않았느냐?'며 불평하기도 했고 '미래준비위원회 가지고 뭘 어쩌려고?' 하면서 미래준비위원회 자체를 부정하려고 하는 성도도 있었다. 심지어 '미래준비위원회가 교회를 말아먹는구나!'라고 말한 성도도 있었다.

컨설팅을 하면서 겪는 가장 큰 어려움은 '컨설팅이 제대로 될까?', '괜히 한 것 아니야?', 그리고 '이러다 교회가 시끄러워지면 어떻게 하지?', '이 책임은 누가 질 거야?'라고 생각하는 의심과 두려움이었다. 심지어 미래준비위원회의 위원 중에도 이런 생각을 하는 성도가 있었다. 사실 앞이 잘 보이지 않았다. 그러나 설문조사를 정리하고 타 교회를 탐방하고 비전워크숍이 끝난 다음에 나온 결과를 성도들에게 보여주자 상황이 달라졌다. 성도들이 그동안 교회에 대해서 생각했던 것, 성도들이 바라는 교회의 미래상, 그리고 교회의 비전에 대한 확신이 한 순간 정리되었다. 미래준비위원회에 대해 비난이나 불평하는 목소리도 사라졌다. 또한 미래준비위원회와 위원들을 성도들이 인정하게 되었고, 미래준비위원회 위원들도 스스로 자부심을 갖게 되었다. 컨설팅이 시작되고 1년이라는 시간이 지난 후에야 비로소 미래준비위원회가 인정받게 되었다. 그리고 또 2년간의 노력이 이어졌다. 목회 자체 역시 시간과의 싸움이다. 컨설팅 역시 마찬가지다. 조급함은 금물이다. 결과가 나올 때까지 인내와 성실함으로 해야 한다.

4) 비전은 함께 이루는 것이다

컨설팅을 하면서 실수하기 쉬운 것 중의 하나는 '일에 매이기 쉽다.'는 것이다. 사역별로 '무엇을 해야 할까?'에만 치중하다 보면 교회의 전체 비전을 잊기 쉽다. 자신의 사역에 매이고 사역이 곧 '일'이 되어 버린다. 결국 일이다. 일에 매여 사역을 하다 보면 은혜도 감사도 사랑도 비전도 모두 잊어버리게 된다. 열심히 일했다고 비전이 이루어지지 않는다. 다른 사역도 바라보아야 하고 다른 사역자들을 독려하면서 사역을 해야 한다. 오랜 시간 책상 앞에 앉아 있다고 공부 잘하는 것이 아니다. 목적과 내용을 분명히 알 때 사역의 열매를 맺을 수 있다.

예를 들면 교회마다 찬양팀 내에 여러 명의 반주자가 있다. 보통 일렉 기타 반주자를 비롯해서 베이스기타, 드럼, 키보드, 신디사이저 연주자 등으로 구성된다. 그런데 반주자들 중에 실력이 좋은 사람이 일렉 기타를 담당하는 연주자이고, 다른 반주자들은 실력이 일렉 기타 연주자 보다 못하다고 치자. 그럼 연주는 누구의 수준에 맞추어야 할까? 일렉 기타를 연주하는 사람이 아니라, 다른 악기 연주자들의 수준에 맞추어야 한다. 그리고 다른 악기의 연주자들이 수준이 높아질 수 있도록 인내하며 그들을 도와야 한다. 비전은 자기가 맡은 사역만 잘한다고 되는 것이 아니라 함께 이루어가는 것이다. 담당 목사, 사역자, 그리고 가장 작은 사역을 맡은 사역자까지도 모두 함께 마음을 나누고 사랑을 나누며 이루어가는 것이다.

5) 관점을 바꾸라

목회는 목사와 성도들이 교회라는 신앙공동체를 중심으로 하나님의 나라를 이 땅 위에 이루어가는 것이다. 관점을 바꾸어야 한다. 춘천중앙교회는 컨설팅을 하면서 설문조사를 했다. 설문조사의 결과를 받아 본 후에 제일 충격이었던 것은 지금까지 '교회 모든 사역이 잘 이루어지고 있었다.'는 생각이 깨진 것이다. 충격이었다. 하나님 앞에서 겸손해졌다. 그리고 교회를 다시 보기 시작했다. 지금까지 가지고 있던 관점을 다 내려놓고 하나님의 입장에서 생각해 보기로 했다. '하나님은 무엇을 원하실까? 하나님이라면 어떻게 하실까?'

'목회'는 혼자 하는 것이 아니라 '성도들과 함께 이루어가는 목회', '성도들과 함께 하나님의 나라를 교회가 속해 있는 곳에서부터 이루는 것'이라는 점을 확인하게 되었다. 그리고 새롭게 다시 시작하는 계기가 되었다. 춘천중앙교회는 컨설팅을 하면서 115년이라는 전통과 관습에서 벗어나 새롭게 116년을 하나님과 함께 써가는 '새 역사를 열어가는 교회'가 되었다. 그리고 '하나님의 사람을 통해 세상에 선한 영향력을 나타내는 교회'로 거듭나게 되었다.

목사가 만들어내는 전략이나 계획이 아니라 하나님께서 인도하시고 춘천중앙교회의 신앙공동체를 통해 계획하시고 이루고자 하는 일에 춘천중앙교회의 목사와 성도가 순종하며 이루어가는 것임을 알게 되었다. 목사의 관점이 바뀌어야 한다. 성도의 관점도 바뀌어야 한다. 그래서 그동안 목사가 가지고 있던 기득권을 성도들에게 옮겼다. 그리고 이제는 대화를 통해 사역을 함께 이루어가는 동역자이며 동반자가 되었다. 결국 하나님 중심으로 관점이 바뀌는 계기가 되었다.

6) 실패가 있어야 성공도 있다

목사와 성도 사이에 가장 힘든 것이 있다면 '서로의 잘못을 인정하는 것'이다. 교회에서 사역을 하다 보면 목사도 사람이기 때문에 실수할 수 있고, 성도도 실수할 수 있다. 그런데 목사가 자신의 실수를 인정하지 않는 경우가 있다. 자신의 잘못이 아니라 다른 사람의 잘못 때문에 이런 결과가 나왔다고 핑계를 대는 것이다. 목사만 그럴까? 성도도 같은 모습을 보일 때가 많다. 시간이 지나면 잊혀지겠지라고 생각하지만 사실은 잊혀지지 않고 가슴속에 남는다.

실패 앞에 자신을 인정하는 것이 필요하다. 컨설팅을 하면서 설문지 조사를 통해 좋은 평가가 나오지 않은 부분이 있었다. 예를 들면 양육국의 평생훈련 강좌이다. 목사들은 나름 열심히 강의 준비를 했다고 했는데, 그 강의에 참석한 성도들은 강의 충실도가 떨어진다고 한다. 이 문제를 두고 성도들을 향해 '듣는 자세가 안 되었다,' 혹은 '강의 내용을 알지 못해서 그렇다,' '강의에 참석하는 성도들의 결석 문제' 등을 문제 삼아서 성도들 탓이라고 되받아칠 수도 있다. 그러나 목사들은 '강의 충실도가 떨어진다.'는 평가 앞에 솔직해지기로 했다. 그리고 어떻게 하면 성도들이 원하는 강의를 만들 수 있는지를 고민했다. 강의를 했던 목사들 자신의 잘못을 인정했다.

실패했다고 비난하거나 이유나 핑계를 대지 않고 실패 속에서 배워야 한다. 역사를 배우는 이유가 무엇인가? 전철(前轍)을 밟지 않기 위해서다. 실수와 실패를 반복하지 않기 위해서다. 실패를 인정하고 새롭게 시작하려는 마음과 열정이 있을 때 교회도 성도도 성장하고 발전하게 된다.

7) 믿고 맡겨라

교회사역은 목사가 다 할 수 없다. 목사와 성도가 서로 손을 잡고 함께 고민할 때 아름답게 이루어진다. 성도에게 무엇을 맡기고 있는가? 목사가 왜 성도들에게 전폭적으로 사역을 맡기지 못하는가? 그것은 '두려움' 때문이다. '성도가 사역을 잘 못할까봐?'라는 말 뒤에는 성도를 의심해서가 아니라 '사역에 실패하지 않을까?'라는 두려움 때문이다. 맡긴 사역을 잘 하지 못해서 상처를 받을까 걱정한다. 그런데 이것은 목사의 걱정이다. 아무리 훌륭한 성도라도 100% 완벽하게 사역을 마칠 수 있다고 단언할 수 없다. 실수할 수도 있고 목표와 계획이 잘 이루어지지 않을 수 있다. 생각한 것과 다른 결과를 가져올 수 있다. 사역이 원활하게 이루어지지 않을 수 있다. 그렇다고 목사가 성도에게 책임을 전가해서는 안 된다. 실수나 실패에 대해 함께 책임을 지는 자세가 필요하다. 이런 목사와 성도의 모습이 필요하다. 이렇게 할 때 사역 때문에 목사나 성도가 상처받지 않는다. 사역이 잘 이루어지지 않을 때 무엇이 잘못되었고 무엇이 부족했는지 아는 것으로 충분하다. 밥 한 숟가락 먹었다고 배부르지 않는다. 처음 한 일에 100% 완성도를 기대한다면 그것은 착각이다. 이번에 실수가 다음에 같은 실수로 이어지지 않기 위해 준비하고 회의를 해야 한다. 그리고 다시 맡겨서 성도가 역량을 발휘할 수 있도록 해야 한다. 한 번 맡겨놓고 잘 안 된다고 그만두라고 한다든지, 혹은 각본을 다 짜 놓은 일만 하게 하면 하지 않은 것만 못하다. 성도를 허수아비로, 꼭두각시로 만들지 말아야 한다. 동등하게 주님의 일을 하는 사역자로 세우고 키워야 한다. 그리고 목사의 친구이며 주님의 사역을 의논하기 위한 동역자로 인정해야 한다. 권한도, 책임도 주어야 한다. 실수하면 그 실수가 무엇인지 성도도 안다. 교통사고를 당해본 경험이 있는가? 자신이 잘못해 놓고 거짓말을 한다. 경찰서에 가면 모든 것이 밝혀질 것을…. 이게 우리의 모습이다.

8) 과거의 실수를 되새겨야 한다

시험을 치르기 전에 문제를 푼다. 문제를 풀다 보면 틀린 문제를 반복해서 틀린다. 그래서 오답노트를 만들어 틀린 것을 되풀이해서 틀리지 않으려고 노력한다. 마찬가지다. 컨설팅을 하고 비전을 만들고 비전에 따라 사역을 한다. 그러나 사역이 성공적으로 잘 이루어지고 있다고 교만해질 수 있다. 그럴 때 과거를 돌아보아야 한다. 실수를 기억해야 한다.

춘천중앙교회는 컨설팅을 하면서 교구가 증가되었다. 네 개의 교구를 여섯 개의 교구로 전환하면서 새로 부임한 목사가 세 명, 그리고 교육파트에서 교구로 옮긴 목사 한 명, 이렇게 네 명의 목사가 교구를 맡게 되었다. 새로 부임한 세 명의 목사는 춘천중앙교회가 컨설팅을 한 것도 몰랐다. 그뿐만 아니라 시간이 지나자 사람의 기억 속에서 설문조사의 결과나 진행하면서 논의되었던 내용이 점점 기억 속에서 사라지기 시작했다. 그래서 특단의 조치를 취했다. 그동안 컨설팅을 하면서 드러난 내용에 대해서 각 사역국별로 다시 점검하는 작업을 실시했다. 새로 부임한 목사들뿐만 아니라 교육 파트에서 새로 사역하게 된 전도사들에게까지, 그리고 컨설팅을 준비하고 계획했던 모든 이들이 컨설팅의 내용과 성도들의 설문에 대한 응답과 내용, 그리고 비전에 이르기까지 다시 살펴보고 보완할 부분이 잘 진행되고 있는지 점검하게 했다. 과거 춘천중앙교회의 모습이 어떠했는지, 어떤 부분의 사역이 잘 안 되었으며 무엇을 보완해야 하는지 지금도 정기적으로 과거의 부족했던 교회의 모습을 떠올리며 온전한 사역과 비전을 이루기 위해서 되새기고 있다.

1 목회를 하면서 목사, 성도들이 어떤 일에 실수를 하게 되나요?

2 교회가 하나님께서 원하시는 모습으로 변화되기 위해서 필요한 것은 무엇입니까?

3 사역을 할 때 성도들이 채워 줄 수 있는 목사의 부족한 점은 무엇인가요?

4 사역을 할 때 목사가 채워 줄 수 있는 성도의 부족한 점은 무엇입니까?

지금까지 춘천중앙교회에서 3여 년에 걸쳐 실시한 컨설팅에 대해서 이야기를 나누었다. 아직도 교회가 사회적인 도구에 의해 평가되어서는 안 된다고 하는 부정적인 시각을 가진 분들도 있을 것이다. 그러나 먼저 생각해야 할 것은 내가 속해 있고, 내가 담임하는 교회가 '하나님께서 보시기에 교회 본연의 목적에 올바로 서 있는가?', '우리 교회가 건강한 신앙공동체로서 주님께서 맡겨 주신 사역을 잘 감당하고 있는가?' 하는 물음 앞에 진실하게 대답할 수 있는지를 먼저 생각해야 한다.

교회는 끊임없이 주님께서 주신 사역을 향해 나아가야 한다. 그러기 위해서는 본연의 목적과 방향을 생각하면서 자기 갱신을 위해 노력하는 일이 필요하다. 과거 찬란했던 교회들을 보라. 지금 그 교회들 중에 교회의 역할을 감당하고 있는 교회가 얼마나 되는가? 주님 오시는 그 순간까지 교회가 교회다울 수 있도록 우리는 노력해야 한다.

춘천중앙교회 목회의 중심은 '변화'였다. '변화의 시작', '변화의 대상', '변화의 방법', 그리고 선한 목적을 이룰 때까지 달려가는 목회였다. '내가 변하지 않으면 남도 변화시킬 수 없다.'는 생각에 스스로를 채찍질하며 달려온 목회였다. '좋은 교회에서 더 좋은 교회'로의 아름다운 변화, 주님이 이끄시는 변화를 체험하는 데 이 책이 작은 보탬이 되었으면 하는 바람이다. 그래서 주님이 세우신 모든 교회가 교회다운 사명과 역할을 수행하여 세상의 빛으로 주님의 기쁨이 되기를 소망해 본다.

춘천중앙교회에서 진행된 컨설팅은 2018년까지를 목표로 하고 있다. 아직도 진행형이다. 비전을 수립했다고 모든 것이 다 이루어지는 것은 아니다. 그러나 비전이 없으면 아무것도 제대로 할 수 없다. 지금까지 춘천중앙교회는 올바르고 정확한 푯대를 세우는 일을 했다. 사도 바울이 빌립보서 3장 14절[73]에서 말한 것처럼 '푯대를 향하여' 달려갈 것이다. 혹시 시행착오가 있을지도 모른다. 한순간에 교회나 성도들의 의식이 바뀌지 않는다. 시간이 필요하다. 지구가 자전하는 데 24시간이 필요한 것처럼 시간이 필요하다. 24시간이라는 시간이 걸려 지구가 자전하지만 지구 위에 서 있는 사람들이 어지러움을 느끼지 못하는 것처럼 춘천중앙교회의 컨설팅 결과는 지금도 이렇게 천천히 진행되고 있다. 사도 바울이 말했던 것처럼 푯대를 향해 오늘도 조금씩, 조금씩 변화되고 있다.

---

73) 개역개정 성경, 빌립보서 3장 14절, "푯대를 향하여 그리스도 예수 안에서 하나님이 위에서 부르신 부름의 상을 위하여 달려가노라."

부 록

부록 1

춘천중앙교회 중장기 발전전략 수립을 위한

성도 설문지

안녕하십니까?
춘천중앙교회 중장기 발전전략 수립을 담당하고 있는 발전전략 수립 프로젝트팀입니다.
본 설문은 우리 교회를 진단하고 새로운 발전전략을 수립하는 데 필요한 의견을 수렴하기 위하여 준비되었습니다. 우리 교회는 '예배의 감격이 있는 교회', '지역사회와 열방을 섬기는 교회', '가르침과 배움이 있는 교회'라는 비전을 수립하고, 이를 실천하기 위해 다양한 활동을 전개해 오고 있습니다. 지금까지 우리 교회는 하나님의 축복과 성도님들의 사랑으로 꾸준히 성장하여 왔습니다. 그러나 우리 교회가 가진 비전을 달성하고, 하나님께서 뜻하시는 일을 실천하기 위해 해결해야 할 과제 또한 많은 것이 사실입니다. 그래서 보다 나은 교회를 만들기 위한 노력은 언제까지나 지속되어야 한다는 자세로 이번 프로젝트를 시작하게 되었습니다.
작성하신 답변 내용은 오직 통계 목적으로만 이용되며 어떠한 경우에도 철저하게 비밀을 유지할 것을 약속드립니다. 귀한 시간을 내주셔서 감사합니다.

설문 응답요령

- 설문 문항에 제시된 내용 중 '우리 교회'라는 표현은 성도님이 다니고 계신 우리 춘천중앙교회를 의미합니다. '다른 교회'는 이전에 다니셨거나 가까운 분들에게서 이야기를 듣고 계신 교회로 춘천이나 다른 지역에 있는 교회를 의미합니다.
- 본 설문지에 제시된 문항 중 아직 접해 보지 못하였거나 적절한 판단이 어렵다고 생각되는 문항의 경우에는 '모르겠음'을 선택해 주시면 됩니다. 또한 제시된 문항 중 성도님의 생각과 같은 내용이 없는 경우 '기타'란에 직접 해당 내용을 작성해 주시면 됩니다.
- 설문 응답 예상 소요시간은 20분 정도입니다. 설문 내용을 천천히 확인하신 뒤에 작성해 주시면 감사하겠습니다. 항상 하나님의 축복과 은총이 함께하시길 빕니다.

2010년 11월

중장기 발전전략 수립 프로젝트팀

I. 교회 전반

(1~12) 다음 제시된 각 문항에 대해 성도님께서 동의하는 수준을 표시해 주십시오.

	문항	매우 그렇지 않다	그렇지 않다	보통 이다	그렇다	매우 그렇다	모르 겠다
1.	나는 우리 교회의 비전과 성장 계획에 대해 잘 알고 있다.	①	②	③	④	⑤	⑥
2.	나는 우리 교회의 비전과 성장 계획에 공감하고 있다.	①	②	③	④	⑤	⑥
3.	우리 교회는 불신자들을 위한 특별 프로그램을 운영하고 있다.	①	②	③	④	⑤	⑥
4.	나는 우리 교회가 현대적 스타일의 교회라고 생각한다.	①	②	③	④	⑤	⑥
5.	우리 교회의 조직구조는 성도들의 신앙생활에 많은 도움을 준다.	①	②	③	④	⑤	⑥
6.	우리 교회의 행사와 활동은 잘된 기획을 통해 조직적으로 진행된다.	①	②	③	④	⑤	⑥
7.	나는 우리 교회가 종종 새로운 것을 시도하고 있다고 생각한다.	①	②	③	④	⑤	⑥
8.	나는 우리 교회가 전통과 관습에 묶여 있다고 생각한다.	①	②	③	④	⑤	⑥
9.	나는 우리 교회의 조직구조를 도표로 그릴 수 있다.	①	②	③	④	⑤	⑥
10.	우리 교회에는 각각의 사역 분야마다 지도자(리더)가 있다.	①	②	③	④	⑤	⑥
11.	우리 교회는 칭찬과 격려, 사랑이 넘치는 분위기를 가지고 있다.	①	②	③	④	⑤	⑥
12.	우리 교회는 춘천 지역에 영향력을 미치고 있다.	①	②	③	④	⑤	⑥

(13~18) 다음 각 문항에 제시된 질문에 대해 〈보기〉에서 해당하는 항목을 골라서 괄호 안에 해당 번호를 기입해 주시기 바랍니다.

보기

① 전도	② 봉사	③ 장년 양육	④ 예배	⑤ 교회학교
⑥ 설교	⑦ 찬양	⑧ 성가대	⑨ 기도	⑩ 중보기도
⑪ 교제	⑫ 성찬식	⑬ 국내선교	⑭ 해외선교	⑮ 헌금
⑯ 건물/시설	⑰ 친교활동	⑱ 가정사역	⑲ 기타	

13. 위에 제시된 〈보기〉 중에서 현재 우리 교회가 목표로 하고 있는 것은 무엇이라고 생각하십니까? (　　)
14. 위에 제시된 〈보기〉 중에서 현재 우리 교회에서 가장 잘 이루어지고 있는 것은 무엇이라고 생각하십니까? (　　)

15. 위에 제시된 〈보기〉 중에서 앞으로 우리 교회의 성장과 발전을 위하여 가장 역점을 두어야 할 것은 무엇이라고 생각하십니까? (   )

16. 성도님께서는 영적 성장이나 혹은 다른 이유로 '우리 교회' 외에 '다른 교회'를 나가시는 경우가 있습니까?
    1) 있다(17번으로)   2) 없다(18번으로)

17. '다른 교회'를 찾게 되는 가장 중요한 이유는 무엇입니까?
    1) 집과 가까워서   2) 그 교회 목사님의 말씀이 좋아서
    3) 아는 사람의 권유로   4) 전에 섬기던 교회라서
    5) 예배 시간이 맞지 않아서   6) 가끔 '우리 교회'가 싫어서
    7) 다른 교회에 대해 알고 싶어서   8) 기타(   )

18. '춘천중앙교회' 하면 떠오르는 이미지는 무엇입니까? 3가지를 체크해 주세요.
    1) 철길 옆에 있는 교회   2) 봉사를 많이 하는 교회   3) 전도 많이 하는 교회
    4) 부자 교회   5) 지역행사를 많이 하는 교회   6) 교육 시스템이 잘 갖춰진 교회
    7) 예배가 은혜로운 교회   8) 말씀이 은혜로운 교회   9) 해외선교를 많이 하는 교회
    10) 기타(   )

II. 예배

(19~34) 다음은 예배에 관한 질문입니다. 제시된 각 문항에 대하여 성도님께서 동의하는 수준을 표시해 주십시오.

문항	매우 그렇지 않다	그렇지 않다	보통 이다	그렇다	매우 그렇다	모르 겠다
19. 나는 우리 교회 예배 전반에 대해 만족한다.	①	②	③	④	⑤	⑥
20. 나는 우리 교회의 예배에 참석하면 은혜를 받는다.	①	②	③	④	⑤	⑥
21. 우리 교회 목사님들은 예배를 위해 충분한 준비를 한다.	①	②	③	④	⑤	⑥
22. 나는 예배시간에 설교를 들을 때 은혜를 받는다.	①	②	③	④	⑤	⑥
23. 우리 교회에서 드려지는 예배가 내 삶에 큰 힘이 되고 있다.	①	②	③	④	⑤	⑥
24. 우리 교회 사회자들의 예배 인도는 은혜롭고, 자연스럽다.	①	②	③	④	⑤	⑥
25. 우리 교회의 예배 순서는 복잡하고 번거롭다.	①	②	③	④	⑤	⑥

26.	우리 교회의 예배음악(찬송)은 하나님께 예배하는 데 도움이 된다.	①	②	③	④	⑤	⑥
27.	우리 교회의 찬양대는 예배시간에 은혜를 충만하게 한다.	①	②	③	④	⑤	⑥
28.	나는 예배시간에 종종 지루함을 느낀다.	①	②	③	④	⑤	⑥
29.	나는 성도로서의 의무감 때문에 예배에 참석한다.	①	②	③	④	⑤	⑥
30.	나는 예배 중 통성으로 기도하는 시간을 갖는 것이 은혜가 된다.	①	②	③	④	⑤	⑥
31.	우리 교회의 예배 시 이루어지는 광고와 안내는 충분한 수준이다.	①	②	③	④	⑤	⑥
32.	우리 교회 예배를 돕는 안내자들은 친절하다.	①	②	③	④	⑤	⑥
33.	우리 교회의 헌금 방식은 만족스럽다.	①	②	③	④	⑤	⑥
34.	우리 교회 대표기도는 성도들의 마음에 공감을 일으킨다.	①	②	③	④	⑤	⑥

Ⅲ. 선교

(35~42) 다음은 선교 활동에 관한 질문입니다. 제시된 각 문항에 대해 성도님께서 동의하는 수준을 표시해 주십시오.

	문항	매우 그렇지 않다	그렇지 않다	보통이다	그렇다	매우 그렇다	모르겠다
35.	나는 우리 교회에서 후원하고 기도하는 국내선교지를 알고 있다.	①	②	③	④	⑤	⑥
36.	나는 우리 교회가 추진하는 국내선교의 방향과 활동에 만족한다.	①	②	③	④	⑤	⑥
37.	나는 우리 교회에서 후원하는 해외선교지를 알고 있다.	①	②	③	④	⑤	⑥
38.	나는 우리 교회가 추진하는 해외선교의 방향과 활동에 만족한다.	①	②	③	④	⑤	⑥
39.	나는 우리 교회의 전도가 창의적으로 이루어지고 있다고 생각한다.	①	②	③	④	⑤	⑥
40.	나는 우리 교회가 기회만 있으면 전도를 강조한다고 생각한다.	①	②	③	④	⑤	⑥
41.	나는 우리 교회 예배에 새가족을 데려오는 것이 즐겁다.	①	②	③	④	⑤	⑥
42.	나는 예수님을 모르는 사람들과 가깝게 지내려고 노력한다.	①	②	③	④	⑤	⑥

43. 성도님께서는 1달에 몇 회 정도 예수님을 믿으라고 주위 분들에게 권유를 하십니까?

( ) 회

44. 다음 제시된 국내선교를 위한 활동 중 향후 우리 교회가 집중해야 할 것은 무엇이라고 생각하십니까?

1) 미자립교회 지원 2) 노방전도 3) 콘서트 등 문화행사를 통한 전도
4) 관계전도(훈련) 5) 의료선교 활동 6) 타교회와의 연합행사 참여
7) 전문 전도팀 구성 8) 기타( )

45. 다음 제시된 전도를 위한 활동 중 향후 우리 교회가 집중해야 할 것은 무엇이라고 생각하십니까?

1) 태신자 작정 및 초청행사 2) 간증 집회 3) 콘서트 등 문화행사
4) 관계전도(훈련) 5) 노방전도 6) 전문 전도팀 구성
7) 샘터별 전도 8) 기타( )

46. 다음 제시된 해외선교를 위한 활동 중 향후 우리 교회가 집중해야 할 것은 무엇이라고 생각하십니까?

1) 재정 후원 2) 중보기도 3) 단기선교
4) 장기선교 5) 은퇴 후 해외선교 참여 6) 기타( )

47. 해외선교지를 방문하는 단기선교팀이 생기면 참여하실 의향이 있습니까?

1) 예 2) 아니오

Ⅳ. 봉사

(48~53) 다음은 봉사생활에 관한 질문입니다. 제시된 각 문항에 대해 성도님께서 동의하는 수준을 표시해 주십시오.

	문항	매우 그렇지 않다	그렇지 않다	보통 이다	그렇다	매우 그렇다	모르 겠다
48.	나는 우리 교회에서 하고 있는 봉사활동에 대해 잘 알고 있다.	①	②	③	④	⑤	⑥
49.	나는 우리 교회에서 하고 있는 봉사활동에 참여하는 방법을 알고 있다.	①	②	③	④	⑤	⑥
50.	나는 우리 교회에서 하고 있는 봉사활동에 참여할 의향이 있다.	①	②	③	④	⑤	⑥
51.	우리 교회가 하고 있는 봉사활동은 만족스럽다.	①	②	③	④	⑤	⑥

52.	우리 교회에서 하고 있는 다양한 사역은 개인의 필요를 채우는 데 도움이 된다.	①	②	③	④	⑤	⑥
53.	내가 우리 교회에서 하고 있는 사역은 나의 신앙생활에 도전과 의욕을 불러일으킨다.	①	②	③	④	⑤	⑥

54. 다음 제시된 봉사활동 중 향후 우리 교회가 집중 지원할 대상은 누구입니까?

1) 생활보호대상자　　2) 다문화 가정　　3) 소년소녀가장
4) 독거노인　　5) 장애인　　6) 외국인 노동자
7) 형편이 어려운 학생　　8) 해외난민　　9) 결식아동
10) 기타(　　　　　　)

55. 성도님께서는 현재 봉사활동에 적극적으로 참여하고 계십니까?

1) 예(57번으로)　　2) 아니오(56번으로)

56. 봉사활동에 참여하지 못하시는 가장 직접적인 이유는 무엇입니까?

1) 필요성을 느끼지 못함　　2) 어떻게 참여하는지 안내받지 못함
3) 생업으로 시간이 부족함　　4) 경제적인 부담감 때문에
5) 기타(　　　　　　)

57. 다음 제시된 봉사활동 중 현재 우리 교회가 하고 있는 봉사활동에 대해 아는 대로 표시해 주십시오.

1) 사랑의주일　　2) 1004주일　　3) 장학사업
4) 독거노인 돕기　　5) 장애인 돕기　　6) 외국인 노동자
7) 월드비전 활동　　8) 결식아동 돕기　　9) 새터민 돕기
10) 사랑의나눔주간(불우아동 돕기)　　11) 외국인 유학생　　12) 해비타트
13) 형편이 어려운 학생　　14) 해외난민　　15) 결식아동
16) 기타(　　　　　　)

V. 양육(훈련)

(58~69) 다음은 우리 교회의 양육활동에 관한 질문입니다. 제시된 각 문항에 대해 성도님께서 동의하는 수준을 표시해 주십시오.

문항	매우 그렇지 않다	그렇지 않다	보통 이다	그렇다	매우 그렇다	모르겠다
58. 우리 교회는 평신도에게 자주 훈련(양육) 기회를 제공한다.	①	②	③	④	⑤	⑥
59. 나는 우리 교회에서 새가족 교육에 대해 충분히 안내를 받았다.	①	②	③	④	⑤	⑥
60. 우리 교회의 새가족 교육은 신앙생활 정착에 많은 도움이 된다.	①	②	③	④	⑤	⑥
61. 우리 교회는 새가족 교육 후 다음 양육과정을 안내해 준다.	①	②	③	④	⑤	⑥
62. 우리 교회는 새가족 교육 후에도 지속적 관심과 격려를 제공한다.	①	②	③	④	⑤	⑥
63. 우리 교회의 일대일 양육은 영적 성장에 많은 도움이 된다.	①	②	③	④	⑤	⑥
64. 나는 수요평생훈련과정의 훈련 내용에 만족한다.	①	②	③	④	⑤	⑥
65. 베델성서과정은 하나님 말씀에 대한 지식과 영적 성장에 도움을 준다.	①	②	③	④	⑤	⑥
66. 우리 교회는 일대일 양육 후 사역할 수 있는 기회를 부여한다.	①	②	③	④	⑤	⑥
67. 나는 우리 교회의 제자반에 대해 충분히 안내를 받고 있다.	①	②	③	④	⑤	⑥
68. 우리 교회의 제자반은 주어진 은사를 찾는 데 도움이 된다.	①	②	③	④	⑤	⑥
69. 마더와이즈는 나의 영적 성장과 가정생활에 도움을 준다.	①	②	③	④	⑤	⑥

70. 성도님께서는 교회에서 추진하는 양육과정에 참여한 경험이 있습니까?

1) 예　　　　2) 아니오

71. 현재 교회는 '새신자 교육', '일대일 제자 양육', '제자반 양육', '베델성서', '마더와이즈', '수요평생훈련과정' 등을 실시하고 있습니다. 앞으로 성도님께서는 양육과정에 참여하실 의향이 있습니까?

1) 예(73번으로)　　　　2) 아니오(72번으로)

72. 양육과정에 참여하지 못하는 가장 직접적인 이유는 무엇입니까?

1) 필요성을 느끼지 못함　　　　2) 어떻게 참여하는지 안내받지 못함
3) 생업으로 시간이 부족함　　　　4) 필요한 교육과정이 없음
5) 경제적 부담감 때문에　　　　6) 기타(　　　　　　)

73. 우리 교회에서 추진하는 양육과정에 참여하셨던 양육과정을 찾아 모두 체크해 주십시오.

1) 새가족 교육　　2) 일대일 양육　　3) 제자반　　4) 수요평생훈련과정

5) 베델성서　　　6) 마더와이즈　　　7) 기타(　　　　)

74. 우리 교회에서 추진하는 양육과정 중에서 좀 더 보완해야 할 양육과정은 무엇입니까?
1) 새가족 교육　　　2) 일대일 양육　　　3) 제자반　　　4) 수요평생훈련과정
5) 베델성서　　　6) 마더와이즈　　　7) 기타(　　　　)

75. 우리 교회에서 추진하는 양육과정은 어느 부분이 개선되어야 할까요?
1) 강의시간 연장　　　2) 강의의 충실도　　　3) 요일 변경　　　4) 강의개설 수 증가
5) 강의개설 수 감소　　　6) 양육과정 안내　　　7) 강의 장소　　　8) 기타(　　　　)

VI. 행정

(76~79) 다음은 우리 교회의 행정에 관한 질문입니다. 제시된 각 문항에 대해 성도님께서 동의하는 수준을 표시해 주십시오.

	문항	매우 그렇지 않다	그렇지 않다	보통 이다	그렇다	매우 그렇다	모르 겠다
76.	우리 교회 사무실 직원들은 성도들에게 친절하고 자상하다.	①	②	③	④	⑤	⑥
77.	우리 교회는 교회 전체의 상황과 소식을 충분히 안내하고 있다.	①	②	③	④	⑤	⑥
78.	우리 교회에서 제공하는 각종 문서(주보, 신문)는 매우 유익하다.	①	②	③	④	⑤	⑥
79.	우리 교회는 교회의 비품과 시설을 잘 관리하고 있다.	①	②	③	④	⑤	⑥

80. 현재 교회의 직원 규모는 적정하다고 생각하십니까?
1) 적정하다　　　2) 축소해야 한다　　　3) 확대해야 한다　　　4) 잘 모르겠다

81. 다음 제시된 시설 중 향후 집중적으로 보완해야 할 것은 무엇입니까?
1) 친교실　　　2) 주차장　　　3) 식당　　　4) 대예배실(본당)
5) 소예배실　　　6) 분반실　　　7) 유아/자모실　　　8) 조명시설
9) 음향시설　　　10) 냉난방시설　　　11) 목사 사무실　　　12) 기타(　　　　)

82. 현재 우리 교회의 교회차량 운행과 관련해 향후 집중적으로 보완해야 할 것은 무엇입니까?
1) 차량운행시간 지키기　　　2) 기사들의 친절함　　　3) 차량의 청결함
4) 차량운행시간표 배부　　　5) 기타(　　　　)

83. 성도님께서는 우리 교회 홈페이지를 일주일에 몇 번 정도 이용하십니까? ( ) 회

84. 현재 우리 교회에서 운영하는 홈페이지에 대해 만족하십니까?
1) 만족하지 않는다(85번으로) 2) 만족한다(86번으로) 3) 잘 모르겠다(86번으로)

85. 현재 우리 교회 홈페이지에 대해 만족하지 못하는 이유는 무엇입니까?
1) 내용이 빈약하다 2) 홈페이지를 이용하기 불편하다 3) 자료가 올라오지 않는다
4) 홈페이지 디자인 5) 영상 콘텐츠 6) 기타( )

86. 현재 우리 교회에서 운영하는 교회 홈페이지에서 어떤 정보를 얻으십니까?
1) 주일예배 설교 2) 교회소식 3) 행사 영상
4) 자유게시판 5) 사진 갤러리 6) 없음
7) 기타( )

87. 현재 우리 교회에서 운영하는 홈페이지와 관련해 향후 집중적으로 보완해야 할 것은 무엇입니까?
1) 주일예배 설교 2) 교회소식 3) 행사 영상
4) 자유게시판 5) 갤러리 6) 샘터 관련 자료(교안 등)
7) 홈페이지 디자인 8) 영상 콘텐츠 9) 홈페이지 홍보
10) 기타( )

Ⅶ. 교회학교

(88~95) 다음은 우리 교회의 교회학교 운영에 관한 질문입니다. 제시된 각 문항에 대해 성도님께서 동의하는 수준을 표시해 주십시오.

	문항	매우 그렇지 않다	그렇지 않다	보통 이다	그렇다	매우 그렇다	모르 겠다
88.	나는 우리 교회에서 운영하고 있는 교회학교의 명칭과 담당 목사를 알고 있다.	①	②	③	④	⑤	⑥
89.	교회학교에서 이루어지는 교육은 자녀들의 영적 성장에 도움을 준다.	①	②	③	④	⑤	⑥
90.	우리 교회는 예배를 드리는 동안 아이들을 잘 돌봐 준다.	①	②	③	④	⑤	⑥
91.	우리 교회의 교육환경(교육관 등)은 매우 우수하다.	①	②	③	④	⑤	⑥

92.	우리 교회학교의 교육 프로그램은 매우 우수하다.	①	②	③	④	⑤	⑥
93.	교회학교 내의 각 부서(꿈터, 새싹, 푸른, 드림, 비전)의 교육 프로그램은 일관성 있게 진행된다.	①	②	③	④	⑤	⑥
94.	우리 교회학교의 교사들은 높은 열정과 역량을 지니고 있다.	①	②	③	④	⑤	⑥
95.	나는 기회가 된다면 교회학교에서 교사로 봉사하고 싶다.	①	②	③	④	⑤	⑥

96. 다음 제시된 항목 중 우리 교회 교회학교의 가장 큰 장점은 무엇이라 생각하십니까?

1) 교육관 시설　2) 교육 프로그램(콘텐츠)　3) 교사들의 열정과 헌신
4) 예배시간　5) 교회의 관심과 투자　6) 기타(　　　　)

97. 다음 제시된 항목 중 우리 교회 교회학교에서 가장 시급하게 개선해야 할 것은 무엇이라고 생각하십니까?

1) 교육관 시설　2) 교육 프로그램(콘텐츠)　3) 교사들의 열정과 헌신
4) 예배시간　5) 교회의 관심과 투자　6) 기타(　　　　)

98. 다음 제시된 항목 중 향후 우리 교회가 교회학교를 위해 집중적으로 투자할 곳은 어디입니까?

1) 교육관 시설　2) 교육 프로그램(콘텐츠)　3) 교사들의 열정과 헌신
4) 예배시간　5) 교회의 관심과 재정 지원　6) 해외 단기선교
7) 기타(　　　　)

Ⅷ. 교제(성도 간 관계)

(99~109) 다음은 성도(교인) 간 관계와 교제에 관한 질문입니다. 제시된 각 문항에 대해 성도님께서 동의하는 수준을 표시해 주십시오.

문항		매우 그렇지 않다	그렇지 않다	보통 이다	그렇다	매우 그렇다	모르 겠다
99.	나는 나의 감정을 다른 성도들에게 솔직히 드러낸다.	①	②	③	④	⑤	⑥
100.	내가 속한 교회 내 모임(남·여선교회, 샘터)을 활성화하는 일이 교회 부흥에 큰 도움이 된다고 생각한다.	①	②	③	④	⑤	⑥
101.	우리 교회는 누가 맡겨진 일을 잘 해냈을 때 칭찬의 말을 한다.	①	②	③	④	⑤	⑥
102.	나는 우리 교회에서 어떤 분과 의견이 다를 때 보통 잠잠히 있는 편이다.	①	②	③	④	⑤	⑥
103.	새가족이 교회 행사에 오면 나는 편견없이 사랑으로 대한다.	①	②	③	④	⑤	⑥

	문항	매우 그렇지 않다	그렇지 않다	보통 이다	그렇다	매우 그렇다	모르 겠다
104.	나는 서로를 위해 교회 내 모임(남·여선교회, 샘터)에 잘 참여한다.	①	②	③	④	⑤	⑥
105.	나는 내가 속한 교회 내 모임(남·여선교회, 샘터)에서 영적인 문제에 대해 이야기한다.	①	②	③	④	⑤	⑥
106.	나는 내가 속한 교회 내 모임(남·여선교회, 샘터)에 있을 때 마음이 편안하다.	①	②	③	④	⑤	⑥
107.	나는 내가 속한 교회 내 모임(남·여선교회, 샘터)과 관계없이도 별도로 친목활동을 갖는다.	①	②	③	④	⑤	⑥
108.	내가 속한 교회 내 모임(남·여선교회, 샘터)은 서로에 대한 믿음과 신뢰가 깊다.	①	②	③	④	⑤	⑥
109.	내가 속한 교회 내 모임(남·여선교회, 샘터)에서 나는 원하는 만큼 왕성한 활동을 할 수 있다.	①	②	③	④	⑤	⑥

110. 성도님께서는 남·여선교회 내지 샘터 활동에 적극적으로 참여하고 계십니까?

1) 예(112번으로)　　2) 아니오(111번으로)

111. 남·여선교회, 혹은 샘터에 적극적으로 참여하지 못하는 가장 큰 이유는 무엇입니까?

1) 필요성을 느끼지 못함　　2) 어떻게 참여하는지 안내받지 못함
3) 생업으로 시간이 부족함　　4) 다른 성도와 관계가 부담스러워서
5) 기타(　　　　　)

112. 우리 교회에서 성도들 사이의 만남과 교제를 하기에 좋은 공간이 어디라고 생각하십니까?

1) 친교실　　2) 구친교실　　3) 로튼다 주변 공원
4) 농구코트　　5) 주차장　　6) 교회 주변 벤치
7) 로비　　8) 기타(　　　　　)

113. 우리 교회가 성도들 사이의 만남과 교제를 위해 보완해야 할 공간은 어디라고 생각하십니까?

1) 친교실　　2) 구친교실　　3) 로튼다 주변 공원
4) 로비　　5) 교회 주변 산책로 조성　　6) 교회 주변 벤치와 파라솔
7) 기타(　　　　　)

Ⅸ. 신앙생활과 은사

(114~132) 다음은 성도님의 신앙생활과 은사에 관한 질문입니다. 제시된 각 문항에 대해 성도님께서 동의하는 수준을 표시해 주십시오.

문항	매우 그렇지 않다	그렇지 않다	보통이다	그렇다	매우 그렇다	모르겠다
114. 나는 신앙생활이 나의 삶에 변화를 가져온 것을 경험하고 있다.	①	②	③	④	⑤	⑥
115. 하나님의 말씀은 나의 삶 속에서 가장 중요한 선택의 기준이다.	①	②	③	④	⑤	⑥
116. 내 삶 속에 역사하시는 하나님으로 인하여 자주 하나님께 감사한다.	①	②	③	④	⑤	⑥
117. 나는 기도를 통해 큰 힘을 얻으며, 은혜를 받는다.	①	②	③	④	⑤	⑥
118. 나는 성경 읽는 것이 즐거우며, 자주 성경을 읽는 편이다.	①	②	③	④	⑤	⑥
119. 나는 우리 교회만 생각하면 마음이 뜨거워진다.	①	②	③	④	⑤	⑥
120. 나는 하나님께서 우리 교회를 통해 역사하실 것이라 믿는다.	①	②	③	④	⑤	⑥
121. 성도들이 나를 위해 정기적으로 기도하고 있다는 사실을 알고 있다.	①	②	③	④	⑤	⑥
122. 나는 신앙생활을 하면서 행복할 많은 이유를 갖게 되었다.	①	②	③	④	⑤	⑥
123. 나는 예수님을 모르는 친구, 동료, 친척 등을 교회에 데려오는 것이 즐겁다.	①	②	③	④	⑤	⑥
124. 나는 예수님을 모르는 친구, 동료, 친척 등이 신앙을 가지도록 기도한다.	①	②	③	④	⑤	⑥
125. 나는 신앙생활의 의미가 무엇인지 몇 마디로 요약할 수 있다.	①	②	③	④	⑤	⑥
126. 교회 활동에도 불구하고 나는 충분한 시간적 여유가 있다.	①	②	③	④	⑤	⑥
127. 나는 우리 교회에서 좀 더 많은 책무를 맡고 싶다.	①	②	③	④	⑤	⑥
128. 나는 나의 영적 은사가 어떤 것들이 있는지 알고 있다.	①	②	③	④	⑤	⑥
129. 나는 우리 교회에서 내가 맡은 일을 할 때 즐겁게 일한다.	①	②	③	④	⑤	⑥
130. 나는 우리 교회가 성도들이 하고 있는 사역을 충분히 지원한다고 느낀다.	①	②	③	④	⑤	⑥
131. 하나님께서 우리 교회를 세워 가심에 나를 도구로 사용하고 계심을 느낀다.	①	②	③	④	⑤	⑥
132. 우리 교회에서 내가 하고 있는 일은 내 은사에 맞는 일이다.	①	②	③	④	⑤	⑥

X. 목사

(133~142) 다음은 우리 교회의 목사(담임목사님과 부목사님들)에 관한 질문입니다. 제시된 각 문항에 대해 성도님께서 동의하는 수준을 표시해 주십시오.

	문항	매우 그렇지 않다	그렇지 않다	보통 이다	그렇다	매우 그렇다	모르 겠다
133.	우리 교회 목사(담임목사님과 부목사님들)들은 성도들을 잘 북돋우며 긍정적이다.	①	②	③	④	⑤	⑥
134.	우리 교회 목사들은 다른 사람에게 위임하기보다 스스로 일을 처리한다.	①	②	③	④	⑤	⑥
135.	우리 교회 목사들은 각자 은사가 있는 분야에서 주어진 일에 전념한다.	①	②	③	④	⑤	⑥
136.	우리 교회 목사들은 자신이 부족한 부분에 대하여 평신도들에게 도움을 청한다.	①	②	③	④	⑤	⑥
137.	우리 교회 목사들은 평신도들과 친밀하게 지내기 위해 노력한다.	①	②	③	④	⑤	⑥
138.	우리 교회 목사들은 갈등이 있을 때 정면으로 돌파하려고 한다.	①	②	③	④	⑤	⑥
139.	우리 교회 목사들은 예배 준비나 순서에 성도들의 참여 기회를 부여한다.	①	②	③	④	⑤	⑥
140.	우리 교회 목사들의 업무가 너무 많다고 생각된다.	①	②	③	④	⑤	⑥
141.	우리 교회 목사들은 성도가 잘못을 저지를 때(이단 등) 단호히 바로 잡는다.	①	②	③	④	⑤	⑥
142.	우리 교회 목사들은 나에게 영적인 본이 된다.	①	②	③	④	⑤	⑥

143. 성도님께서는 향후 우리 교회가 성장하고 발전하기 위해 목사들이 가장 염두에 두어야 할 것은 무엇이라고 생각하십니까? 평소에 생각하고 계신 내용을 간략히 적어 주시기 바랍니다. 특별한 의견이 없으면 작성하지 않으셔도 무방합니다.

XI. 인구통계

144. 정기집회를 제외하고 일주일에 다른 성도들과 보내는 시간은 얼마나 됩니까?
1) 1시간 이하　　2) 1~2시간　　3) 2~5시간　　4) 5시간 이상

145. 지난 한 달 동안 친인척이 아닌 사람에게 몇 번이나 식사나 차를 마시자고 초대를 하거나 받았습니까?
1) 한 번도 없음　　2) 한 번　　3) 2~4번　　4) 5번 이상

146. 지난 한 달 동안 친인척이 아닌 우리 교회 사람에게 몇 번이나 식사나 차를 마시자고 초대를 하거나 받았습니까?
1) 한 번도 없음　　2) 한 번　　3) 2~4번　　4) 5번 이상

147. 성도님께서는 총 수입의 대략 몇 %를 십일조나 헌금으로 드리십니까?
1) 1% 미만　　2) 1~4%　　3) 5~9%　　4) 10% 이상

148. 우리 교회에서 친인척을 제외하고 친하게 지내는 분이 몇 명이나 되십니까?
1) 없음　　2) 1~5명　　3) 6~10명　　4) 11명 이상

149. 성도님의 성별은?
1) 남성　　2) 여성

150. 성도님께서는 일주일에 몇 시간을 예배 및 교회 활동에 사용하십니까?
1) 1시간 이하　　2) 1~2시간　　3) 3~10시간　　4) 10시간 이상

151. 친구들 중에 예수를 믿지 않는 사람은 몇 명이나 있습니까?
1) 없음　　2) 1~2명　　3) 3~10명　　4) 10명 이상

152. '우리 교회'의 예배 및 활동에 참여한 지는 얼마나 되셨습니까?
1) 1년 이하　　2) 1~5년　　3) 5~10년　　4) 10년 이상

153. '우리 교회'에서 성도님께서 담당하고 있는 직분은 무엇입니까?
1) 평신도　　2) 집사　　3) 권사　　4) 장로

154. 성도님의 연령은 다음 중 어디에 해당하십니까?

1) 20~30대 2) 40대 3) 50대 4) 60대 이상

155. 성도님께서 소속된 교구는 어디입니까?

1) 1교구 2) 2교구 3) 3교구 4) 4교구

5) 등록 안 함 6) 등록은 했으나 잘 모르겠음

끝까지 설문에 응해 주셔서 감사합니다. 주님의 축복이 함께하시길 기원합니다.

춘천중앙교회 사역 설명서(예시)

선교국

▶ 주요 사역팀 : 국내선교팀, 해외선교팀, 선교지원팀, 대외협력지원팀

1. 교회 내 역할

춘천중앙교회는 지난 116년간 예수 그리스도의 전도명령과 사랑의 명령에 순종함으로써 '새 역사를 이루는 춘천중앙교회'의 비전을 갖고 춘천중앙교회에 속한 모든 성도들을 통하여 온전히 헌신된 열정과 신앙생활을 고취하며 선교사를 발굴하고 훈련시켜 파송함으로 예수님의 지상명령을 감당해 왔다.

2010년까지 선교사역에 끊임없는 노력과 경주를 해왔다. 국내선교의 경우 동부연회를 비롯해 한국에 있는 교회들을 위해 선교적 후원으로 뒷받침하고 있다. 국내선교에 있어서 사랑의주일, 사순절 특별새벽기도 등을 통해 목적헌금을 하고 이를 국내선교의 건축과 후원에 사용하고 있다. 특히 2011년부터는 같은 지방에 속해 있는 미자립교회를 3년의 목회계획 하에 인적 자원과 물적 자원으로 후원하고 있다. 이는 자립교회로 성장시키기 위한 윈-윈(Win-Win) 프로젝트의 실천이다.

해외선교사역을 위해서는 인도네시아, 말레이시아, 중국에 선교사 파송뿐 아니라 인도네시아 자카르타 대학 건축을 위한 헌금, 한국 감리교신학대학에 재학 중인 인도네시아 학생들에게 장학금 지급 등을 통해서 선교사역을 구체화하고 있다. 아울러 2011년 10월 찔레곤 늘푸른교회의 개척까지 인도네시아 등에 한인 중심 교회를 '늘푸른교회'로 명명함으로써 춘천중앙교회와 네트워크를 형성하고 있다. 춘천중앙교회의 2018 비전과 핵심 가치를 통해 선교부는 하나님 나라를 확장해 나가고자 기대감을 갖고 사역에 임하고 있다.

2. 비전과 사명

1) 춘천중앙교회는 국내선교에 있어서 미자립교회와 함께 성장해 가는 윈-윈(Win-Win) 프로젝트를 구상하여 동반성장을 추구함으로 하나님 나라의 비전을 실현한다.
2) 춘천중앙교회는 해외선교에 있어서 '늘푸른교회 네트워크'를 구성하여 하나님 나라 비전을 실현한다.
3) 춘천중앙교회는 인도네시아를 비롯한 동남아시아 선교에 있어서 인도네시아 자카르타 대학의 목사 양성 등 선교 지역의 사람들이 직접 복음을 전할 수 있도록 함으로써 하나님 나라의 비전을 실현한다.
4) 춘천중앙교회는 인도네시아 자카르타 대학교를 중심으로 인도네시아, 말레이시아, 싱가포르, 중국에 이르는 차세대 선교벨트를 구상하여 하나님 나라의 비전을 실현한다.
5) 춘천중앙교회는 담임목사의 목회철학과 비전을 샘터 지도자들과 함께 나눔으로써 평신도 동역자들과 동역함으로 하나님 나라를 확장한다.

3. 조직도 및 조직 내 역할

1) 조직도

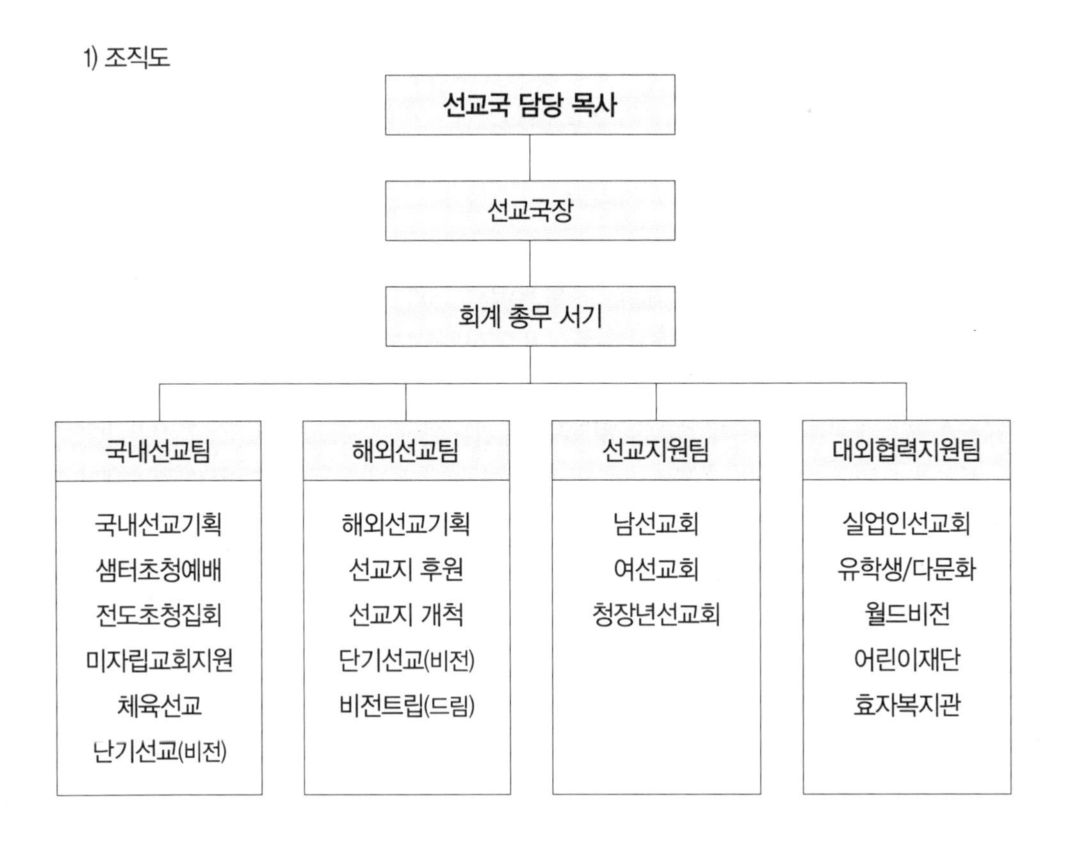

2) 조직 내 역할

선교국 담당 목사	1. 국내선교팀의 전반적인 행정 및 사역을 조정하고 관리 감독한다. 2. 매주 국내선교팀 모임을 통해 사역의 방향을 주재 및 조정한다. 3. 선교부의 일정을 목회기획실(담임목사)에 알리고 결과를 보고한다. 4. 매주 진행되는 사역을 전체적으로 점검한다. 5. 업무 관련 부서 간의 사역을 협의 및 조율한다. 6. 팀장과 함께 예산 편성과 집행을 최종 결정한다.
선교국장	1. 선교국 담당 목사를 보좌하고 선교사역의 행정 및 사역을 팀장과 함께 기획, 진행한다. 2. 국내선교팀장이 팀 내에서 잘 활동할 수 있도록 뒷받침해 준다.
총무	각 사역팀의 예산과 행정 업무를 주관 및 지원한다.
회계	1. 각 사역팀(팀장이 지출결의서 작성)에서 작성한 예산의 지출 및 보고의 책임을 갖는다. 2. 담당 목사와 담당 국장의 지출결의서 승인을 받은 후 재무팀에 전달한다. 3. 지출결의서 1부는 재무팀에, 1부는 보관한다.
서기	1. 사역팀의 활동 및 기타 제반사항을 기록하고 보관한다. 2. 각 사역팀의 각종 계획서 및 평가 보고서는 3부 중 1부는 담당 목사에게, 1부는 기획목사에게, 1부는 서기가 보관한다. 3. 사역팀의 활동 및 제반사항 1부를 교회역사자료 담당자(강경중 장로)에게 전달한다.
국내선교팀	1. 국내선교팀은 국내선교기획, 샘터초청집회, 분기별 전도초청집회, 밀알전도대, 체육선교회, 미자립교회 지원, 비전교회의 국내 단기선교팀으로 구성되어 있다. 2. 국내선교팀은 국내 미자립교회와 지역 감리교회의 자립을 위해 후원하며 기관 및 단체들을 섬기고 있다. 또한 미자립교회를 본교회의 각 교구 및 지역과 연결하여 주일예배에 참석하고 전도함으로써 후원하고 있다. 3. 샘터초청예배와 분기별 전도초청집회가 교회의 전도사역의 한 축을 이루고 있다. 밀알전도대는 매주 월요일 기도회와 목적이 있는 전도활동을 통해 지역전도에 힘쓰고 있다. 4. 미자립교회와 함께 성장해 가는 윈-윈(Win-Win) 프로젝트를 구상하여 동반성장을 추구함으로 교회가 성장해 나가는 데 역점을 두고 실천한다. 5. 교회 내외의 체육활동을 통해 전도활동에 참여하고 있으며 비전교회(청년)를 통해 정선, 영월 지역 등 동부연회 내의 지방 미자립교회를 연합하여 여름 행사(여름성경학교, 수련회) 등을 지원 및 후원하고 있다.
해외선교팀	1. 해외선교팀은 춘천중앙교회 전 성도가 세계 복음화에 대한 구체적인 비전을 갖고 구체적으로 선교에 동참할 수 있도록 다양한 사역 형태와 방법 등을 제시하고 있다. 그리고 모든 성도들이 교회의 선교전략을 이해하고 선교후원과 중보기도에 동참하는 사역이 이루어질 수 있도록 하고 있다. 특별히 춘천중앙교회 해외선교팀은 해외 늘푸른교회들과의 팀 사역을 통해서 현지인과 주재 한인이 주체가 되는 재생산 토착교회 사역 모델을 통해 건강한 사역과 위임사역, 그리고 자립을 위해 힘써 사역하고 있다. 2. 특별히 해외선교팀은 본교회와 선교사 간의 책임과 역할에 대한 분명한 안내로 균형잡힌 사역을 감당하고 있다. 이 밖에 선교사 자녀장학금, 안식년 선교사를 위한 후원 등 선교사로서 사역을 감당할 수 있도록 재정을 지원함으로 안정적인 사역을 계획할 수 있도록 하고 있다.

선교지원팀	1. 본교회의 남선교회, 여선교회, 청장년선교회가 주축이 되어 국내선교와 해외선교를 지원하고 있다. 각 선교회는 자체적인 회비를 통해 물질적 후원뿐만 아니라 중보기도를 통해 지원하고 있다. 2. 현재 여선교회의 각 지회를 통해 인도네시아 청년들이 감리교신학대학 대학원에 입학하여 영성과 지성을 겸비한 선교사로 자국에 돌아가기까지 학비를 지원하고 있다. 또한 바자회를 통해 해외 늘푸른교회를 지원하고 있다. 3. 청장년선교회는 아그너스 스포츠 선교단(야구)을 창립하고 청장년선교회가 활동할 수 있는 기틀을 준비하고 있다.
대외협력 지원팀	1. 대외 지원과 협력에 있어서 여러 창구로 나누어져 있던 부서를 하나의 창구로 통합 운영하고 있다. 2. 실업인선교회는 본교회의 실업인을 주축으로 하여 담임목사의 대외 업무를 보좌하는 기구이다. 3. 유학생 다문화선교회는 춘천 지역의 대학에 재학 중인 외국인을 대상으로 선교사역을 하고 있으며 이들에게 한국어 강좌 등을 통해 한국에 적응하고 신앙을 소유할 수 있도록 협동목사를 두어 사역하고 있다. 4. 월드비전, 어린이재단, 그리고 효자복지관은 우리 교회의 여선교회가 지원하고 격주 혹은 월별로 후원하고 있다. 특별히 효자복지관의 경우 우리 교회가 운영 교회로서 매월 일정금액을 후원하고 있다. 대외적인 사회봉사에 있어서 주된 역할을 감당하고 있다.

국내선교팀

▶ 주요 사역 : 국내선교기획, 샘터초청, 전도초청집회, 미자립교회 지원, 밀알전도대, 체육선교, 단기선교(비전)

1. 교회 내 역할

춘천중앙교회 성도들이 예수님의 지상명령을 통해 세상을 변화시키는 평신도 사역자로서 사명을 감당할 수 있도록 도우며 국내선교 기획을 통해 국내선교 전반을 기획 구상한다. 샘터초청집회는 샘터운영안과 샘터초청 예배 매뉴얼을 통해 태신자를 소그룹인 샘터로 초청하여 정착할 수 있도록 한다. 밀알전도대는 매주 월요일 기도회와 목적이 있는 전도활동을 통해 지역전도에 힘쓰고 있다. 체육선교단체는 교회 내외의 활동을 통해 전도활동에 참여하고 있으며 비전교회(청년)를 통해 정선, 영월 지역 등 동부연회 내의 지방 미자립교회를 연합하여 여름 행사(여름성경학교, 수련회) 등을 지원 및 후원하고 있다. 이와 같은 국내선교 활동을 통해 영혼 구원을 위한 섬김으로 예수 그리스도의 사랑을 실천하는 자들이 되도록 훈련한다.

2. 비전과 사명

1) 비전

춘천중앙교회의 성도들을 하나님 나라 사역의 일꾼으로 훈련시키며, 나아가 한국교회를 섬기며 예수 그리스도의 사랑을 전하는 자들이 되도록 돕고 지원한다. 이를 통해 모든 성도가 교회의 비전인 '새 역사를 이루는 교회'로서 세상을 변화시키는 사명을 감당하게 한다.

2) 사명

예수 그리스도의 복음을 전함으로 잃어버린 영혼들이 주님 앞으로 돌아오도록 하며 이를 위해서 기도를 통해 영적 전쟁도 함께 수행해 간다. 국내선교를 기획하고 샘터 등의 소그룹을 통한 전도, 강원도와 우리 교회가 속해 있는 지역의 미자립교회들이 자립할 수 있도록 돌보아 하나님의 나라를 확장하는 일에 쓰임을 받는다.

3) 주요 전략

항목	전략
국내선교기획	1. 6월과 12월 목회계획세미나가 열리기 전에 담당 목사와 국내선교팀장, 그리고 각 사역 담당자들이 모여 국내선교의 전반적인 운영에 대한 기획과 부서 내 활동에 대해 평가하고 조정한다. 2. 담당 목사와 국내선교팀장은 각 사역 담당자와 논의과정을 거쳐 국내선교를 기획한다. 3. 참석자: 담당 목사, 국내선교팀장, 샘터초청예배 담당자, 전도집회 담당자, 미자립교회 지원 담당자, 밀알전도대 담당자, 체육선교 담당자, 단기선교 비전교회 담당자
샘터초청예배	1. 담임목사의 목회철학과 비전을 공유할 수 있도록 훈련한다. 2. 샘터초청예배에 대한 훈련을 통해 소그룹 중심의 전도가 정착할 수 있도록 한다. 3. 소그룹에서 태신자를 정하고 태신자가 샘터에 초청되어 정착하고 교회에 등록하는 과정까지 함께 공동의 노력을 할 수 있도록 지도한다.
전도초청집회	1. 외부 강사를 초청하여 1일 간증 집회를 실시한다. 2. 강사의 간증과 은혜 나눔을 통해 성도들에게는 하나님의 사랑과 은혜와 임재를 체험하게 하고 새신자에게는 예수님을 소개하고 신앙을 가질 수 있는 계기로 준비한다. 3. 1일 행사로 그치지 않고 태신자에 대한 성도들의 지속적인 관심과 실제로 전도할 수 있는 동기를 부여하고 전도의 동기가 실제적인 실천으로 이행될 수 있도록 성도들을 훈련시킨다.
미자립교회 지원	1. 성도들의 국내 미자립교회에 대한 관심을 불러일으키고 교구와 지역의 주일예배에 참석할 수 있도록 한다. 2. 1년 정도의 기간을 두고 본교회의 성도들을 파견하여 파송되어 있는 동안 헌금생활을 하며 미자립교회에 파송된 신교사로서 활동할 수 있도록 훈련한다. 3. 미자립교회와 단계적인 자립 구상을 함께 마련하여 연간계획을 통해 이를 실천해 나간다.

지역전도 (밀알전도대)	지역의 여건과 상황에 맞게 병원전도, 노방전도 등을 통해 일상에서 만나는 영혼들을 주님 앞으로 인도할 수 있도록 중보기도와 전도를 실천한다.
체육선교	체육활동(스포츠 활동)을 통해 예수 그리스도를 알게 하고, 접할 수 있는 계기를 만든다.
단기선교 (비전교회)	영월, 정선 지역의 미자립교회를 돕는 것으로 청년들이 중심이 되어 훈련과 모임을 통해 준비하며 중보기도로써 함께 영적 성장을 이룬다.

3. 조직도 및 조직 내 역할

1) 조직도

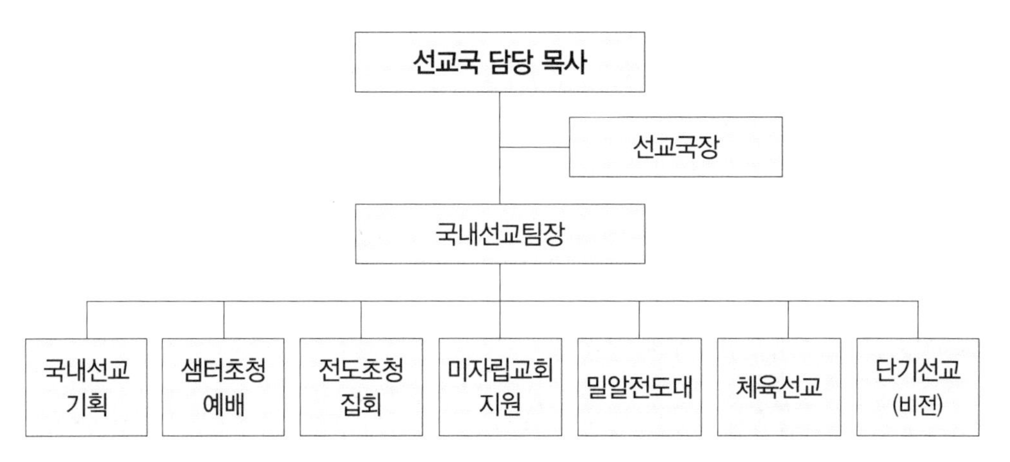

2) 조직 내 역할

팀 장	1. 국내선교팀의 평신도 사역자를 대표하여 행정업무를 담당한다. 2. 선교국 담당 목사를 보좌하고 국내선교팀의 행정 및 사역을 기획, 진행한다.
각 담당자	각 사역 및 행사를 담당하는 역할을 한다.

4. 연간 주요 사역

사역명	기간	장소	목적
국내선교기획	6~7월		다음해의 국내선교와 관련하여 전반적인 사항을 검토하며 각 사역의 진행 여부와 새로운 국내전도를 기획한다.
샘터초청예배	분기별	샘터	각 샘터별로 전도대상자를 샘터예배에 초청하여 교제하고 샘터예배를 통해 하나님의 자녀가 되도록 전도한다.
전도초청집회	분기별	교회	외부 강사를 초청하여 간증과 말씀의 시간을 통해 초청한 태신자들이 신앙을 소유할 수 있도록 한다.
미자립교회 지원	3년		지방 내 미자립교회를 선정하여 3년의 기간을 두고 단계적으로 자립할 수 있도록 돕는다.
밀알전도대 (지역목적전도)	매주 월요일		매주 월요일 오전 11시에 모여 기도하고 말씀을 나누며 선정된 지역에 파송되어 복음을 전한다.
단기선교 (비전)	7월	영월 정선	동부연회 내의 미자립교회에 속한 어린이, 청소년 들을 위한 여름성경학교, 여름수련회 등을 지원하는 선교 프로그램이다.

5. 세부적인 사역소개

국내선교 기획	선교국 담당 목사	6월과 12월 목회계획세미나를 통해 국내선교의 전반적인 운영에 대한 기획과 부서 내 활동에 대해 평가하고 조정한다.
	국내선교 기획팀장	1. 담당목사와 협의하여 국내선교 전체의 활동 방향과 목적, 그리고 담임목사의 목회철학과 비전에 따라 기획하고 각 담당자들과 만나 협의 및 조정을 한다. 2. 사역 부문 : 샘터초청예배, 전도초청집회, 미자립교회 지원, 밀알전도대, 체육선교, 단기선교(비전교회)
샘터초청 예배	담당자	1. 담당 목사, 국내선교 팀장과 논의하여 샘터초청예배의 일시를 선정한다. 2. 각 교구에 대한 샘터초청예배에 홍보, 영상물을 제작한다. 3. 샘터초청예배에 대한 매뉴얼을 제작 배포한다. 4. 샘터초청예배에 대한 교구별 교육과 훈련을 시킨다. 5. 진행상황 점검 1) 교구별 샘터초청예배 참여 샘터수 점검한다. 2) 초청 예정 태신자 인원을 점검한다. 3) 샘터초청예배 참석한 태신자 인원 및 명단 확인한다. 4) 샘터초청 후 교회 등록인원 확인한다. 5) 교회 등록 후 새가족 모임, 샘터예배 참석 여부 확인한다. 6) 교구에 정착하고 신앙생활을 하고 있는지 여부 파악한다.

전도초청 집회	담당자	1. 강사 선정 : 담당 목사, 국내선교 팀장이 선정 2. 담당 목사, 국내선교팀장과 논의하여 전도초청집회의 일시를 선정 기획한다. 3. 교회 차원의 전도초청집회에 대한 홍보, 영상물을 제작한다. 4. 전도초청집회 진행에 따른 큐시트와 관련 매뉴얼을 제작 배포한다. 5. 진행상황 점검 1) 초청강사의 일정을 확인한다. 2) 1층에 안내데스크를 마련한다. 3) 초청집회에 참석할 태신자를 위한 교회 안내 브로슈어를 준비한다. 4) 태신자 명단을 기록(새가족위원회와 협력)한다. 5) 초청집회 참석한 태신자 인원 및 명단을 확인한다. 6) 전도초청집회 후 전반적인 내용에 대해 토의 및 보완한다.
미자립교회 지원	담당자	1. 미자립교회 지원 계획은 담당 목사, 국내선교 팀장이 결정하며 담당자는 결정된 사항을 통보받고 진행한다. 2. 예산은 담당 목사와 국내선교팀장과 함께 수립한다. 3. 지출예산은 담당 목사와 국내선교팀장에게 보고한다. 4. 인적 자원 지원 1) 매주 주일에 교구별 지역 참석인원 및 일정에 대해 점검한다. 2) 미자립교회 참석 예배 후 활동사항에 대한 보고를 받고 정리한다. 5. 물적 지원(미자립교회에 헌금하는 경우) 1) 헌금은 미자립교회에 입금한다. 2) 헌금기록은 미자립교회에서 받아 본교회 재정팀으로 전달한다. 3) 연말 기부금 등의 증명서에서 누락되지 않도록 확인한다. 6. (신설) 본교회에서 1년 단위로 미자립교회로 파송되어 예배참석 및 활동할 경우 파송자 명단, 월간활동, 내역 등에 대해서 각각 보고를 받아 담당 목사와 국내선교 팀장에게 보고한다. 7. 연간 지원내용과 미자립교회의 성장 내용을 매주 정리하고 월별, 분기별 문서로 정리하여 담당 목사와 국내선교 팀장에게 보고한다.
밀알전도대	담당자	1. 전도지역에 대해서 미리 준비하고 탐방한다. 2. 필요에 따라서 전도지역을 구분하고 목표 전도지역을 정한다. 3. 전도물품에 대한 구비 등 예산 지출 업무를 한다. 4. 예산은 국내선교 팀장과 함께 수립한다. 5. 지출예산은 담당 목사와 국내선교 팀장에게 보고한다. 6. 밀알전도대 참여 봉사자 모집 광고, 홍보 및 봉사자를 모집한다. 7. 밀알전도대의 훈련-선교국 담당 목사가 진행한다. 8. 모임 및 파송 1) 매주 월요일 오전 11시에 기획위원실에서 모임 2) 찬양과 말씀 기도회를 한다. 3) 정해진 지역에 전도지 등 나누어 줄 물품을 준비하고 파송한다. 4) 밀알전도대 대원 출결상황을 점검하고 결석이 많은 대원에 대해서는 국내선교팀장과 의논하여 대원으로서의 활동 여부를 결정한다.

체육선교	담당자	1. 1년 동안의 활동 계획안을 준비하여 담당 목사와 국내선교 팀장에게 보고한다. 2. 모임과 훈련 1) 모임시간과 일정 수립하여 회원에게 알린다. 2) 기도회 및 기타 훈련 실시에 대해 계획을 수립한다. 3. 체육선교회 회원 출결상황을 점검하고 결석이 많은 회원에 대해서는 국내선교팀장과 의논하여 회원으로서의 활동 여부를 결정한다.
단기선교 (비전교회)	담당자	1. 단기선교의 지역, 일시, 진행계획은 담당 목사, 국내선교 팀장과 의논하여 결정한다.(사전준비는 비전교회 담당자가 한다.) 2. 소요예산은 국내선교 팀장과 의논하여 예산을 수립한다. 3. 예산지출 보고는 담당 목사와 국내선교팀장에게 보고한다. 4. 모임과 훈련 1) 단기선교지역에 대한 상황을 파악한다. 2) 지역 선정 후 지역의 교회와 접촉하여 일정 및 계획을 조율한다. 3) 기도회 및 기타 훈련 실시에 대해 계획을 수립한다. 4) 물품 구비 등 예산 지출 업무를 한다. 5) 차량지원 및 기타 제반 업무를 진행한다. 5. 소요예산은 국내선교 팀장과 논의한다. 6. 봉사자 모집 광고, 홍보 및 봉사자를 모집한다. 7. 영성 훈련-교육 담당 목사가 진행한다.

부록 3

춘천중앙교회 은사 진단을 위한

성도 설문지

안녕하십니까?

춘천중앙교회 중장기 발전전략 실행을 담당하고 있는 미래준비위원회입니다.

본 설문은 성도님들의 은사를 진단하고, 이를 토대로 성도님들의 영적 성장과 신앙생활의 내실화를 위해 준비된 것입니다. 우리 교회는 '예배의 감격이 있는 교회', '지역사회와 열방을 섬기는 교회', '가르침과 배움이 있는 교회'라는 비전을 수립하고, 이를 실천하기 위해 다양한 활동을 하고 있습니다. 지금까지 우리 교회는 하나님의 은혜와 성도님들의 사랑으로 꾸준히 영적으로나 양적으로 성장하여 왔습니다. 그러나 지난해 설문조사에서 나타났듯 성도님들과 목사 간의 벽을 허물고, 성도 간의 활발한 교제를 이끌어내는 것이 어려운 것 또한 사실입니다. 그래서 성도님들을 보다 더 이해하고, 보다 나은 신앙생활을 지원하기 위해 이번 조사를 시작하게 되었습니다. 작성하신 답변 내용은 오직 통계 목적으로만 이용되며 어떠한 경우에도 철저한 비밀 유지를 약속드립니다. 귀한 시간을 내주시어 감사드립니다.

설문 응답요령

- 본 설문지에 제시된 문항 중 '개인 스타일'과 관련된 부분은 좌측과 우측에 제시된 항목 중 본인의 성격에 가깝다고 판단되는 쪽에 표시를 하시면 됩니다.
- 본 설문지에 제시된 문항 중 '은사의 발견'과 관련된 부분은 제시된 4점 척도 문항 중 본인에게 가장 가깝다고 생각되는 곳에 표시를 하시면 됩니다.
- 개인 스타일과 은사에 대한 진단 결과가 궁금하신 분은 이용석 목사에게 신청해 주시면 진단 결과를 개별적으로 송부(9월 이후)해 드릴 예정입니다.
- 설문 응답 예상 소요시간은 25분 정도입니다. 설문 내용을 천천히 확인하신 뒤에 작성해 주시면 감사하겠습니다. 항상 하나님의 축복과 은총이 함께하시길 빕니다.

2012년 7월

미래준비위원회

I. 인구통계

다음 아래의 사항은 은사 설문지를 통해 나온 은사 결과를 본인에게 알려드리기 위해서 묻는 질문입니다. 설문 이후에 개인에게 설문지와 은사 관련 사항을 우편으로 보내드리고 필요한 경우에 이메일로 알려 드리도록 하겠습니다.

1. 성도님께서 소속된 교구는 어디입니까?
   1) 1교구　2) 2교구　3) 3교구　4) 4교구　5) 5교구
   6) 6교구　7) 비전교회　8) 모름　9) 등록 안 함

2. 본인의 성명 (　　　　　　　　)

3. 본인의 직분 (　　　　　　　　)

4. 본인의 주소 (　　　　　　　　　　　　　　　　　　　　　　)

5. 연락처 (　　　　　　　　　　　　　　　　　　　　　　)

6. 은사 진단 결과를 이메일로 받기를 희망하는 경우 이메일 주소를 기입해 주시기 바랍니다.
   이메일 (　　　　　　　　　　　　　　　　　　　　　　)

7. 현재 본인이 봉사하고 있는 부서를 기록해 주시기 바랍니다.
   (　　　　　　　　　　　　　　　　　　　　　　)

II. 개인 스타일

(1~7) 다음 각 문항은 일을 할 때 힘을 얻는 원천에 관한 내용입니다. 각 항목의 좌·우측에 제시된 항목 중 일을 할 때 힘이 나고 마음이 편안해지는 쪽에 동의하는 수준을 표시해 주십시오. 배우자나 가족 또는 상사가 기대하는 것이 아닙니다. 스스로 판단해 이런 경우에 일이 잘된다고 생각하는 쪽에 표시해 주시면 됩니다.

	← 좌측에 가까움			우측에 가까움 →		
1. 다른 사람을 위해 일하는 경우가 편안하다.	①	②	③	④	⑤	다른 사람들과 함께 하는 경우가 편하다.
2. 목표에 초점을 맞춰 일을 하는 것이 좋다.	①	②	③	④	⑤	인간관계에 초점을 맞추는 것이 좋다.
3. 명분이 있는 일을 할 때 열심히 하게 된다.	①	②	③	④	⑤	다른 사람과 조직을 형성할 때 열심히 하게 된다.
4. 일을 끝냈을 때 성취감을 느낀다.	①	②	③	④	⑤	인간관계가 수립되었을 때 성취감을 느낀다.
5. 정해진 시각에 회의가 시작되어야 한다.	①	②	③	④	⑤	모든 사람들이 모였을 때 회의가 시작되어야 한다.
6. 업무를 제때 못 끝내면 걱정이 된다.	①	②	③	④	⑤	같이 일하는 사람들이 마음 상할 때 걱정이 된다.
7. 업무를 수행할 때 결과를 얻는 것이 중요하다.	①	②	③	④	⑤	업무를 수행할 때 대화가 충분히 이루어져야 한다.

(8~14) 다음 각 문항은 일을 수행하는 방식에 관한 내용입니다. 각 항목의 좌 · 우측에 제시된 항목 중 본인이 일을 처리하는 방법과 유사한 쪽에 동의하는 수준을 표시해 주십시오. 배우자나 가족 또는 상사가 기대하는 것이 아닙니다. 스스로 판단해 이런 방식으로 하는 것이 좋다고 생각하는 쪽에 표시해 주시면 됩니다.

	← 좌측에 가까움			우측에 가까움 →		
8. 휴가는 계획에 따라 보내는 것이 좋다.	①	②	③	④	⑤	즉흥적인 것을 즐기며 휴가를 보내는 것이 좋다.
9. 업무를 처리하는 지침은 정확하고 분명해야 한다.	①	②	③	④	⑤	업무를 처리하는 지침은 일반적이며 유연해야 한다.
10. 나는 당장 결말을 보는 게 좋다.	①	②	③	④	⑤	나는 선택의 여지를 남겨두는 것이 좋다.
11. 나는 일상적 업무를 좋아한다.	①	②	③	④	⑤	나는 다양한 종류의 업무를 좋아한다.
12. 나는 계획에 따라 일하는 것이 좋다.	①	②	③	④	⑤	나는 임기응변으로 일하는 것이 좋다.
13. 나는 일상적 일에 편안함을 느낀다.	①	②	③	④	⑤	나는 일상적 일에 싫증을 느낀다.
14. 계획에 따라 일하는 것이 가장 효과적이다.	①	②	③	④	⑤	상황에 따라 일하는 것이 가장 효과적이다.

Ⅲ. 은사 진단

(15~147) 다음은 성도님의 은사를 진단하기 위한 질문입니다. 제시된 각 문항에 대하여 성도님께서 동의하는 수준을 표시해 주십시오. 이때 성도님 개인의 희망이나 기대가 아니라 현재 상황에서 판단할 때 본인과 가깝다고 생각하는 수준에 충실히 응답하시는 것이 중요합니다.

문항	매우 그렇다	대체로 그렇다	조금 그렇다	그렇지 않다
15. 사람, 사업 또는 행사를 총괄 계획하고 편성하는 것을 좋아한다.	①	②	③	④
16. 교회가 없는 곳을 보면 교회를 개척하고 싶다.	①	②	③	④
17. 나무, 헝겊, 물감, 금속, 유리, 기타의 재료를 가지고 공작하는 것을 좋아한다.	①	②	③	④
18. 여러 예술적인 형태를 이용하여 하나님에 대해 새로운 각도에서 생각하도록 도전을 주는 것을 좋아한다.	①	②	③	④
19. 영적인 진리와 오류, 선과 악을 쉽게 분별할 수 있다.	①	②	③	④
20. 하나님께서 내 기도에 응답하신다는 것을 의심해 본 적이 없다.	①	②	③	④
21. 길거리에서 만나는 사람에게 예수를 믿으라고 자신있게 전도할 수 있다.	①	②	③	④
22. 신앙생활에서 가장 중요한 것이 믿음이라고 생각한다.	①	②	③	④
23. 물질적인 도움이 필요한 사람이나 사역에 기쁜 마음으로 후원한다.	①	②	③	④
24. 다른 사람 모르게 다른 사람들의 일을 돕는 것을 좋아한다.	①	②	③	④
25. 샘터(셀) 모임 장소가 여의치 않을 때 나는 내 집을 샘터모임 장소로 내줄 수 있다.	①	②	③	④
26. 기도 부탁을 받으면 부탁받은 기도제목을 놓고 쉬지 않고 기도한다.	①	②	③	④
27. 사람들이 성경 말씀이나 성경적 진리에 관해 나의 의견을 종종 물어온다.	①	②	③	④
28. 다른 사람들이 자신의 목표를 달성할 수 있도록 독려하는 것을 좋아한다.	①	②	③	④
29. 고통받는 사람들의 마음을 이해하고 고통을 치유받도록 도움을 주고 싶다.	①	②	③	④
30. 자신의 잘못을 깨닫고 인생의 가치관과 삶이 변화될 수 있도록 대화하는 것을 좋아한다.	①	②	③	④
31. 남을 돌보거나 양육하는 일에 참여하는 것을 좋아한다.	①	②	③	④
32. 하나님의 말씀을 효과적으로 전할 수 있다.	①	②	③	④
33. 개인적인 혹은 영적인 문제에 관해 조언해 달라는 부탁을 종종 받는다.	①	②	③	④
34. 어떤 일을 처리할 때 신중하고 능숙하게 마무리 지으려고 노력한다.	①	②	③	④

	문항	매우 그렇다	대체로 그렇다	조금 그렇다	그렇지 않다
35.	다른 나라나 다른 인종, 그리고 다른 공동체에서 사역하는 일에 흥미를 느낀다.	①	②	③	④
36.	여러 종류의 기구나 도구, 연장을 잘 다룬다.	①	②	③	④
37.	미술, 연극, 음악, 사진 등의 예술적 기술을 개발하고 사용하는 것을 좋아한다.	①	②	③	④
38.	첫인상으로 사람들의 성격을 잘 파악한다.	①	②	③	④
39.	낙심한 사람들을 격려하고 자신감을 회복시켜 주기를 좋아한다.	①	②	③	④
40.	비신자들과 사귈 수 있는 기회를 항상 찾는다.	①	②	③	④
41.	환란 중에서도 하나님께서 도우시는 것을 확신한다.	①	②	③	④
42.	하나님 나라의 사역을 위해 십일조 이상의 헌금을 한다.	①	②	③	④
43.	사역을 돕는 일상적인 일을 즐겨 한다.	①	②	③	④
44.	새로운 사람들을 만나고 그들이 환영받는다는 느낌을 주는 일들이 즐겁다.	①	②	③	④
45.	오랫동안 기도하기를 좋아하며 하나님이 원하시는 기도를 하도록 주님이 인도해 주시는 것을 경험한다.	①	②	③	④
46.	자연적으로 알 수 없는 어떠한 사실을 성령으로부터 받아 알게 될 때가 있다.	①	②	③	④
47.	다른 사람들이 목표를 달성할 수 있도록 영향을 줄 수 있다.	①	②	③	④
48.	어려움을 겪고 있는 사람들이 다시 안정을 찾을 수 있도록 인내심을 가지고 돕는 것을 좋아한다.	①	②	③	④
49.	다른 사람들에게 진실을 밝히게 하는 것이 나의 의무라고 생각한다.	①	②	③	④
50.	신앙 문제로 방황하는 성도들을 동정하며 그들을 감싸주고 싶다.	①	②	③	④
51.	진리가 사람들의 삶에 변화를 가져올 수 있다는 것을 알기 때문에 말씀을 배우는 데 나의 시간을 투자하는 것을 좋아한다.	①	②	③	④
52.	다른 사람들이 자신들의 의견 때문에 서로 갈등할 때 간단하고 실질적인 해결책을 제시할 때가 많다.	①	②	③	④
53.	어떤 목표를 세우고 이루기 위한 계획이나 방안을 수립할 수 있다.	①	②	③	④
54.	개척교회를 세우는 데 기꺼이 일익을 담당할 수 있다.	①	②	③	④
55.	사역에 필요한 물건을 만들기를 좋아한다.	①	②	③	④
56.	예술적인 표현을 통해서 사람들로 하여금 자기 자신, 사람들과의 관계, 그리고 하나님에 대해 보다 잘 이해할 수 있도록 돕는다.	①	②	③	④
57.	다른 사람들보다 먼저 거짓이나 가식을 잘 꿰뚫어볼 수 있다.	①	②	③	④
58.	다른 사람들에게 하나님의 약속을 상기시켜 줌으로써 소망을 얻게 한다.	①	②	③	④
59.	복음의 핵심을 개인의 필요에 따라 적절히 응용하는 일을 잘한다.	①	②	③	④
60.	큰일을 성취하도록 하나님이 나를 도우시리라고 확신한다.	①	②	③	④
61.	금전과 관계되는 일을 맡을 때 금전관리를 잘한다.	①	②	③	④

문항	매우 그렇다	대체로 그렇다	조금 그렇다	그렇지 않다
62. 다른 사람들을 돕기 위해 기꺼이 교회 안팎의 잡다한 일을 한다.	①	②	③	④
63. 다른 사람을 돕기 위해 필요한 사람들을 하나님께서 내게 보내신다고 진심으로 믿는다.	①	②	③	④
64. 나는 기도할 때 이 일이 다른 사람들을 위해 사역하는 것이라고 인식한다.	①	②	③	④
65. 성경을 정확하고 온전히 이해하기 위하여 성경을 읽고 공부하는 일에 때로 시간을 따로 할당한다.	①	②	③	④
66. 다른 사람들이 자신의 능력을 최대한 발휘하도록 하기 위하여 필요에 따라 지도방법을 변경시킬 수 있다.	①	②	③	④
67. 구제불능 또는 가치가 없다고 여겨지는 사람들을 돕는 일이 즐겁다.	①	②	③	④
68. 성경적 원리에 어긋나는 문화적 추세나 가르침, 행사 등을 담대하게 지적한다.	①	②	③	④
69. 전인격적인 차원, 즉 이성적, 감정적, 영적인 면에서 지도해 주는 것을 좋아한다.	①	②	③	④
70. 가르치는 사람의 말, 어구, 내용 등에 대해 세심히 관심을 집중한다.	①	②	③	④
71. 여러 가능한 방안 중에서 가장 효과적인 방안을 쉽게 골라낼 수 있다.	①	②	③	④
72. 어떤 일을 하는 데 필요한 자원을 찾아내고 활용하는 일을 할 수 있다.	①	②	③	④
73. 다른 문화나 환경에 잘 적응한다.	①	②	③	④
74. 어떤 것을 만들기 전에 이것이 어떻게 완성될 것인가를 쉽게 연상해 볼 수 있다.	①	②	③	④
75. 하나님의 진리를 전할 수 있는 새롭고 참신한 방법을 찾기 좋아한다.	①	②	③	④
76. 어떤 상황에서도 옳고 그름을 잘 분간하는 편이다.	①	②	③	④
77. 믿음생활, 가정생활 또는 전체 삶 가운데 결단을 내려야 할 필요가 있는 사람들을 잘 안내한다.	①	②	③	④
78. 믿지 않는 이들에게 주님을 영접하도록 권면한다.	①	②	③	④
79. 인간의 노력만으로는 성공이 보장되지 않는 상황에서도 하나님을 의지한다.	①	②	③	④
80. 소득의 더 많은 부분을 헌금할 수 있도록 내 생활방식을 절제해야겠다는 도전을 받는다.	①	②	③	④
81. 실제적인 일 가운데서 영적인 의미를 발견한다.	①	②	③	④
82. 사람들이 외롭지 않다는 느낌을 가질 수 있는 장소를 만들고 싶다.	①	②	③	④
83. 기도에 응답하시는 하나님이신 것을 믿기 때문에 확신을 가지고 기도한다.	①	②	③	④
84. 나는 통찰력이 있어서 다른 사람의 진실을 금방 알 수 있다.	①	②	③	④
85. 목표를 세우고 이루기 위해 사람이나 자원을 효과적으로 잘 사용한다.	①	②	③	④
86. 고통을 받고 있는 사람들에게 커다란 연민의 감정을 느낀다.	①	②	③	④

문항	매우 그렇다	대체로 그렇다	조금 그렇다	그렇지 않다
87. 대부분의 행동을 옳고 그름의 눈으로 보게 되는 때가 많으며, 바로 잡아야 하겠다는 필요를 절실히 느낀다.	①	②	③	④
88. 장기간 변함없이 다른 사람을 보살피고 도울 수 있다.	①	②	③	④
89. 보다 조직적인 성경공부 방법을 택하고 싶다.	①	②	③	④
90. 어떤 개인이나 집단의 행동이 야기할 결과를 쉽게 예측할 수 있다.	①	②	③	④
91. 어떤 기관이나 집단이 보다 효과적이 될 수 있도록 돕고 싶다.	①	②	③	④
92. 사람들을 대할 때 그들의 문화에 대해 세심한 배려를 할 수 있다.	①	②	③	④
93. 나의 기술을 통해 하나님께 영광을 돌린다.	①	②	③	④
94. 하나님의 진리를 전하기 위해 여러 형태의 예술을 도입한다.	①	②	③	④
95. 나의 통찰력이나 관찰력을 사람들이 인정한다.	①	②	③	④
96. 믿음이 흔들리는 이들의 믿음을 세우는 것을 좋아한다.	①	②	③	④
97. 내가 그리스도인인 것을 드러내 놓고 말하며 사람들이 믿음에 관해 물어오기를 원한다.	①	②	③	④
98. 하나님이 내 삶 속에 매일 함께하시며 역사하시는 것을 확신한다.	①	②	③	④
99. 하나님의 일을 하는 사람들의 삶과 사역에 나의 헌금이 큰 도움이 된다는 사실을 알면 즐겁다.	①	②	③	④
100. 해야 할 일들을 찾아내기 좋아하며 부탁받지 않더라도 종종 그런 일들을 하곤 한다.	①	②	③	④
101. 사람들 접대하기를 좋아하며 부탁받지 않더라도 종종 그런 일들을 하곤 한다.	①	②	③	④
102. 도움이 필요하다는 이야기를 들으면 기도해야 되겠다는 강한 느낌을 받는다.	①	②	③	④
103. 타인에 대한 어떤 사실을 갑자기 알게 되는 때가 있지만 어떻게 알게 되었는지 과정을 모르는 경우가 많다.	①	②	③	④
104. 자신의 능력을 최대한 발휘하도록 다른 사람들에게 영향을 준다.	①	②	③	④
105. 어떤 사람의 어려움이나 문제에 있어서 어려움과 문제 이면에 하나님께서 진정 중요하게 요구하시는 삶이 있다는 것을 알 수 있다.	①	②	③	④
106. 정직하고 바른 말을 하는 사람들을 좋아한다.	①	②	③	④
107. 소그룹(샘터, 선교회)의 사람들에게 도움을 주고 지침을 주는 것을 즐긴다.	①	②	③	④
108. 다른 사람들로 하여금 더 배우고 싶은 마음이 생기도록 말씀을 통해 도전을 줄 수 있다.	①	②	③	④
109. 복잡한 문제를 해결할 수 있는 실질적인 조언을 해준다.	①	②	③	④
110. 한 기관이나 부서가 어떻게 운영되고 있는지 배우기를 좋아한다.	①	②	③	④
111. 새로운 일을 시작하는 것을 좋아한다.	①	②	③	④
112. 손으로 하는 일을 잘하며 좋아한다.	①	②	③	④

문항	매우 그렇다	대체로 그렇다	조금 그렇다	그렇지 않다
113. 창조적이며 상상력이 풍부하다.	①	②	③	④
114. 성경에 위배되는 가르침이나 설교, 말씀을 분간할 수 있다.	①	②	③	④
115. 영적인 성장을 위해 무언가 하고 싶은 마음을 사람들에게 불어넣기를 좋아한다.	①	②	③	④
116. 예수님이 내게 어떠한 일을 하셨는지 담대하게 말한다.	①	②	③	④
117. 다른 사람들이 하나님을 신뢰하도록 계속 도전을 준다.	①	②	③	④
118. 청지기로서의 삶에 대한 결단을 통해서 하나님께 헌금한다.	①	②	③	④
119. 남들이 좀 더 효과적으로 일할 수 있도록 뒤에서 돕는 보조자의 역할도 기꺼이 한다.	①	②	③	④
120. 다른 사람들이 소속감을 느낄 수 있도록 힘껏 노력한다.	①	②	③	④
121. 기도 부탁을 받으면 나 스스로 기쁘게 여긴다.	①	②	③	④
122. 말씀을 읽거나 공부할 때 그리스도의 몸에 속한 다른 사람들에게 유익을 주는 성경적 진리를 발견하게 된다.	①	②	③	④
123. 다른 사람들이 공감하는 비전을 제시할 수 있다.	①	②	③	④
124. 어려운 상황에 처한 사람들에게 소망과 기쁨을 주기를 좋아한다.	①	②	③	④
125. 쉽게 받아들여지지 않거나 그다지 환영을 받지 않는 장소에서라도 하나님의 진리를 선포하겠다.	①	②	③	④
126. 방황하는 성도들로 하여금 성도의 교제와 믿음을 되찾을 수 있도록 자연스럽게 인도할 수 있다.	①	②	③	④
127. 어떤 지식이나 기술을 상대방이 알아 듣고 적용하기 쉽게 가르쳐 줄 수 있다.	①	②	③	④
128. 사람들이 실제 도움이 된다고 여겨지도록 성경의 진리를 적용할 수 있다.	①	②	③	④
129. 앞의 행사를 미리 그려보고, 가능한 문제들을 예상하여 대안을 만들어낼 수 있다.	①	②	③	④
130. 교회의 여러 사역을 총괄, 지휘할 수 있다.	①	②	③	④
131. 교회에 도움이 되는 물건을 구상하고 만들 수 있다.	①	②	③	④
132. 명상하며, 상상력을 키우기 위한 혼자만의 시간이 가끔 필요하다.	①	②	③	④
133. 어떤 사람이나 환경에서 마귀가 역사하고 있음을 잘 감지할 수 있다.	①	②	③	④
134. 사람들을 영적으로 성장시키기 위해 도전을 주거나 꾸짖을 수 있다.	①	②	③	④
135. 믿지 않는 사람들과 영적인 문제에 관해 얘기할 수 있는 기회를 찾는다.	①	②	③	④
136. 하나님이 복 주시는 일이라고 생각하면 어떤 반대나 비협조를 무릅쓰고서라도 추진할 수 있다.	①	②	③	④
137. 하나님의 일을 더 많이 하기 위해 내게 많은 자원을 허락하셨다고 믿는다.	①	②	③	④

문항		매우 그렇다	대체로 그렇다	조금 그렇다	그렇지 않다
138.	도움이 필요할 때마다 선천적인 혹은 후천적인 기술을 늘 기꺼이 사용한다.	①	②	③	④
139.	낯선 환경 중에서라도 사람들로 하여금 편안하게 느낄 수 있게 만들 수 있다.	①	②	③	④
140.	내 기도의 직접적인 응답으로 구체적인 결과가 오는 것을 자주 본다.	①	②	③	④
141.	나의 지식이나 통찰을 다른 사람과 담대하게 나눈다.	①	②	③	④
142.	목적지가 어딘지를 파악하고, 사람들이 그것에 도달할 수 있도록 돕는다.	①	②	③	④
143.	도움이 필요한 사람들에게 실제적인 도움을 주는 것을 좋아한다.	①	②	③	④
144.	죄를 볼 때마다 이것을 드러내고, 그들이 회개하도록 도전하지 않으면 안 된다고 느낀다.	①	②	③	④
145.	다른 사람들이 성도로서 성장할 수 있도록 참을성 있게 흔들림 없이 양육하는 것을 좋아한다.	①	②	③	④
146.	다른 사람들이 영적으로나 개인적으로 신앙이 성장하도록 어떤 일들을 설명해 주는 것을 좋아한다.	①	②	③	④
147.	다른 사람들이 보지 못하는 문제의 해결책에 대한 통찰력이 있다.	①	②	③	④

끝까지 설문에 응해 주셔서 감사합니다. 주님의 축복이 함께하시길 기원합니다.

더 좋은 교회 만들기

초판 1쇄 2015년 3월 23일

권오서 지음

발 행 인 전용재
편 집 인 한만철

펴 낸 곳 도서출판 kmc
등록번호 제2-1607호
등록일자 1993년 9월 4일

(110-730) 서울특별시 종로구 세종대로 149 감리회관 16층
(재)기독교대한감리회 출판국
TEL. 02-399-2008 FAX. 02-399-4365
http://www.kmcmall.co.kr

인 쇄 리더스커뮤니케이션

ISBN 978-89-8430-670-7 03230

값 17,000원

이 도서의 국립중앙도서관 출판시도서목록(CIP)은 서지정보유통지원시스템 홈페이지(http://seoji.nl.go.kr)와
국가자료공동목록시스템(http://www.nl.go.kr/kolisnet)에서 이용하실 수 있습니다.(CIP제어번호:CIP2015003305)